数字出版学

主　　编　张新新

副 主 编　杜方伟　王嘉昀　丁靖佳

参　　编　付文绮　袁宜帆　李佰珏

广东高等教育出版社
Guangdong Higher Education Press

·广州·

图书在版编目（CIP）数据

数字出版学/张新新主编. —广州：广东高等教育出版社，2024.7
ISBN 978 - 7 - 5361 - 7642 - 3

Ⅰ. ①数…　Ⅱ. ①张…　Ⅲ. ①电子出版物 - 出版工作　Ⅳ. ①G237.6

中国国家版本馆 CIP 数据核字（2024）第 030184 号

数字出版学

SHUZI CHUBANXUE

出版发行	广东高等教育出版社
	地址：广州市天河区林和西横路
	邮政编码：510500　电话：(020) 87551597　87551163
	http://www.gdgjs.com.cn
印　刷	佛山市浩文彩色印刷有限公司
开　本	787 毫米×1 092 毫米　1/16
印　张	29.5
字　数	644 千
版　次	2024 年 7 月第 1 版
印　次	2024 年 7 月第 1 次印刷
定　价	98.00 元

作 者 简 介

张新新

管理学博士，上海理工大学出版印刷与艺术设计学院教授、硕士生导师，兼任中国画报协会副会长、国家新闻出版署出版业科技与标准重点实验室执行主任、学术委员会主任、全国新闻出版标准化委员会委员等职。代表性著作有《智能出版：现代出版技术原理与应用》《吉光片羽：人工智能时代的出版转型》《数字出版调治论》等；在新闻出版类核心刊物等发表论文一百二十余篇，主持和完成国家重点研发计划、国家社科基金重大项目等国家级、省部级和横向科研项目三十余项。主要研究领域涉及数字出版、媒体融合、人工智能、出版高质量发展、文化管理与服务等。

杜方伟

河南财经政法大学文化传播学院副教授，武汉大学博士。先后在《中国出版》《中国编辑》《科技与出版》《出版发行研究》等核心期刊发表论文二十余篇，主持省厅级科研课题十余项，参与国家社科基金项目2项，参编教材2部。主要研究领域为数字出版、广告与品牌战略管理、平台经济、媒介文化。

王嘉昀

厦门大学新闻传播学院助理教授，武汉大学博士。先后在 *Learned Publishing*、*Journal of Scholarly Publishing*、《中国科技期刊研究》、《出版发行研究》、《出版科学》等 SSCI 索引期刊和中文核心刊物上发表论文十余篇。参与国际合作项目、国家社科基金项目等十余项。主要研究领域涉及学术出版、科学传播、数字出版等。

丁靖佳

武汉大学信息管理学院博士研究生。参与国家社科基金等国家级、省部级和横向科研项目近十项。主要研究领域为数字出版、科学信息交流等。

付文绮

武汉大学信息管理学院博士研究生。参与国家社科基金等国家级、省部级和横向科研项目近十项。主要研究领域为数字出版、科学传播等。

袁宜帆

上海理工大学出版印刷与艺术设计学院硕士研究生。主要研究领域为数字出版和智能出版。

李佰珏

武汉大学信息管理学院硕士研究生。主要研究方向为数字出版。

前　言

　　出版是文化生产与传播的活动，出版业肩负着传承文化、传播知识、传递信息、服务社会的重任，是促进我国文化繁荣发展，建设社会主义文化强国的重要力量。在信息技术迅猛发展的背景下，数字出版逐渐成为现代出版业发展的最新形态和核心领域。数字出版产业生机勃勃，数字出版新产品、新模式、新业态不断涌现，文化与科技深度融合，商业模式创新与跨界融合发展，为出版业快速发展注入活力和发展动力。数字出版"走出去"形成了产品输出、服务输出和平台建设协同发展的海外出版新模式。大数据、云计算、人工智能、虚拟现实等技术在出版业广泛应用，推动出版业向智能出版发展与演进。当今，数字出版已经成为引领传统出版转型升级和推动出版业高质量发展的重要引擎。

　　面对数字出版产业的迅猛发展，理论研究的滞后性逐渐显现。一方面，数字出版作为新兴业态，其本质属性、内在规律、发展模式、运营策略等方面尚需系统探索和总结；另一方面，随着技术的不断进步和应用场景的不断拓展，数字出版产业面临的新问题、新挑战层出不穷，迫切需要理论研究的指导。因此，提出并构建数字出版知识体系，不仅是对数字出版产业发展实践的积极回应，更是推动数字出版高质量发展的必然要求。同时，构建数字出版知识体系，是响应党的二十大报告中提出的"加快构建中国特色哲学社会科学学科体系、学术体系、话语体系"号召的重要举措。通过总结我国数字出版产业发展的宝贵经验，构建有中国特色的数字出版理论，我们可以为加快构建中国自主知识体系贡献力量，进一步彰显出版人的理论自信和文化自信。同时，这也是我国出版业在国际舞台上展现软实力、提升话语权的重要途径。

值得一提的是，尽管国内外关于数字出版的研究已不乏其人，但系统、全面、深入地探讨数字出版学的教材比较匮乏。正是在这样的背景下，我们编写了国内第一本名为《数字出版学》的教材，借此抛砖引玉，希望引起出版学界和业界对数字出版理论研究的重视，共同推动数字出版学科体系、学术体系和话语体系建设，加快形成数字出版学自主知识体系。

在《数字出版学》编写过程中，我们深刻认识到数字出版学作为一门交叉性、应用性的社会科学，其在内容构建与特色展现上力求做到内容全面、结构严谨、观点新颖、实用性强，同时还注重体现出以下几个特色：一是突出中国特色。立足中国数字出版实践，基于数字出版的中国实践建构数字出版理论；致力于解决中国问题，围绕问题意识建构数字出版理论；重视中国特色、中国风格、中国气派，聚焦中国特色塑造数字出版理论。二是前瞻性与现实性并举。本教材既深入剖析当前数字出版业面临的热点问题和难点挑战，如版权保护、盈利模式探索、技术革新影响等，又积极展望未来的发展趋势和前景，如知识服务、智能出版、虚拟现实出版、区块链应用等前沿领域。这可以帮助读者把握行业动态，预见未来趋势，从而在激烈的市场竞争中占据先机。三是注重跨学科融合。将传播学、信息科学、管理学等多个学科的理论与方法引入数字出版学研究领域。其中，传播学为理解数字内容的传播机制与效果评估提供了理论基础，信息科学则关注数字资源的组织与检索、数据分析与挖掘等关键技术，管理学则聚焦于数字出版企业的战略规划、运营管理及市场营销等方面。这种跨学科融合不仅拓宽了研究视野，也增强了教材的实用性和前瞻性。四是注重开放性与包容性。本教材不仅收录了国内外最新的研究成果和实践经验，还积极引入多元观点和不同学派的理论争鸣。此外，教材还设置了讨论环节和思考题，鼓励读者在阅读过程中积极思考、勇于探索、不断创新。这种开放性和包容性的编写理念，有助于培养学生的批判性思维和创新能力。

本书在体例结构方面，共分为三编，分别是"数字出版概论""数字出版实务"和"数字出版前沿"。其中："数字出版概论"从理论层面出发，深入探讨了数字出版的概念、属性、特征，数字出版学研究对象、方法论以及学科性质与体系，为读者构建了一个全面而深入的数字出版理论知识体系框架。"数字出版实务"则侧重于实践应用，详细介绍了数字出版产品的类型与特征、技术形态与发展趋势、市场调研与预测方法、运营管理策略、项目申报与实施要点以及标准体系建设等内容，为出版从业者提供了丰富的实战经验和操作指南。"数字出版前沿"则聚焦于未来趋势，探讨了数字出版领域的新兴技术和应用场景，如增强现实出版、虚拟现实出版、出版大数据、知识服务以及智能出版等，旨在引领读者把握数字出版的发展脉搏，探索未来的无限可能。本书系统性地梳理了数字出版的核心概念、固有属性、显著特征及其发展历程等基础理论框架，深入剖析了数字出版的多元运营模式、创新盈利机制以及市场动态趋势等实践层面的问题。同时，本书还前瞻性地探讨了虚拟现实、人工智能等前沿技术在出版业的应用潜力。这不仅全面总结了数字出版领域的历史经验与理论成就，更针对当前发展中遇到的实际问题，提供了深刻洞察与有效解答，还为读者呈现一个既深邃又广阔的数字出版知识图谱。

　　本书在推动数字出版研究创新方面也力图做出一些新的尝试和贡献，如书中针对部分数字出版核心概念、基础理论和关键问题做了新的阐释，总结了新的观点。具体表现为：（1）在全面梳理以往数字出版概念的规定性内涵以及认识性内涵的基础上，将数字出版内涵界定为："以数字技术将作品编辑加工后，经过复制进行传播的新型出版。"（2）数字出版学研究对象是"数字出版活动，即数字出版活动主体、内容、客体和效应所构成的客观存在"。（3）数字出版学的研究内容，"主要包括数字出版基础理论、数字出版调节活动和数字出版治理活动"。本书还系统总结了数字出版方法论体系和数字出版学科体系。这些新的阐释和观点虽然还不够成熟完善，但是它们代表了编者团队长期以来对数字出版的全面思考和深入研究。本书的编者由一群既深谙数字出版一线实战精髓，又拥有敏锐学术洞察力、较强理论建构能力的年轻学者组成。然而，在追求创新的过程中，也难免存在某些不足与待完善之处。我们真诚地期待学术界同仁与业界伙伴能够给予批评指正，共同推动数字出版领域的理论创新与实践发展。

随着数字和信息技术的飞速发展，数字出版正以前所未有的速度重塑着出版业的未来，数字出版产业将迎来更加广阔的发展空间和更加美好的发展前景。我们对数字出版的认识也会与时俱进，不断深入。我们期待广大读者通过阅读和使用本教材，共同为推动数字出版学的研究与发展贡献智慧和力量。让我们携手共进，共创辉煌，共同亲历、见证数字出版学的美好未来！

张新新

2024 年 7 月 25 日于沪江文化园

目 录

● 第二编　数字出版实务 ●

● 第三编　数字出版前沿 ●

第一编

数字出版概论

第1章 数字出版本体论

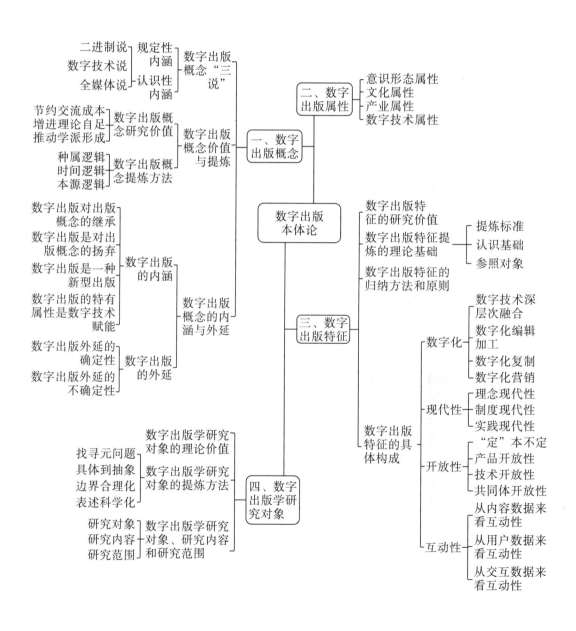

学习目的

本章在理解数字出版概念"三说"的基础上,明晰数字出版概念的研究价值和提炼方法,掌握数字出版的概念内涵与外延。理解数字出版属性构成,包括意识形态属性、文化属性、产业属性以及数字技术属性及其体现。了解数字出版特征的研究价值、提炼的理论准备和归纳方法、原则,掌握数字出版的数字化、现代性、开放性和互动性特征。把握数字出版学研究对象的理论价值和提炼方法,掌握基于"活动说"的数字出版学研究对象、研究内容及研究范围。

知识链接

本体论(Ontology)是一个关于世界本原或本质问题的哲学概念,最早见于德意志哲学家郭兰克纽(Goclenius)的《哲学辞汇》(*Philosophical Transactions*)一书中,与亚里士多德关于"存在之为存在"的议题紧密相关:即所有实体在最广泛的意义上的共同特性。数字出版本体论,重点回答数字出版自身是什么这一问题,是数字出版理论中最基本的理论,是其存在的形而上学的理由,主要涉及数字出版概念、属性、特征、研究对象、研究内容等具体理论。

传统出版与新兴出版深度融合,
推进数字出版高质量发展:2019 年
度中国数字出版盘点

基于数字化战略视角的数字出版
"十四五"展望

第一节 数字出版概念

"数字出版"的提法三次出现于国家五年发展规划纲要文件中。其首次出现是在2006年发布的《中华人民共和国国民经济和社会发展第十一个五年规划纲要》中。该纲要指出:"发展现代出版发行业,积极发展数字出版,重视网络媒体建设。大力推广普通话。"第二次出现是在2016年发布的《中华人民共和国国民经济和社会发展第十三个五年规划纲要》中,要求"加快发展网络视听、移动多媒体、数字出版、动漫游戏等新兴产业,推动出版发行、影视制作、工艺美术等传统产业转型升级"。第三次是2021年发布的《中华人民共和国国民经济和社会发展第十四个五年规划和2035年远景目标纲要》中,该纲要指出:"实施文化产业数字化战略,加快发展新型文化企业、文化业态、文化消费模式,壮大数字创意、网络视听、数字出版、数字娱乐、线上演播等产业。"这三次提及的"数字出版"概念的内涵和外延是不尽相同的,甚至可用大相径庭来形容。2010年,国家新闻出版总署发布了《关于加快我国数字出版产业发展的若干意见》,除明确了数字出版的规定性内涵外,还首次系统、全面地对"数字出版"概念的内涵、外延、特征等做出了界定和诠释。到2022年,历经"十二五""十三五""十四五"这三个五年规划,数字出版的内涵和外延发生了较大变化,有必要对数字出版的概念进行系统梳理,从本源逻辑、种属逻辑、时间逻辑的维度来认真探讨数字出版的本质属性、特有属性究竟是什么。

一、数字出版概念"三说"

从目前可搜集的资料来看,数字出版概念最早由北京大学谢新洲教授于2002年在《数字出版技术》一书中提出。当然,在该书中,谢教授在定义数字出版概念的同时,还提出一种观点"电子出版是数字出版的另一种提法,两者在本质上是一致的"[①]。如果从这个观点出发,谢教授早在1997年就于《情报理论与实践》上发表了"电子出版物知识讲座"(一)至(四)的论文,那么数字出版概念历史可追溯到20世纪90年代。

2002年到2006年,学者们集中研究数字出版概念的比较多,如周荣庭、徐丽芳、

---

① 谢新洲. 数字出版技术 [M]. 北京: 北京大学出版社, 2002: 12 - 13.

张立等，也因此促成了"数字出版"列入国民经济和社会发展"十一五"规划纲要。2010 年，数字出版概念的规定性内涵，由国家新闻出版总署系统地提出并作出解释。此后，学者们持续研究数字出版概念的热情仍然没有消退，一直延续至今，纷纷试图从不同的维度对"数字出版究竟是什么、数字出版包含什么"两个问题作出解答，也就是对数字出版的内涵和外延作出界定和梳理。

以下梳理了二十年以来关于数字出版概念的规定性内涵以及认识性内涵的各种观点，分门别类进行归纳，以启发学习。

（一）规定性内涵

规定性内涵，是人们根据实践需要，通过人为规定方式加以确立的内涵。规定性内涵只有满足"一、规定者具备法定性和权威性；二、规定本身具有合理性"两个条件，其所确立的内涵才能得到承认和接受。[①]　就此而言，2010 年 8 月，国家新闻出版总署颁布了《关于加快我国数字出版产业发展的若干意见》。该意见指出："数字出版是指利用数字技术进行内容编辑加工，并通过网络传播数字内容产品的一种新型出版方式，其主要特征为内容生产数字化、管理过程数字化、产品形态数字化和传播渠道网络化。"[②]　这个界定是目前为止最为人们广泛接受的概念，如"全国出版专业技术人员职业资格考试辅导教材"和"北京市新闻系列（数字编辑）专业技术资格考试指导用书"两书：前者指出这是数字出版的"工作定义"，并指明数字技术需用于出版的全部业务环节，方可称之为数字出版；[③]　后者直接予以采用，并指出"数字出版有广义和狭义之分"，"广义的数字出版与数字传播具有相同的基本属性，狭义的数字出版内涵和外延比较明确，疆界也比较清晰"。[④]

国家新闻出版总署所确立的这个规定性内涵，或曰"法定内涵"，得到了数字出版政产学研用各界的公认，被出版共同体、数字出版共同体所广为接受，其中"数字技术"的提法，在学者们后续的数字出版概念的认识性内涵表达中被广泛引用，具有广泛的学术影响力和社会影响力。之所以如此，是因为：一是该意见的颁发部门是当时的新闻出版最高政府主管部门，其制定主体的法定性和权威性是毫无疑义的；二是该内涵指出了"数字技术"作用于出版的编辑、复制、发行各环节，并对内容、管理、产品、传播的"四化"特征进行了明确界定，具有较充分的合理性；三是该内涵坚持了概念的继

---

①　雍琦. 法律逻辑学［M］. 北京：法律出版社，2004：23 - 35.

②　中华人民共和国中央人民政府. 新闻出版总署关于加快我国数字出版产业发展的若干意见［EB/OL］.［2010 - 08 - 16］. http://www. gov. cn/gongbao/content/2011/content_1778072. htm.

③　国家新闻出版广电总局出版专业资格考试办公室. 数字出版基础：2015 年版［M］. 北京：电子工业出版社，2015：1 - 4.

④　数字编辑专业技术资格考试指导用书编委会. 数字编辑基础与实务：初级［M］. 北京：北京联合出版公司，2015：2 - 5.

承性和创新性：一方面指出数字出版具有出版的固有属性——"将作品编辑加工后、经过复制向公众发行"①，这是继承性体现；另一方面指明数字出版是一种新型出版，数字化、网络化是数字出版区别于其他出版业态的独有属性，这是创新性所在。

（二）认识性内涵

认识性内涵，其构成性质是通过对象间性质的比较而确立的，它是人们关于概念所指称的那类对象认识的成果。② 认识性内涵，或曰"意定内涵"，区别于规定性内涵，更多体现为"仁者见仁、智者见智"的"百花齐放、百家争鸣"的学术观点，有助于人们从不同角度、不同方面、不同层次去理解和认知概念所指称对象的独有属性。数字出版的认识性内涵，凡二十年，大致可分为延续出版血脉的"二进制说""数字技术说"和力图拓新变革的"全媒体说"两大类观点。其中，"二进制说"和"数字技术说"这类观点的共同点包括：①包含着概念在继承的基础上创新的思维，坚持在出版的前提下谈数字出版，认为数字出版是一种新的出版形态或业态，强调无论何种新兴出版，都离不开出版的"编辑加工、复制、发行"的固有内核，同时指明数字出版的"二进制、数字化、网络化、介质演变"等创新特征；②往往在对数字出版独有属性进行描述的基础上，落脚点都放在"数字出版是一种新型出版方式、出版形式、出版行为、出版活动或出版业态"；③更多侧重于对出版的产业链环节、经营方面的描述，也有对管理要素的描述；④在依托出版母体的基础上，还有一批学者从狭义、广义两个角度对数字出版做出阐述。

1. 二进制说

"二进制说"，是用"二进制"去指称数字出版的对象属性、定义数字出版内涵的学说统称。最早一批对数字出版概念做出界定的学者，创新性地将"二进制"的提法纳入数字出版内涵之中，以揭示数字出版依托于二进制技术的特有属性，凸显数字出版是建立在计算机技术的基础之上，与之前的"音像出版""电子出版"等业态有着显著不同，这便是"二进制说"的由来。这种学术研究方法和理论创新、创造的精神是值得数字出版共同体学习和借鉴的。"二进制说"将数字化技术的本质上升到二进制技术的源头，在定义数字出版时，旗帜鲜明地以"二进制"的提法来进行界定和表达，甚至对"0、1"代码做出阐述和解读，以便于读者接受和理解。

在2010年以前的数字出版概念流派中，"二进制说"占据了主流地位，历时近十年，不同院系、不同流派、不同学术背景的学者对"二进制说"均青睐有加，持续加以研究和论述。"二进制说"主要由学界发起，是对数字出版认识性内涵提炼和总结的丰碑式的理论成果，是数字出版概念从提出到规定性内涵公布以来的理论创新、集大成

① 罗紫初，吴赟，王秋林. 出版学基础［M］. 太原：山西人民出版社，2005：1-5.
② 雍琦. 法律逻辑学［M］. 北京：法律出版社，2004：23-35.

者。"二进制说"的代表性观点主要包括以下几方面：

（1）"所谓数字出版，是指在整个出版过程中，从编辑、制作到发行，所有信息都以统一的二进制代码的数字化形式存储于光、磁介质中，信息的处理与传递必须借助计算机或类似设备来进行的一种出版形式。"① 这里，谢新洲教授提出数字出版是一种新的出版形式，以二进制代码形式存储，依赖光、磁介质，同时指出其必须借助于计算机或类似设备。

（2）"数字出版就是对数字内容的创建、管理和传送的过程。""数字出版或者数字化出版，是指在整个出版过程中，从编辑、制作到发行，所有信息都以统一的二进制代码的数字化形式存储于光、磁等介质中，信息的处理与传递必须借助计算机或类似设备来进行的一种出版形式。"② 该观点与谢新洲教授的观点类似。不过，周荣庭教授认为数字出版或数字化出版都可做出上述界定。

（3）"所谓数字出版，就是指从编辑加工、制作生产到发行传播过程中的所有信息都以二进制代码的形式存储于光、磁、电等介质中，必须借助计算机或类似设备来使用和传递信息的出版。"③ 2013 年，该作者进一步指出："所谓数字出版，是指利用数字技术进行内容的编辑加工、复制或发行，出版物内容（母版）以二进制代码形式存在且没有物理形态复制品存货的出版活动。"④ 相对于之前的观点，作者进行了修正，融入了数字技术的要素，强调了数字出版物的无形性和虚拟性：没有物理形态复制品存活，同时落脚点放在出版活动上。

（4）《2005—2006 年度中国数字出版产业年度报告》中指出，数字出版的定义是"用数字化（二进制）的技术手段从事的出版活动"⑤。其中明确了两点：一是数字化技术，并将数字化技术等同于二进制技术；二是出版活动，而非出版介质。

（5）"数字出版就是采用二进制数字代码创建、存储、传输、再现和管理数字内容的出版方式与活动。"⑥ 在强调二进制代码的同时，该观点对数字出版的产业链环节进行了创新，包含了"管理"要素，突出用二进制代码对数字内容的"创建、存储、传输、再现和管理"，同时明确数字出版是一种新的出版方式、新的出版活动。

2. **数字技术说**

"数字技术说"，是用"数字技术"去指称数字出版的对象属性、定义数字出版内涵的学说统称。"数字技术说"的提出，有两个重要的宏观调控文件作为支撑和推动。一

① 谢新洲. 数字出版技术［M］. 北京：北京大学出版社，2002：12 – 13.
② 周荣庭. 网络出版［M］. 北京：科学出版社，2004：13.
③ 徐丽芳. 数字出版：概念与形态［J］. 出版发行研究，2005（07）：7.
④ 徐丽芳，刘锦宏，丛挺. 数字出版概论［M］. 北京：电子工业出版社，2013：37 – 38.
⑤ 郝振省. 2005—2006 年度中国数字出版产业年度报告［M］. 北京：中国书籍出版社，2007：1 – 10.
⑥ 葛存山，张志林，黄孝章. 数字出版的概念和运作模式分析［J］. 北京印刷学院学报，2008（5）：1 – 4.

是 2006 年公布的《中华人民共和国国民经济和社会发展第十一个五年规划纲要》，在
"数字出版"被首次写入国民经济和社会发展规划纲要后，一批思维敏捷、思路前瞻的
学者已经开始用"数字技术""数字化技术"来描述数字出版的特有属性。二是数字出
版发展史上的一个里程碑意义的政策出台——2010 年《关于加快我国数字出版产业发展
的若干意见》。该意见提出了数字出版的规定性内涵、法定定义和法定解释，明确了
"数字技术"赋能编辑加工、传播的全过程。自此以后，学界对数字出版的概念界定，
毫无例外地都转向了"数字技术说"：沿着"数字技术 + 出版""出版吸收数字技术"
"出版融合数字技术""技术赋能出版""技术应用到出版环节"的路线，把数字技术、
数字化技术、数字出版技术或互联网技术等关键要素吸收到数字出版的内涵界定之中。①

数字技术说的代表性观点如下：

（1）"数字出版是指用数字化的技术从事的出版活动。"②指明数字出版是一种新的
出版活动，是用"数字化技术"从事的出版活动。这是目前所查阅的公开文献之中，首
先提出以"数字化的技术"来界定数字出版内涵的观点，不再沿用"二进制"的表述
方式。

（2）"数字出版是内容提供商将著作权人的作品数字化，经过对内容的选择和编辑
加工，再通过数字化的手段复制或传送到某种或多种载体上，以满足受众需要的行为。
这里的载体可以是光盘、互联网、电视，甚至纸质载体。"③这种观点，突出了数字化的
手段，同时对数字出版的载体做出了罗列，包括新兴介质、载体，如互联网和电视等，
也包括传统介质和载体，如纸质载体和光盘等，应该说是包含了融合出版物的思维。

（3）数字出版应是"对数字化作品内容进行编辑加工，并将其复本向公众传播的过
程"④。该观点将数字出版作为出版过程，注重数字化出版的形态特征，同时用到了传播
的提法，体现了出版的传播属性；同时更强调流程的数字化，即从创作到传播的全过程
数字化。

（4）数字出版"是指各种出版物在网络上（包括无线网络）直接创作、编辑、生
产制作及传播"。"对数字出版的理解，最早是传统出版的数字化"，"从'出版的数字
化'和'数字化的出版'两方面可以更好地理解数字出版"这个概念。其中，"出版的
数字化"主要指利用数字出版技术对传统出版业的各个业务流程进行改造，是传统出版
业在内容和形式上的延伸和扩展。⑤该观点的创新性在于同时将互联网、无线网络都纳
入数字出版的载体，指明数字出版是出版物在网络上的创作、编辑、生产制作、传播，

① 徐丽芳教授 2013 年所提出的数字出版概念，系对 2005 年概念界定的部分修正。
② 张立. 数字出版相关概念的比较分析 [J]. 中国出版，2006（12）：14.
③ 祁庭林. 传统出版该如何应对数字出版的挑战 [J]. 编辑之友，2007（4）：4.
④ 汪曙华. 也谈数字出版的概念界定和发展路径选择 [J]. 怀化学院学报，2008（12）：156.
⑤ 唐沍，陈丹. 传统出版的数字化和数字化出版的比较研究 [J]. 陕西广播电视大学学报，2011（2）：70.

强调数字出版所依托的载体或介质是网络。

（5）数字出版"应是内容出版与数字技术的深度融合，用数字技术去深度表现传统出版的内容，依靠数字技术实现传统出版业流程再造，从而形成一种以内容管理为核心的、全新的出版形态"①。该观点融入了"融合"思维，强调数字技术对传统内容的深度表现、对传统出版流程的再造，通过对内容、技术的二元互动中，指出数字出版是一种"以内容管理为核心"的全新的出版形态。

（6）数字出版，是"基于数字技术的出版产品及服务生产与传播的新兴出版业态"②。该观点创新之处在于：其一，将服务的理念纳入数字出版概念，不再局限于出版产品、数字内容产品；其二，将数字出版定义为一种新兴出版业态，定义为新兴出版业务经营的形式与状态；其三，该观点引入了一个"新兴出版"的提法，引发对数字出版、新兴出版的边界的思考，应该说数字出版是新兴出版的一种，但不是全部。"新兴出版"的提法，被 2015 年所公布的《关于推动传统出版和新兴出版融合发展的指导意见》所采纳，但是并未作出概念界定和诠释。

（7）北京市新闻系列（数字编辑）专业技术资格考试指导用书——《数字编辑基础与实务（初级）》指出：③ "数字出版有广义和狭义之分。广义的数字出版与数字传播，二者具有相同的基本属性。数字出版也是建立在计算机技术、通信技术、网络技术、流媒体技术、存储技术、显示技术等高新技术基础上，融合并超越了传统出版内容而发展起来的新兴出版产业。""狭义的数字出版是专指数字图书、数字报纸、数字期刊、手机书、手机报、手机刊、手机音乐、数据库出版物、电子书、数字音像制品、网络出版物、网络地图、网络游戏、动漫产品和按需印刷这 15 种具体形态。""数字出版是数字传播的一种形式，数字出版从属于数字传播。"该观点的创新点包括：其一，对数字技术的具体类型做了解读，包括计算机技术、通信技术、网络技术、流媒体技术、存储技术、显示技术等；其二，表明数字出版是对传统出版的继承、融合和超越；其三，狭义的数字出版，其实是对数字出版部分外延的界定；其四，对数字出版和数字传播的从属关系作出了论断，指明二者的共同属性，并指出数字出版是数字传播的一种形式。

（8）"狭义来看，数字出版的概念仍应建构在传统意义上的出版内容范畴之内，是以数字技术对传统文本内容进行转化和呈现，将数字技术与内容融合，以内容为核心，以数字技术为支撑的文本传播活动。"④ 该观点与前述黎娟观点类似之处在于，都在概念

---

① 黎娟. 数字出版概念研究 [J]. 新闻传播，2011（8）：117.

② 方卿，曾元祥，敖然. 数字出版产业管理 [M]. 北京：电子工业出版社，2013：1 - 3.

③ 数字编辑专业技术资格考试指导用书编委会. 数字编辑基础与实务（初级）[M]. 北京：北京联合出版公司，2015：2 - 5.

④ 罗秉雪. 数字出版：新语境下的概念演变与界定 [J]. 出版发行研究，2016（1）：28.

定义中给予"内容""技术"以浓墨重彩并探寻二者之间的辩证关系。同时，该观点立足媒体融合、出版融合的时代背景，仍然在出版说的范畴内探讨，并对数字技术与融合关系作出了说明，明确内容为核心、技术为支撑，将数字出版定义为以数字技术对内容转化、呈现，进行文本传播。

（9）数字出版是"以版权为核心，以数字网络为技术和载体，包括编辑、发行、传播的全过程"①。该观点指明数字出版的核心是版权，技术、载体和介质是数字网络技术，明确数字出版是过程，包含编辑、发行和传播的环节。这里对出版的"编辑、加工、复制、发行"的出版过程和环节进行了修改，没有体现"复制"的环节。

（10）有学者从语义视角论述对"数字出版"的再认识，指出数字出版是"采用数字信号技术将相关的信息内容进行编辑、复制和传播，出版物的阅读需用计算机或相应的阅读设备的新兴出版行为"。该观点提到了"数字信号技术"作用于信息内容的编辑、复制和传播过程，同时强调了计算机及类似阅读设备作为载体和介质。

综上，"数字技术说"受到主管部门对于数字出版治理的影响，以数字出版的规定性内涵为蓝本，都把数字技术、数字化技术、数字信号技术、数字网络技术体现在概念界定之中，突出数字技术在编辑、复制、发行、传播过程的赋能作用，指明数字出版是一种新的出版活动、出版方式、出版形式、出版行为或出版业态。

同时，"数字技术说"还有另外的具体化或曰非典型性表现形式，即把"互联网"纳入概念表达之中。如2005年4月，首届中国数字出版博览会新闻发布会上指出，"数字出版是指以互联网为流通渠道，以数字内容为流通介质，以网上支付为主要交易手段的出版和发行方式"②。再如，"数字出版概念的核心是重复使用"，"数字出版是依靠互联网，并以之为传播渠道的出版形式"。③ 上述两种观点，指明数字出版的特有属性在于都把互联网作为载体、介质或传播渠道。

3. 全媒体说

"全媒体说"，是用"全媒体"去指称数字出版的对象属性、定义数字出版内涵的学说统称。"二进制说""数字技术说"的诸多流派，无论观点有多大之不同，其核心在于对"数字出版仍属于出版"的坚守，坚持在出版的上位概念基础上去界定数字出版，坚持数字出版是对出版概念的继承和扬弃，坚持用出版的"编校印发"的基本理论内核去界定数字出版。而"全媒体说"与前述观点，则有着泾渭分明的逻辑，完全是跳出出版看出版，跳出出版的框架来界定数字出版的定义，试图用"媒体"理论去指称和界定数字出版，彰显了较强的开拓精神和理论勇气。

"全媒体说"的特点在于，作者的新闻传播学术背景较突出，几乎把广义的数字出

① 于正凯. 再论数字出版的概念及融合发展的关键 [J]. 传媒，2017（23）：70.
② 却咏梅. 数字出版：路在何方？[N]. 中国教育报，2005 – 05 – 16（18）.
③ 阎晓宏. 关于出版、数字出版和版权的几个问题 [J]. 现代出版，2013（3）：6.

版都定义为全媒体出版，以"数字媒体""全媒体"等字眼来定义数字出版，揭示其特有属性。但"全媒体说"大多较为模糊，对"全媒体""数字媒体"究竟是什么、包含哪些往往语焉不详。其主要观点如下：

（1）"数字出版实际上包括两方面的内容：一方面是传统出版业的数字化；另一方面是新兴数字传媒的崛起。"[①] 这是较早提出数字出版的外延包括新兴数字媒体的论断，及首次对出版业的数字化和独立的新兴数字媒体做出了区分。

（2）数字出版可以界定为"以标记语言为基础，以全媒体为显示形式，以强大的链接、搜索功能和个性化定制功能为主要特点的知识组织和生产方式"。作者进一步指出数字出版是"人类历史上成本最低的出版形态、全媒体出版、基于文章的出版"，"是现代管理流程"。该观点完全跳出出版的特有属性——编辑、加工、复制、发行，而是从XML等标记语言的逻辑起点出发，通过归纳总结链接、搜索、定制等特点，最后以全媒体显示形式来界定数字出版，并将落脚点放在知识服务上，指出数字出版是"一种知识组织和生产方式"。[②]

（3）数字出版"包括了新兴的数字媒体或个人生产并发布数字内容的整个过程和结果"[③]。该观点是在出版数字化和数字化出版二元关系上去界定数字化的出版，突出了数字出版（相对于传统出版）在创作、编辑、加工、复制和发行方面的原创性和独立性。

（4）"广义上的数字出版界定，即数字出版可定义为以'全媒体出版'为特点，数字技术为支撑，立足于内容层面的复合出版活动。"[④] 该观点明确地指出数字出版以全媒体出版为特有属性，以数字技术为支撑，并总结出内容生产加工、传播发布等产业链环节的"全媒体化""多媒体复合"的特点，甚至考虑到了数字出版与广播影视、网络视听等其他产业的融合。该观点的时效性较强，时代烙印较为深刻，受到了国家新闻出版总署与国家广播电视总局合并大背景的深刻影响。

（5）有学者指出，鉴于目前新媒体融合背景，数字出版应该还有更广义的界定，属于全媒体的"数字出版"。在全媒体领域的数字出版仍然也离不开核心要素——"出版内容、技术、阅读设备和出版活动"[⑤]。该观点注重从出版内容、出版载体和出版活动三个维度定义数字出版，对于全媒体究竟是什么、包含哪些，即全媒体的"所指"和"所谓"没有做出具体阐释。

国内最早的全媒体出版概念，是指"图书一方面以传统方式进行纸质图书出版；另

① 祁庭林. 传统出版该如何应对数字出版的挑战［J］. 编辑之友，2007（4）：4.

② 张大伟. 数字出版即全媒体出版论：对"数字出版"概念生成语境的一种分析［J］. 新闻大学，2010（1）：120.

③ 唐沁，陈丹. 传统出版的数字化和数字化出版的比较研究［J］. 陕西广播电视大学学报，2011（2）：70.

④ 罗秉雪. 数字出版：新语境下的概念演变与界定［J］. 出版发行研究，2016（1）：27.

⑤ 苗守艳. 基于语义视角对"数字出版"的再认识［J］. 河北民族师范学院学报，2019（11）：52.

一方面以数字图书的形式通过互联网、手机、手持阅读器等终端数字设备进行同步出版"①。用全媒体去界定数字出版，时效性较强、提法较前沿，但是往往局限于媒体素材的丰富性、媒体传播渠道的多样化、媒体传播手段的多元化等方面，没有从数字出版的本质属性、特有属性角度去深度揭示数字出版的内涵。

综上，"全媒体说"，侧重媒体特征，强调文字、图片、声音、影像、影视的媒体素材的综合运用，突出全方位、立体化的传播展示，通过多种传播手段进行传输，从媒体素材、媒体传播、媒体展示等方面揭示了数字出版的属性；但是，该观点所揭示的特征并非本质特征，也没能上升到特有属性、本质属性的高度去指称数字出版的对象。

二、数字出版概念价值与提炼

数字出版作为出版学的子学科，其理论自足是学术之切、实践之要、时代之需，其"本体论、价值论、规范论、运行论"为主体的基础理论体系亟待建构，以"产品体系、技术体系、营销体系、管理体系、标准体系、制度体系"为主干的市场调节体系有待梳理，由"规划治理、财政治理、税收治理、标准治理"所主导的治理体系尚待总结。

数字出版的概念，是指通过反映本质属性、特有属性来指称数字出版的思维形式。确定数字出版的概念，要反映数字出版特有的且其他出版业态缺乏的属性，要体现出数字出版区别于音像出版、电子出版、图书出版等其他出版业态的根本特征。作为数字出版本体论的第一块理论基石，数字出版概念是对整个数字出版认识的高度浓缩，是对数字出版特有属性的归纳，是构建数字出版基础理论体系、市场调节体系、综合治理体系的逻辑起点，其重要性不言而喻。

（一）数字出版概念研究价值

二十年以来，政产学研各界对数字出版概念的研究一直未有中断，始终保持乐此不疲的态度。究其根本，其研究价值有三：

1. 节约交流成本

通过对概念的研究，解决数字出版的内涵问题，确立数字出版的根本特征，即数字出版的"所指"，明确数字出版是什么；解答数字出版的外延问题，即数字出版的"所谓"，数字出版有哪些形态。在此基础上，"车同轨，书同文，行同伦"，出版共同体——政产学研各界，可以在相同或相似的内涵、外延前提下，去探讨数字出版的学术问题和实务问题，最大限度地避免误会和误解，以节约各种交流成本，包括时间成本、学术成本和经济成本等。

---

① 童之磊. 全媒体出版［J］. 印刷技术，2011（s1）：10－11.

2．增进理论自足

数字出版概念是数字出版理论体系形成的起点。从数字出版的概念到特征、地位、价值，进而到市场调节体系和综合治理体系，数字出版概念的研究是理论自足的首要因素和第一环节。

3．推动学派形成

对数字出版基本概念的提炼和运用，由此建立起相应的理论，对于学派的形成至关重要，也是考量一个学科是否成熟的重要标志。如前所述，"二进制说""数字技术说"和"全媒体说"分别代表了新闻传播学、出版学之中的不同院系、不同学派之前的典型观点，有助于逐步推动数字出版不同流派的建立和健全。

（二）数字出版概念提炼方法

数字出版概念的提炼要遵循以下三种逻辑。

1．种属逻辑

数字出版与出版的关系，是种属关系，学者们对数字出版的概念大多表述为"数字出版……的出版形式/方式/活动/行为/业态"。数字出版是出版的一种，是出版的下位概念，无论数字出版如何定义，都要遵循概念的继承性，在出版的大前提下界定概念的内涵和外延。从逻辑学上讲，该公式可以概括为"属＋种差"。"属"是指数字出版也是"一种出版"；"种差"是指数字出版的特有属性和根本特征，是数字出版所独有而其他出版形态所没有的，是数字出版区别于其他出版之所在。

2．时间逻辑

从时间逻辑来评判三类观点，对于数字出版概念的"变"与"不变"值得去总结和归纳，在"变"与"不变"的逻辑关系中把握数字出版的本质、特有属性。"二进制说"界定数字出版内涵，上升到了数字技术的源头，其可接受度和传承度相对受限；"全媒体说"突出和强化了数字出版的外化特征，在对本源的追溯方面失之于"浅"和"简"。而相比之下，"数字技术说"，一方面将数字出版的特有属性归结到数字技术的应用，上升到数字技术源头的高度；另一方面其可接受度和传播范围将会不断扩展，有利于产业拓展和学科发展。

3．本源逻辑

从本源逻辑来看，概念是通过反映对象的特有属性来指称对象的思维方式。概念的"所指"，即概念是什么，也就是概念的内涵，内涵必须体现所指称对象的特有属性和独有特征；概念的"所谓"，即概念所指称的对象有哪些，也就是概念的外延。从内涵和外延两个角度去把握数字出版，对数字出版进行精准的画像，画出最大的同心圆，提炼出版共同体能够公认的概念。

数字出版的特有属性、独有特征究竟是什么？数字出版区别于图书出版、音像出版等其他出版形态的地方是什么？早在 2010 年，方卿教授指出："数字出版，与传统出版的本质区别同样也是源于出版技术手段的进步。以信息处理与传播为核心的数字技术的进步给传统出版业带来了巨大影响，催生了今天的所谓数字出版业。"① 因此，可得出结论，审视内涵，数字出版定义之关键在于"数字技术"：数字技术是数字出版的特有属性所在，导致了数字出版区别于其他出版形态；数字出版，是数字技术作用于出版各环节，是用数字技术进行作品的编辑加工、复制和传播。分析外延，数字出版的外延包括哪些？包括但不限于出版产品的数字化、出版数字化技术应用、出版营销的数字化、出版流程的数字化等。

三、数字出版概念的内涵与外延

综上，根据种属逻辑、时间逻辑和本源逻辑，我们可以得出结论，数字出版概念的内涵中需要包含"出版""新型""数字技术"等要素。

（一）数字出版的内涵

用定义的方法来揭示数字出版的内涵，本书认为：数字出版，是指以数字技术将作品编辑加工后，经过复制进行传播的新型出版。

为更好地理解上述数字出版定义，可从以下三个方面着手。

1. 数字出版对出版概念的继承

数字出版仍然是"出版"，是对"出版"的继承性概念。上述定义方式，体现了对出版的坚守，延续了出版的血脉。数字出版的核心环节仍然是"编辑加工、复制、发行"等出版的本质性要素，仍然是在出版的范畴内谈数字出版；编辑加工、复制、发行，仍然是数字出版产业链的核心内容。数字出版的基本要素、基本环节包括以下三部分：一是对作品的选择、优化、提升的"编辑加工"，是去粗取精、去伪存真的过程；二是对作品进行复制，依托于多样化的介质，进行大量副本的供给；三是对编辑加工复制后的产品进行传播，面向个人客户或机构客户，专业用户或大众用户。

2. 数字出版是对出版概念的扬弃

数字出版，区别于传统出版，是出版的创新性概念和拓展性概念。数字出版将出版的概念，化有形为无形，从形而下延伸到形而上；将出版的外延拓展到了新的领域；将出版的认知提升到了新的高度，赋予出版产业链环节新的内涵。具体表现为：编辑加工环节，采用数字化的协同编纂工具、数字化校对工具；复制环节，副本不再单纯以纸质载体呈现，而是以光、磁、电、网的介质出现或者以"纸介质 + 新介质"的融合介质出现，如 AR 出版物、VR 出版物等；发行环节，从延时性传播转为即时性传播，从线下有形的存储、物流、配送转为无形的网络传播、线上传播。很多情况下，数字出版产品一

---

① 方卿. 资源、技术与共享：数字出版的三种模式［J］. 出版科学，2011（1）：29.

经审核完毕，就步入传播环节，甚至是即时传播，不再像传统的出版产业，要经过入库、出库、物流等周期较长的发行环节。

3. 数字出版是一种新型出版

相对于图书出版而言，数字出版是一种新型出版。新在何处？其一，"版"的概念在淡化：对版面、版心不再提出严格要求，甚至 epub、mobi 等流式文件的受欢迎度远超过版式文件。其二，介质的多样化：介质由单一的纸张转变为互联网、计算机、终端阅读设备等，即便是融合出版物，其二维码的关联指向、AR 模型的关联指向也都是特定的互联网、APP 等网络介质载体。其三，用户取代读者，"用户"的使用程度远超过读者，如某知识库的用户是谁，而不是读者是谁。其四，双向性、互动性特征明显：数字出版能够实现对产品的实时互动、反馈和响应；内容数据、交互数据，尤其是用户数据能够实现回溯，实现出版数据的生态闭环。故，数字出版是一种新型出版。至于是新型的出版方式、出版活动、出版行为还是新型的出版业态，则可根据具体语境而灵活加以适用。

4. 数字出版的特有属性是数字技术赋能

数字出版是数字技术作用下的出版，是数字技术赋能的出版。

其一，数字出版的特有属性在于对数字技术的运用。"数字技术，是一项与电子计算机相伴相生的科学技术，它是指借助一定的设备将各种信息，转化为电子计算机能识别的二进制数字'0'和'1'后进行运算、加工、存储、传送、传播、还原的技术。"[1]由于在运算、存储等环节中要借助计算机对信息进行编码、压缩、解码等，因此也称为数码技术、计算机数字技术、数字控制技术等。

其二，用"数字技术"揭示数字出版的概念，其外延大于用"二进制"指称数字出版。需要指出的是，数字技术一般都采用二进制，这也是本节前述的"二进制说"一段时间内占据数字出版概念主要流派的原因。但是，理论上来讲，数字技术还可能采用三机制或者多进制。《新闻出版业科技"十三五"时期发展规划》指出：鼓励其他领域高新技术在新闻出版行业的应用研究。随着数字技术的飞速发展，以数字技术应用于出版业为特有属性的数字出版外延也将不断扩大。

其三，用数字技术揭示数字出版的本质特征，能够更容易理解、接受和传承。数字技术是"多种数字化技术的集称，包括区块链、大数据、云计算、人工智能等"[2]。几乎所有的能够应用于出版的数字技术，都可以采取"拿来主义"的方法加以运用，如增强现实技术、虚拟仿真技术、区块链技术、大数据技术、数字图书馆技术、版权保护技术、电子书制作技术、知识库技术等。随着数字技术的日新月异，对于经济、社会、科

---

① 房国志. 数字电子技术［M］. 北京：高等教育出版社，2019：1－2.
② 李礼辉. 数字技术发展将大幅提升经济效率［EB/OL］.［2019－12－18］. http://www.xinhuanet.com/fortune/2019－12/18/c_1125357568.htm.

技发展的诸多领域，都开始以"数字"来表达，如数字经济、数字社会、数字政府、公民数字素养与技能等。由此，用数字技术来揭示数字出版的本质特征，会具有更好的理解、传播和推广效果。

其四，数字技术应用于出版的任一环节或整个环节，都可称之为数字出版。数字技术应用于整个出版流程，就产生了出版的数字化流程再造，也就是出版的数字化。数字技术应用于产品创作，如在计算机或互联网上创作文学作品并进行传播，就构成了网络文学；数字技术应用于产品加工，如纸质图书的数字化加工制作，便形成了电子图书；数字技术应用于产品复制，如向高校图书馆提供的数字图书的多副本供给，便产生了数字图书馆；数字技术应用于产品发行，如最新的网络直播带货，便构成了出版营销的数字化转型。

（二）数字出版的外延

数字出版的外延，是指数字出版内涵反映的特有属性的每一个对象，表明数字出版指称的对象范围。换言之，数字出版的外延，是指具有数字出版内涵构成性质的那些对象，也就是可用数字出版来指称的所有被指称者。

对于数字出版的外延究竟包含哪些，历来是众说纷纭。外延大的，可多达数十种形态，无所不包，甚至触角延伸至传播学、广告学等领域；外延小的，甚至仅局限于传统出版的数字化，停留在书报刊的数字化方面。从产业链视角来分析，有学者提出了相对完整的数字出版外延："创作数字化、编辑数字化、出版数字化、发行数字化、标识数字化、管理数字化。"①

这里的问题，就出在对数字出版外延是否达成了共识，以及达成了多大范围的共识。

1. **数字出版外延的确定性**

外延的确定性，是指数字出版所指称的稳定的对象范围，能够取得出版共同体的认同，在大家心目中属于约定俗成的数字出版范围。经过长期的学术研究和实践发展，下述相对成熟、稳定的数字出版形态得到了人们的公认和接纳，主要包括：电子书、数字图书馆、数据库产品、手机出版物、网络出版物、终端阅读出版物、数字游戏、数字动漫等。而创新性的数字出版，被明确列入国家标准或行业标准的，主要有：AR 出版物、VR 出版物、知识服务、知识库产品、大型开放式网络课程 MOOC（massive open online courses）、个性化知识解决方案、小规模限制性在线课程 SPOC（small private online course）、智能知识服务等。

2. **数字出版外延的不确定性**

外延的不确定性，主要包括扩展性和模糊性两方面。

（1）外延的扩展性，是指由于数字出版的内涵随着人们对客观对象认识的深化而变

---

① 聂震宁. 数字出版：距离成熟还有长路要走［J］. 出版科学，2009（1）：7.

化，或者基于形势的发展或出自实践需要的变化而变化，导致内涵构成的性质有所改变，从而导致数字出版外延发生相应的变化。这是数字出版外延不确定性的一方面体现。如，AR 出版物虽是 2016 年以后才集中出现在数字出版领域的，但是其飞速发展，影响力不断扩大，甚至为此出台了《出版物 AR 技术应用规范》行业标准。进而导致数字出版的指称对象中，又多了一个 AR 出版物："应用三维（3D）模型等数字媒体与印刷图文及图文中的坐标点、空间位置等信息关联，满足用户增强现实体验需求的报纸、期刊、图书、网络出版物等。"①

（2）外延的模糊性，是指客观对象中有难以界定是否属于数字出版外延的两可情形，会导致外延的模糊性，这是数字出版外延不确定性的另一方面体现。如互联网广告是归属于广告学的范畴，还是数字出版的范畴？知识短视频等数字视听，是广播电视领域，还是数字出版领域？两边是各说纷纭、各执一词。类似的现象还有新近出现的网络直播售书，是数字出版的营销数字化，还是属于传统图书发行等等。

小结

综上，概念问题，是数字出版理论体系的逻辑起点，是数字出版入门的钥匙。数字出版概念包括内涵和外延，其中：内涵，即数字出版"所指"，数字出版是什么；外延，即数字出版"所谓"，数字出版有哪些。数字出版的规定性内涵，首次对数字出版概念做出了权威和法定的界定；而数字出版的认识性内涵，经历了"二进制说""数字技术说""全媒体说"的演变，其中"数字技术说"的影响力一直延续至今。数字出版的外延，包括确定性、扩展性和模糊性三个特征，其关键在于对象范围是否达成了共识以及达成了多大范围的共识。

对数字出版概念研究的价值在于节约交流成本，达成专业共识，增进理论自足，推动学派形成。以种属逻辑、时间逻辑和本源逻辑作为提炼方法，可得出结论："数字出版，是指以数字技术将作品编辑加工后，经过复制进行传播的新型出版。"从该定义可以看出，数字出版是出版的继承性概念，也是出版的创新性概念。数字出版是一种新型出版，其特有属性是数字技术的赋能。

数字出版概念的研究，关系到数字出版的特征理论和研究对象，前者是数字出版的地位或话语权问题，后者关系到数字出版能否成其为一个独立学科，区别于其他出版形态；为加深对数字出版概念的认知，有必要对数字出版的特征和研究对象加以研究。

---

① CY/T178—2019《出版物 AR 技术应用规范》［S］.

第二节　数字出版属性

属性，是指事物所具有的性质、特点。[①] 属性包含两个方面：一方面是内部的"特质"或曰"特性"，即内在的、"质"的规定性；另一方面是指特点以及特点表现出来的征象、标志（特征），即外在的、"象"的规定性。一个具体事物，总是具有许许多多的性质与特点，我们把一个事物的性质与特点，称为事物的属性。一个事物与另一个事物的异同，也就是一个事物的属性与另一事物的属性的异同。

数字出版属性

数字出版的属性是指数字出版本身所固有的性质和特点，是由数字出版的内部矛盾所决定的。数字出版属性包含两个方面：其一，数字出版的"特性"或曰"特质"，即数字出版内在的、特殊的性质，是内化于数字出版各种业态、产业链各个环节的特有的"质"的规定性，主要包括意识形态属性、文化属性、产业属性和数字技术属性；其二，数字出版的"特征"，即数字出版整体所表现出来的特有征象、标志，是数字出版性质的外部表现，是数字出版外部"象"的体现性，是数字出版区别于其他出版形态的特点所在，是体现数字出版本质特点的概括性标志，主要有"数字化、现代性、开放性、互动性"[②] 四个基本特征。数字出版的特性侧重于内，内含于数字出版的全过程、各方面、各环节、各要素之中；数字出版的特征体现于外，外化于数字出版的理念、制度、实践之中，并在与其他出版形态的相互比较之中得以提炼，而更加凸显。数字出版的特征是丰富的、多变的，伴随着不同的时代背景、产业发展、技术变迁而不断发展和变化；数字出版的特性则是相对恒定的、深刻的，决定着数字出版的发展业态、阶段特征和基本趋势。数字出版的特征与特性统一于数字出版本体，从本质与现象、内在与外在、稳定与变化等不同维度刻画和描绘着数字出版的属性。

中国特色数字出版具有四种基本属性：意识形态属性、文化属性、产业属性和数字技术属性。其中，意识形态属性是根本属性，反映着我国数字出版的政治方向、内容导向和价值取向；文化属性是固有属性，是出版活动传播知识、传承文明的使命所在、任务使然；产业属性也是固有属性，是数字出版得以产生、发展、壮大的经济基础，规定

---

① 中国社会科学院语言研究所词典编辑室. 现代汉语词典［M］. 7版. 北京：商务印书馆，2018：1215.

② 张新新，陈奎连. 数字出版特征理论研究与思考［J］. 中国出版，2021（2）：8.

和制约着数字出版的经济话语权；数字技术属性是数字出版的特有属性，出版活动具有技术属性，而数字出版则依赖数字技术赋能，是依托数字技术而产生的新兴出版业态，数字技术驱动是其重要动力特征。

一、意识形态属性

根本属性是决定某一事物之所以成为该事物而区别于其他事物的属性。相对于其他国家的数字出版而言，意识形态属性是中国特色数字出版的根本属性、特有属性，是中国特色数字出版与其他国家数字出版的差异所在、区别所在。中国特色数字出版的意识形态属性，是指内含于数字出版之中的反映、维护和传播主流意识形态的特质，是中国数字出版所独有的特性。

数字出版的意识形态属性包含"反映什么样的意识形态、怎样反映意识形态"两个问题。问题一，中国特色数字出版要反映什么样的意识形态？习近平总书记指出，建设具有强大凝聚力和引领力的社会主义意识形态，是新时代坚持和发展中国特色社会主义的一个重大命题，也是全党特别是宣传思想战线必须担负起的一个战略任务。我国出版工作作为党与人民的喉舌和党的重要意识形态阵地，关系到为中国特色社会主义伟大事业提供思想保证、精神动力和智力支持，关系到国家安全、政治稳定、民族团结和社会安定，关系到人的全面发展，尤其会影响人们的政治立场、理性信仰、价值取向和道德观念。[①] 数字出版作为出版工作的最前瞻、最活跃的业态，作为出版业的创新业态和最新发展阶段，作为直面互联网前沿阵地的出版业态，作为宣传思想战线的重要组成部分，须更好地完成反映、维护和传播社会主义意识形态的艰巨任务。问题二，怎样反映意识形态？须在指导思想、功能价值、两个效益等方面着手，不折不扣地完成意识形态工作的主要任务，用好互联网，在更大范围、更多人群中弘扬和传播主流意识形态，确保意识形态阵地安全、可管可控。具体而言，可在以下几个方面入手：

（1）在指导思想方面，中国特色数字出版坚持以马克思列宁主义、毛泽东思想、邓小平理论、"三个代表"重要思想、科学发展观、习近平新时代中国特色社会主义思想为指导，全面贯彻落实习近平总书记关于出版工作的重要论述，紧扣新时代中国特色社会主义事业总体布局和战略布局，围绕立足新发展阶段、贯彻新发展理念、构建新发展格局，聚焦举旗帜、聚民心、育新人、兴文化、展形象的使命任务，以社会主义核心价值观为引领，以推动出版业高质量发展为主题，以深化出版领域供给侧结构性改革为主线，以推动出版业改革创新为根本动力，以多出优秀作品为中心环节，以满足人民日益

---

① 国家新闻出版署出版专业资格考试办公室. 出版专业基础·中级：2020 年版［M］. 北京：商务印书馆，中国书籍出版社，2020.

增长的学习阅读需求为根本目的，为人民群众提供更加充实、更为丰富、更高质量的出版产品和服务，推动出版业实现质量更好、效益更高、竞争力更强、影响力更大的发展。这是中国特色数字出版与时俱进的理论品格体现，也是中国特色数字出版学的根本特征。中国特色数字出版作为我国出版业的发展方向，应该坚持为人民服务、为社会主义服务，坚持百花齐放、百家争鸣，坚持创造性转化、创新性发展，更好承担"举旗帜、聚民心、育新人、兴文化、展形象"的使命任务。

（2）在核心价值观方面，要做好主题出版、精品出版、融合出版工作，以优秀的作品弘扬和传播社会主义核心价值观，以核心价值观引导非主流价值观，以正确的价值观战胜错误的价值认知；要多出弘扬优秀科学家精神、企业家精神的精品力作；要开展高质量的精品数字教材建设，尤其要注重核心价值观对青少年的教育引导和实践养成。

（3）在功能价值方面，中国特色数字出版的内在价值在于通过平衡、充分、高质量发展，持续优化数字出版产品和服务供给，不断满足广大人民群众日益增长的学习阅读需求、美好精神文化生活需要；中国特色数字出版的外在功能在于通过数字化战略的实施，构筑服务于国民经济各行业的知识服务体系，服务于全面建成小康社会的政治、经济、文化、社会、生态文明等各方面事业。

（4）在两个效益方面，出版活动中的社会效益是指有益于社会主义物质文明和精神文明建设的出版效果，而经济效益是指通过出版经营获得的经济收益。中国特色数字出版必须坚持以社会主义核心价值观为引领，坚持将社会效益放在首位，致力于实现社会效益和经济效益相统一。当经济价值和社会价值相冲突时，当经济效益和社会效益相矛盾时，要坚持社会价值高于经济价值、社会效益高于经济效益的原则。

（5）在数字出版共同体方面，互联网已经成为意识形态阵地的主战场、主阵地、最前沿，网络意识形态是意识形态的重中之重。如何将互联网这个意识形态的"最大变量"变为"最大正能量"，是摆在我国数字出版人面前的一道时代课题。数字出版实务工作者，应该接受思想淬炼、政治历练和实践锻炼，强化专业训练，增强业务本领，提高掌握新技术规律、驾驭新技术应用的能力，进而牢牢把握网络阵地的意识形态工作的主导权；数字出版教育工作者，应该坚守高校阵地，坚持正面引导，加强国家安全教育，加强高校意识形态阵地建设，牢牢把握高校意识形态工作的话语权，不断巩固马克思主义指导地位，谨防马克思主义被边缘化、空泛化、标签化，避免马克思主义课堂"失语"、教材"失踪"、论坛"失声"情况的出现；数字出版科研工作者，应坚持正确的指导思想，聚焦应用理论，开拓基础理论，紧跟前沿理论，以马克思主义的立场、观点和方法开展学术研究和理论钻研，逐步构建中国特色数字出版学科体系、学术体系和话语体系。

（6）在数字技术应用方面，数字出版企业在应用技术、研发数字产品的过程中，要高度重视意识形态安全、重视文化安全和内容安全，尤其要加强对原创性数字产品的内容审核。在产品设计、制作、发布过程中，要高度关注技术应用安全，避免掉入技术的陷阱，防止敌对势力的技术渗透和进攻，防止黑客对网络应用的攻击。在产品销售和售后服务中，也要注意网络安全问题，尤其是采取 B2G、B2B 商业模式时，出版机构在面向国家机关、事业单位推广数字产品服务时，要高度关注软件程序的运行安全问题，经常检查软硬件是否被植入病毒，提供产品运营维护进程中的安全保障，确保中国特色数字出版的绿色、安全、可持续、高质量发展。

二、文化属性

关于出版的文化属性，有学者指出："出版的文化属性，是指出版活动反映文化、传播文化和影响文化的属性，是出版活动区别于一般经济活动的根本属性。"[①] 其将"文化属性"作为出版的根本属性。也有学者在辨析了其"文化属性"和"意识形态属性"的关系后指出："尽管出版活动具有重要的意识形态属性，但这种属性并不是出版活动的本质属性，出版活动的意识形态属性是附着于文化属性的，亦即，出版活动的意识形态属性要通过文化属性来保证和实现。"[②] 如果单纯论出版，考虑到不同国别、区域，出版的意识形态属性的确不能称其为根本属性；但是，中国特色出版、中国特色数字出版，其根本属性在于意识形态属性，这是我国出版、我国数字出版的特性所在、特质所在。

文化属性是中国特色数字出版的固有属性。文化属性，是指中国特色数字出版在文化建构、文化选择、文化继承、文化传播、文明传承方面所具备的性质和特点。数字出版产品、服务的文化性决定了数字出版的文化属性，数字出版的各环节都包含了文化的意义；同时，数字出版的基本环节是以数字技术进行编辑、复制、加工、传播，各环节工作的对象指向便是知识、是文化。

在文化建构方面，数字出版提供了新的文化建构方式、新的文化建构背景和新的文化建构内容。有学者认为，作者创作属于"第一次物化"劳动，而编辑协助创作属于"第二次物化"劳动，是"私人文化社会化"，将文化生产的个人行为盖上"社会印章"的过程。[③] 在文化建构方面，数字出版能够为作者提供新的建构载体，作者不再仅仅依靠"纸"和"笔"进行创作，而是在计算机屏幕、键盘、手机等媒介进行创作，通过互联网和读者进行及时互动。数字出版所带来的是创作思维方式、工作方式的变迁。

在文化选择方面，数字出版丰富了内容选择、技术选择的方法和路径。一方面，数字出版编辑在策划选题、组约稿件时，会选择更加适合网络传播、大众传播的文化内

---

① 张文红. 论出版的性质及其关系 [J]. 出版发行研究，2017（3）：6.
② 刘生全，孟春莲. 出版活动的文化属性辨析 [J]. 大学出版，2005（3）：44.
③ 刘生全，孟春莲. 出版活动的文化属性辨析 [J]. 大学出版，2005（3）：42.

容，以覆盖更多人群和更大范围，获得更好的传播效果；另一方面，在具体的文化内容加工过程中，数字出版编辑可借助智能编校排系统，利用最新的数字技术工具，对文化内容"去伪存真""去粗取精"，起到优化提升的作用。

在文化传播方面，数字出版呈现出即时、大范围、海量用户的传播效果。不像传统出版受到"种、册、件"模式的传播限制，数字出版产品一经研发完成，经过审核之后发布，即可"瞬间"通过网络传播到终端用户。传播速度之快，传播范围之广，传播用户之多，是传统出版所难以企及的。

在文化承载方面，数字出版对文化内容的保存，不再局限于传统的以纸张为载体的印刷品，而是可以保存在磁、光、电等介质形态的光盘、U 盘和硬盘上。党的十九大报告中指出，要"推动中华优秀传统文化创造性转化、创新性发展"，在丰富中华优秀传统文化内涵的同时，可以利用数字出版技术对传统文化进行创新表达，以人民群众喜闻乐见的形式进行呈现，彰显中国特色社会主义文化自信。

数字出版文化属性的集中体现是，全方位、立体化、多层次地反映中华优秀传统文化、革命文化和社会主义先进文化。在当下，中国特色数字出版的文化属性，无论是文化建构、选择抑或文化传播和继承，都围绕着反映革命文化、社会主义先进文化和中华优秀传统文化展开。要以数字化、智能化的技术推动中华优秀传统文化的创新性转化和创造性发展，赋予中华优秀传统文化以新的内涵，不断提升中华优秀传统文化的表现力、呈现力和接受度；要综合运用 5G 技术、AR 技术、VR 技术等，再现和增强革命、改造、改革、新时代等各时期的文化，更好地继承革命文化，发展社会主义先进文化。

综上所述，数字出版的文化属性体现在更丰富的载体、更广阔的渠道、更全面的媒体上，向更多用户传播知识和传承文明。具体而言，各种不同类型的数字出版，其传播和传承重点各有侧重。一言以蔽之，数字出版的文化属性体现在对传统文化的继承，对当世知识的传播，对未来传承文明。

三、产业属性

关于出版、数字出版的产业属性或曰经济属性，论述颇多，学者们已形成共识，如我国出版业在"市场体系与要素市场建设、市场主体建设和新业态发展方面展现出全新的活力"[1]。"出版业的显著特点就在于它是文化传播与物质生产的统一。它一方面具有符合人类精神需求的文化品格，另一方面又以实物形式来满足市场需求。"[2]"出版业是

---

[1] 方卿，王一鸣. 40 年新闻出版事业与产业发展 [J]. 中国出版，2018（22）：4.
[2] 于友先. 论出版产业的两重属性与宏观管理 [J]. 编辑之友，2003（4）：4.

一个特殊的产业，有一般产业属性，是文化传播载体，也是知识经济的基础产业。"① 出版业是"文化产业、信息产业、服务产业、知识密集型产业"②。数字出版的产业属性，可从"成本属性、价值认知属性、价值链重构属性、生命周期属性、知识产权属性"等方面加以归纳和总结。③ 就产业属性而言，数字出版是在第三次信息技术革命的大背景下，提升和改进传统的"种、册、件"的商业模式，从更丰富的介质、更广阔的渠道、更立体的服务层面拓展出版的商业价值，进行市场化和产业化的出版业态。

数字出版的产业属性，是指数字出版反映和体现着产业发展的性质和特点。产业属性，也是中国特色数字出版的固有属性。数字出版，在我国既是事业也是产业，体现着产业发展的性质和特点，其产业属性贯穿于产品、技术、营销、人才、制度等产业链各环节。数字出版产业，是指提供相似的数字出版产品、服务，在相同或相关价值链上活动的企业构成的企业集合，是由利益相互联系的、具有不同分工的、由各个相关行业所组成的业态总称。数字出版物的商品性决定着数字出版的产业属性，数字出版物是劳动产品，是用于交换的劳动产品，是使用价值和价值的统一体。

判断数字出版产业属性的几个依据包括：一是数字出版具备了产业链环节的各个要素。经过多年的发展，数字出版已形成了包含内容策划、技术应用、市场营销、人才建设、制度构建等在内的完整产业链，数字出版产品和服务取得了较为突出的成效，科技赋能出版效应逐步显现，数字出版人才队伍建设取得了较好的业绩，"人才引进、使用、培养和晋升机制"已经确立和达成共识、"人才评估、管理体系"得以健全和优化，④以复合型、现代化为特征的数字出版"领军人才、管理人才、内容人才、资本运作人才、技术人才和销售人才"⑤ 队伍体系基本成型，从业者规模多达数千万人，产值持续攀升并逼近万亿元规模。二是数字出版被明确列入文化产业的"文化核心领域"。根据2018 年发布的《文化及相关产业分类（2018）》规定，数字出版位于"02 内容创作生产"序列之中，中类代码 021 出版服务，小类代码为 0215 数字出版。三是数字出版产业政策频出，逐步成为战略性新兴产业。数字出版分别于 2006 年、2016 年、2021 年三次列入中华人民共和国国民经济和社会发展规划纲要。2021 年发布的"十四五"规划纲要指出："实施文化产业数字化战略，加快发展新型文化企业、文化业态、文化消费模式，壮大数字创意、网络视听、数字出版、数字娱乐、线上演播等产业。"从"十一五"规划指出"发展现代出版发行业，积极发展数字出版，重视网络媒体建设"，到十"三

---

① 柳斌杰. 提高创新意识加快改革发展：用"三个代表"重要思想统领出版工作 [J]. 中国出版, 2003（1）：8 – 9.

② 姚德权. 属性的重新界定：新闻出版业分类发展的理论基础 [J]. 科技与出版, 2004（5）：20.

③ 熊玉涛. 数字出版的商业属性与赢利模式 [J]. 科技与出版, 2010（6）：13 – 14.

④ 张新新. "十三五"的数字出版人才政策与实践研究：以政产学研一体化为视角 [J]. 出版广角, 2016（19）：18.

⑤ 张新新. 全方位布局与培养数字出版人才 [J]. 出版参考, 2016（6）：6.

五"规划指出"加快发展网络视听、移动多媒体、数字出版、动漫游戏等新兴产业""推动出版发行"等"传统产业转型升级",再到"十四五"规划提出壮大数字出版等产业,"加快发展""积极发展"到"壮大"产业的提法改变、用词变化,也显示出数字出版产业从无到有、从小到大的不断发展、壮大和繁荣的过程。同时,数字出版的规划治理、财政治理、安全治理、税收治理、标准治理的治理体系已经逐步健全和规范,数字出版治理体系和治理能力的现代化水平也在不断提升。

数字出版产业是数字技术背景下出版产业的新业态,不仅包括传统出版业的数字化部分,同时包括网络游戏、数字音乐、网络视频和数字教育等新兴出版业态。《2019—2020 中国数字出版产业年度报告》指出:2019 年我国数字出版产值达到 9 881.43 亿元,比上年增长 11.16%。虽然有一批专业出版社的数字出版收入突破千万元,甚至有教育出版社数字出版突破亿元收入的案例,在数字出版高质量发展方面迈出了坚实的一步;但是,遍观整个产业,数字书报刊总产值约为 89.08 亿元,仅占全部数字出版产业总产值的 0.9%,数字出版产业化发展的道路仍然非常漫长。

数字出版的产业属性,在新闻出版业转型升级早期一直被业界高度重视,重视程度甚至超过了其他属性。究其原因,一方面是因为国家宣传部门还没有站到出版管理的第一线,数字出版从业者往往重点关注提质增效,数字出版的产业属性被不断重视和强化,而对其事业属性的认知还没提到足够的高度;另一方面是因为早期的数字出版投入较大、产出不明显,无论是行业层面还是企业层面都强调数字出版的投入产出比,强调数字出版的营收和利润,强调数字出版的提质增效。数字出版的产业属性,在早期被高度重视是合乎发展规律的,只有建立起成熟的商业模式,只有拥有了完善的运营渠道体系,只有数字出版产品能够精准推送到用户终端,才能起到传播知识、传承文明的作用,才能让主流意识形态阵地更加牢固,才能使党和国家的路线方针政策拥有更加广泛的群众基础,才能够有效地将社会效益和经济效益相统一。

四、数字技术属性

数字技术属性是指数字出版自身所具有的反映数字技术的性质和特点,是数字出版的特有属性、本质属性。数字出版的产生、发展、壮大、繁荣,离不开高新技术的发展,依赖于高新技术的赋能。毫无疑问,数字出版具有技术属性。从古至今,技术的发展,一直推动着出版的发展,因此,出版本身就具有技术属性,只有数字技术属性才是数字出版的特有属性。"数字出版的特有属性是数字技术赋能。数字出版是数字技术作用下的出版,是数字技术赋能的出版。"[①]

---

① 张新新. 数字出版概念述评与新解:数字出版概念 20 年综述与思考 [J]. 科技与出版,2020（7）:53.

数字出版的从无到有、从小到大，是技术要素赋能的过程，是技术要素转移至出版产业的过程，是数字出版共同体对数字技术原理认知深化的过程，是数字出版共同体不断探寻数字技术在出版业的应用场景的过程，也是信息要素、数据要素、技术要素与知识生产、传播深度融合的过程。科学技术是第一生产力，是推进出版业高质量发展的第一动力。出版业的发展史，是一部从"笔与纸""铅与火""光与电"到"数与网"的发展历程，历经手工抄写阶段、手工印刷阶段、机械印刷阶段和电子出版阶段，目前步入了智能出版时代。这个古老的产业，每一次的跨越式发展、大踏步前进，都是借助技术之翼、依凭创新驱动，都是吸收了最新的科技生产力。因此，有学者指出，"出版的发展史是积极应用科技成果的历史，以区块链、大数据、人工智能等为代表的信息技术应用是当前中国出版业高质量发展面临的新机遇"①。具体来讲，数字出版的数字技术属性体现在以下方面：①有关技术创新、技术超越、技术依赖的理念已经和数字出版的实践、制度紧密结合，技术赋能、技术加持是推进传统出版和新兴出版有机融合、推动数字出版高质量发展的必然选择；②就作品内容呈现而言，以先进的 AI 技术、知识服务、大数据、AR 技术、VR 技术、5G 技术等数字技术为出版赋能，辅助作品呈现出更多的美感、科技感和时尚感；③更好的用户体验，即由单向、单一的知识灌输和传递转为双向、交互的知识互动与反馈，在改进产品研发的同时能够不断提高用户体验的友好感、舒适感和可接受度；④更佳的知识服务，即"政策驱动型、产品驱动型、信息驱动型、技术驱动型和智慧驱动型"② 五种知识服务模式的高质发展，能够在精准用户画像的基础上，根据用户年龄阶段、消费偏好、消费频次、消费能力提供个性化、定制化、高品位的阅读服务和知识服务；⑤更高的工作效率，即可以优化内部业务流程，提高编校印发各环节的效率，节约外部沟通成本，强化与市场的互动，及时为用户提供不断优化的产品和服务；⑥数字技术路径的迭代，即各数字出版企业先后经历着或经历了技术外包、技术合作、技术自主的发展路径，在此历程中，逐步积累和建构起适合自身发展实力、规模、特点的现代出版技术体系。

"横看成岭侧成峰，远近高低各不同。"有关数字出版的属性定位，由于选择和确立参照系的不同，其属性定位有所不同：相对于图书出版、音像出版等其他出版形态而言，数字出版的数字技术属性鲜明，数字出版是引进、新收和采纳了人工智能、区块链、5G 技术等数字技术要素而得以超越和扬弃的出版新业态；相较于新时代以前的出版业而言，数字出版的产业属性突出，无论是产业链环节的完备性、市场主体的现代化，抑或产值的不断攀升，都是在以前事业属性色彩较重的出版业基础上的新变化和新发展；对比国外出版业、数字出版而言，中国特色数字出版的共性在于文化属性，在于

---

①　黄先蓉，常嘉玲. 融合发展背景下出版领域知识服务研究新进展：现状、模式、技术与路径 [J]. 出版科学，2020，28（1）：16.

②　张新新. 知识服务向何处去：新闻出版业五种知识服务模式分析 [J]. 出版与印刷，2019（1）：1.

文化选择、固化、传播、传承，其个性在于我国数字出版以反映革命文化、社会主义先进文化和中华优秀传统文化为主题、为主体，更在于我国的数字出版是服务于人民的出版业，是服务于新时代中国特色社会主义的出版业，即以建设具有强大凝聚力和引领力的社会主义意识形态为自己的战略任务。

小结

综上，数字出版属性理论由特性理论和特征理论组成，特性理论侧重于数字出版的内部联系、"质"的规定性阐释与研究，特征理论侧重于数字出版的外部联系、"象"的规定性描述与刻画，二者统一于数字出版性质与特点的揭示与钻研。中国特色数字出版的基本属性由意识形态属性、文化属性、产业属性和数字技术属性构成。其中，意识形态属性是根本属性，是中国特色数字出版与其他国家数字出版的根本差异所在；文化属性和产业属性是固有属性，是数字出版与生俱来的天然属性；数字技术属性是特有属性，是数字出版区别于其他出版形态的独特性质所在。意识形态属性、文化属性、产业属性、数字技术属性共同构成了中国特色数字出版的基本属性体系，也是中国特色数字出版学基础理论的重要组成部分。

第三节　数字出版特征

何谓"特征"?《辞海》对"特征"一词的解释是:"一事物区别于其他事物的特别显著的征象、标志。"根据一般认知和理解,特征通常指的是一个客体或一组客体特性的抽象结果。因此,根据该定义,数字出版特征,是指数字出版区别于其他出版形态的特有征象,是表征数字出版本质特点的概括性标志。

数字出版特征

数字出版特征,与数字出版研究对象保持着内在的一致性,是数字出版区别于出版学其他子学科的依据。学习数字出版学特征能够有助于加深对数字出版概念的理解。数字出版特征是数字出版整体所表现出来的特有征象、标志,是数字出版性质的外部表现,是数字出版外部"象"的体现性,主要有"数字化、现代性、开放性、互动性"四个基本特征。

一、数字出版特征的研究价值

理论研究通常是指对社会现象、社会生活的内在联系及其规律的研究,与经验研究相辅相成。前者是后者的前提和向导,为后者提供约定俗成的对象、术语、指标、概念和理论依据;后者又是对前者的补充和检验,为前者提供新鲜、适时的研究课题,检验、修正和发展业已形成的理论。因此,专注于数字出版特征的理论研究,能够对实际经验的各个方面产生正向价值。

第一,数字出版特征作为数字出版的描述重点和明显标志,其基本理论能够与概念、研究对象、学科体系等,搭建出较为完整的数字出版基础理论体系,填补历史空白,为后来者提供一套统一的话语体系和研究框架,促进数字出版学科的规范性和系统性发展。

第二,数字出版虽然脱胎于传统出版业务,继承了内容资源优势,但由于前沿信息技术的"加成",使得数字出版在生产过程、产品形态、营销传播等方面有所创新和发展,因此归纳和梳理数字出版的特征体系,有助于发现其区别于传统纸质出版、电子出版、网络出版等显著的标志,有助于明确其在整个出版业态、在新闻出版大行业中的角色定位、价值功能、发展方向和前景。

第三,数字出版作为产业发展的需求侧,能够真实地反馈出当前专业人才资源的缺口。而数字出版特征，其作为事业、产业发展的鲜明标志，对于包括数字技术人才、数字编辑、产品运营经理、数字营销人员等在内的各类型专业人才的需求，通常可以直接"标榜"和反映，为科研院所、职业教育组织等指明人才培养的准确方向，提升人才需求侧和供给侧之间的对标质量。

第四，厘清数字出版特征对于推动行业高质量、高水平发展也具有关键意义。通过明确数字出版产品和服务的突出标志，拉齐行业内产品开发的水准线，统一相关企业的质量管理标准，逐步完善质量保障制度，规范数字出版市场秩序，在产业规模不断扩充的同时，提升发展质量和社会效益，推动媒介融合向纵深推进，加快新闻出版业转型升级。

第五，作为数字浪潮中重要的宣传舆论阵地之一，数字出版在中国特色社会主义思想和文化传播方面，必定发挥关键效用。界定数字出版的鲜明特征，有助于有针对性地制订宣传方案，将党和政府治国理政的最新理念、思想和战略"送"到寻常百姓家，坚守底线思维，筑牢新时代意识形态工作的前沿阵地。

二、数字出版特征提炼的理论基础

要研究数字出版的特征，需要做好相关的理论准备，尤其是明确特征的提炼标准、认识基础和参照对象等问题。

（一）提炼标准

要概据数字出版的特征，就要遵循一定的标准：①数字出版特征应该是反映数字出版本质，而非表象的特征；②是数字出版独有的特点，而非图书出版、音像出版等其他出版形态所共有的；③在数字出版领域是普遍性、一般性、基础性的特点，而非局部性、个别性、延伸性的特点体现。

（二）认识基础

要提炼数字出版的特征，需要建立在一定的理论基础之上。数字出版特征要反映数字出版特有属性，这就意味着数字出版特征与数字出版概念、研究对象保持着内在的一致性。就概念而言，数字出版，是"指以数字技术将作品编辑加工后，经过复制进行传播的新型出版。数字出版的特有属性是数字技术赋能，对数字技术的运用"[①]。就研究对象而言，数字出版学的研究对象，是数字出版活动，即数字出版活动主体、内容、客体和效应所构成的客观存在。[②] 学习和研究数字出版特征，有助于更好地理解数字出版概念和研究对象。数字出版特征的概括和提炼，需要建立在对上述数字出版概念、研究对

---

① 张新新. 数字出版概念述评与新解：数字出版概念 20 年综述与思考 [J]. 科技与出版，2020（7）：55.
② 张新新. 中国特色数字出版学研究对象：研究价值、提炼方法与多维表达 [J]. 编辑之友，2020（11）：5.

象达成共识的基础之上。

（三）参照对象

要明确数字出版的特征，需要确立研究的参照系。通常需要将数字出版与图书出版、音像出版等其他出版形态相比较，将数字出版同与之最相近的出版形态相比较。鉴于此，与图书出版相比，数字出版具有鲜明的数字化、现代化特征，同时具有较强的开放性、互动性特点。

三、数字出版特征的归纳方法和原则

在新时代，我们要掌握马克思主义思想方法和工作方法，不断锻炼和提高历史思维、创新思维等科学思维能力，增强工作的科学性、创造性。毫无疑问，这种科学思维能力对于开展相关学术研究工作也同样适用，归纳和分析数字出版特征应当着重把握历史思维能力和创新思维能力。

一方面，提高历史思维能力，要加强对历史规律、趋势、经验的学习和总结。数字出版脱胎于传统出版业态，因此分析其基本特征便脱离不开回顾以往产业现象，深刻把握传统出版的突出标志，如"以纸张为出版物载体""以印刷为内容复制手段"和"以成品实物的空间运动为发行形式"等。在此基础上进行参考，数字出版特征的归纳，便可以从载体、复制手段、发行传播方式等角度出发。

另一方面，提高创新思维能力，要善于因时制宜、知难而进，"在把握事物发展客观规律的基础上实现变革和创新"。在如火如荼的数字化浪潮中，数字出版应运而生，通过优质内容、技术创新等社会资源的积淀，不断实现了自身的转型升级，因此其基本特征也已经在传统出版的基础上，从阶段、层次、内涵和外延等多方面得到了极大的丰富和发展，在归纳和分析过程中应当对此以重点关注。

数字出版特征的理论研究和分析工作，应当遵循科学的工作方法和一系列原则，在描述基本特征的过程中，做到统筹兼顾、求真务实、协作联动和与时俱进，坚持基础性、兼容性、前瞻性和务实性描述，争取在推进理论创新的基础上，进一步驱动实现实践创新和体制机制创新。

首先，数字出版特征描述要遵循基础性原则。《辞海》对"基础"一词的释义，一为建筑物的根脚，如《水经注·渠》"今碑之左右，遗塘尚存，基础犹在"；二为事物发展的起点或必须具备的根本因素。因此，数字出版特征描述的基础性原则，意指提取的特征项一定是数字出版发展的必要起点或必要条件，即以目前行业普遍生产力发展水平为其客观依据，凡普通数字出版产品或服务也能够达到的水准。

其次，数字出版特征描述要遵循兼容性原则。相对于传统图书出版，数字出版呈现出众多创新之处：产品类型空前丰富，基本涵括了电子图书、数字报纸、数字音乐、网络动漫、网络游戏、数据库出版物等;① 产品介质较为多样,不再局限于纸质载体,更多的是以光、磁、电、网为核心介质;产品技术融合应用,如大数据、云计算、区块链、5G、AR、VR、人工智能、知识服务等相关计算机技术,在数字出版业务中得到了频繁应用。基于以上几个方面的复合创新驱动,数字出版内部便具有了相当程度的复杂属性,因此特征的归纳过程必要"求同存异",顾及兼容性原则。

再次,数字出版特征描述要遵循前瞻性原则。数字出版产业近几年仍保持了较高的增长速度,产品、人才、技术、市场和资本的更新维持在高活跃度的水准。对此我们应当具有充分的认识和了解,需要带着发展的眼光看待数字出版本身,在描述特征时,也要谨遵一定的前瞻性原则,在目前发展现状、特色和环境资源的基础上,进行合理的分析、综合、判断和推理,对未来发展趋势作出一定的预判,从而使得提炼出的数字出版特征具有一定的创新性和前瞻性,在此后一段时间内能适应快速变化的发展状况。

最后,数字出版特征描述要遵循务实性原则。数字出版产品兼具文化属性和经济属性,因此围绕其展开的任何学术和实务研讨都离不开"两个效益"的根本要求。前文的"前瞻性原则"要求对其特征进行归纳和描述不能过于保守,但是创新要有"度",即要坚持底线意识。正如广大科技工作者"要把论文写在祖国的大地上"② 一样,数字出版特征的梳理过程也一定要讲求实际,着眼其"宣传思想舆论阵地"的本质功能定位,结合具体工作谈特色,结合实际经验作总结。

四、数字出版特征的具体构成

数字出版特征理论的梳理过程具有较高的规范性和系统性要求,需要遵循一定的叙述框架和分析方法。因此,本书在探析数字出版特征这一核心问题"是什么""为什么"和"怎么做"的基础上,再回归数字出版本身,从学科、治理、产业等方面深入研究,对其明显、独特标志进行较为体系化的归纳,这在一定程度上填补了相关理论研究的空白,为规范和促进产业发展提供智慧支撑,为综合治理政策和市场调节手段贡献战略溯源。

(一)数字化

"数字技术是数字出版的特有属性所在,导致了数字出版区别于其他出版形态;数字出版,是数字技术作用于出版各环节,是用数字技术进行作品的编辑加工、复制和传

---

① 国家新闻出版广电总局出版专业资格考试办公室. 数字出版基础(2015 年版)[M]. 北京:电子工业出版社,2015.

② 央广网. 习近平治国理政"100 句话"之:把论文写在祖国的大地上[EB/OL].[2020 - 07 - 29]. http://xj. cnr. cn/2014xjfw/2014xjfwgj/20160612/t20160612_522374241. shtml.

播。"[①] 数字化是数字出版最为本质的特征，数字思维贯穿于数字出版的策划、编校、印制、运营全过程，数字化深刻影响着数字出版实践拓展与理论。数字化意为"把各种信息用数字统一处理"[②]，从信息科学角度进行解释，便是"把需处理的各类信息转化成计算机可识别的 0、1 进行处理的过程和技术"[③]，数字化本质来说是信息技术革命的重要特征，在生产、生活的许多方面，都存在数字化的趋势和需求。数字出版作为社会生产的重要领域之一，其数字化特征主要表现在数字技术应用于内容编辑加工、产品发行、市场营销等关键环节。具体表现为如下几方面：

1. 数字技术深层次融合

数字出版的独特属性之一便是数字技术的广泛应用和普遍融合。从广泛意义上来说，数字技术是指"与电子计算机相伴相生，借助一定的设备将各种信息，转化为电子计算机能识别的二进制数字 '0' 和 '1' 后进行运算、加工、存储、传送、传播、还原的技术"[④]。数字出版业务基本涵括了信息技术的四大基本技术，如计算机技术、控制技术、传感技术和通信技术，而具体到生产环节，大数据、云计算、人工智能、区块链、5G、VR、AR、数据库、知识服务等综合性的科学技术也发挥了关键效用。整体而言，数字技术的深层次融合，为提升数字出版产品质量、优化用户使用体验、推动新闻出版业转型升级，提供了最根本的动力引擎。

2. 数字化编辑加工

数字出版的编辑加工环节，已经不再局限于传统出版的内容校对、排版设计印刷环节。得益于数字技术的广泛融合和应用，数字出版的编辑加工，内涵和外延已经有了新的意义。数字出版的编辑加工过程具有明显的数字化特征：首先，技术层面，以计算机为主的各项数字信息技术在实操过程中具有较为深度的应用；其次，素材层面，文字、图像、音频、视频、二维码、链接等多元素材在网络空间进行专业融合，形成系统化、个性化的数字产品；再次，工具层面，目前多数数字出版单位都采用专门的编辑加工系统，对数字出版产品生产过程进行全流程管理，为创作、编辑、排版、审核校对、发布等环节提供协同工作环境，并且提供开放接口，以便于与编务系统、ERP 系统、内容资源管理系统和产品发布系统等集成和衔接。

3. 数字化复制

不同于图书出版的复制形态，数字出版产品的复制是无形的、虚拟的，几乎不占有物理空间，且成本非常低廉，远远小于图书出版产品的复制成本。同时，数字化复制，还伴随着可近乎无限次的特点，能够反复加以使用，并不容易因重复使用而导致功能、

---

① 张新新. 数字出版概念述评与新解：数字出版概念 20 年综述与思考［J］. 科技与出版，2020（7）：52.

② 参考自《辞海·语词卷》"S→shù→数"。

③ 参考自《辞海·信息科学卷（总类）》。

④ 房国志. 数字电子技术［M］. 北京：高等教育出版社，2019：1－2.

形态出现破损或瑕疵。数字化复制还具备一个特点，就是能够满足海量用户的使用需求，且数字化复制几乎是在瞬间完成的，不似传统出版的复制那样，需要经过规定的程序、时间和耗材使用。

4. 数字化营销

数字出版的产品一般会借助互联网等在线方式实现数字发行和传播，摆脱了纸质印刷、入库存储、包装分拣、物流运输和派送等传统图书的发行模式。在某种意义上，数字出版产品一旦审核发布，便即刻进入了发行传播环节，甚至通过个性化订阅功能，及基于云计算的内容分发平台，马上就能触达目标用户群，实现产品营销的"最后一公里"。数字发行模式不仅为出版单位节约了仓储、包装、物流等人力物力成本，提高了发行效率，还能够通过线上发行网络，抓住现有用户或潜在消费者注意力，为出版机构开拓营销和宣传空间，也为数字产品的用户调研和市场调查开创有效、高效的沟通渠道。

数字出版在产品营销方面呈现出前所未有的数字化特征，浸透了互联网思维。首先，在营销理念方面，数字出版重视用户口碑，以用户为中心的思维贯穿于生产、运营和营销全过程，洞察用户个性化需求，把握市场发展趋势，开发个性化甚至定制化的数字出版产品或知识服务；其次，在营销策略方面，重点发挥"第一个客户"策略和"大客户"策略①在数字出版产品推广和营销过程中的关键作用，尤其是在 B2B、B2G 商业模式中，以此逐步增强销售人员的职业信心、丰富销售经验，以及利用关系营销和影响消费者逐步开拓市场；最后，在营销模式方面，除了在线下布局产品展会、专业阅读空间、垂直业务系统、行业论坛、社会公益活动等推广模式之外，近些年兴起的网络直播售书也已成为一种全新的营销模式，其凭借主播（直播间）超高的粉丝量、关注度、号召力和超低的促销价格等优势，为出版行业产品营销提供了全新思路，目前已有众多出版机构先后试水，基本取得了较为理想的营销业绩。

（二）现代性

数字出版的现代性，是指在理念、制度和实践层面都融合着现代科技水平的色彩，都呈现出创新、探索、现代化的特点，都体现着"持续进步、合目的性、不可逆转的"发展特质。具体而言，体现于理念现代性、制度现代性和实践现代性三个方面：

1. 理念现代性

理念的现代性表现在数字出版治理、数字出版调节的理念现代化特点：①于数字出版治理而言，规划治理由"事先补贴"转为"事后奖励"，财政治理由"项目制"转为"规划制""绩效制"，均属于治理理念现代化的重要体现；②于数字出版调节而言，产品的技术赋能、技术的创新应用、营销的与时俱进、人才培养的复合高端等都是市场理

---

① 张新新. 数字出版营销能力、策略及渠道 ［J］. 中国出版，2020（16）：35.

念现代化的重要表征。

理念现代性的突出体现之一是：由"读者"向"用户"的转变，确立用户中心主义。传统出版讲"读者"，更加强调出版的供给功能，读者所阅读的内容更多受制于供给；数字出版讲"用户"，更加突出交互性、双向性，强调出版供给引领的同时也突出用户需求牵引。在现代生产理念之中，尤其是对于互联网企业来说，时刻关注用户体验至关重要。在现代互联网企业内部，基本都设置有专门的用户体验管理部门或岗位，作为中台横向支持其他业务线，配合做好用户体验研究、用户体验文化、用户体验监察和用户体验战略等方面的工作，提供用户体验问题的实际解决方案和战略支撑。而具体到数字出版，也正在经历由以产品为中心向以用户为中心的发展转变。在这种现代生产理念的驱动下，不仅要借助大数据、人工智能等信息技术手段了解用户对于数字出版产品和服务的具体需求，还应当从供给侧进行创新改革，研发多层次、个性化、专业化的产品或知识服务，优化供给方式（智能化推送），丰富使用体验（全场景沉浸式）。

任何一种媒介新技术的应用和流行，在带来全新信息载体的同时，更为重要的是将会创设一种前所未有的"信息方式"，不仅为信息如何呈现提供更多可能，进而还会对整个信息系统生态产生触动。① 而数字出版作为现阶段我国信息系统的重要一环，其宏观体系正在被重塑和升级，呈现出明显的现代化发展趋势。"化"本身便有"转变成某种性质或状态"的含义，② 因此数字出版所具有的现代化特征，便有了相对于传统出版进行转变、发展和升级的意味。

2. 制度现代性

数字出版制度体系，无论是制度建构、制度构成还是制度运行，都具有现代性特征。数字出版制度体系，是包含从顶层设计、战略规划等宏观层面，产品研发、技术应用、市场营销等中观层面，电子书格式、审稿流程等微观层面在内的完备而相互联系的制度整体。数字出版制度体系的现代性在于突破了传统出版制度体系的成熟框架，继而以"战略、运营、管理、人才、资本、风控"等创新性逻辑建构起一套自成体系的制度。

2016 年 9 月，国家新闻出版广电总局数字出版司在充分调研、认真论证的基础上，发布了《新闻出版单位数字化转型升级制度保障体系建设规范》。调查统计数据显示，90% 以上的新闻出版企业都沿用或建立了项目管理制度及配套措施，形成了完善的转型升级战略规划、项目招投标、项目申报、项目实施、项目管理、项目验收、项目审计、项目激励、项目成果转化等共计 25 大类数百个制度所构成的制度体系。③（见表 1-1）

---

① 吴声. 场景革命：重构人与商业的连接［M］. 北京：机械工业出版社，2015：98.
② 参考《辞海·语词卷》"H→huà→化"。
③ 数据来源：2017 年 5 月，第十三届深圳文博会 4 号馆（"新闻出版·媒体融合馆"）所举办的"新闻出版业数字化转型升级成果展"。

表 1 - 1　数字出版制度体系

序号	制度类型	制度名称
1	战略规划	《数字出版转型升级规划》
2		《融合发展战略规划》
3	运营管理	《新闻出版单位数字出版社会效益指标考核评价办法》
4		《数字出版中心（公司）职能定位及运营管理办法》
5		《数字出版重大项目立项制度》
6		《数字出版重大项目招投标制度》
7		《数字出版业务综合绩效动态评价办法》
8	出版管理	《数字出版及新媒体内容审查制度》
9		《数字出版审稿流程实施办法》
10		《数字出版技术标准》
11		《数字出版流程标准》
12		《数字内容资源管理制度》
13	人才培养	《高端创新人才选拔聘用制度》
14		《数字出版编辑职称评定聘用管理办法》
15		《数字出版从业人员的评优奖励办法》
16		《数字出版人才联合培养计划》
17		《数字出版领军人才交流学习计划》
18	版权保护	《数字出版业务版权保护制度》
19		《数字出版业务版权信息登记管理办法》
20		《数字出版版权贸易流程管理规定》
21	资本运营	《重大数据、技术资产处置决策制度》
22		《数字出版专项资金管理办法》
23		《创新业务投资管理办法》
24	风险防控	《数字出版业务风险防控制度》
25	监督激励	《数字出版业务绩效考核管理办法》

3．实践现代性

实践现代性，是指 5G、区块链、人工智能等高新技术持久赋能数字出版实践，不断推动着数字出版的良性运转和高质量发展。具体包括：①实践主体现代性。数字出版共同体拥有或不断摄入新的知识领域，以创新、开拓的理念和精神推动数字出版工作。②实践内容现代性。不似纸质图书的编印发等成熟流程，数字出版活动内容，无论是产品研发、技术应用还是数字营销，都包含着鲜明的数字特征、现代特征。③实践客体现代性。数字出版实践客体，即实践之所指向的对象——数字出版产品、标准、项目等，大多是符合历史发展规律的新生事物，在启迪产业进步、创新产业发展等方面起着举足轻重的作用。

数字出版实践的现代性，仅以现代化的项目管理和人才评价为例加以说明：

——关于现代化的项目管理。目前，大部分的数字出版工作主要以"规划制""绩效制"为评价考核，党和政府主管部门通过文化产业专项发展资金和国有资本经营预算金，大力扶持新闻出版业在内的各文化产业有序发展，其中累计批复了数字出版项目高达数千项，资金数百亿元，项目占比超出一半。[①] 可以说，近些年来，得益于现代化的项目管理机制，数字出版产业提质增效的速度进一步加快。现代项目管理机制，贯穿于数字出版项目规划、申报、实施、验收、审计和成果转化各环节，通过科学管理、合理激励和严格约束，为实现数字出版精品化、专业化和高效化提供助力。

——关于现代化的人才评价。鉴于数字出版产业发展和人才队伍专业技术资格评定的现状和问题，北京市在全国率先设立了"数字编辑"职称，[②] 广电等相关部门牵头制定的《北京市新闻系列（数字编辑）专业技术资格评价试行办法》自 2015 年 12 月开始正式实施，填补了现阶段对新兴产业人才评价标准的空白。根据该政策规定，在数字出版行业中，凡从事数字产品内容编辑加工、技术研发、产品或服务运营维护等工作的专业人才，均可以通过考试或评审的方式，取得初级、中级、副高级、正高级的专业技术资格。自此，数字出版人才队伍具有了规范、专业、具体、公开的评价标准和职业能力社会认可体系。伴随着数字传播产值逐年增长，京津冀地区职称资格互认，数字出版人才评价的现代化，有利于稳定数字出版人才队伍，加强对互联网舆论宣传阵地的严格管理，在全国其他区域也具有推广和借鉴价值。

（三）开放性

开放性是系统原理要点之一。[③] 如果将数字出版作为一个系统的话，对外开放便是

① 张新新. 数字出版项目管理原则与机制分析［J］. 科技与出版，2020（2）：13.
② 徐平，范燕莹. 北京数字编辑专业技术资格考评开行业先河　数字编辑人才培养翻开新篇章［N］. 中国新闻出版广电报，2017－03－06.
③ 参考《辞海·管理学卷》"总类→管理系统"。

这一系统的生命，通过与外界不断交流物质、能量和信息，长期维持自身发展和成长的活力，任何试图将本系统封闭起来与外界隔绝的做法，都只会导致失败。对于新闻出版而言，保持其面向外在世界的开放性是激活发展动力、实现转型升级的关键着力点。在这一点上，数字出版尤为明显。因其蕴含的丰富信息技术要素，以及与生俱来的网络宣传重地属性，数字出版务必要长期保持兼容并包、开放融合的特质。

1. "定"本不定

正如人作为一个自我创造和不断形成的生物，不具备任何特定与稳固的先在本质，而是通过不断的自我活动和自我解释来"塑造自己"[1]；数字出版也具有明显的开放性，无论是在内容元素层面还是技术更新层面。开放性揭示了任何一款数字出版产品都将历经动态的发展过程，其是以可能性而非现实性来展示自身多元、无限、创新的发展趋势。

在数字出版领域，出版本并非是通常传统图书出版所讲的编"定"本，"定"本不定是其独特标志，具体是指数字产品和服务即便在复制发行传播之后，仍然可以基于用户反馈意见等，随时实现内容调整、功能优化等"编辑"工序，不断保持内容和技术的开放性。

2. 产品开放性

数字出版产品的开放性，体现于数字出版产品始终处于创新状态，不断吸收最新数字技术成果，并能运用数字技术赋能优势，始终以跟进时代最前沿的姿态出现在广大人民群众面前："十二五"之前，以数字图书馆、网络文学、电纸书为代表的数字出版产品曾风靡一时；"十二五"期间，专题库、知识库、数字动漫产品、影视 IP 融合出版物等产品占据了主流；"十三五"期间，新闻出版大数据、知识服务平台、AR 出版物、人工智能＋出版类智能化产品服务蔚然成风；"十三五"收官之年，出版区块链类的产品、5G 数字出版产品又在跃跃欲试，不断刷新人们对于数字出版的新看法、新认知，不断改写数字出版产品发展史，不断以全方位、深层次的开放姿态进行着自我革命。例如，咪咕阅读在去年底推出了一款"5G 富媒书"，融合了电子书和 VR 技术，使得用户在阅读过程中，可以任意打开书中已插入的风景、科普、美食、试验等场景视频，丰富阅读体验，构建全场景沉浸式的数字阅读服务场景。[2]

3. 技术开放性

数字出版的开放性的另一重要表现是多元信息技术和多重内容素材的陆续融入，在理念、制度和实践中不断融合数字技术要素。数字出版的发展史，是一部数字技术的赋能史，也是一部数字技术的融入史。广义来讲，数字出版自概念诞生以来，先后以"二

---

① 参考《辞海·哲学卷》"外国哲学史→西方哲学→现代哲学→流派术语→哲学人类学"。

② 邵娟. 竖屏视域下的数字出版模式管窥［J］. 科技与出版，2020，39（6）：53.

进制技术""数字技术""全媒体技术"而予以指称和定义，其中，"数字技术说"在更大范围内、更大多数群体内得到了认可。狭义来讲，数字图书馆、知识服务、大数据、人工智能、5G 技术、区块链等技术不断被数字出版所吸收。数字出版，无论是实务界、学术界还是政府界，都对数字技术秉持热烈拥抱的态度，分别把前沿数字技术作为应用的对象、研究的对象和治理的要素。

4. 共同体开放性

数字出版共同体，是指围绕数字出版，由政产学研各界所组成的有机整体。数字出版共同体的共同精神追求在于"如何发展数字出版、怎么发展好数字出版"。数字出版共同体的开放性特征更加明显：跨所有制、跨地域、跨行业地开展数字出版学术研讨、实务探索和献言建策。相比之下，图书出版共同体往往专注于特定行业、特定领域、特定地域的出版，甚至即便同一行业内部，基于商业秘密保守之需要，竞争性往往大于合作性。数字出版共同体之所以开放性更加明显，是因为作为"前学科""前产业"的数字出版，共同体内部大家都在为着同一目标而去构建理论基础，去探寻合理的商业模式，去摸索制定治理政策，去共同思考如何推进高质量发展。

（四）互动性

数字出版的互动性特征也是一大鲜明特征。互动是汉语词汇，是彼此联系，相互作用的过程的意思。如果以数据作为生产要素，数字出版就是一个"数据采集、存储、标引、计算、建模和服务"的体系。[①] 数字出版业务涉及的数据类型，主要包括内容数据、用户数据和交互数据。这种提法，源自于新闻出版广电总局所组织的"十三五"科技预研究课题——"大数据相关技术在新闻出版领域应用预研究报告"。

互动性是数字出版的另一重要特征。相对于传统出版来说，出版者与用户之间的交互频率显著增多，借助互联网这一出版介质，实时交互基本已经成为可能。与用户之间保持一定程度的互动性，对于数字出版产品的生产和营销环节影响最为深入，主要通过用户调研、个性化或定制化设计、互动营销等方式具体推进。在数字产品和服务中，交互功能的存在能够切实优化用户体验，改变了传统印刷出版中作者和读者之间的单向传播关系，突破作者、编者和读者之间的界限，出版者与最终用户之间可以就产品开发直接沟通，产品一经发布也可以直接触达用户，切实增强了用户的融入感及参与感。

1. 从内容数据来看互动性

相对于传统出版，数字出版的内容素材除了呈现数字化特点之外，还具有较高的互动性特征，具体表现为用户在使用过程中的沉浸式体验感受更为强烈和真实，尤其是借助虚拟现实和移动云等系列技术，"身临其境"已经在很大程度上能够得以实现，用户可以享受到全方位、立体式、多层次的产品和服务。因此，从内容数据角度来看，数字

---

① 张新新. 新闻出版业大数据应用的思索与展望［J］. 科技与出版，2016（1）：4.

出版的互动性特征也得以被论证。

内容数据一般是指出版机构在经营和发展过程中,经过数字化、碎片化和数据化后所形成的专业知识资源,① 其形态除了传统的文字、图片、音视频之外,还包括游戏、动漫、3D 模型、二维码、数据库、VR 展馆、AR 图书等。

相对于传统出版,数字出版的内容数据更重视与用户之间的双向互动性。一方面,内容数据能够基于用户数据不断调整和优化,如:针对青少年用户群,采取游戏和动漫形式使得产品更具生动与趣味性;而面向特殊视障用户群体,连环境音都能"听"到的数字图书产品或许更有市场。另一方面,用户也能够通过交互数据对内容产生影响,如基于服务平台上用户对海洋百科的产品访问频率和习惯等数据进行分析,结合其类型数据和共性数据,产生用户画像,最终进行产品内容调整和资讯推送,不断实现数字出版产品在内容方面的专业化、精准化和个性化。

2. 从用户数据来看互动性

重视用户数据资源库的建立和完善。对用户数据进行市场化调研、精准分析和超前预测,以便后续能够有针对性地策划数字产品的选题、开发个性化甚至定制化功能,以及提供相应营销方案和售后服务等,这是数字出版互动性的重要体现。

用户数据,是指能够精准描绘出用户特征的信息,包括年龄、性别、学历、民族、地理区域、阅读习惯和偏好等。从大数据的视角看用户数据,主要包括用户的类型数据、用户的共性数据和用户的个性数据。其中:用户的类型数据,比如目标用户属于个人用户还是机构用户,是作者、读者还是发行方;用户的共性数据,是指有关用户的年龄、职业、民族、籍贯、性别、喜好、兴趣等基本特征;用户的个性数据,是指用户数据中涉及数字产品策划、制作、营销等具体环节的重要数据,包括所属行业、阅读偏好、消费层级和频次等。② 用户数据的全面搜集和整理,有利于建立健全出版机构的客户关系管理系统,提高出版企业的核心竞争力,增强目标用户的黏性和忠诚度,进而为数字出版提供盈利模式、产品体系、技术方案、人才引进等方面的基本参数。

美国媒介理论家保罗·莱文森曾就媒介演进人性化趋势理论提出,媒介技术在演进过程中是愈发契合人的需求,突出人的主体地位,"由技术的变迁所产生的传播媒介在传播形态、内容的变迁层面具有明显的人性化趋势"③。在数字信息技术的驱动之下,数字出版这一全新的传播媒介,也正在经历由以产品为中心向以用户为中心的发展转变。

任何一款面向市场的数字出版产品,在正式开发之前都需要进行精确的用户调研,通过收集和分析目标用户的数据信息,理清某一圈层的特征甚至某一个体的特性,抓住

---

① 张新新. 吉光片羽:人工智能时代的出版转型 [M]. 北京:清华大学出版社,2019:84.
② 张新新. 吉光片羽:人工智能时代的出版转型 [M]. 北京:清华大学出版社,2019:84－85.
③ 蒋晓丽,贾瑞琪. 游戏化:正在凸显的传播基因——以媒介演进的人性化趋势理论为视角 [J]. 中国编辑,2017 (8):9.

"痛点"，产出个性化甚至定制化的产品和服务，对用户消费需求进行精准响应，往往能够取得良好的社会和经济效益。毫无疑问，类似这种精确调研和精准开发，便是得益于数字出版单位和用户之间进行了充分互动，这也是数字出版相对于传统出版主体的单向度传播和交流更为优越之处。

3. 从交互数据来看互动性

数字出版基于互联网基因，用户与用户之间、用户与产品之间往往会有大量的双向甚至多向的交互式活动，其间产生的交互数据资源，对数字产品或知识服务的策划、生产和迭代优化具有关键的指导和参考意义。相对于传统出版机构面向读者的单向度信息传输模式，在技术驱动创新理念影响下，交互数据使得数字出版的互动性特征更为深化，尤其是在互动营销方面。

在现阶段，很多数字出版商，尤其是依托于大型移动通信商和综合型网络服务提供商而进行的数字出版业务，对于数据资源的占有和开发具有得天独厚的优势，如咪咕阅读、微信读书等平台上，每天都会产生海量的用户点赞、评论、收藏、推荐和类推荐、分享，以及阅读内容、阅读时间、阅读习惯等交互性数据。通过对这些交互性数据进行严格的标引、计算和分析，能够洞察目标用户和潜在用户的消费规律和产品需求，这对广告、资讯、产品和知识服务的个性化推送、定制化研发和精准化营销都尤为关键，是出版机构打通内容数据和用户数据的桥梁和纽带。"在很多行业的大数据创新应用中，对'实时互动'的需求越来越强烈，如果能够实时抓取到用户瞬间的消费冲动，无疑将能大幅提升营销推广效率。"[1]

"互动营销"是芬兰学者格朗鲁斯于 1982 年提出的服务营销三角形中的一部分，指企业雇员与顾客接触过程中所创造的营销机会，是形成顾客对于产品或服务感知的核心环节。就数字出版而言，互动营销的理论也充分适用。一方面，如前文所述，数字出版营销工作十分重视"大客户"策略，在前期主要将产品和服务向一些大型客户尤其是政府机构、事业单位等组织体进行推介和销售，如若成功，这些用户自身就具有较高的消费能力，并且在行业内通常也有较高的影响力和说服力，能够以亲身体验对其使用的产品和服务今后的口头宣传和购买行为产生正向影响；另一方面，数字出版单位也可以通过增强与用户的沟通交流，切实了解用户的需求、偏好及反馈意见，[2] 提高产品和服务的优化效率和质量。

---

① 刘松. 360 大数据专家：实时交互是大数据的第五大特征［N］. 北京晨报，2015 - 04 - 04.

② 参考《辞海·经济卷》"企业管理→营销管理→产品与品牌"。

小结

综上，对于数字出版的特征理论，在过往的研究中虽有部分内容提及，但是整体来说，关于价值分析、描述规则和本源挖掘等重点内容的梳理还是有所欠缺的，因此进行该理论的专项研究确有必要。具体来说，归纳数字出版特征需要两个思维能力和四个描述原则：首先是历史思维能力，加强对历史规律、趋势和经验的学习和总结；其次是创新思维能力，在把握发展客观规律的基础上重视变革和创新。四个描述原则是指在描述基本特征的过程中要坚持基础性、兼容性、务实性和前瞻性原则。

依据上述归纳方法和描述原则，我们最终梳理出数字出版具有数字化、现代化、开放性和互动性四个方面的显著特征。厘清和思考数字出版的特征理论，在学科建设、数字出版自身发展定位、人才培养、新闻出版行业以及思想文化宣传工作层面，均具有十分重要的意义。因此，在新时代如何根据数字出版的独有特征，规范和引导产业发展，以高质量的数字出版产品和服务，推动新闻出版业的转型升级，是接下来应当关注和解答的问题。

第四节　数字出版学研究对象

数字出版学研究对象

本节阐述了数字出版学研究对象在"学科独立性、基础理论自足、学科体系和学科地位"方面的研究价值，总结了"找寻元问题、具体到抽象、边界合理化、表述科学化"四个提炼方法，最后得出结论：数字出版学的研究对象，是数字出版活动，即数字出版活动主体、内容、客体和效应所构成的客观存在。

截至 2020 年，随着闽南师范大学、山西传媒学院在所属的新闻传播学院设立数字出版本科专业以来，开设数字出版本科专业的院校已经达到 21 所。（见表 1 - 2）伴随数字出版产值不断攀升，调控政策频频出台，从业者规模不断扩大，开设数字出版专业的高校越来越多，数字出版学作为一门新兴的学科，渐成"显学"发展之态势。在此背景下，对数字出版的研究对象、研究内容以及研究边界进行明确，具有现实的、迫切的重要性和必要性。

表 1 - 2　2020 年开设数字出版本科专业院校概况

序号	高校名称	类型	类别	所属院系	教育部批复招生年份
1	武汉大学	公立	综合	信息管理学院	2012
2	中南大学	公立	综合	文学与新闻传播学院	2013
3	湘潭大学	公立	综合	公共管理学院	2013
4	北京印刷学院	公立	理工	新闻出版学院	2013
5	天津科技大学	公立	理工	包装与印刷工程学院	2013
6	浙江传媒学院	公立	语言	新闻与传播学院	2014
7	金陵科技学院	公立	理工	人文学院	2014
8	曲阜师范大学	公立	师范	传媒学院	2014
9	电子科技大学成都学院	民办	工科	艺术与科技学院	2014
10	四川传媒学院	民办	艺术	融合媒体学院	2014
11	西北师范大学	公立	综合	教育科技学院	2015
12	西安欧亚学院	民办	财经	文化传媒学院	2015
13	绥化学院	公立	综合	文学与传媒学院	2016

续上表

序号	高校名称	类型	类别	所属院系	教育部批复招生年份
14	兰州文理学院	公立	综合	新闻传播学院	2017
15	辽宁传媒学院	民办	艺术	新闻传播系	2017
16	重庆工商大学融智学院	民办	财经	商务学院	2017
17	西北民族大学	公立	综合	新闻传播学院	2018
18	广西师范大学漓江学院	民办	师范类	中文系	2018
19	河北传媒学院	民办	艺术	新闻传媒学院	2019
20	闽南师范大学	公立	师范类	新闻传播学院	2020
21	山西传媒学院	公立	艺术	新闻传播学院	2020

美国科学哲学家夏佩尔认为："当学科发展到某一阶段，人们会把某些具有内在联系的、相关的事物或现象归在一起，形成一个信息群，构成一个统一的课题或领域，作为科学在这个发展阶段的研究对象，这是科学发展的必然。"① 研究对象，是独立学科的生命线，是一门学科独立性的标志，是基础理论的学术内核，决定着学科性质、学科体系和学科方法论的形成。"明确研究对象是一门学科创立的最重要的前提，出版学也不例外"②，作为子学科的数字出版学，也不例外。

一、数字出版学研究对象的理论价值

关于研究对象与研究客体之间的关系，学界有诸多争议，其他学科也有学者认为研究客体高于研究对象，是一个更大的概念："研究对象是研究客体的侧面、部分或者成分"③。而出版学对研究对象与研究客体的关系，往往定性为前者包含后者，或者二者是全同关系。这里，还是沿用出版学的传统观点。出版学的研究对象，是指"人们从事科学研究时作为认识目标的事物与客体"④。这样表述，可以看出研究对象的概念大于研究客体；对数字出版学的研究对象，可界定为"人们从事数字出版科学研究时作为认识目标的客观存在"。

对数字出版学的研究对象进行研究，其价值或曰重要性体现在以下几个方面：

其一，关系到数字出版有"学"无"学"，可否独立成"学"。传统观点认为，特

---

① 朱静雯. 面向新世纪的出版学研究［J］. 出版发行研究，1999（5）：19.

② 林穗芳. 明确"出版"概念 加强出版学研究［J］. 出版发行研究，1990（6）：13.

③ 赵维贤. 选择研究的客体、对象、问题和目的［J］. 教育科学研究，1991（4）：37.

④ 罗紫初，吴赟，王秋林. 出版学基础［M］. 太原：山西人民出版社，2005：10 – 13.

有的学科对象、专门的研究方法和独特的理论体系是学科独立的标志，这其中，特有的研究对象重要性居于第一位。数字出版学能否成为一门独立的学科，取决于有无特有的研究对象；而研究对象，是数字出版学作为独立学科客观存在与发展的前提。2010 年 12月教育部办公厅印发的《授予博士、硕士学位和培养研究生的二级学科自主设置实施细则》中明确规定二级学科设置的基本条件包括："与所属一级学科下的其他二级学科有相近的理论基础，或是所属一级学科研究对象的不同方面。"① 基于数字技术而进行的数字出版活动，是数字出版学与出版学研究对象的"不同方面"，具有"显著差异"，构成了数字出版学独特的研究对象。

其二，关系到数字出版基础理论体系建设。如前所述，数字出版的基础理论研究，目前停留于概念层面，而对于数字出版的特征、价值、地位、体系等本体论的研究付之阙如，对数字出版价值、宗旨、基本原则等价值论的研究也是凤毛麟角，对数字出版方法论的研究更是空白。这些方面，也成为有人诟病数字出版无"学"的原因所在，或者把"数字出版学"等同于"数字出版实务""出版技术"等错误认知的根源性因素所在。追根溯源，是由于没有明确数字出版的研究对象，从而无法为数字出版学基础理论研究起到举旗定向、纲举目张的作用。

其三，决定着数字出版研究内容、研究范围、学科性质、学科体系等问题。"研究对象"是一门学科的基石与研究的起点，对学科的构建和发展方向有着决定性的作用。② 研究对象是抽象的、概况的，是形而上的，是对数字出版学研究内容的抽象和提升。研究对象决定了研究内容的实质构成和细分组成，决定了研究范围的宽窄程度和边界所在。数字出版学的研究对象，也注定着数字出版作为一门社会科学、交叉学科、应用学科的学科性质。学科体系根植于研究对象，发轫于研究对象。数字出版学的研究对象，同时还决定着数字出版的学科体系建设问题，规定着基础理论研究的范畴，框定着数字出版调节体系（数字出版产品、技术、运维、流程等）与数字出版治理体系（规划治理、财政治理、税收治理、标准治理等）的内涵与外延。

其四，关系到数字出版学科地位和话语体系。倘以母学科定位出版学，无论是"理论出版学、应用出版学、数字出版与数字阅读"的子学科方案，还是"编辑学、出版经营管理学、数字出版与技术、出版史与出版文化"的子学科方案，抑或"出版理论与历史、出版实务优化、数字出版"的子学科方案设置，数字出版学作为直属子学科，始终都占有一席之地。而这主要归功于数字技术对出版的赋能，归功于数字出版学独特的研究对象。关于话语体系，有学者指出："通过对话语体系的结构分析，将其划分为意识形态、理论、话语权三个部分，意识形态是话语体系的核心内容，理论是话语体系的外

---

① 教育部办公厅. 关于印发《授予博士、硕士学位和培养研究生的二级学科自主设置实施细则》的通知[EB/OL]. [2010 - 12 - 24]. http://www.moe.gov.cn/srcsite/A22/s7065/201012/t20101224_113508.html.

② 金胜勇，刘志辉. 图书馆学研究对象析论 [J]. 图书馆理论与实践，2007（01）：4.

在形式，话语权是话语体系的现实手段。"① 数字出版话语体系的构建，关键在于建立和完善理体体系，通过产业地位、学科地位的提升来增强话语权，进而推动数字出版学明显区分于理论出版学、出版史与出版文化等出版学其他子学科，而其理论源头、肇始动力在于明确研究对象。

二、数字出版学研究对象的提炼方法

在明确了数字出版学的研究价值之后，需要解决提炼方法的问题，然后，我们离数字出版学的研究对象就更近了一步。总体来讲，数字出版学研究对象的归纳和提炼，可以尝试从"找寻元问题""具体到抽象""边界合理化""表述科学化"几个方面去进行。

（一）找寻元问题

方卿教授对于出版学研究对象的思考，是目前学界的最新成果。他指出："一门学科的研究对象必须是该学科的'元问题'。因此，界定出版学研究对象的第一步就是要找到出版学学科的所谓'元问题'，即最根本、最基础的问题，或者说学科中的第一问题，而不是其他各类衍生问题。"② 数字出版学，作为出版学的子学科，遵循找寻元问题的思路来确定研究对象，是合理和可行的。那么，数字出版的元问题、最根本的问题，究竟是什么呢？是什么导致了数字出版与"理论出版学""应用出版学""编辑学"之间的根本差异呢？是"数字"，是"数字技术"。同在出版学的学科家族中，数字出版，是"指以数字技术将作品编辑加工后，经过复制进行传播的新型出版。数字出版的特有属性是数字技术赋能，对数字技术的运用"③。由此，可归纳出，数字出版学研究对象的界定要包含"数字"的要素和特征。同时，既然是元问题，作为研究对象是客观存在的，不能将元问题衍生出来的问题作为研究对象，由此，"规律"不能出现在数字出版学研究对象的表述之中。

（二）具体到抽象

目前对数字出版研究内容多集中在具体层面、产业层面、实务层面，鲜有涉及抽象层面、治理层面、理论层面。如，有教材阐述了"数字出版概念、特征、形态""数字出版产品""数字出版技术""数字出版市场与盈利模式"；④ 有学者深入到"数字出版

① 刘勇，郑召利. 中国话语体系的结构分析及其构建路径［J］. 宁夏社会科学，2018（5）：5.
② 方卿. 关于出版学研究对象的思考［J］. 中国出版，2020（6）：15－23.
③ 张新新. 数字出版概念述评与新解：数字出版概念20年综述与思考［J］. 科技与出版，2020（7）：53.
④ 刘银娣. 数字出版概论［M］. 广州：华南理工大学出版社，2018.

流程""数字出版权利管理""数字出版标准""数字出版教育与培训"等领域;① 有学者涉猎了"数字出版政府与市场的关系""数字出版发展阶段"等部分理论问题;② 全国出版专业技术人员职业资格考试辅导教材,则以"数字出版的影响"一节部分揭示了数字出版价值论的内容。③ 上述属于数字出版学研究内容的范畴。而研究内容与研究对象的区别在于:前者是具体的,后者是抽象的;前者是形而下的,后者是形而上的。联系在于:前者决定于后者,是后者派生出来的。

正如图书馆学的研究对象"是对图书馆本质的抽象揭示"④,数字出版学的研究对象也要抽象出其本质,不能停留在具体、表象的层面,要从具体的"形而下"层面跃迁到抽象的"形而上"层面。尽管目前没有一篇文章在阐述和论证数字出版学的研究对象,但是从各高校的课程设置和教材编纂来看,对数字出版对象的认知,处于具体、中微观的认识阶段,需要上升到整体的、抽象的认识阶段。而以宏观、整体、抽象的视角来思考研究对象,就不能止步于数字出版实务层面,更不能具体化到数字出版产品、技术、市场、标准、项目等细分领域,而要以眼睛向上的态度,抽出身往上走,把思维力量再向上引导,从数字出版基础理论、数字出版市场调节、数字出版治理的维度去思考,再抽象一步,从"形而下"走到"形而上",凝练到数字出版的"要素""活动""现象""关系""行为"等高度去指称和定义数字出版学的研究对象。作为出版学的子学科,数字出版学和出版学具有相近的理论基础,数字出版学在确定研究对象时,可借鉴和吸收出版"活动说"的合理性因素,用"活动"来指称和描述数字出版学的研究对象,该论述将在后文详述。

(三) 边界合理化

数字出版学研究对象不宜太宽,也不宜太窄,要有合理的边界。确定数字出版学研究对象合理的边界,要解决两个问题:其一,研究对象特定化;其二,研究范围合理化。

关于研究对象特定化,要聚焦"数字"出版,不管是将研究对象定位为"活动""关系""规律""矛盾""现象"的任何一种,都是围绕数字出版开展,围绕"数字技术"作用于出版形成的新事物进行。

关于研究范围的合理化,是指边界要合适。一方面,不能限定为"出版数字化",将研究范围界定得过于狭窄,不能仅仅围绕传统出版的数字化转型,只考虑图书出版的内部数字化流程再造,以及基于报纸、期刊、图书出版母体所衍生出来的数字出版产

① 徐丽芳,刘锦宏,丛挺. 数字出版概论 [M]. 北京:电子工业出版社,2013.

② 张新新. 变革时代的数字出版 [M]. 北京:知识产权出版社,2016.

③ 国家新闻出版广电总局出版专业资格考试办公室. 数字出版基础:2015 年版 [M]. 北京:电子工业出版社 2015:42 –57.

④ 马恒通. 知识传播论:图书馆学研究对象新探 [J]. 图书馆,2007 (1):15.

品、技术、运营等；而要把原创型的数字出版，如网络文学等业态，纳入到研究范围。另一方面，不能过于宽泛、漫无目的，不能陷入基于扩张学术地盘的无谓之争，把边界扩展到其他学科的领域。作为一门新兴学科，研究范围的边界合理化，是一个逐步规范的过程，直至取得学术共同体的认可。数字出版产业分类的逐步确定化，为研究范围的界定提供了一个值得借鉴的视角：最新的《文化及相关产业分类（2018）》，为体现当前新产业、新业态、新模式的发展状况，对部分行业小类进行了细化和拆分，增加了15个行业小类。其中，在"出版服务"中，增加了"数字出版（8626）"的小类，以及"图书出版（8621）""期刊出版（8623）""音像制品出版（8624）""电子出版物出版（8625）""其他出版业（8629）"；在"数字内容服务"中，规定了"多媒体、游戏动漫和数字出版软件开发（6513*）"；在"出版物发行"中，规定了"音像制品、电子和数字出版物批发（5145）""音像制品、电子和数字出版物零售（5244）"。① 由此可知，数字出版与音像出版、电子出版、数字游戏、网络动漫等产业边界应该是相对清晰的；相应地，学术研究范围也应该对数字出版做出及时的调整和明确，数字出版的研究范围就不能扩张到广告、音乐等领域。

（四）表述科学化

科学表述和指称数字出版学的研究对象，可以采用两种方式：一种是以内涵为核心，一种是以外延为核心。以内涵为核心表述学科研究对象，"要抓住本质属性"，"尽可能详细地研究科学对象的结构、组成要素、本质、特征、功能、运动规律、内在联系等。"② 以外延为核心表述学科研究对象，则要明确三个问题："该学科是以什么为其认识对象？该学科的研究范围是什么？该学科与其他学科的界限是什么？"③ 鉴于以内涵为核心的表述，容易触碰到数字出版元问题之上的衍生问题——"规律"，以及为更明确、更具体地诠释数字出版学的研究对象，本书采纳"以外延为核心"的表述方式，以尽可能地让数字出版学的研究对象、研究内容和研究范围取得各方共识。

三、数字出版学研究对象、研究内容和研究范围

出版学研究对象，大致有"规律说""矛盾说""文化现象说""出版要素及其关系说""出版活动说"这"五说"观点。最新学术观点在归纳元问题、厘清学科边界、分析学术共同体认可的基础上，去掉"规律"的表述，又总结出"出版现象说"，并指明

---

① 国家统计局. 关于印发《文化及相关产业分类（2018）》的通知［EB/OL］.［2018－04－23］. http://www. stats. gov. cn/tjgz/tzgb/201804/t20180423_1595390. html.

②③ 黄宗忠. 关于图书馆学研究对象、定义、功能的新思考（上）［J］. 图书馆论坛，2003（6）：5.

出版现象的研究"大致涉及出版现象的价值、要素、作业、管理和时空五个维度的内容"①。考虑到数字出版学是社会科学领域的一门应用学科、交叉学科，可将研究对象确定为"行为总和"或"活动"作为首选。

（一）研究对象

综上，可尝试得出结论：数字出版学的研究对象，是数字出版活动，即数字出版活动主体、内容、客体和效应所构成的客观存在。

将数字出版活动作为数字出版学的研究对象的理由主要如下：

首先，从理论视角分析，"出版活动说"具有较强的科学性与合理性，为数字出版学的研究对象是数字出版活动提供了脚注和依据。

"出版活动说"的倡导者不在少数，是描述作为出版学研究对象"客观实在"的较有影响力的学说。如李频教授明确指出："出版活动是出版学研究的对象"②；中国出版科学研究所主编的《编辑实用全书》指明出版学"是研究'出版'这一社会活动发展规律的科学"③；《中国大百科全书·新闻出版卷》指明出版学是"研究出版活动的内在规律、出版各环节之间的联系和出版所产生的社会影响，探索出版发生、发展的历史以及对人类文明的作用"④。

"规律说""矛盾说""出版要素及关系说""文化现象说"也都引入了"出版活动"的概念，并着力强调规律是出版活动过程的规律，矛盾是出版活动或运动所特有的矛盾，要素是出版活动所包含的要素，文化现象是出版活动所导致的现象。如，出版学研究对象是"知识信息的整理、交流和积累的规律，书刊编辑、制作和销售的规律……"⑤（出版"活动"的具体形态以及衍生出来的规律）；是"研究出版活动中的内在规律、出版各个环节之间的联系和发生的社会影响"⑥（出版"活动"的内在规律及衍生影响）；"研究内容是由研究对象所决定的，出版学的研究内容也就出版物生产和流通的矛盾运动所决定"⑦（出版物生产、流通等"活动"的矛盾运动）；"出版学的研究对象包含 3 个主要成分：读者（阅听人）、出版物、出版业"⑧（出版"活动"的主体及衍生出来的出版要素）；等等。

即便是最新关于出版学研究对象的定位——"出版现象"的提出者也指出"'出版活动说'是五种代表性学术中唯一可能正确的观点。""'规律''矛盾'或'要素'均

① 方卿. 关于出版学研究对象的思考 [J]. 中国出版, 2020 (6)：21.
② 李频. 论出版学的核心与边界 [J]. 陕西师范大学学报（哲学社会科学版），2009 (4)：31.
③④ 孙鲁燕. 有关出版学研究的回顾 [J]. 出版发行研究, 2000 (2)：20.
⑤ 叶再生. 编辑出版学概论 [M]. 武汉：湖北人民出版社, 1988：1.
⑥ 许力以. 出版是人类进步的杠杆 [J]. 编辑学刊, 1989 (2)：3.
⑦ 彭建炎. 出版学概论 [M]. 长春：吉林大学出版社, 1992：70 - 72.
⑧ 林穗芳. 明确"出版"概念加强出版学研究 [J]. 出版发行研究, 1990 (6)：20.

是从‘出版’‘出版现象’或‘出版活动’等更为基础性的‘客观存在’衍生而来的"。

其次，从实务视角来判断，数字出版活动能够涵盖近年来数字出版学研究的所有热点和焦点。

一门学科的研究热点和焦点，往往是学科研究对象在特定时间、特定区域、特定主题方面的细化和具体化；无论哪些方面的研究热点和焦点，都具有学科研究对象的特有属性，是学科研究对象所指称的外延的具体表现。

从研究方向来看，自 2002 年数字出版概念诞生以来，有学者统计了数字出版的研究主要集中于"数字出版产业、数字出版业务模式、数字出版技术、数字版权保护和传统出版转型"五个方向。[①] 可以看出，这五个方向都可归属到数字出版活动的"主体、内容、客体和效应"的范畴，如："数字版权保护""传统出版转型""数字出版业务模式"属于数字出版活动内容，即本体范畴；"数字出版技术"是数字出版活动所附着或指向的对象，即客体范畴；"数字出版产业"是数字出版活动作用的结果，即效应范畴。

从关键词来分析，截至 2022 年 6 月，中国知网收集的全部学术文献显示，数字出版的前十位研究热点关键词，分别是"数字出版、数字化、科技期刊、传统出版、学术期刊、出版、转型、新媒体、数字化转型、编辑"[②]。（见图 1 - 1）由此可见，数字出版的研究热点都属于数字出版活动本体或者本体衍生事物。其中，"数字出版""数字化""数字化转型"属于典型的数字出版活动内容或曰本体，"数字化""转型"是数字出版内部的流程再造活动，"数字出版"属于数字出版活动所产生的新业态、新模式或新状态。"编辑"是数字出版活动主体范畴，这里的"编辑"往往是在数字出版、出版转型等语境下的编辑研究。"科技期刊、学术期刊、新媒体"属于数字出版活动客体，从事数字出版研究活动所附着、指向的载体或数字出版物。"传统出版、出版"，是作为数字出版的对应面同时出现的，一般与数字化转型、数字出版对应使用，也是属于数字出版活动衍生出来的对应关键词。

最后，从本质视角来思考，数字出版"活动"构成了数字出版学研究"客观存在"的全部。

数字出版活动，是数字出版共同体基于共同目的联合起来完成社会职能的行为总和。将数字出版活动作为数字出版学研究对象，通过对活动主体、活动内容、活动客体和活动效应的研究，能够涵盖数字出版学研究对象的整体，基本构成了作为数字出版学"客观存在"的全部。

---

① 陈洁，吴申伦. 面向数字化的编辑出版学转型：21 世纪以来数字出版研究综述 [J]. 出版广角，2019 (18)：33.

② 中国知网. 数字出版研究热点 [EB/OL]. [2020 - 07 - 25]. http://wap.cnki.net/touch/web/Analyze/TrendInfo? Key = 数字出版 &FieldType = 101&ArticleType = 0&DataBase = &Condition = 主题 &Sign = &SearchType = KeyWord.

数字出版发文量	4 222篇

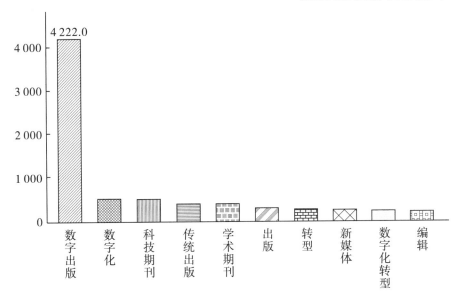

图 1 - 1　截至 2022 年 6 月 CNKI 统计数字出版全部文献

数字出版活动主体，即数字出版活动之所属，活动附属的机构和个人，如出版人才、出版机构、出版科研机构、行业协会、主管部门等。数字出版活动内容，即数字出版活动之本体，包括基于市场视角的数字出版产品研发、技术运用、市场营销以及出版流程再造、出版制度修订等数字出版调节活动；也包括基于治理视角的数字出版规划治理、财政治理、税收治理、价格治理等治理活动，以及抽象治理行为和具体治理行为。数字出版活动客体，即数字出版活动之所附，是指活动附着或指向的对象，如数字出版环境、数字出版物、数字出版技术、宏观调控政策文件等。数字出版活动效应，即数字出版活动之所成，是指数字出版活动所产生的作用和影响等，如数字出版发展历史、数字出版效益等。

（二）研究内容

数字出版学研究内容决定于研究对象，是数字出版学研究对象的具体化和细分化，侧重于研究对象的内部构造。总体而言，数字出版研究内容可分为数字出版基础理论、数字出版调节活动和数字出版治理活动。

目前，数字出版学研究内容方面存在的问题有：其一，本位主义。各院校往往基于学科优势而设置数字出版课程，尽管课程名称一致，但是课程内容大相径庭，甚至有学者将传统出版技术内置于数字出版技术的重要章节。其二，实践脱节。高校学者研究数字出版，往往存在坐而论道的特点，学术研究较少关注前沿实践发展，很难上升到国家宏观调控趋势、特点和规律的高度。其三，体系不周延。大部分数字出版基础或数字出版学的内容体系不能形成闭环，没有完全反映数字出版的意识形态属性、文化属性、产业属性、技术属性，而是更多聚焦于产业层面；即便是产业层面研究，也没有对数字出版产品、技术、项目、营销、管理形成完整链条论述。

数字出版调节活动研究，是对调节领域范畴的数字出版活动进行现象和规律的钻研和考究。数字出版调节活动是按照市场决定性机制所形成的包含数字出版产品体系、技术体系、营销体系、人才建设、制度体系等因素在内的调节体系。对数字出版调节活动的研究，是当下的研究热点和焦点所在，也是理论研究试图解决行业痛点的价值所在，主要包括：对数字出版理念、战略和制度体系的研究，对出版流程数字化再造的研究，对数字出版产品、服务现象和规律的研究，对宏观、中观和微观数字技术应用的研究，对数字出版营销现象和规律的研究，对数字出版人才培养政策和制度的研究，对数字出版理念、战略和制度体系的研究，等等。当下，对数字出版调节活动研究，从"知识服务、融合发展、出版智库、高新技术运用"等专题领域进行纵深展开。

数字出版治理活动研究，是对治理领域的数字出版活动进行现象和规律的钻研和考究。数字出版治理活动是以新时代中国特色社会主义思想为指导，包含计划治理、财政治理、税收治理、投资治理、价格治理等多种治理手段在内的治理体系。坚持马克思主义意识形态领域指导地位的根本制度，是开展中国特色数字出版学研究的根本特征。数字出版治理活动研究，是中国特色社会主义数字出版学研究内容的重要组成，也是我国数字出版学区别于欧美数字出版学研究的差异之处。对数字出版治理活动的研究，可以"项目"为中心，聚焦文化产业项目的策划、申报、实施、管理和验收环节，去辐射总结规划、财政、税收、价格、标准规范等治理活动作用于数字出版的特点和规律。目前，对数字出版治理活动的研究整体较为薄弱，现存的研究，也是停留在实务层面，关注时事热点，很少有上升到治理原则、治理机制、治理体系、治理规律等立体化、深层次的研究，这或许是以后治理活动研究的方向之一。

数字出版基础理论研究，是对数字出版学基本概念、范畴和原理进行钻研和考究。基本理论研究要回应和关切数字出版学概念研究、特征理论、研究对象、研究内容、学科性质、学科地位、学科体系等数字出版学"本体论"的研究，要思考和构筑数字出版产品、技术、营销的"运行论"体系，探索和建构数字出版指导思想、基本原则、社会效益和经济效益等"价值论"体系，总结和提炼数字出版调节、治理行为和制度的"规范论"体系，更要去拓新和抽象出数字出版领域的哲学方法、经验方法、逻辑方法、横断学科方法，以及专门科学方法的"方法论"体系。

此外，从时间维度，可将研究眼光向过去投射，向未来延展，既可从事数字出版发展历程、阶段等数字出版史方面的研究，也可开展前瞻高新技术对出版业应用的出版未来学方面的研究；从空间维度，还可跨越空间距离，进行不同区域、不同地域、不同国别、不同文化传统的数字出版比较研究。

（三）研究范围

数字出版学的研究范围，是数字出版研究的边界问题，侧重于研究对象的外部联系，包括内部边界、外部边界以及衍生出来的边界模糊性问题。研究范围也是由研究对象所决定的。数字出版学的研究范围宜围绕"数字出版活动"而展开，同时在遇到出版学内部其他子学科和出版学外部学科时，应予以限缩和收拢。

（1）内部边界。数字出版学的研究范围内部边界，通俗地说，也就是数字出版学的研究要界定在"数字"出版活动范围内。数字出版学研究范围要与出版学内部的其他子学科相区分，如音像出版、电子出版、图书出版、出版技术、出版理论等。内部边界规定着数字出版学的研究范围应限定在基于数字技术的出版活动范畴，限定于依托计算机、互联网等载体的出版活动，而不能越界到基于音像、光盘、磁盘、纸质等载体的出版活动。

（2）外部边界。数字出版学研究范围的外部边界，通俗地说，也就是数字出版学的研究要界定在数字"出版"活动范围内，而不是数字广告、音乐等领域。外部边界意味着学术自觉，不能盲目地扩地盘而违背科学研究规律。数字出版学的研究范围要限定在基于数字技术的"编辑、加工、复制、传播"的出版活动，而不是数字技术赋能的其他活动。

（3）边界模糊性。随着媒体融合发展的深入推进，出版与新闻传媒的其他学科、出版内部学科之间均出现了一定研究范围的交叉、融合问题，进而衍生出数字出版学研究范围的模糊性问题。如知识视频化、视频知识化所导致的数字出版与数字视听的外部边界融合问题，又如 AR 出版、VR 出版等融合出版物导致的数字出版与图书出版的内部边界交叉问题，等等。解决数字出版学研究范围的边界模糊性问题，要遵循一个原则：将研究范围限定在基于数字技术的出版活动的内核，研究重心和焦点放在数字出版活动范围；而对于基于数字技术的其他数字传播活动的研究，可以有所涉及，但要保持理性和审慎的研究态度，守住"基于'数字技术'的'出版'活动"这条界限。

小结

综上，数字出版自概念提出以来，已过 20 年；自第一个本科专业设立以来，已过 10 年。本节从找寻元问题、具体到抽象、边界合理化、表述科学化四个角度来探索数字出版学的研究对象，以验证数字出版学是否有"学"，可否独立成"学"，以及倡议数字出版同仁关注基础理论研究、推动学科体系建设。数字出版学的研究对象，是"数字出版活动，即数字出版活动主体、内容、客体和效应所构成的客观存在"。数字出版学的研究内容，主要包括数字出版基础理论、数字出版调节活动和数字出版治理活动。数字出版学的研究范围，要限定在"基于'数字技术'的'出版'活动"这个内核。

思考题

1. 数字出版概念的学说流派是如何沿革的？其主要观点各是什么？

2. 你对数字出版内涵和外延有哪些认知？

3. 数字出版的属性构成有哪些？数字出版属性相互之间的逻辑关系是什么？

4. 数字出版特征研究的价值是什么？

5. 数字出版特征归纳的方法和原则有哪些？

6. 如何理解数字出版特征的具体构成及其相互之间的关系？

7. 数字出版学研究对象的理论价值和提炼方法是什么？

8. 基于活动说的数字出版学研究对象是什么？

9. 数字出版学研究对象、研究内容与研究范围的关系是什么？

参考文献

1. 方卿，曾元祥，敖然. 数字出版产业管理［M］. 北京：电子工业出版社，2013.

2. 国家新闻出版广电总局出版专业资格考试办公室. 数字出版基础：2015 年版［M］. 北京：电子工业出版社，2015.

3. 国家新闻出版署出版专业资格考试办公室. 出版专业基础·中级：2020 年版［M］. 北京：商务印书馆，中国书籍出版社，2020.

4. 罗紫初，吴赟，王秋林. 出版学基础［M］. 太原：山西人民出版社，2005.

5. 数字编辑专业技术资格考试委员会. 数字编辑基础与实务：初级［M］. 北京：北京联合出版公司，2015.

6. 吴声. 场景革命：重构人与商业的连接［M］. 北京：机械工业出版社，2015.

7. 谢新洲. 数字出版技术［M］. 北京：北京大学出版社，2002.

8. 张新新. 变革时代的数字出版［M］. 北京：知识产权出版社，2016.

9. 张新新. 吉光片羽：人工智能时代的出版转型［M］. 北京：清华大学出版社，2019.

10. 陈洁，吴申伦. 面向数字化的编辑出版学转型：21 世纪以来数字出版研究综述［J］. 出版广角，2019（18）.

11．方卿，王一鸣．40 年出版事业与产业发展［J］．中国出版，2018（22）．

12．方卿．关于出版学研究对象的思考［J］．中国出版，2020（6）．

13．黄宗忠．关于图书馆学研究对象、定义、功能的新思考：上［J］．图书馆论坛，2003，23（6）．

14．李频．论出版学的核心与边界［J］．陕西师范大学学报（哲学社会科学版），2009（4）．

15．柳斌杰．提高创新意识　加快改革发展：用"三个代表"重要思想统领出版工作［J］．中国出版，2003（1）．

16．万安伦，庞明慧．比较视域下的中国特色出版学科体系建设［J］．科技与出版，2020（6）．

17．熊玉涛．数字出版的商业属性与赢利模式［J］．科技与出版，2010（6）．

18．徐丽芳．数字出版：概念与形态［J］．出版发行研究，2005（7）．

19．于友先．论出版产业的两重属性与宏观管理［J］．编辑之友，2003（4）．

20．张文红．论出版的性质及其关系［J］．出版发行研究，2017（3）．

21．张新新，陈奎莲．数字出版特征理论研究与思考［J］．中国出版，2021（2）．

22．张新新．论数字出版的性质［J］．出版与印刷，2021（2）．

23．张新新．数字出版概念述评与新解：数字出版概念 20 年综述与思考［J］．科技与出版，2020（7）．

24．张新新．中国特色数字出版学研究对象：研究价值、提炼方法与多维表达［J］．编辑之友，2020（11）．

第2章　数字出版方法论

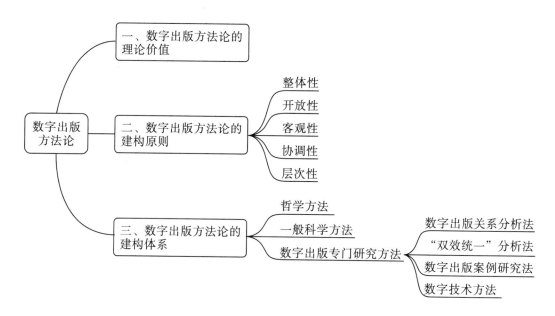

学习目的

了解数字出版学研究方法在研究对象、学科独立、学术水平、话语体系等方面的理论价值，理解数字出版方法论的建构原则，掌握数字出版的马克思主义方法、一般科学方法以及专门研究方法所构成的方法论体系。

相关链接

被马克思誉为"英国唯物主义和整个现代实验科学真正始祖"的培根，首创了"方法论"（methodology）一词，彼时至今，"方法论"成为数百年来各学科、各流派一直以来乐此不疲去追求和研讨的热门领域，甚至有学者提出"整个科学的统一仅在于它的方法，不在于它的材料"①。正如巴甫洛夫所言："科学是随着研究法所获得的成就而前进的，研究法每前进一步，我们就更提高一步，随之在我们面前也就开拓了一个充满种种新鲜事物的更辽阔的远景。"②

研究对象和研究方法，构成了一门学科独立的两个主要标志。研究对象，旨在解决一门学科研究什么的问题，研究方法则解决怎么研究的问题。在明确了"数字出版学的研究对象是数字出版活动"③ 后，我们需要对数字出版的研究方法做进一步研究，以进一步解决数字出版学科独立性问题。数字出版学科要兴旺，学术研究要活跃，学科体系要不断丰富和成熟，就要重视研究方法的钻研和应用，强化研究方法的规范和遵循。

追本溯源，词源意义上的"方法"是指"关于解决思想、说话、行动等问题的门路、程序等"④；学科意义上的"方法"，是指为解决学科研究问题而采取一定的步骤、手段、途径、工具等。浅层次地理解学科领域的"方法论"，是"在某一门具体学科上所采用的研究方式、方法的综合"⑤；从深层次来看，作为学科或理论去理解"方法论"，则是指"各种方法的综合以及关于方法的基本理论，它以方法为研究对象，是关于方法的规律性知识的体系"⑥。

综上，数字出版研究方法，是指为解决数字出版学科研究问题而采取的步骤、手段、途径、工具等；数字出版方法论，是研究数字出版各类方法的综合，是数字出版研究方法的规律性知识体系，是关于数字出版研究方法的基础理论。数字出版方法论的核心和重点虽仍是数字出版的研究方法，但又不等同于数字出版研究方法，还包括：①对这些方法及其相互之间的关系的解释和说明；②构成方法的条件、要素和原理；③各种方法在方法体系中的定位；④这些研究方法的发展趋势和方向；等等。

① 皮尔. 科学的规范［M］. 李醒民，译. 北京：华夏出版社，1999：15.
② 欧阳康. 哲学研究方法论［M］. 武汉：武汉大学出版社，1998：53.
③ 张新新. 中国特色数字出版学研究对象：研究价值、提炼方法与多维表达［J］. 编辑之友，2020（11）：8.
④⑤ 中国社会科学院语言研究所词典编辑室. 现代汉语词典［M］. 7 版. 北京：商务印书馆，2018：366.
⑥ 张鸿骊. 科学方法要论［M］. 西安：陕西人民出版社，1998：8.

第一节 数字出版方法论的理论价值

一个学科是否有自己的研究方法，有无自己的方法体系，有无自己的关于研究方法的理论，正是该学科成熟与否的重要标志，也是该学科发展壮大的基本前提和必要条件。从宏观来看，正如有学者所指出的那样："一门学科的科学性问题，主要取决于方法论，因而对该学科的科学性拷问就成为对方法论的探究。方法论始终是一个与各学科的生存相关联的元问题，因而存在各学科的方法论研究。"① 从中观来看，一门学科的方法论，还为该学科发展起着"选择研究路径、确定研究程序、提供研究手段"② 的重要作用。从微观来看，一门学科的方法论在科研过程中主要包括"描述性、规范性、预测性"③ 三个方面的功能。以数字出版方法论的功能为例，其包含描述数字出版学者的研究思维和方式，规范数字出版学者的工作方式、行为方式和思维方式，预测数字出版科研课题和科研目标。

具体而言，数字出版方法论的建构具有以下五个方面的重要价值：

第一，科学地认识研究对象。数字出版的研究对象是人们从事数字出版科学研究时作为认识目标的客观存在，解决的是"研究什么"的问题。（这一点我们研究可得出即"数字出版活动"）；而科学的方法，则是认识数字出版活动的程序、路径、手段、模式和规则，解决的是"怎么研究"的问题。没有科学的方法，就无法获得对研究对象客观、全面、规律性的认识，就无法实现对研究对象从感性认识上升到理性认识；方法偏差、不适当、不完备，则容易出现"盲人摸象""以偏概全"等错误认知，认知层次、高度、深度容易受限，如学者所言："对科学研究对象的认识程度在很大程度上取决于所运用研究方法的科学和完备程度。"④

第二，促进学科独立与成熟。数字出版方法论的建立，一是数字出版学科独立性的标志，没有独立的方法论，很难撑起为一个独立的学科。如作为成熟学科的法学而言，"法学之成为科学，在于其能发展及应用其固有之方法"⑤；反之，这么多年以来，出版学研究的有限性、非自足性问题，同样和方法论的研究薄弱有着莫大的关联。二是关系

① 陈兴良. 刑法教义学方法论 [J]. 法学研究，2005 (2)：38 – 39.
② 罗紫初，吴赟，王秋林. 出版学基础 [M]. 太原：山西人民出版社，2008：18 – 25.
③ 王崇德. 社会科学研究方法要论 [M]. 上海：学林出版社，1990：22.
④ 方卿，姚永春. 图书营销学 [M]. 太原：山西经济出版社，1998：30 – 31.
⑤ 梁慧星. 民法解释学 [M]. 北京：中国政法大学出版社，1995：80.

数字出版学科成熟度问题，方法体系的不断完善、方法论的日臻成熟，是数字出版学科成熟的重要标志。只有建构起了相对完善、自足的"方法论、研究方式（定性、定量）、具体方法和技术（问卷法、访问法、观察法、抽样方法、统计分析方法、计算机应用技术）"① 等研究方法体系，拥有相对稳定、认可度较高的"哲学方法、一般科学方法、专门研究方法"，学科意义上的数字出版学才会步入成熟阶段，才具有更加旺盛的学科生命力。

第三，提升学术研究水平。"工欲善其事，必先利其器。"数字出版科研人员自觉确立方法意识，在科学方法思维的指导下，运用科学的方法工具和技术，方可找寻到科学研究的路径，达成对研究对象的规律性认识，不断提高科学研究效率，培育和增强数字出版共同体的科学研究能力，提升数字出版学术研究的整体水平和实现较大飞跃。

第四，引导数字出版治理、调节方法变革。一方面，数字出版学科方法论与数字出版调控、数字出版调节实务方法论之间存在着相互影响、相互促进、相得益彰的关系。科学、完备的数字出版学科方法论，有助于推动数字出版实务工作的开展，不断提升数字出版治理方法和治理能力的现代化，促进数字出版产业化提质增效和创新发展。另一方面，数字出版科研工作者、教育工作者将科学的方法论应用于科研和教学，对所指导、教育的学生会有直接影响或潜移默化的效应，这些未来的数字出版职业共同体，或多或少会将这种研究方法体系传播和应用到数字出版实践之中，从而对数字出版调控和调节方法的演变发展产生长远影响。

第五，健全数字出版话语体系。方法论作为数字出版基础理论体系不可或缺的一环，与"本体论""价值论""调控论""调节论"共同组成了数字相对完善、自足的数字出版基础理论体系。从理论完备性来讲，完善的方法论本身就为"意识形态、理论、话语权"三位一体的数字出版话语体系的丰富和完善做出了不可磨灭的贡献。同时，方法论的成熟，推动着数字出版学科话语权和学术话语权的不断增强，在"话语权"意义上又为数字出版话语权的整体强大起到了添砖加瓦的作用。最后，科学的方法论，能够为"反映什么样的意识形态""怎样反映意识形态"提供方法支撑和可行路径，从而服务于数字出版话语体系的意识形态表达和强化。

---

① 凤笑天. 社会研究方法［M］. 北京：中国人民大学出版社，2001：10.

第二节　数字出版方法论的建构原则

数字出版方法论原则规定和制约着数字出版方法论建构的各过程、各阶段和各个环节，是数字出版方法体系形成的依据和准则。具体来讲，数字出版方法论的建构，宜遵循以下几项原则。

一、整体性

数字出版方法论的构建，要遵循整体性的原则，形成有机统一整体，服务于数字出版科学研究。这里需注意一条隐含的规律：即在数字出版理论建构阶段，往往更加注重定性研究；随着研究的深入进行，理论被不断地选择、改变、扬弃和修正。而数字出版的理论检验阶段，则往往较多采用定量研究的方式；易言之，定量研究是在一定的数字出版理论基础之上，以理论检验为目标。

二、开放性

数字出版方法论应该是动态的、不断丰富与扩充的体系，而不能是闭门造车、一成不变的。方法体系的不断进步、丰富和完善，才能推动数字出版本体理论的不断发展和健全。数字出版方法体系要注重吸收出版学方法论资源、临近学科方法论资源，从而保持开放、包容的姿态；要注意采纳最新的数字技术工具和方法，如运用网络调研、移动问卷调查、大数据统计分析等基于数字技术的工具方法，以提高科研效率、提升科研水平。

三、客观性

数字出版方法论的建构，要以数字出版实践为依据，是真实存在的，而不是主观臆想出来的。哲学方法层面，要坚持唯物辩证法的运用，以全面的、联系的、发展的观点去辩证分析和研究。要注重实践中常用方法的归纳和总结，如观察法、文献计量法、归纳法、演绎法等。要根据不同的数字出版科研活动，选择不同的方法，因"研"制宜、因"学"制宜。如：数字出版调控活动的研究，更多采用规范分析的方法；数字出版调节活动的研究，突出"出版效益分析"的重要性；国际数字出版的研究，侧重于横向比较、纵向比较所构成的比较研究的方法；数字出版发展史的研究，则要考虑史学的研究方法，注重"事实、价值与关系；政治、经济与文化；人、物与环境"① 的范式遵循和方法创新。

四、协调性

数字出版方法论的建构，要遵循协调性原则，须知方法之间是普遍联系的。要实现哲学方法、一般科学方法与数字出版专门方法之间的协同，要保持数字出版研究方法与出版学研究方法、与出版学其他分支学科之间的协调和并存，要考虑到数字出版方法与不同的研究内容、研究边界（数字出版活动）之间的协调，进而更好地发现方法与方法之间的规律、活动与活动之间的联系、方法和活动之间的桥梁。

五、层次性

遵循通用的方法论建构原则，数字出版方法论建构同样采用哲学方法、一般科学方法和专门方法的层级体系。

在哲学方法层面，马克思主义哲学作为最高层次的方法，为数字出版研究提供了具有普遍指导意义的方法。

在一般科学方法层面，遵循"最密切联系"原则，对逻辑方法、归纳方法、横断学科方法进行"取舍"。

在专门研究方法层面，一方面，可从上位学科（出版学）方法论中获取有益成果加以借鉴，从临近学科（新闻学、传播学、图书馆学等）方法论确立、发展、完善等历程中得到启示；另一方面，要花大气力、下真功夫去思考、发现、挖掘、建构专属于数字出版的方法。

---

① 周蔚华. 出版史研究方法论的范式建构与理论创新 [J]. 现代出版，2020（1）：12.

第三节　数字出版方法论的建构体系

数字出版方法论，是数字出版研究方法体系的集成，是由哲学方法、一般科学方法、专门方法所构成的有机统一整体，是服务于数字出版基础理论、市场调节论、政府调控论的方法工具系统，是数字出版共同体从事数字出版研究时或自觉运用或潜移默化的步骤、方法、程序或路径的研究逻辑所在。

数字出版方法论的建构，可以吸收作为上位学科的出版学的方法精髓，也可以借鉴图书馆学、新闻传播学等邻近学科的方法经验，但是，其核心、特色、关键、重中之重在于形成自身的专门方法体系。

有关出版学方法论的论述，众多学者都有自己的观点，这些认知是一个不断否定之否定的扬弃过程：从最早的认为"出版学的方法是今后的问题""出版学独自的方法不成立"，不要出版学研究方法；到认为"出版学是部分领域的学问，其方法是边缘学科性的"，用"社会学、经济学、政治学、历史学"[①] 等方法去剖析出版活动，"应用其他学术领域普遍应用的研究方法、更加充实出版学研究方法"[②]；再到出版学需要确立"一般研究方法、特殊研究方法"[③]、专门学科方法；再到出版学科的分支学科的方法论的提出。如：①出版史方法论的范式"事实、价值与关系；政治、经济与文化；人、物与环境"[④]、出版史研究的"出版要素和出版角色、出版意义和出版利益、出版路径和出版成果、出版目的和出版关联"[⑤] 的定位分析法的提出；②关于比较研究方法，如罗紫初、徐丽芳等提出的"影响比较""平行比较"[⑥]，吴平等提出的"纵向比较、横向比较"[⑦] 的研究方法。应该说，经历了一个认知不断深化、持续升华的过程，直至意识到需要逐步建立起系统、完善、自足的出版学方法论。

关于出版学方法论的研究，代表性的观点罗列如下，可作为数字出版方法论建构的参考：其一，关于出版学方法论的必然性和阶段性。方卿教授指出："出版学科范式大致可以包括出版学科的核心概念、价值取向、经典范例和方法论等内容。方法和方法论

---

① 吉田公彦. 关于出版学的建构问题 [J]. 河南大学学报（社会科学版），1994（2）：103.

②④ 李钟国. 韩国出版学研究回顾与展望 [J]. 出版发行研究，2002（5）：21.

③ 彭建炎. 出版学概论 [M]. 长春：吉林大学出版社，1992：78.

⑤ 耿相新. 论出版史研究中的定位分析方法 [J]. 现代出版，2020（3）：54.

⑥ 罗紫初，徐丽芳. 顺应世界潮流推进比较出版学的建立与发展 [J]. 出版科学，2003（4）：29.

⑦ 吴平，芦珊珊. 编辑学原理 [M]. 武汉：武汉大学出版社，2011：33.

本就是内化于学科的东西。"① "出版学研究的方法和方法论尚处在形成过程之中，其研究方法体系仍不完备。"② 其二，关于出版学方法论的层次性、体系性。罗紫初教授等提出了"哲学方法""课题选择方法""材料获取方法""课题论证方法"作为出版学的方法体系；③ 余敏提出"哲学方法、出版学的一般研究方法"的"二分法"结构；④ 彭建炎提出"哲学方法、出版学的一般研究方法、出版学的特殊研究方法"⑤ 的出版学方法论架构；袁亮提出"马克思主义哲学方法论、具体的方法（调研研究法、古今中外法、分析综合法）、临近学科的理论、原则和方法"⑥。其三，关于出版学方法论的趋势和展望。吴赟提出了出版学方法改进的方向："采用多样化的研究方法、根据研究内容的不同选择与之相适合的方法、吸收新的技术方法并密切关注新兴的互联网研究方法、考虑出版业的实情使研究更有现实针对性。"⑦

一、哲学方法

哲学方法是普遍存在于自然界、人类社会和人们思维中的方式，以解决思维和存在这个基本问题为特征，是最高层次的方法。数字出版方法论所讲的"哲学方法"，即马克思主义方法，包含辩证法、认识论和辩证逻辑，也包括主客观相统一的方法、矛盾分析法、因果关系分析法等具体方法，"是与马克思主义世界观相统一的方法论，它是指导我们正确认识和改造世界的根本思想方法和工作方法"⑧。马克思主义方法是数字出版方法论的最高层次，是数字出版方法论的基础和前提，具有高度概括性、普遍适用性和整体指导性。随着马克思主义在意识形态领域指导地位根本制度的确立，作为意识形态主阵地和前沿阵地的数字出版，更需要学术共同体以马克思主义的立场、观点和方法去开展研究和指导实践。

坚持用马克思主义方法研究数字出版，要用客观、全面、发展的观点去观察问题、分析问题和解决问题，尽量避免以主观、片面、静止的态度去分析和研究，唯有如此，才能通过科学研究，更加深刻、正确地认知数字出版的研究内容和研究范围，逐步探索和找寻数字出版活动的规律所在、真理所在。

---

① 方卿. 关于出版学"学科范式"的思考［J］. 出版发行研究，2020（5）：12.
② 方卿. 关于出版学学科性质的思考［J］. 出版科学，2020（3）：11.
③ 罗紫初，吴赟，王秋林. 出版学基础［M］. 太原：山西人民出版社，2008：18-25.
④ 余敏. 出版学［M］. 北京：中国书籍出版社，2002：7.
⑤ 彭建炎. 出版学概论［M］. 长春：吉林大学出版社，1992：78.
⑥ 袁亮. 出版学概论［M］. 沈阳：辽宁教育出版社，1997：28.
⑦ 吴赟. 关于深化出版学研究的几个问题［J］. 图书情报知识，2003（4）：92.
⑧ 习近平. 深入学习中国特色社会主义理论体系　努力掌握马克思主义立场观点方法［EB/OL］.［2010-04-01］. http://www.gov.cn/ldhd/2010-04/01/content_1570917.htm.

坚持用马克思主义方法研究数字出版，要坚持理论联系实际的原则，掌握实事求是的思想方法。只有坚持注重调查研究，从不断变化的实践出发，从日新月异的技术变革视角去分析和看待数字出版的发展，不断解放思想，打破陈旧的观念、做法和体制的束缚，才能使我们的认知接近客观实际，继而制定出前瞻、合理、务实的发展战略，从而推进数字出版的产业发展和学术研究处于健康、稳步、可持续、高质量的运行状态。

坚持用马克思主义方法研究数字出版，需注意不能以马克思主义一般原理来代替或否定出版学研究方法，不能机械地套用马克思主义的辩证唯物主义、历史唯物主义概念来解释数字出版现象、分析数字出版问题，只有在充分、全面、占有研究资料的基础上，在深入调研的前提下，用马克思主义的立场、观点和方法进行认真分析和研究，才有对问题的发言权。这方面，往往也是学术研究之中比较容易出问题的地方，聊举几例：（1）曾有人断言"数字出版"的概念是"十三五"期间首次写入国民经济和社会发展规划，该论断显然是没有对数字出版的政策演变做深入调查研究而得出的结论。（2）曾有人将时兴、热门的理论、政策和数字出版做"关系式"研究，但没有找到准确的"结合点"，以致存在理论、政策和实践"两张皮"、相脱节的问题，写出来的文章缺乏厚度、深度和高度。（3）曾有人对数字出版的未来持悲观态度，这是没能坚持用发展的观点去看问题。须知马克思曾指出我们判断变革时代"不能以它的意识为根据"，相反，这个意识需要从"社会生产力和生产关系的现存冲突中去解释"[①]。作为新事物的数字出版，自然是吸收了积极、前瞻、正能量的因素，"代表着新的生产力，旨在变革生产关系"，因而具有强大的生命力，能够不断壮大和发展。"以技术赋能为显著特征的数字出版，自然是把'第一生产力'内化于自身"，进而涌现出代表着先进生产力的数字出版产品与服务，"通过变革出版业内部流程和外部业态，来不断满足人民日益增长的美好精神生活需要"[②]。

二、一般科学方法

一般科学方法，是有关各类科学研究的一般方法的理论，是关于科学研究活动的程序、途径、手段、工具及技术的理论体系。一般科学方法，是比哲学方法低一个层次的方法体系，又是高于专门研究方法的方法体系。它不是某学科所特有的，是在各学科专门方法的基础上提炼和总结出来的、普遍适用于各学科的方法，是各学科研究中都不可或缺的方法，主要包括"逻辑方法、经验法方法和横断学科方法等"[③]。

① 中共中央马克思恩格斯列宁斯大林著作编译局. 马克思恩格斯选集：第二卷［M］. 北京：人民出版社，2012：3.
② 张新新. 智能出版：现代出版技术原理与应用［M］. 北京：人民出版社，2021：2.
③ 张守文. 经济法理论的重构［M］. 北京：人民出版社，2004：9.

逻辑方法，是指根据逻辑学规则、规律形成概念、做出判断、进行推理和组织论证的方法。学术研究过程中，适用于数字出版的逻辑方法主要包括形式逻辑方法和辩证逻辑方法两大类，前者包括比较方法、分类方法、类比方法、证明与反驳方法等，后者主要包括归纳和演绎相统一的方法、分析和综合相统一的方法、从抽象到具体的方法、逻辑和历史相统一的方法等。如《数字出版概念述评与新解——数字出版概念 20 年综述与思考》① 一文就运用了大量的逻辑方法，包括对"二进制说""数字技术说""全媒体说"的抽象、概括、定义等传统逻辑方法，以及分析与综合相结合、归纳与演绎相结合的辩证逻辑方法。

经验方法，是指以经验知识为依据和手段来分析认识事物的方法，主要包括观察方法、实验方法、调查方法、统计方法、"假说、悖论与理论"方法等。经验方法在数字出版学术研究的应用还没有全面展开，且不太成熟、不太严谨，严格、规范化的方法程序还未得到良好遵循。如调查方法中的问卷设计的步骤，从"探索性工作、设计问卷初稿、试用"到"修改定稿并印制"，② 其中"试用"这个环节，在目前看到的绝大部分数字出版、出版学的问卷调查中，几乎都是不存在的。而"试用"恰恰是发现问卷初稿的错误、瑕疵、不合理性的关键性环节，也是经过"试用"的环节对上述问题进行分析和改正，才能步入正式的问卷定稿、问卷发放的阶段。

横断学科，又叫横向学科，是以自然界、社会和人类思维特定的"共同点"、"横断面"、共同方面、共同属性作为研究对象的学科。横断学科的方法主要包括"老三论（系统论、控制论、信息论）"和"新三论（耗散结构论、协调论、突变论）"。横断学科方法在经济学、政治学、社会学等领域的应用已经取得了卓有成效的进展，而在出版学、数字出版领域的应用则几乎为零。关于横断学科方法仅有的研究，李新祥曾撰文指出其对于出版传播研究的方法论指导意义，并简要概括了"以系统论为基础、以控制论为基础、以信息论为基础"③ 的研究方法。值得一提的是，数字出版学研究应用横断学科方法要注意遵循整体性、动态性、有序性、最优化、模型化的原则。从长远来看，横断学科方法对数字出版的研究将具有较大的指导意义：①系统论"系统环境、结构、状态和行为之间的固有关系及规律"④ 的研究，对于数字出版发展环境、企业内部结构、发展阶段以及产品研发、技术应用、市场运营等行为之间关系、规律的启示值得深入思考；②控制论关于系统类比法、功能模拟法和黑箱辨识法等，关于系统的状态、功能和行为，调节和控制系统达到预期目标，这对于研究数字出版发展的"数字化、数据化、智能化"等发展阶段、阶段措施与最终目标的实现具有较强的借鉴意义；③信息论的信

① 张新新. 数字出版概念述评与新解：数字出版概念 20 年综述与思考 ［J］. 科技与出版，2020（7）：43.
② 风笑天. 社会研究方法 ［M］. 5 版. 北京：中国人民大学出版社，2018：187.
③ 李新祥. 出版传播学的学科定位、研究方法及意义 ［J］. 出版科学，2005（1）：30.
④ 林福永，吴健中. 一般系统结构理论及其应用（I）［J］. 系统工程学报，1997（3）：2.

源、信道、信宿、中介的理论模型，则有助于数字出版营销传播策略、技巧和规律的研究；④耗散结构论有关"对称与非对称、平衡与非平衡、有序与无序、稳定与不稳定"等问题的研究，对于传统出版与数字出版的关系、发展顺序、功能定位的认知和思考有较大的启发意义；⑤协同论采用类别方法，发现有关"不同系统之间深刻的相似性、系统元素或子系统之间的相互作用或协同合作"，在特定条件下，"产生时间、空间或时—空结构上新的有序状态"的理论，① 对于时下整个产学研聚焦的传统出版与新兴出版融合发展、出版业高质量发展等具有方法论层面的启迪；⑥突变论对"过程量的跃迁、一种稳定态到另一种稳定态突变"的理论，② 不但切合渐变与突变、量变与质变的辩证法，也有助于我们去思考和研究深入实施出版业数字化战略的未来，集"传统出版""新兴出版"于一体的"新出版业"的形成和出现。在不久的将来，可以期待的是，横断学科的发展推动科学与技术加速融合，使得科学与技术之间的界限日渐模糊，学科与学科之间也将相互借鉴、渗透和融合，而横断科学方法也将不断渗透、影响、加速"数字技术赋能"特征鲜明的数字出版学研究，催促着数字出版方法论的自我成熟与日臻完善。

三、数字出版专门研究方法

在论述完数字出版的哲学方法、一般科学方法之后，我们将目光聚焦在数字出版的专门研究方法方面。专门研究方法的重要性，已基本在各学科达成共识："一门学科如果没有自己专门的研究对象，就没有必要也没有可能产生和发展；假如它没有自己的研究方法，至少可以说这门科学还未真正地建立起来。"③ "专门方法的完善、建立标志着一门学科的成熟。"④ 专门研究方法，是指具体学科领域专有的研究方法，具有专门、特定的适用范围。

尚处于襁褓之中的数字出版学，要经历成长、发展和成熟，需要去发现自身的研究方法，需要逐步建立起专门研究方法。那么数字出版学有没有自己的研究方法？尽管目前几乎很少有文章去研究和探讨这个问题，甚至还有学者认为出版学尚且都没有自己的专门研究方法，"出版学独自的方法不成立"⑤，何况数字出版学呢；但我们坚持认为，数字出版专门研究方法是客观存在的，理由如下：

一是先从临近学科视角分析。其实，上述论调在临近学科方法论建立的过程中也曾遇到过：黄宗忠先生曾经在《论图书馆学研究的专门方法》一文中概括了当时图书馆学界的四种认知："怀疑没有自己的专门方法""认为应有并罗列""认为没有绝对的专门

①② 顾新华，顾朝林，陈岩. 简述"新三论"与"老三论"的关系［J］. 经济理论与经济管理，1987（2）：71.

③ 张鸿骊. 科学方法要论［M］. 西安：陕西人民出版社，1998：7.

④ 马恒通. 新中国图书馆学基础理论研究50年（1949—1999）［J］. 大学图书馆学报，1999（6）：31.

⑤ 吉田公彦. 关于出版学的建构问题［J］. 河南大学学报（社会科学版），1994（2）：103.

方法""认为专门方法就是图书馆学研究中广泛地……经常地应用的方法"。① 应该说这四种观点，在出版学界、数字出版学领域也是或多或少存在的。任何一个学科从其产生和发展的历程来看，肯定会有专属于学科自身的研究方法，只不过这些方法是被自发、零星、偶然、随机地使用，缺乏理论自觉和总结。一旦实现从方法"自发使用"到方法"自觉使用"的跃迁，那么就意味着该学科的方法论趋于成熟和完备。事实上，数字出版方法论的形成也正处于由自发到自觉的跃迁阶段。

二是从出版学分支学科来看，前述出版史、编辑学、图书营销学、比较出版学等领域均纷纷提出了专门研究方法，其中旗帜鲜明对专门研究方法做出介绍的，则是图书营销学的"图书产品研究法、机构研究法、功能研究法、个案研究法"② 等专门方法体系。之所以出版学分支学科能够提出专门研究方法，是因为其独特的研究对象决定着独特的研究方法，作为"元问题"的研究对象，解答了"研究什么"的问题，而同样作为"元问题"的方法论则是试图解答"怎么研究"的问题；"研究什么"决定着、注定着"怎么研究"，前者为主，后者为从。同理可得，我们认为既然数字出版学作为一门独立的学科，有其独特的研究对象（即数字出版活动主体、内容、客体和效应所构成的客观存在），那么探索研究内容和研究范围的特殊规律，就需要用专门的方法、特殊的方法加以揭示和研究，处于快速发展过程中的数字出版学，其专门研究方法的发现、发掘自然也应该被提上日程。

三是从学科自足来看，数字出版专门研究方法是数字出版方法论的研究对象，对专门方法的挖掘和归纳，有利于丰富数字出版方法论体系，有助于完善数字出版方法基本理论；同时，数字出版专门研究方法，对数字出版学术研究、调控实践、产业实践能够起到最直接、最有效的指导和推动作用。

那么，什么是数字出版专门研究方法？数字出版专门研究方法，是专门适用于数字出版研究领域，以对数字出版活动规律的认识为基础，以数字出版学理论为依据，对数字出版各分支学科、各研究领域的全部或一部分，均有描述性、规范性、指导性和预测性功能的研究方法。

下面，我们立足数字出版活动这个客观存在，透过纷繁复杂的数字出版现象，分析和归纳出几种数字出版学的专门研究方法。

（一）数字出版关系分析法

数字出版关系分析法，是指对数字出版主体、行为、客体、效应之间相互作用、相互影响的状态进行分析的研究方法。数字出版关系分析法可涵盖数字出版产业链、创新链、价值链的各环节，适用于数字出版学科体系的几乎所有分支学科，无论是基于"理

---

① 黄宗忠. 论图书馆学研究的专门方法 [J]. 四川图书馆学报, 1994（1）: 1.
② 方卿，姚永春. 图书营销学 [M]. 太原: 山西经济出版社, 1998: 33.

论维度"的"数字出版基础理论",还是基于"实践维度"的"数字出版市场学和调控学",抑或基于"时空维度"的"数字出版发展史和国际数字出版学"①,都可以采用数字出版关系法进行研究和论述。

具体来讲,数字出版关系分析法包括:①对主体的研究。主体类型研究,包括自然人主体研究,如著名出版人、出版学者、出版专家的自然人主体研究;出版组织体的研究,如调控主体——宣传主管部门、新闻出版主管部门、财政主管部门、市场主体、社会组织、科研院所等主体的研究;作为组织体的主体的设立、变更、发展、演变历程研究;等等。②对行为的研究。它包括对数字调控行为的研究,如规划调控、财政调控、税收调控、安全调控、标准调控等行为;对数字出版调节行为的研究,如产品研发、技术应用、市场运营、项目实施等市场调节行为;对数字出版科研行为的研究,如数字出版教育、数字出版学术、数字出版人才建设等行为。③对客体的研究。它以数字出版物为核心,包括对电子书、数据库、AR出版物、VR出版物、出版大数据、知识服务产品、数字出版标准规范等开展研究。④对效应的研究,即出版行为所产生的效果和反应的研究,如政治效益、社会效益、经济效益等。⑤相关性研究,即数字出版主体、行为、客体、效应之间的关系、运行、影响、规律的系统性研究。

数字出版关系分析法,是由数字出版研究对象所决定的,是由"数字出版活动"这个研究对象的内核所决定的:"至大无外,至小无内",整个数字出版的全部内容,不外乎数字出版关系的主体、客体、本体及"所成"。以"活动"这个内核为圆点,"主体"是"活动"之所属,"客体"是"活动"之所附,"行为"系"活动"之本体,"效应"系"活动"之所成。运用数字出版关系分析法,实现对"主体、客体、本体、所成"的长期性、全覆盖、多向度研究,则对数字出版研究对象可达成接近规律性的认知和理解。

(二)"双效统一"分析法

作为出版业的具体业态,数字出版自然也应该坚持将社会效益放在首位,努力实现社会效益和经济效益相统一。数字出版的社会效益,是指数字出版活动对社会产生的价值和影响②;数字出版的经济效益,是指数字出版活动产生的经济性的效果和利益,是指数字出版活动中劳动和物质耗费同劳动成果之间的对比,反映着数字出版各环节对人力、物力、财力的利用效果。

关于"双效统一"分析方法的具体运用,首先要坚持"位次"的标准:将社会效益

---

① 张新新,张莉婧. 中国特色数字出版学科体系建设的思考 [J]. 编辑之友,2021(05):96.

② 《图书出版单位社会效益评价考核试行办法》规定,"图书出版单位社会效益是指图书出版单位通过以图书为主的出版物和出版相关的活动,对社会产生的价值和影响"。本书以研究对象为视角,按照"数字出版活动"的研究对象理论,出版物系"出版活动"的客体/对象,出版活动对社会产生的价值和影响,可概括为学术层面的出版社会效益。数字出版社会效益同理可解释为数字出版活动对社会产生的价值和影响。

放在首位，坚守社会价值高于经济价值、社会效益高于经济效益的标准，一旦两种价值、两个效益初显冲突，经济价值要服从于社会价值，经济效益要让路给社会效益。其次，要坚持"统一"的标准：要努力实现社会效益和经济效益的统一，统一的途径主要可采取社会效益和经济效益同时实现的"双元型平衡模式"①。

从适用范围来看，"双效统一"分析法和"数字出版关系分析法"一样，也适用于数字出版的整个研究范围和全部研究内容：数字出版活动主体需要对其调控、调节、科研成果的效益做出评估、价值做出判断；理性的数字出版行为（"活动"本体）本身就是以良好的社会效益和经济效益为目标而展开；数字出版活动客体或对象是社会价值和经济价值的统一体，是社会效益和经济效益的载体和介质；数字出版活动效应，则或者是效益本身的体现，或者是由"效益"所体现或附着的时空。

在具体的数字出版实践之中，或者将目光再放大至出版实践，"双效统一"分析方法能够合理地解释许许多多的数字出版现象：①如我国长期以来的"保本微利"的图书定价策略，其政策价值就在于对社会效益优先的固化和保障，其社会效益的重要体现就在于让人们买得起书、看得起书。这一点，在后续的数字出版产品定价实践中，无论是单一型的数字产品，还是面向机构用户的集合型数字产品，都得到了有效遵循，几乎没有数字产品定价高于纸质图书定价的情况（内容和硬件载体合一的终端型数字产品除外）。②又如我国稿酬制度的历史沿革，1958 年所采纳的"基本稿酬"（按字数与质量）、"附加稿酬"（后改为"因印数稿酬"）到后面的"减半支付"，以及后来的历次调整，都是将社会效益放在首位的重要体现。③再如 1952 年我国明确提出出版社对书稿实行"三审制"，即《关于执行〈关于公营出版社编辑机构及工作制度的规定〉的指示》指出，书稿出版印制要实施编辑初审、编辑主任复审、总编辑终审和社长批准的编审制度，这为"双效统一"提供了至为重要的制度保障和配套措施。同时，这也是中华人民共和国历史上首次确立的"三审制"，为提高出版业发展质量、提升出版物质量提供了坚实的制度保障。

（三）数字出版案例研究法

数字出版案例研究法，是指通过对数字出版领域的典型案例进行定性、定量分析，以分析问题、发现规律、提出解决方案的一种研究方法。近年来，作为数字出版主管部门的国家新闻出版署已分别在数字出版示范单位、有声读物、数字出版项目、出版业科技与标准示范项目等领域组织了多批次的数字出版精品遴选计划，这本身就体现了对经典范例分析方法的重视和应用。也有学者专门进行过数字出版的案例研究，从"大众出版""教育出版""专业出版领域的内容提供商""作为集成商的技术商""渠道商"五

---

① 杨石华，陶盎然. 出版产业社会效益与经济效益的双元型平衡模式：基于利益相关者理论［J］. 科技与出版，2018（10）：180.

个领域，对国内外知名的数字出版企业进行了分析和研究，可称得上是数字出版案例研究方面的范例。①

不过，既往的数字出版案例研究中，存在着不严谨、不规范、随意性强、就事论事的短板与不足，"案例研究"严格的程序和规程没有得到很好的遵循。标准意义上的数字出版案例研究，应该遵循"建立基础理论—选择案例—收集数据—分析资料—提出发现或结论（撰写报告）"② 这样一种基本模式。简单分析如下：

建立基础理论或者说案例研究设计，旨在为案例研究建立起指导性框架，主要包括五个组成部分：①提出问题，即明确数字出版案例研究的目的，包括提出"为什么"或者"怎么样"的问题。②研究者的主张，即提出假设（新的理论）或验证现存理论，如"为什么进行出版流程再造要进行组织重构"。这种主张并非一开始就是正确的，随着案例研究的深入，可能会被证实、证伪或修改。③研究单位：既可以是数字出版代表性人物，可以是数字出版某个群体，也可以是数字出版企业，等等。④逻辑联系及解释准则：对理论主张进行明确描述以便将数据与理论假设相关联；对于研究结果，针对研究的问题提出解释，以回应原来的理论命题。⑤研究案例数量：是选择单一案例研究，还是选择多案例研究。选择案例的要点包括：所选择的案例要能够与研究的对象以及要回答的问题紧密相关，能够带来供统计分析的数据；多案例研究要遵循"案例内分析、案例交叉分析"的阶段步骤。收集数据可以是定性的，也可以是定量的案例数据。其收集方法主要包括：文件法、档案记录法、访谈法、观察法等。分析数据的具体方法可采用"解释性分析法、结构性分析法、反射性分析法"等。撰写报告主要包含描述和解释两种要素，其中描述分为概括描述（数据资料的代表性、相关性的概括描述）和特别描述（所采集的特定数据资料），解释主要是针对描述进行解释、归纳并得出结论。

坦言之，数字出版案例研究法即便提出来，离规范意义上的研究遵循仍然有不小的距离，而要得到整个数字出版学术共同体的普遍认可、广泛采纳和规范应用，更是需要时间和实践的长期推动。

（四）数字技术方法

前文述及出版学研究方法的改进要吸收新的技术方法并密切关注新兴的互联网研究方法，应该说"以数字化为本质特征"③、"以数字技术为特有属性"④、以数字技术赋能为产业链特征的数字出版学，在专门研究方法方面更应该与时俱进，借鉴、吸收和内化数字技术方法和工具，以彰显研究方法的数字化、开放性和现代化色彩。

---

① 刘锦宏. 数字出版案例研究 ［M］. 北京：电子工业出版社，2013：IV.
② 孙海法，朱莹楚. 案例研究法的理论与应用 ［J］. 科学管理研究，2004（1）：117.
③ 张新新，陈奎莲. 数字出版特征理论研究与思考 ［J］. 中国出版，2021（2）：10.
④ 张新新. 论数字出版的性质 ［J］. 出版与印刷，2021（2）：28.

　　数字技术方法，是指采用人工智能、5G、区块链等数字技术领域的研究方法，结合数字出版学实际情况，内化形成的专门研究方法。相较前述"数字出版关系分析法""'双效统一'分析法""数字出版案例研究法"而言，数字技术方法属于自成体系、创新性更突出的方法集合，是一个可包含方法理论、方法工具和方法技术在内的方法体系。

　　如"出版数据分析法"，一种以"内容数据、用户数据、交互数据"模型来分析和研究数字出版的研究方法。数据，是数字出版产业的核心竞争力，采用"内容数据、用户数据、交互数据"去分析数字出版产业链，往往会在产品研发、技术应用、市场运维、战略制定等方面得出全新的结论，取得意想不到的效果；同时，"出版数据分析法"往往和文献计量地图等可视化工具结合起来进行使用，以起到直观、生动、形象的展示效果。《我国数字出版政策工具选择体系及其优化策略研究》一文，就以 2006—2020 年我国数字出版政策文件（内容数据）为研究对象，通过构建"政策工具类型""产业活动环节"在内的二维政策分析框架，[①] 来研究我国数字出版调控政策的得失。该文综合运用了政策分析法、数据分析法、可视化分析工具等多种研究方法。

　　作为专门研究方法，数字技术方法是一个不断成长、不断完善的方法体系，还需要数字出版共同体对其进行艰辛的理论探索，不断推动其实现从建立、健全、完善到成熟的发展演变。

小结

　　综上，除以上四种专门研究方法以外，在数字出版调控分支学科中，数字出版政策分析法，是研究数字出版治理、调控的重要方法，可遵循"定义问题、收集资料、构建选项、选择标准、预测结果、权衡得失、做出决定、总结陈述"的"八步法"，[②] 以分析和研究现行政策，协助主管部门坚持、调整或改进数字出版调控目标；在国际数字出版分支学科，我们在进行比较研究的同时，需要运用意识形态分析方法，从意识论、价值论等维度分析我国数字出版和国外数字出版的异同点，以建立和健全我国数字出版的话语体系，不断确立、巩固和强化我国数字出版的话语权。这也是国际数字出版领域较为特殊的专门研究方法。

　　"炼汞烧铅四十年，至今犹在药炉前。不知子晋缘何事，只学吹箫便得仙。"这首诗蕴含着方法的重要性诠释，如果方法不当、规律不知，则容易事倍功半，很难实现预期的数字出版研究效果；相反，如果洞悉先机，方法得当，则能够透过现象看本质，在数

---

① 张窈，储鹏. 我国数字出版政策工具选择体系及其优化策略研究 [J]. 科技与出版，2021（2）：32.

② 巴达克. 政策分析八步法 [M]. 谢明，肖燕，刘玮，译. 3 版. 北京：中国人民大学出版社，2020：2.

字出版理论学习和研究领域取得事半功倍的效果。

　　作为数字出版基础理论的核心组成，方法论是数字出版学科成熟与完善始终绕不过去的一座大山。正因为以往的数字出版研究之中存在着"方法思维缺位和意识淡薄、质化与量化不平衡、有'理'无'论'、方法规范不严谨、缺乏方法自觉"等问题，我们去推动数字出版方法论范式建构与理论创新才显得更有意义。在认识到数字出版方法论在"研究对象、学科建设、学术研究、指导实践、完善话语体系"等方面的功能和价值之后，本书尝试按照"整体性、开放性、客观性、协调性、层次性"五个方面的原则，初步构建出"哲学方法、一般科学方法、专门研究方法"的数字出版方法论。

思考题

1. 数字出版研究方法存在哪些问题？
2. 数字出版方法论建构的理论和实践意义有哪些？
3. 数字出版方法论建构需要遵循哪些原则？
4. 如何理解马克思主义哲学方法在数字出版研究中的运用？
5. 一般科学方法在数字出版研究中有哪些体现？
6. 数字出版学有哪些专门研究方法？

参考文献

1. 张新新. 中国特色数字出版学研究对象：研究价值、提炼方法与多维表达［J］. 编辑之友，2020（11）.

2. 张鸿骊. 科学方法要论［M］. 西安：陕西人民出版社，1998.

3. 方卿. 关于出版学"学科范式"的思考［J］. 出版发行研究，2020（5）.

4. 吴赟. 关于深化出版学研究的几个问题［J］. 图书情报知识，2003（4）.

5. 罗紫初，吴赟，王秋林. 出版学基础［M］. 太原：山西人民出版社，2008.

6. 周蔚华. 出版史研究方法论的范式建构与理论创新［J］. 现代出版，2020（1）.

7. 方卿. 关于出版学学科性质的思考［J］. 出版科学，2020（3）.

8. 李新祥. 出版传播学的学科定位、研究方法及意义［J］. 出版科学，2005（1）.

9. 黄宗忠. 论图书馆学研究的专门方法［J］. 四川图书馆学报，1994（1）.

10. 张窈，储鹏. 我国数字出版政策工具选择体系及其优化策略研究［J］. 科技与出版，2021（2）.

11. 张新新. 数字出版方法论［J］. 科技与出版，2021（8）.

第3章 数字出版学科论

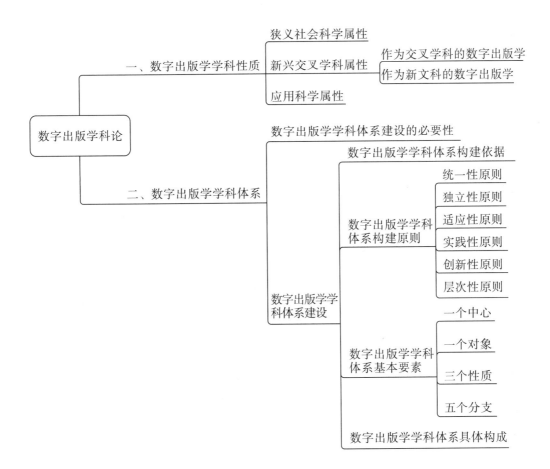

学习目的

　　了解从研究对象、研究目标以及学科内部构造的角度来揭示学科性质的方法，理解和掌握数字出版学科的狭义社会科学、应用科学以及交叉科学性质。了解数字出版学科体系建设的必要性，理解数字出版学科体系建设的构建依据、构建原则，掌握数字出版学科体系建设的基本要素和具体构成。

第一节　数字出版学学科性质

在建设新文科的背景下，明确数字出版学的学科性质对于学科的定位和发展具有重要作用，同时也可为相关教学和研究工作指明方向。本节从数字出版学的研究对象、研究目标以及学科内部结构三个方面，结合新文科建设的新要求，探讨了当前数字出版学应具备的学科性质。从研究对象而言，数字出版学是一门研究数字出版活动的社会科学；从研究目标而言，数字出版学应是一门应用性学科；从学科内部结构而言，数字出版学的学科分支多并具备与其他学科交叉发展的特质，因此数字出版学可被认为是一门交叉学科。综上，基于新文科视域，数字出版学应是一门具有交叉性、应用性的社会科学。

《出版业"十四五"时期发展规划》指出，"十四五"时期，要"加强出版学学科建设和专业人才培养，构建中国特色社会主义出版学学科体系"[①]；并在专栏 10 "出版业高质量发展保障工程"中，设置了"出版学学科高质量建设计划"，规定要深入推进出版学学科建设，进一步优化学科顶层设计，加强理论研究等工作，为出版高质量发展提供理论和人才支撑。作为出版学的子学科，数字出版的学科构建以学科性质为基础，以价值认同和学术共识为前提。数字出版学科体系即是由学者将相同性质或相似的知识根据一定的逻辑架构所形成的知识体系。数字出版学学科体系，基于"理论—实践—时空"三个向度，大致可包括"数字出版基础理论、数字出版市场学、数字出版调控（治理）学、数字出版发展史和国际数字出版"[②]。而对于数字出版学科性质的研究，同样是作为数字出版"学科论"的另外一个重要维度，甚至可以说是数字出版的元理论。数字出版学科性质是否确定、是否稳定，将最终关系着数字出版学科体系的确定性和整体性。学科性质，是指一门学科内在的、"质"的规定性，是该学科在整个科学体系之中的定位和归属，外化表现为学科特征，内含于整体数字出版学科体系之中。在学科基础理论的研究中，学科性质具有非常重要的作用，直接关系数字出版学的学科地位、发展方向和发展程度，可为学科体系建设、学科方法论、专题科研和教学工作提供方向指引。

"学科性质可以从研究对象、研究目标以及学科内部结构三个方面确定。"[③] 以此标

---

① 国家新闻出版署. 出版业"十四五"时期发展规划［S］. 国新出发〔2021〕20 号.

② 张新新，张莉婧. 中国特色数字出版学科体系建设的思考［J］. 编辑之友，2021（5）：90.

③ 方卿. 关于出版学学科性质的思考［J］. 出版科学，2020（3）：12.

准划分，各学科对于学科性质的探讨，集中于如下几个方面。其一，基于研究对象的不同，一门学科是属于哲学、社会科学，还是自然科学？其研究对象的差别在于是世界基本、普遍的问题，人类社会现象抑或自然界的各种事物和现象。其二，基于研究目标的不同，一门学科是基础科学、技术科学还是应用科学？该种分法的依据在于学科价值是揭示基本规律、一般技术规律还是转化为直接生产力。其三，基于学科内部结构不同，分为边缘学科、横向学科、综合学科、交叉学科等。该分类标准主要考量的是研究对象、研究方法和科学主体的交叉融合和跨越，同时还与时下研究最热门的新文科建设息息相关。

二十年间，数字出版的实践随着媒体技术的进步不断发展，而相关基础理论和学科建设的发展却相对缓慢。目前，全国已有二十多所本科高校开设了数字出版专业；截至2021年3月，编辑出版学国家级一流本科专业建设点共有8个，数字出版国家级一流本科专业建设点有1个，设在北京印刷学院。随着越来越多的高校开设数字出版课程，数字出版专业被认定为国家一流本科专业，数字出版学作为出版学的子学科地位已逐渐得到了显性化、制度化的认可。

在完成对数字出版概念、特征、属性、方法论和学科体系的研究之后，有必要对数字出版学的学科性质进行探讨，明确数字出版学的学科定位和学科价值，以完善数字出版学的基础理论和应用研究，并优化数字出版人才的培养模式。本书将结合新时期新文科发展的新要求，从研究对象、研究目标、学科内部结构等方面对数字出版学的学科性质进行探讨。

一、狭义社会科学属性

作为研究数字出版活动及其规律的一门学科，数字出版学将传统出版学的研究场景转化为以数字技术为核心的数字出版活动，虽然出版的形式和模式有所变化，但出版的本质基本上没有变化，因此可基于出版学的相关研究和理论，结合数字出版的特性，来对数字出版学的学科性质展开辨析和探讨。

出版学属于文科大类也即哲学社会科学，是被普遍认可和接受的，作为出版学的子学科，数字出版学也应属于这一类。出版学是研究出版现象及其规律的学科，其研究包含出版系统、出版规律及出版活动等方面。出版现象从本质上而言是一种社会现象，因此出版学具有社会科学的属性。同理，数字出版学是研究数字出版活动及其规律的学科，而数字出版活动本质上也是一种社会活动，因此数字出版学首先应具有社会科学的属性。但从数字出版活动所涉及的几个要素而言，如出版者、出版物及出版目标来看，数字出版活动同时也具有人文属性。而这两种学科属性的划分直接决定了数字出版学研究所将采用的研究范式和方法、学科体系建设的指导思路以及人才培养的宗旨，孰主孰次、孰重孰轻，究竟哪种属性才是数字出版学的学科性质。

在研究学科性质的过程中，要坚持以研究对象为首要标准，明确研究对象对学科性质的决定性作用；要坚持学科整体属性的观点，"从整个知识体系的整体属性"① 加以判断，不能因为研究对象的构成要素、研究内容的具体领域、各分支学科带有某种属性而将该种属性定义为整个学科的学科性质。

先看作为母学科的出版学。在其学科性质的探索历程中，20 世纪 90 年代初林穗芳提出出版学是一门"揭示出版的规律和社会作用的综合性社会科学"②；进入 21 世纪，余敏认为出版学是综合性的"社会科学"③，罗紫初教授认为"是一门应用性的社会科学学科"④，张志强教授认为"是研究出版的形成与发展以及探讨出版工作规律的社会科学"⑤，易图强认为是"一门应用性强的社会科学学科"⑥；再到 2010 年后，魏玉山院长认为出版学是"一门具有应用性、交叉性的社会科学"⑦，庞沁文研究员指出"出版学是一门应用性的社会科学"⑧；直至最近，方卿教授提出"出版学可以被界定为狭义的社会科学，具有社会科学属性"⑨，进而将出版学的学科性质由"社会科学属性"向"狭义社会科学属性"推进了一步。由此可见，对于出版学属于社会科学这一认识由来已久，并在学界已达成一定共识。

经过多年发展，作为母学科的出版学，目前已初步形成了包含出版学基础理论、编辑学、出版经营管理、出版史、数字出版等在内的众多分支学科。数字出版学作为出版学的子学科，无论是从其概念对"出版"概念的继承、其研究对象从属于出版学研究对象、其理论体系与出版学一脉相承，还是从其研究方法与出版学颇为类似来看，其学科性质都应与母学科保持一致。不过，因其出现及研究的时间相对较短，目前对数字出版学学科性质进行探讨的研究尚付之阙如。

从研究对象来看，数字出版学的研究对象是数字出版活动，即"数字出版活动主体、内容、客体和效应所构成的客观存在"⑩。数字出版活动，作为"出版活动"的组成部分，则同样是社会客体的细分领域，所产生的现象同样是社会现象的一部分，而不是自然现象（自然科学的研究对象），也不是精神世界和精神文化（人文科学的研究对象），换言之，是社会科学研究对象的一部分。由此可知，数字出版学隶属于社会科学

① 罗紫初，吴赟，王秋林. 出版学基础［M］. 太原：山西人民出版社，2005：14.
② 林穗芳. 明确"出版"概念 加强出版学研究［J］. 出版发行研究，1990（6）：23.
③ 余敏. 出版学［M］. 北京：中国书籍出版社，2002：42.
④ 罗紫初. 出版学理论研究述评［J］. 出版科学，2002（S1）：5.
⑤ 张志强. 现代出版学［M］. 苏州：苏州大学出版社，2003：16.
⑥ 易图强. 出版学概论［M］. 长沙：湖南师范大学出版社，2008：9
⑦ "出版学学科体系（与教材建设）研究"课题组. 出版学学科属性之辨［J］. 出版发行研究，2010（2）：20.
⑧ 庞沁文. 现代出版学概论［M］. 北京：中国书籍出版社，2015：15.
⑨ 方卿. 关于出版学学科性质的思考［J］. 出版科学，2020（3）：12.
⑩ 张新新. 中国特色数字出版学研究对象：研究价值、提炼方法与多维表达［J］. 编辑之友，2020（11）：10.

的结论是成立的，而且属于狭义的社会科学，不属于人文学科范畴。

从研究内容来看，由数字出版学研究对象所确定的研究内容，主要包括：（1）数字出版调节活动，即对数字出版市场的产品、技术、营销、人才、制度等方面现象和规律的研究；（2）数字出版治理活动，即对数字出版的指导思想、规划调控、标准规范等方面现象和规律的研究；（3）国际数字出版活动，主要指对不同国别、不同区域、不同文化传统的数字出版进行的研究。无论是调节活动、治理活动还是国际数字出版活动，都是数字出版共同体所产生的社会性活动、组织性活动，对这些数字出版活动、现象及其规律的研究，都属于社会科学的研究范畴。

从学科整体属性来看，数字出版学下设的已开设和即将开设的"数字出版基础理论、数字出版市场学、数字出版调控学、数字出版发展史、国际数字出版"① 五个分支学科，从其整体而言，以数字出版系统为研究重点，都是侧重于社会科学领域的研究，其价值定位和社会科学价值定位保持一致。在价值目标上，是以对社会活动规律的发现和探索为价值追求；在价值功能上，起到"意识形态引领、以社会效益为重、以服务人民为本、以价值导向把关为使命"② 的积极作用；在价值评价上，是将社会效益放在首位，市场价值服务社会价值，经济效益服从社会效益，努力实现社会效益和经济效益相统一。

由此可见，从母学科性质、研究对象、研究内容和整体属性等方面而言，数字出版学应属于狭义社会科学，而非人文科学。

二、新兴交叉学科属性

如前所述，作为研究对象的数字出版活动决定了数字出版学具有狭义社会科学属性，但以出版学为参照物，数字出版学的特有属性是什么？二者之间的学科性质是否同质或等同的关系？这些问题需要进一步深入地探讨和回答。

在数字出版基础理论的前述章节中，本书论述了数字出版的"数字技术"特有属性，它贯穿了数字出版的整个理论体系，是数字出版的概念传承、范式创新和学科设立的关键性因素所在。特说明如下：其一，就概念而言，数字出版是一种新型出版，"是数字技术作用下的出版，是数字技术赋能的出版"③；其二，就数字出版的性质④而言，数字技术属性"是数字出版自身所具有的反映数字技术的性质和特点，是数字出版的特

---

① 张新新. 中国特色数字出版学科体系建设的思考［J］. 编辑之友，2021（5）：90.
② 方卿，许洁. 论出版的价值引导功能［J］. 出版科学，2015，23（4）：9.
③ 张新新. 数字出版概念述评与新解：数字出版概念20年综述与思考［J］. 科技与出版，2020（7）：45.
④ 这里的数字出版性质，是指包含数字出版理念、制度、实践、科研、教学、治理等数字出版整体所体现出来的四个性质，其中也包含数字出版学科性质。

有属性”；其三，在数字出版特征理论方面，“数字化、现代化、开放性、互动性”① 四个特征四位一体，但其根本特征是“数字化”，“数字化”特征决定、衍生出其他三个特征，并注定着数字出版区别于其他出版形态；其四，在数字出版研究对象方面，研究范围“要限定在基于数字技术的编辑、加工、复制、传播的出版活动”；其五，在数字出版学科体系方面，数字出版学在继承出版学既有理论的基础上，还应“融合数字技术与数字媒体理论”②；其六，在数字出版方法论的建构过程中，要“采纳最新的数字技术工具和方法”，同时还要深入研究作为数字出版学专门研究方法的“数字技术方法”体系。③

由此，在充分考虑数字出版“数字技术”特有属性理论价值的基础上，我们认为数字出版学除了具备社会科学属性以外，还具有技术科学的属性，是作为社会科学的出版学与计算机科学等数字技术科学融合、渗透、跨越的一门新兴学科。

从数字出版学的母学科——出版学来看，也有部分学者持“交叉学科”的观点。叶再生认为“编辑出版学是一门社会科学与自然科学相互渗透、相互结合的交叉科学”④，张涵等人认为“现代出版学是一门综合性很强的交叉学科”⑤，吴赟等人认为出版学处于“跨学科的连接处”⑥，等等。这些观点是出版学具有交叉学科性质、隶属于交叉学科的代表性观点。不过，有学者认为，这些观点的问题在于交叉主体不明确，无法确定出版学是何种学科交叉而形成的，无法找寻“基于‘出版现象’实现‘交叉’的两个或两个以上既有‘常规学科’”⑦，进而不能赞同出版学是交叉学科的结论。那么，是否可依此认为作为子学科的数字出版学也不属于交叉学科呢？

（一）作为交叉学科的数字出版学

首先，从概念判断，数字出版学是否符合交叉学科？在《“交叉学科”概念新解》⑧一文中，作者梳理了 16 种交叉学科的概念解释，可归纳为三类代表性观点。其一，将交叉学科等同于“边缘学科、横向学科、横断学科、综合学科”等概念；其二，“将交叉学科视为一组学科群”，包含“边缘学科、横断学科、综合学科、软学科、超学科等 6 种类型”；其三，将交叉学科视为“跨学科性的协作攻关和跨学科研究性”的“科学实践活动”。基于文献，本书认为交叉学科是指在两种及以上学科基础上，科学主体通过

---

① 张新新，陈奎莲. 数字出版特征理论研究与思考［J］. 中国出版，2021（2）：14.
② 张新新，张莉婧. 中国特色数字出版学科体系建设的思考［J］. 编辑之友，2021（5）：91.
③ 张新新. 数字出版方法论：研究价值与范式创新［J］. 科技与出版，2021（8）：13.
④ 叶再生. 编辑出版学概论［M］. 武汉：湖北人民出版社，1988：5.
⑤ 张涵，苗遂奇. 建立一门较为成熟的现代出版学［J］. 中国出版，2002（12）：2.
⑥ 吴赟，闫薇. 出版学往何处去？——出版理论研究的范式危机与革新路径分析［J］. 出版发行研究，2019（3）：18.
⑦ 方卿. 关于出版学学科性质的思考［J］. 出版科学，2020（3）：6.
⑧ 炎冰，宋子良. “交叉学科”概念新解［J］. 科学技术与辩证法，1996，13（4）：52.

对不同学科的观点、理论、方法进行交叉、渗透、融合而形成的跨越单一学科性的独立的科学理论体系。而数字出版是"以数字技术将作品编辑加工后，经过复制进行传播的新型出版"①，数字出版学是立足"数字技术"科学和"出版学"两种学科基础的学科。出版学的概念体系、逻辑结构、理论框架和数字技术科学的技术原理、方法、理念的有机融合，推动了数字出版学作为一门新兴的交叉学科应运而生。随着科学技术的发展，数字出版学的学科跨越、学科交叉、方法融合的色彩日益浓重。

其次，从特征分析来看，数字出版学是否符合交叉学科所具备的特征？一是研究对象的跨越性。数字出版学的研究对象是数字出版活动，立足于数字技术科学来探求出版活动及其规律。二是研究方法的多重性。数字出版学的专门研究方法一方面源于出版学，另一方面也倚重和嫁接数字技术方法。三是理论体系的整合性。研究对象的跨越导致研究内容的整合，从而推动了数字出版学的概念体系和理论框架需涵盖出版和数字技术两门科学。四是研究主体的复合性。从事数字出版科学研究的主体不能是单一学科专家，在知识构成上须为复合型人才。综上，研究对象的跨越、研究方法的综合、理论体系的整合、研究主体的复合，也可以证明数字出版学具备交叉学科的性质。

最后，从交叉主体和交叉关系来看，数字出版学是否契合交叉学科的内涵？关于交叉主体的体现，数字出版学是两门以上常规学科交叉而成，其中一端是出版学，另外一端是数字技术。关于交叉关系的体现，"学科之间的交叉关系的体现反映在学科制度和学科教学两个方面"②。一方面，就学科制度来论，学科分类目录对交叉学科的创新增设，属于学科制度层面体现交叉学科。2021 年度，《国务院学位委员会　教育部关于设置"交叉学科"门类、"集成电路科学与工程"和"国家安全学"一级学科的通知》中，已明确"交叉学科"成为第 14 个学科门类。尽管数字出版学的学科群规模、社会影响力、重要程度和典型的交叉学科无法相提并论，但就其实质而言，学科的研究对象、研究方法、创新型人才的培养等学科交叉、融合、跨越的特点是相通的。另一方面，就学科教学来看，交叉学科在数字出版教学领域的落实，主要体现于有关课程体系设计和具体的课程教学，如大凡开设数字出版专业的院校，在开设"数字出版原理、数字出版实务、数字出版营销"等出版学课程的同时，往往都设置了"数字出版技术、数字媒体技术"等数字技术类的课程，讲解和传授数字技术原理和应用场景。

综上所述，通过以上分析，本书认为数字出版学的交叉学科属性可以得到确认。需要明确的是，作为交叉科学，数字出版学应坚守"出版为体、技术为用"的交叉策略。出版学是中心学科、基础学科，数字出版学的理论内核仍然是出版学基础理论；数字技术科学是相关学科、支撑学科，计算机科学、信息通信工程科学的理念、原理和方法及

---

① 张新新. 数字出版概念述评与新解：数字出版概念 20 年综述与思考［J］. 科技与出版，2020（7）：45.
② 袁曦临. 人文社会科学学科分类体系研究［D］. 南京：南京大学，2011：100.

时纳入、渗透、融合进出版学，进而形成全新性、整合性内涵的"数字出版学"。

（二）作为新文科的数字出版学

再以新文科建设的视角，来分析数字出版学的学科性质。我国新文科建设大致历程如下：2018 年 8 月，"中共中央在所发文件里提出'高等教育要努力发展新工科、新医科、新农科、新文科'，正式提出'新文科'这一概念"①。2018 年 10 月，教育部决定"实施'六卓越一拔尖'计划 2.0，中国新文科开始浮出水面"②。2019 年 4 月，"六卓越一拔尖计划"2.0 启动大会在天津召开，标志着新文科建设工程正式启动，其中新文科建设的目标是"要推动哲学社会科学与新科技革命交叉融合，培养新时代的哲学社会科学家，创造光耀时代、光耀世界的中华文化"③。2020 年 11 月，新文科建设工作会议在山东大学（威海）召开，会议发布了《新文科建设宣言》，提出"进一步打破学科专业壁垒，推动文科专业之间深度融通、文科与理工农医交叉融合，融入现代信息技术赋能文科教育，实现自我的革故鼎新，新文科建设势在必行"④。

那么，究竟什么是新文科呢？2017 年美国希拉姆学院率先提出了"新文科"概念："主要是专业重组，不同专业的学生打破专业课程界限，进行综合性的跨学科学习"⑤。国内学者基于不同视角对新文科的概念进行了探讨，如王铭玉等认为新文科是"相对于传统文科而言的，是以全球新科技革命、新经济发展、中国特色社会主义进入新时代为背景，突破传统文科的思维模式，以继承与创新、交叉与融合、协同与共享为主要途径，促进多学科交叉与深度融合"⑥。冯果认为新文科"是对传统文科的提升，其目的在于打破专业壁垒和学科障碍，以广博的学术视角、开阔的问题意识和深厚的学术积累为基础，为学生提供更契合现代社会需求的素养训练，是对快速变革的社会生活的主动回应"⑦。尽管表述不同，但可以发现国内学者的概念界定实质性表意是一致的，都围绕着"传统文科"或曰"传统社会科学"这一参照物，基于新技术、新国情、新时代展开，同时体现了鲜明的交叉学科色彩，鼓励打破学科壁垒，推动文理深度融合，以及不同学科之间的跨界融合。

前述数字出版学属于交叉学科，而且是以出版学为主体、出版学与数字技术科学交叉融合所形成的一门新兴学科。转换一个视角，数字出版学也是作为传统社会科学的出版学与新兴技术科学的交叉融合、深度融合的产物，旨在形成一个包含出版学、计算机

---

① 黄启兵，田晓明．"新文科"的来源、特性及建设路径［J］．苏州大学学报（教育科学版），2020，8（2）：75.

②③ 方卿，许洁．论出版的价值引导功能［J］．出版科学，2015，23（4）．

④ 新文科建设工作会在山东大学召开［EB/OL］．http://www.moe.gov.cn/jyb_xwfb/gzdt_gzdt/s5987/202011/t20201103_498067.html.

⑤ 樊丽明，杨灿明，马骁，等．新文科建设的内涵与发展路径（笔谈）［J］．中国高教研究，2019（10）：11.

⑥ 王铭玉，张涛．高校"新文科"建设：概念与行动［N］．中国社会科学报，2019-03-21.

⑦ 冯果．新理念与法学教育创新［J］．中国大学教学，2019（10）：36.

科学、信息通信工程科学等文理学科深度融合的崭新学科知识体系。换言之，数字出版学是典型的新文科代表。

从新文科的特征来审视数字出版学。其一，新文科建设需"积极借助新兴科技手段"①，或曰需推动"新科技革命与文科融合化"②。这种融合体现在传统文科与新兴技术科学在研究对象的整合、研究内容的重整、研究方法的互鉴等方面。在新文科建设的大背景下，作为人文社会科学的学科在打破学科藩篱的同时，还需要积极构建交叉融合性的新专业，探索新的研究和教育模式③；新文科"不仅要传承传统的、经典的文化，还要展示哲学社会科学与新一轮产业技术革命交叉融合产生的新变化"④。而数字出版学是吸收新科技革命成果，采纳数字技术原理并探索应用场景的一门学科。在《智能出版：现代出版技术原理与应用》⑤ 一书中，作者基于数字技术，阐释了出版流程智能再造、出版大数据、出版知识服务、增强现实出版，以及区块链＋出版等多种新流程、新模式和新形态。作为数字出版发展高级阶段的智能出版，较为全面地展示了作为社会科学的出版学与新一轮科技革命交叉融合所带来的新知识、新方法与新变化。

其二，新文科建设要推动文科内部融合、文理交叉融合、多学科深度融合发展，及时开拓学术研究新范式。就数字出版学而言，其有关概念、特征、研究对象等本体论的内容，研究方法等方法论的内容，学科性质和学科体系等学科论的内容，调节论、治理论和人才论等理论框架，均是和出版学内部融合的结果。而前述有关数字技术应用原理和场景所产生的新业态、新模式和新体系则是交叉融合的结果。同时，数字出版学还是出版学和计算机科学、信息通信工程科学等多学科深度融合的结晶。就学术研究新范式而言，首先，数字出版学核心概念体系亟待确立。其次，数字出版学的经典范例需推出并作为学术范式的重要内容。最后，数字出版的方法论，需学术共同体众志成城，在哲学方法、一般科学方法尤其是专门研究方法方面花大气力、下大功夫深入研究和构建。

其三，新文科建设需开创人才培养的新模式，革新课程体系，优化教学方式，以培养复合型人才。在课程体系方面，数字技术类课程的开设，不能照本宣科，而要加强理解各项数字技术的内涵和原理；同时需要强化数字出版基础理论课程建设，填补数字出版原理方面的课程空白；还需引入数字化教学方式，让学生真正感受到数字技术给出版学所注入的新能量、新内涵。唯有如此，在新文科建设的思路下，综合运用出版学和数字技术的跨学科知识，开设创新性、跨学科、文理融合类的课程，方能真正培养出一支导向正确、文理兼备、面向现代化、国际化的数字出版人才队伍。

综上，应该说数字出版学的概念界定和学科特征与新文科建设的要求是高度一致

① 王永. 新文科建设的三个理论前提［J］. 现代传播，2020（5）：159.

②③ 樊丽明. "新文科"：时代需求与建设重点［J］. 中国大学教学，2020（5）：5.

④ 吴岩. 加强新文科建设 培养新时代新闻传播人才［J］. 中国编辑，2019（2）：4.

⑤ 张新新. 智能出版：现代出版技术原理与应用［M］. 北京：人民出版社，2021.

的，由此可以推断出数字出版学的新文科学科地位和归属。那么，作为一门新兴交叉学科，数字出版学有无应用属性，是属于基础性科学还是应用性科学？这个问题需要我们进一步探讨。

三、应用科学属性

"基础科学、技术科学、应用科学"的分类法，源自现代自然科学，构成现代自然科学的三大部分。基础科学的研究对象是自然界的物质及其运动，研究目的是揭示自然界发展规律。技术科学是以基础科学理论为指导，以技术客体为研究对象，旨在揭示技术门类的特殊规律，处于基础科学和应用科学的"桥梁"环节，也是衔接基础理论和实践应用的"中介"环节，是基础科学和技术科学的生命力所在和主要增长点。应用科学由应用理论和应用技术组成，是综合运用技术科学的理论成果，创造性地解决生产、工程中的技术问题，创造新技术、新工艺和新模型的科学，旨在将科学技术转化为现实的生产力。广义的应用科学包含对横向科学、社会科学实际应用的研究。

借鉴这种分类法，可以得知出版学是"应用性"科学的结论。如：罗紫初教授从起初提出出版学是"应用性"[①] 的社会科学学科，到后来认为是"独立的"[②]"应用性"的社会科学学科；余敏认为出版学是"与出版实践活动密切相关、操作性强、实用性很强"的应用科学；[③] 魏玉山认为出版学是一门"应用性""交叉性"的社会科学；[④] 易图强认为是一门"应用性强"的社会科学学科；[⑤] 庞沁文认为，出版学是一门"应用性"的社会科学，[⑥] 等等。然而，判断一门学科是否属于应用科学范畴，有两个主要关键点：学科研究是否有"实实在在的应用性目标"，以及基于何种"基础学科"开展应用性研究？[⑦] 在此基础上，由于出版学不符合第二个标准，所以并不赞同出版学属于应用性科学的结论，但是这个结论确是适用于数字出版学的。

那么，数字出版学的应用科学属性体现在哪些方面？

一是有基础性学科作为支撑。首先，出版学为数字出版学提供理论、研究范式和方法论资源，其"编辑、加工、复制、发行"的理论内核仍然是数字出版学所要坚守的，只不过在"数字技术"的交叉融合下，转换了方式、变化了形式，进行了创造性的转化和发展。其二，数字出版是一种新型出版，数字出版概念与出版概念存在着继承与创新

① 罗紫初，吴赟，王秋林. 出版学基础 [M]. 太原：山西人民出版社，2005：15.
② 罗紫初. 出版学导论 [M]. 武汉：武汉大学出版社，2014：40.
③ 余敏. 出版学 [M]. 北京：中国书籍出版社，2002：42.
④ "出版学学科体系（与教材建设）研究"课题组. 出版学学科属性之辨 [J]. 出版发行研究，2010（2）：20.
⑤ 易图强. 出版学概论 [M]. 长沙：湖南师范大学出版社，2008：8.
⑥ 庞沁文. 现代出版学概论 [M]. 北京：中国书籍出版社，2015：15.
⑦ 方卿. 关于出版学学科性质的思考 [J]. 出版科学，2020（3）：10.

的关系。其三，数字出版的研究对象包含于出版学的研究对象之中。其四，属性的重叠，出版与数字出版均具有"意识形态属性、文化属性、产业属性和数字技术属性"[①]。其五，学科体系的融通，出版学的学科构造和分支体系在数字出版子学科中均有相对应的体现。

二是有切实的应用性目标。数字出版的研究目标在于通过发现问题、进行科学研究、提供方案等程序，以切实解决数字出版活动中的真实存在的问题。基于经验总结、观点体系化，进而抽象凝结成为理论，再去指导数字出版实践，推动数字出版产业的高质量发展，是数字出版隶属应用科学的基本写照。如，数字出版概念的"数字技术说"流派，其对实践的指导价值，在于让数字出版共同体认识到5G、区块链、人工智能等数字技术的技术原理，进而找寻到赋能出版业内部流程和外部产品的应用场景。又如，研究对象的"调治论"，对于如何发挥市场机制的决定性作用、如何更好发挥政府作用，具有较强的理论指导意义。

三是服务于社会子系统，也即数字出版系统。数字出版学研究的特定内容之一是数字出版系统，其由数字出版主管部门、行业协会、数字出版产业所组成。该系统真实存在于社会组织架构体系之中，且分布较为广泛，尤其是新兴数字出版企业，其数量、规模更是传统出版企业所无法比拟的。

四是数字出版学的应用科学属性集中体现在对数字技术的应用。运用技术科学的理论成果，如计算机科学与技术、信息通信工程学的相关成果，创造性地解决新问题，催生出版业的新业态、新模式，如区块链技术应用于版权确权，大数据技术应用于出版营销精准营销、短视频直播技术应用于图书销售、AR 和 VR 技术应用于富媒体阅读，等等。用好数字技术的赋能优势，实现出版业内部流程再造，充分发挥数字技术在传统出版的编校印发等内部流程环节的数字化、网络化、智能化应用价值。用好数字技术的创新优势，实现出版业产品服务方面的数字化、智能化创新，重塑和再造包含图书、音像出版物、电子出版物、AR 出版物、VR 出版物、出版知识服务等出版产品和服务新格局、新体系。

小结

综上所述，学科性质的定位有助于明确学科界限和探索视角；而学科性质的归属，则决定着学科的未来发展方向。在当今科学技术与社会发展联系越来越密切的情境下，各个学科都在尝试结合历史文化、新的科学技术或新研究方法以寻求研究的创新和突破。在建设新文科的新背景下，数字出版学的学科建设也应秉持严谨和开放的态度，结

---

① 张新新. 论数字出版的性质 [J]. 出版与印刷，2021（2）：28.

合当前数字出版活动的新现象对学科性质进行定位。

　　基于数字出版学的本质特性，结合新文科发展的新目标，从研究对象、学科构造和研究目标三个方面对数字出版学的学科性质进行探讨后，本书认为：从研究对象的角度来看，数字出版学属于狭义社会科学，具有狭义社会科学属性。从学科构造来看，数字出版学除具有社会科学属性以外，还有着鲜明的技术科学属性，是出版学与数字技术科学交叉融合所形成的新兴交叉学科。从新文科的视角来看，数字出版学是传统社会科学和新科技革命融合化的产物，是出版学和计算机科学、信息通信工程科学等多学科交叉融合、深度融合的结晶，是新文科的组成单元之一。从研究目标来看，数字出版学是一门应用学科，其基础学科是出版学，旨在解决数字出版领域的实际问题，旨在指导数字出版实践活动。

　　一言以蔽之，数字出版学是社会科学和技术科学相互渗透、融合、跨越而形成的一门新兴交叉学科，是新时代新文科建设必不可少的组成部分；数字出版学是一门应用性色彩鲜明、实践指导价值显著的应用学科。

第二节　数字出版学学科体系

中国特色数字出版学的学科体系建设可描述为"一个中心，一个对象，三个性质，五个分支"。其中："一个中心"指以"数字出版学科"为中心，坚持数字出版学科本位，遵循"一事""二众"的规范构建数字出版学科体系；"一个对象"指数字出版学研究对象——数字出版活动，即数字出版活动主体、内容、客体和效应所构成的客观存在；"三个性质"指数字出版学学科的社会科学、交叉学科、应用学科的三个学科性质；"五个分支"指数字出版学下设的数字出版基础理论、数字出版市场（调节）学、数字出版调控（治理）学、数字出版发展史、国际数字出版五个分支学科。

一、数字出版学学科体系建设的必要性

与研究对象一样，数字出版学学科体系也是基础理论的一个重要组成部分，是更好地理解数字出版学的关键所在、枢纽所在。研究对象，侧重于从宏观、整体、形而上的角度来认知数字出版学；学科体系，侧重于从具体、分支、形而下的角度来理解数字出版学。二者之间的联系在于，数字出版的学科体系根植于研究对象，是研究内容与研究范围的量化和具体化表达。

数字出版学科体系的建立、形成和完善，有以下几个方面的必要性：

首先，出版是意识形态主阵地所在，而数字出版则是直面互联网前沿的意识形态阵地。如何将互联网这个意识形态的前沿阵地的最大变量转换为最大正能量，管得住、用得好，则是数字出版需要提交的时代答卷。而作为开设数字出版专业的高等院校，教师教什么、学生学什么，则是数字出版学科体系需要解决的问题。解决得好，则能够坚持数字出版的正确政治方向、价值取向和内容导向；解决得不好，则难以实现数字出版理论体系自足，无法向社会输送优质的数字出版人才，最终不利于推动数字出版的高质量发展。

其次，数字出版不断提升的话语权，需要科学、合理的学科体系与之匹配。随着国家财政调控的支持力度不断加大，数字出版产值不断攀升，甚至已逼近万亿级规模，层出不穷的数字出版标准规范陆续出台，出版企业对数字出版的重视与日俱增，数字出版在出版学的子学科中，无疑已渐成"显学"之发展态势。而与上述数字出版话语权提升相适应的是，数字出版学科体系要及时反映、吸收和推动不断发展的数字出版实践。为

此，基于数字出版市场学的研究、调控学的研究、数字出版发展史、区域和国际数字出版研究等都应该被纳入到数字出版学科体系之中，以重要的分支学科身份出现。

再次，开设数字出版专业的高校数量不断增加，对于数字出版学科体系优化供给的需求标准越来越高。截至 2020 年 7 月，全国仅有 21 所本科高校开设数字出版专业，其中 2020 年两家高校新开设数字出版专业。以往主要依赖于数字出版产品、技术、销售等实务课程为主的学科体系，已经不能够满足教学需要，难以实现数字出版理论体系自洽，也不能满足数字出版专业学生对数字出版的知识需求和就业需要。

最后，建立和完善数字出版学科体系，是培养高水平复合型人才队伍的需要。数字出版学科体系建设直接关乎专业人才队伍的素质水平，间接影响数字出版行业发展专业人才支撑。加强数字出版学科体系建设，构建完善的数字出版学科体系，培养新时代背景下的新型出版人才，提升我国数字出版行业的整体人才素质，以推动出版高质量发展和文化强国建设已成为业界共识，已成为时代之需和当务之急。

二、数字出版学学科体系建设

学科体系有广义和狭义之分。广义上的学科体系，指的是一门学科的学科定义、学科性质、研究对象、研究范围、研究任务、知识体系、研究方法、学科基础等外在结构；狭义上的学科体系，特指一门学科的理论体系以及理论体系所反映的知识结构。[①]鉴于学者对数字出版学科体系研究较少，本书参考出版学学科体系的研究成果，针对狭义上的学科体系建设提出初步构想，即数字出版学科理论体系构建。依据数字出版自身发展现状，可将数字出版学科体系定义为数字出版活动范围内所涉及的相关学科构成的一个有机联系的整体。

（一）数字出版学学科体系构建依据

其一，数字出版学的研究对象。有学者指出："构成出版学的分支学科必须具备一定条件：一是形成一个相对独立的知识体系，二是其研究对象与出版学研究对象紧密相关，三是其研究成果能构成对出版学研究对象的整体认识。"[②] 作为出版学子学科的数字出版学，自然也需要遵循以研究对象为依据的原则。学科体系的构建必须根植于研究对象，是研究对象的继承和外化；研究对象是学科体系构建的基本点。数字出版学的研究对象是数字出版活动，即数字出版活动主体、内容、客体和效应所构成的客观存在。由此，数字出版学科体系需要包含：①数字出版的主体——数字出版活动附属的机构和个

---

①　赵正阳，郭晓. 广播电视艺术学学科体系建设新论 ［J］. 现代传播（中国传媒大学学报），2013，35（10）：131.

②　罗紫初. 近几年来出版学基础理论研究综述 ［J］. 出版科学，2010（5）：6.

人的研究；②数字出版活动的本体——市场调节活动和综合治理活动的研究；③数字出版活动的客体——数字出版活动附着或指向的对象如数字出版物、数字出版技术、数字出版环境等方面的研究；④数字出版的活动效应——数字出版活动之所成，如发展历史、效益功能等方面的研究。

其二，现有的数字出版课程体系。现有的数字出版课程体系是构建数字出版学科体系的重要基础。对现有数字出版课程体系要遵循"增、删、调"的原则，采取"解构之后重构"的方法，吸收和采纳现有数字出版课程体系的合理性因素，将现有数字出版课程体系进行"取舍、拔高、调整"之后，再进行创新和重建。关于"调"，如前所述，各高校所开设的数字出版课程，其中对于数字出版概论/导论、数字出版技术、数字出版营销、数字出版环境等方面的课程是真正反映数字出版学研究对象的成分，需要进行保留和逻辑整合；关于"删"，涉及传统出版的课程方案则不能作为数字出版学科体系构建的核心加以对待，需要从学科体系中去除；关于"增"，这部分理论创新难度最大，需要新增关于数字出版基础理论、市场学、调控学、史学、国际数字出版等领域的核心课程。

其三，发展变化的数字出版实践。不断发展、变化的数字出版实践是学科体系构建的重要依据。参考汪琴、黄凯卿教授对编辑出版学提出的学科建设方法，数字出版学学科体系建设应立足于数字出版产业链，建立在对数字出版工作全部要素、全部过程进行全方位整体研究的基础之上，[1] 而要对数字出版产业链、各方面、各环节进行深入研究的前提是扎根不断发展变化的数字出版实践。数字出版学科体系的构建和完善，就是要不断反映数字出版的新实践，反映数字出版的新观点、新思想、新理论、新技术等，以与时俱进的理论体系指导数字出版实践的发展。

（二）数字出版学学科体系构建原则

数字出版学作为一门新兴学科，存在的历史相对短暂。为了构建具有当代中国特色的数字出版学学科体系，应以原则指导方法，明确学科体系建设的目的和标准，以原则支撑学科体系建设。

1. 统一性原则

数字出版学学科体系的构建，统一于出版学体系之中。在出版学学科发展的不同阶段，各位学者不约而同地将数字出版学作为出版学的二级学科，所以数字出版学被认为是出版学的继承和延续。数字出版学应正确处理与编辑出版学、传播学、广告学、新闻学等相邻学科的基本理论关系，在合理继承出版学已有的理论基础上，融合数字技术与数字媒体理论，与出版学协同并进，统一协调发展。

---

① 汪琴，黄凯卿. 编辑出版专业学科体系与课程建设构想［J］. 出版发行研究，1999（6）：3.

2．独立性原则

任何学科的规范，都必须遵循"一事""二众"原则，二者缺一不可。其中，"一事"指必须能够规范这个学科只能是这个学科，而不会成为其他学科；"二众"指必须能够被从事该学科的最大多数专业人员所掌握，而不能被专业外的人员轻易掌握。[①] 为了数字出版学学科的规范性，必须明确数字出版学学科的独立性价值，与出版学其他子学科做出明确区分，同时指明数字出版学并非出版学与数字技术的简单交叉或融合。构建独立性的数字出版学学科体系，打造特色的学科理论、研究对象和研究方法，是数字出版学学科存在的特殊价值和意义。

3．适应性原则

本着"立足本校，面向社会，适应发展，满足需求"的方针，[②] 构建的数字出版学科体系，应迎合我国数字出版发展趋势，满足数字技术飞速发展以及实现可持续发展对应用型、复合型人才的需求——既输送数字出版学科领域国家急需的高层次人才，又解决本学科领域关键性的理论与实践难题。

4．实践性原则

实践是检验真理的唯一标准。数字出版实践活动，能充分发挥其文化传播功能，为数字出版学科体系建设提供新题材或新问题。目前，我国的数字出版学科体系与数字出版实践的关系尚未真正实现相互促进、共同发展。一方面，数字出版学科课程设置偏向于"纯理论"研究，"体系先行"的模式较为突出；另一方面，学界缺乏对数字出版实践中产生的新问题的理性概括与提升。[③] 数字出版实践是数字出版学科体系建设的有力支撑，数字出版学科体系构建应遵循实践性原则，加强数字出版理论研究对数字出版实践活动的指导作用，发挥实践的动力作用，促进数字出版理论的更新迭代。

5．创新性原则

创新是第一发展动力。在高速发展的数字经济和信息网络时代，数字出版学学科体系的建设应突破出版学学科体系的囹圄，注重于解释、解决当前数字出版实践中出现的新技术的理论研究，例如 5G 出版、VR 出版、AR 出版、AI 出版等，只有这样，才能永葆数字出版学科理论的生命力和活力，发挥好"孵化器"作用。作为一门新兴学科，数字出版学科的研究对象不同，它的体系框架就需要不断做出调整和创新，方可形成规范性学科，构建数字出版学科特有的一系列术语概念和理论要素。

6．层次性原则

层次性原则是指"设置的课程要区别核心课程与非核心课程，重点放在建设核心课程之上。核心课程在整个学科中具有不可替代的地位和作用，能体现学科特点，包含学

---

① 徐建融. 学科规范和跨学科创新［J］. 美苑，2009（2）：10.
② 李晓群. 学科建设的要素及原则［J］. 学位与研究生教育，2001（9）：42.
③ 陈维华，韩倩. 新常态下成人教育学科体系建设的原则和策略［J］. 中国成人教育，2015（19）：5.

科的主要知识点。"① 于数字出版学而言，学科体系的构建要把反映数字出版研究对象、核心知识点的课程作为第一层次，如基础理论、市场学、调控学等；同时，第二层次可设置数字出版产品、数字出版技术、数字出版营销、数字出版项目、数字出版人才等重要课程。这其中，数字出版基础理论、数字出版技术、数字出版调控等核心课程要给予足够的人、财、物资源进行研发和攻克。

（三）数字出版学学科体系基本要素

学科理论体系的构建流程，首先是要在复杂的事物现象中抽象概括出反映该事物本质的核心概念；然后以核心概念为逻辑起点，通过中介环节逐步展开，从抽象上升为具体，形成逻辑研究的理论框架。② 因此，在构建数字出版学学科理论体系之前，需要明确其基本要素，即"一个中心，一个对象，三个性质，五个分支"（如图 3 - 1 所示）。

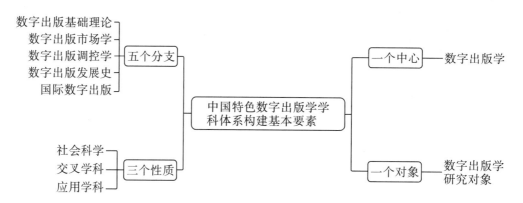

图 3 - 1　数字出版学学科体系构建基本要素

1. 一个中心

"一个中心"指以"数字出版学"为中心，坚持数字出版学的学科本位，构建遵循"一事"和"二众"的规范的数字出版学科体系。

2. 一个对象

"一个对象"指数字出版学研究对象。学科体系的建立有赖于学科属性的定位和研究对象的确立。③ 当下，我国数字出版理论研究尚浅，对数字出版学研究对象的研究，鲜有学者涉足。如本书论述的那样，数字出版学的研究对象是数字出版活动，即数字出版活动主体、内容、客体和效应所构成的客观存在。

3. 三个性质

"三个性质"指数字出版学学科的社会科学、交叉学科和应用学科的三个学科性质。

---

① 汪琴，黄凯卿. 编辑出版专业学科体系与课程建设构想［J］. 出版发行研究，1999（6）：38.

② 潘懋元. 学科建设：元视角的考察［M］. 广州：广东高等教育出版社，2010：2.

③ 张涵，苗遂奇. 建立一门较为成熟的现代出版学［J］. 中国出版，2002（12）：19.

当我们对数字出版——"指以数字技术将作品编辑加工后，经过复制进行传播的新型出版"①——达成共识以后，在基于研究对象是"数字出版活动"的基础上，可以归纳出数字出版学科的下述性质。①社会科学：科学是反映自然、社会、思维等客观规律的分科的知识体系，其中研究社会现象的科学则是社会科学。也就是说，科学领域的学科划分，是以其研究对象的属性决定的。② 数字出版学的研究对象是集数字出版活动主体、内容、客体和效应为一体的客观存在，是一种社会活动或社会现象。②交叉学科：数字出版是一门综合性很强的交叉学科。对它来说，要与心理学、历史学、法学、信息学、艺术美学等学科成果和结论来研究读者心理、数字出版史、数字出版法规、数字出版校对、AI 出版、数字出版物设计与制作等，这些学科便成为数字出版学的交叉学科。随着学科之间的交叉综合的加剧，数字出版学的交叉学科将会越来越多。③ ③应用学科：指可解决社会生活、生产以及管理中的实际问题的学科。④ 数字出版是数字技术赋能传统出版，用以改善出版流程，提高读者服务质量，以解决出版在数字技术语境下创造性转化和创新性发展问题的新兴学科。

4. 五个分支

"五个分支"指数字出版学下设的数字出版基础理论、数字出版市场（调节）学、数字出版调控（治理）学、数字出版发展史、国际数字出版这五个分支学科。分支学科围绕学科研究对象，能够形成独立的知识体系，其研究成果能构成对研究对象的整体认识。⑤ 数字出版学的研究对象是集数字出版活动主体、内容、客体和效应为一体的客观存在，基于此，从多个特定的角度或特定的方面将数字出版学的知识体系划分为五个分支学科。

（四）数字出版学学科体系具体构成

在"统一性、独立性、适应性、实践性、创新性、层次性"原则的指导下，围绕"一个中心，一个对象，三个性质，五个分支"，并结合当前国内数字出版学学科研究方向的现状与出版学科体系建设研究成果，对数字出版学学科体系进行重新归纳（如图 3 - 2 所示）。

---

① 张新新. 数字出版概念述评与新解：数字出版概念 20 年综述与思考［J］. 科技与出版，2020（07）：50.
② 罗紫初. 出版学理论研究述评［J］. 出版科学，2002（S1）：17.
③ 彭建炎. 出版学概论［M］. 长春：吉林大学出版社，1992：85.
④ 伍德勤. 新时期应用学科的内涵及其建设与管理［J］. 应用型高等教育研究，2017，2（04）：15.
⑤ 罗紫初. 论出版学的学科体系［J］. 出版发行研究，2004（07）：42.

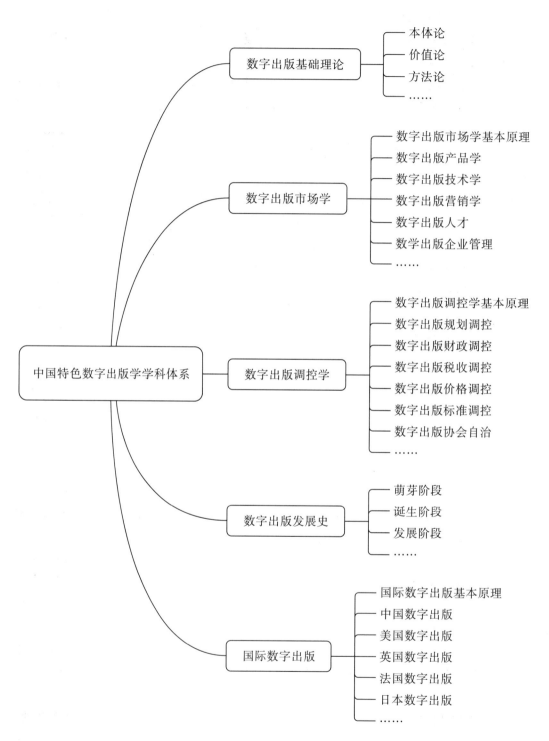

图 3-2 数字出版学学科体系

母学科：数字出版学。

子学科：数字出版基础理论、数字出版市场学、数字出版调控学、数字出版发展史、国际数字出版。

首先，从理论维度来看，数字出版基础理论是对数字出版基本概念、范畴和原理进行钻研和考究的学科，涵盖出版学的基础理论知识，涵盖数字出版概念、研究对象、特征理论、学科性与学科体系、方法论、价值论等。具体可分为：①数字出版本体论——回应和关切数字出版学概念研究、基本属性、特征理论、研究对象、研究内容、学科性质、学科地位、学科体系等数字出版学"本体论"的研究；②数字出版价值论——探索和建构数字出版指导思想、功能定位、基本原则、社会效益和经济效益等"价值论"体系；③数字出版方法论——拓新和抽象出数字出版领域的哲学方法、经验方法、逻辑方法、横断学科方法以及专门科学方法在内的"方法论"体系。

其次，从实践维度来看，包括数字出版市场学和调控学。

数字出版市场学：旨在解决数字出版市场化、产业化发展问题，充分发挥市场机制的决定性作用，以数字出版市场学基本原理、产品、技术、营销、人才、管理、流程、制度等范畴为研究内容，涵盖数字出版从产品策划到市场运营的全部市场调节领域的知识体系。

数字出版调控学：旨在解决数字出版过程中出现的治理和调控问题，更好地发挥政府作用，以数字出版调控学基本原理、规划治理、财政治理、税收治理、价格治理、标准治理、协会自治等范畴为研究内容，覆盖数字出版综合治理各方面、全过程和各环节。

最后，从时空维度来看，包括数字出版发展史和国际数字出版。

数字出版发展史：从时间维度，坚持"古为今用"的方针，可将眼光向过去投射，向未来延展，可从事数字出版发展历程、阶段等数字出版史方面的研究，也可开展前瞻的高新技术对出版业应用的数字出版未来学方面的研究。

国际数字出版：从空间维度，坚持"洋为中用"的方针，还可跨越空间距离，进行不同国家、不同区域、不同地域、不同文化传统的数字出版比较研究。即，除对中国数字出版研究以外，还包括对美国、英国、法国、日本、韩国等多个国家和地区的数字出版进行研究，以相互启迪和借鉴。

"中国特色"在上述数字出版学的学科体系中的体现主要包括：基础理论中的数字出版的指导思想、基本属性、特征理论、功能定位等，尤其是意识形态属性，更是鲜明地体现了中国特色数字出版学的理论品格；数字出版调控学则是整体以宏观调控为视角，旨在更好地发挥政府作用，反映了中国特色社会主义集中力量办大事的体制优势；而数字出版发展史，迄今为止，其实既是一部政府引导、推动、调控数字出版产业发展的历史，也是数字出版学"中国特色"的重要体现。

随着数字技术的不断发展，数字出版实践日趋壮大，一些新兴的分支学科会不断产生，因此，出版学科体系的构建与完善是一个动态过程，[①] 数字出版学学科体系建设亦是如此。数字出版学学科理论体系只是顺应当前数字出版发展现状的学科体系，立足于数字出版产业发展动态性，构建一个多维纵深的数字出版学学科理论体系还任重而道远。

数字出版概念诞生有20年左右，专业开设有近10年，国内开设高校已有21所，然而，学科建设主体作用不明显、定位不清晰、创新性不足等"瓶颈"问题，限制和束缚了数字出版学科体系的创新、优化和完善。为了顺应不断发展变化的数字出版实践，为企业培养兼具理论与实践、谙熟现代出版技术的复合型新时代出版人才，构建中国特色数字出版学科体系显得日趋重要。

在数字出版学学科体系建设的研究尚属"蓝海"的今天，本书以大量文献为基础，立足扎实的数字出版实践经验，可归纳总结出数字出版学学科体系构建应以"学科研究对象、现有课程体系、数字出版实践"为依据，遵循"统一性、独立性、适应性、实践性、创新性、层次性"的原则，以"一个中心，一个对象，三个性质，五个分支"为主体，划分为数字出版基础理论、数字出版市场学、数字出版调控学、数字出版发展史和国际数字出版等分支学科。

思考题

1. 从数字出版活动这个研究对象出发，能够得出的数字出版学学科性质是什么？
2. 如何从科学构造来得出数字出版是交叉学科的结论？
3. 从研究目标出发怎么得出数字出版的应用科学性质？
4. 数字出版学科体系构建有哪些依据？
5. 数字出版学科体系构建需要遵循哪些原则？
6. 数字出版学科体系构建的基本要素包括哪些？
7. 如何理解数字出版学学科体系的具体构成？

参考文献

1. 罗紫初，吴赟，王秋林. 出版学基础［M］. 太原：山西人民出版社，2005.

2. 罗紫初. 出版学导论［M］. 武汉：武汉大学出版社，2014.

3. 彭建炎. 出版学概论［M］. 长春：吉林大学出版社，1992.

---

① 罗紫初，田佳. 近五年来出版学基础理论研究评述［J］. 出版科学，2006（6）：8.

4. 张新新. 智能出版：现代出版技术原理与应用［M］. 北京：人民出版社，2021.

5. 方卿，许洁. 论出版的价值引导功能［J］. 出版科学，2015，23（4）.

6. 方卿. 关于出版学学科性质的思考［J］. 出版科学，2020（3）.

7. 国家新闻出版署. 出版业"十四五"时期发展规划［S］. 2021.

8. 罗紫初. 出版学理论研究述评［J］. 出版科学，2002（S1）.

9. 罗紫初. 近几年来出版学基础理论研究综述［J］. 出版科学，2010（5）.

10. 罗紫初. 论出版学的学科体系［J］. 出版发行研究，2004（7）.

11. 吴赟，闫薇. 出版学往何处去？——出版理论研究的范式危机与革新路径分析［J］. 出版发行研究，2019（3）.

12. 徐建融. 学科规范和跨学科创新［J］. 美苑，2009（2）.

13. 张涵，苗遂奇. 建立一门较为成熟的现代出版学［J］. 中国出版，2002（12）.

14. 张新新，张莉婧. 中国特色数字出版学科体系建设的思考［J］. 编辑之友，2021（5）.

15. 张新新. 论数字出版的性质［J］. 出版与印刷，2021（2）.

16. 张新新. 中国特色数字出版学研究对象：研究价值、提炼方法与多维表达［J］. 编辑之友，2020（11）.

17. 周蔚华. 出版在马克思主义中国化传播中的独特作用［J］. 出版发行研究，2021（5）.

第4章 数字出版发展阶段

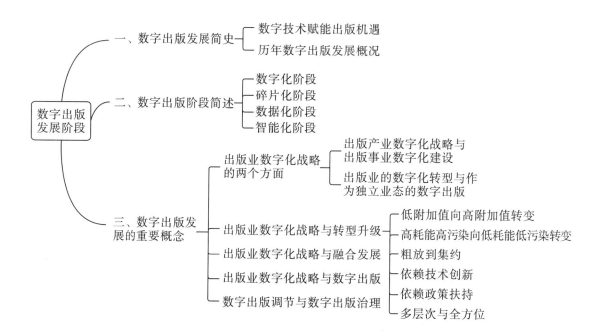

学习目的

　　了解数字技术赋能出版的战略机遇期以及历年数字出版发展概况，理解数字出版发展的数字化、碎片化、数据化和智能化阶段，掌握出版业数字化战略、转型升级、融合发展、数字出版、数字出版调节与数字出版治理等若干重要范畴。

第一节　数字出版发展简史

根据《关于加快我国数字出版产业发展的若干意见》（2010）的具体规定，从规定性内涵的角度来审视数字出版，是指利用数字技术进行内容编辑加工，并通过网络传播数字内容产品的一种新型出版方式，其主要特征为内容生产数字化、管理过程数字化、产品形态数字化和传播渠道网络化。

提高出版业发展质量，离不开科技赋能。出版业的发展史，也是一部科技赋能的历史，是科技和出版业不断融合、深度融合的历史。中华人民共和国成立后，我国出版业不断提高发展质量的过程，也是出版和技术不断融合的过程，是先进科技赋能出版业内部流程和外部产品的过程。改革开放以来，我国出版业在印刷技术方面取得了重大技术突破，同时正在进行着数字技术赋能、融合出版业的历史进程。

中华人民共和国成立以来，印刷领域的颠覆性、革命性技术莫过于王选院士发明的汉字激光照排系统。汉字激光照排和电子出版系统，开启了中国印刷技术的第二次革命，使中国出版业告别了"铅与火"，迎来了"光与电"的时代。汉字激光照排系统的大范围应用，在降低能耗、铅毒污染的同时，推动"出版周期由 300 天至 500 天缩短到100 天左右"[1]，实质性提高了出版业生产力。

一、数字技术赋能出版机遇

以 5G 技术、区块链技术、人工智能技术体系为代表的数字技术则在"光与电"的基础上，进一步推动了中国出版业走向"数与网"或曰"数与智"的时代。2002 年，谢新洲教授在《数字出版技术》一书中提出了"二进制说"的数字出版的第一个概念。[2] 他提出数字出版是一种新的出版形式，以二进制代码形式存储，依赖光、磁介质，同时指出数字出版必须借助计算机或类似设备。由此，"二进制说""数字技术说""全媒体说"[3] 的数字出版流派纷纷诞生，出版业和信息技术、计算机技术的融合进程开启，出版业的技术子系统和技术属性受到越来越多的关注和重视，技术在出版业提高发展质量的活动中扮演着越来越重要的角色，数字出版产业开始了磅礴发展的历史进程。

---

① 李南. 告别铅与火的新技术：汉字激光照排系统 [J]. 激光杂志，2020，31（4）：56.
② 谢新洲. 数字出版技术 [M]. 北京：北京大学出版社，2002：12.
③ 张新新. 数字出版概念述评与新解：数字出版概念 20 年综述与思考 [J]. 科技与出版，2020（7）：52.

2006 年，"数字出版"首次出现在国家五年发展规划之中，开启了成为战略性新兴产业的发展历程。《中华人民共和国国民经济和社会发展第十一个五年规划纲要》指出："发展现代出版发行业，积极发展数字出版，重视网络媒体建设。大力推广普通话。"第二次出现是在 2016 年，《中华人民共和国国民经济和社会发展第十三个五年规划纲要》指出要加快发展数字出版等新兴产业，推动出版发行等传统产业实现转型升级。2021 年 3 月，《中华人民共和国国民经济和社会发展第十四个五年规划和 2035 年远景目标纲要》规定实施文化产业数字化战略，壮大数字出版等产业。

数字技术赋能出版，推动出版业转型升级、提质增效的重要性，得到了作为历任主管部门的国家新闻出版总署、国家新闻出版广电总局、国家新闻出版署的高度重视，它们分别在国家"十一五"至"十四五"规划中均做出了详细规划和建议，并在 2010 年专门发布了《关于加快我国数字出版产业发展的若干意见》。《新闻出版业"十一五"发展规划》指出，"大力发展数字出版。抓住知识经济、信息社会、网络时代的重大历史机遇，积极实施'数字出版'战略"；《新闻出版业"十二五"时期发展规划》指出，"加快新技术应用，大力发展数字出版等战略性新兴出版产业"；《新闻出版广播影视"十三五"发展规划》指出，实施"国家数字出版创新促进工程""数字出版产业化应用服务示范工程""出版融合发展示范引导工程""民族文化数字出版促进工程""盲文出版工程"，并在数字出版产品市场、标准体系、园区基地等方面做出了规定和要求；《出版业"十四五"时期发展规划》专章规定了"壮大数字出版产业"，并重点明确了数字出版精品、新业态以及新型数字出版企业三个方面的重点任务，分别就数字出版产品、技术、营销、人才建设等方面做出了详细描绘。

二、历年数字出版发展概况

经过 20 年，数字出版在产值、技术、产品、销售、人才等方面取得了有目共睹的发展。

在产值方面，数字出版从概念的诞生，到逐步发展壮大，由最初的 2009 年 799.4 亿元的年产值，增长到 2020 年 11 781.67 亿元的年产值并首次突破万亿元，十年期间增长了 11 倍。（见图 4-1）从数值上看，这是一个高速增长的产业。经历了爆发式增长、高速增长阶段的中国数字出版业，下一阶段正向高质量发展迈进。

数字出版年产值/亿元

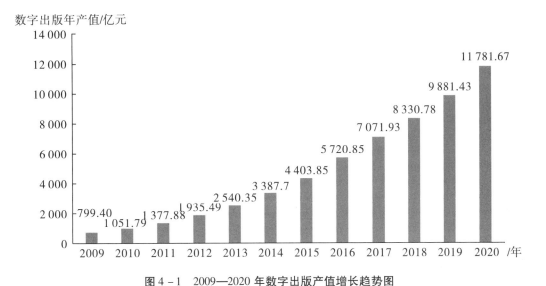

图 4 - 1　2009—2020 年数字出版产值增长趋势图

在产品方面，完成了专业类出版社的资源数字化、数据化建设，构建了包含数字阅读产品、数字视听产品、数字动漫产品、数字游戏产品在内的数字出版产品生态体系。

在技术方面，实现了传统出版企业的基础软硬件改造，研发、建设和升级了一批数字出版平台，形成了从资源数字化加工、内容资源库建设、产品数字运营平台的一整套平台数字化流程。

在销售方面，传统出版企业的数字化收入占比不断提升，部分企业的数字出版已经建立了独立的数字销售渠道，实现了新的经济增长点的预期目标，并为纸质图书出版提供了有力的融合支撑。

在人才建设方面，国内第一个独立的数字出版职称率先在北京设立，并且推动了全国范围内的数字副编审、数字编审职称的实行，一大批致力于转型升级事业的数字出版中层管理人员纷纷成长为出版社的业务骨干甚至是社领导，在更高的位置上继续为数字出版发展而奋斗。

20 年期间，数字出版经历了什么，让我们大致回顾一下：

2002—2008 年，从数字出版概念的诞生，到数字出版写进国家发展规划，数字出版历经起步和发展时期，数字出版市场体系开始培育，网络出版、手机出版、终端阅读、转化型电子书等数字出版新业态开始不断涌现，数字出版的本土化研究也逐步增多。

2009 年，中国数字出版总产值达到 799.4 亿元，比 2008 年增长 50.6%，总产值首次超过传统书报刊出版物总值。

2010 年号称中国电子书元年，数字出版产值达到 1 051.79 亿元；2010 年 8 月 16 日，国家新闻出版总署出台了《关于加快我国数字出版产业发展的若干意见》。

2011—2012 年，数字出版产值继续保持高增长态势，分别达到 1377.88 亿元、

1 935.49 亿元。数字出版财政、人才、评估等各项宏观调控政策处于酝酿期，为即将到来的 2013 年数字出版"井喷式"的大发展奠定了牢固的基础。当时，国外的数字出版以三种模式为主："（1）Kindle 模式，即阅读器 + 内容平台；（2）iPad 模式，即终端设备 + 内容平台；（3）Google 模式，即网络平台 Google Editions。"国内数字出版尽管处于探索过程中，但也出现了五种主要的模式：①终端厂商主导的"汉王模式"，即设备捆绑内容 + 网络书城；②电子书门户主导的"盛大模式"，即内容为主，终端为辅；③运营商主导的"移动模式"，即手机应用 + G3 阅读器 + 手机阅读平台；④出版社主导的"上海世纪"模式，即辞海阅读器 + 辞海天下网；⑤技术提供方主导的"方正模式"，即数字图书 B2C 模式。

2013 年，为出版基建数字化元年。这一年，数字出版产值达到 2 540.35 亿元。在数字出版发展历史上，这是具有里程碑意义的一年，是数字出版发展历程的一把刻度尺，也是承前启后的一年。这一年，各种利好政策纷纷出台，极大地鼓舞了广大数字出版从业者。这一年，新闻出版与广播电影电视管理机构合并，为数字阅读与数字视听的产业融合奠定了制度基础；这一年，是"数字出版转型示范元年"，国内首批数字出版转型示范单位公布，全国共计 70 家；这一年，是新闻出版转型升级元年，中宣部、财政部、国家新闻出版广电总局三家联合，确立了"中央文化企业数字化转型升级"系列扶持政策，以"基础软硬件改造"为主题的国资预算支持计划开始实施；这一年，是人才培训元年，在北京小汤山完成了全国第一次数字出版负责人调训，堪称数字出版主任"黄埔元年"；这一年，为是大数据元年，大数据进入新闻出版业，并揭开了科技赋能出版的大幕。

2014 年，为出版资源数字化元年。这一年，数字出版产值达到了 3 387.7 亿元。这一年，是资源库元年，中央文化企业数字化转型升级第二期——"特色资源库"扶持政策启动，为 100 多家文化企业开展资源数字化、数据化提供了政策保障；这一年，是融媒体元年，以政府项目为驱动、以机构融合为抓手、以资源互融为基础、以技术共融为支撑、以渠道通融为关键和以双效提升为目标的"融媒体"，成为推动传统媒体和新兴媒体融合发展的主要抓手，并在区域性融媒体、行业性融媒体、品牌性融媒体的构建方面取得了可喜业绩；这一年，《关于推动新闻出版业数字化转型升级的指导意见》正式发布，财政政策和资金扶持、引导文化企业数字化转型升级的"黄金期"真正到来。

2015 年，为出版平台数字化元年。这一年，数字出版产值达到了 4403.85 亿元。这一年，是知识服务元年，由国家新闻出版广电总局数字出版司牵头组织的知识服务工程正式启动，政策扶持、标准研制、试点单位征集工作全面展开——共计确立了 8 项团体标准、首批 28 家知识服务模式试点单位；这一年，是 ISLI 国际标准元年，ISLI 作为国际标准正式确立，推动我国在国际信息与文献标识符标准领域实现了"零"的突破；这一年，是行业级运营平台元年，中央文化企业转型升级三步走的第三步——引导、扶持文化企业建立健全行业级数字内容运营平台政策公布并实施；这一年，是出版融合发展元年，《关于推动传统出版和新兴出版融合发展的指导意见》正式公布，为推动传统出版影响力向网络空间延伸指明了方向、厘清了路径；这一年，全国数字出版转型示范单位第二批 100 家正式公布，为全行业确立了标杆和示范。

2016 年，是数字出版职称元年。这一年，数字出版产值实现 5 720.85 亿元。经过长达五年的筹备，全国第一个数字出版职称——数字编辑职称序列，由北京市新闻出版广电局发布实施，构建了"数字新闻、数字出版、数字视听"和"内容、技术、运维"所构成的"三横三纵"的相对完善的职称体系；这一年，北京市委宣传部推出了北京市新闻出版"百人工程"（第一批）人才，共计 12 名数字出版骨干获得该项殊荣；这一年，是"AR 出版物元年"，据不完全统计，当年至少出版 AR 图书 87 种，相对于 2015 年而言增加了 480%；这一年，是新闻出版新型智库建设元年，以融智库为代表的新型智库，引领了建筑、农业、教育等各专业出版领域智库的成立和壮大；这一年，是新闻出版业重点实验室的"元年"，总局先后遴选并公布了 20 家融合发展重点实验室和 42 家科技与标准重点实验室，为新闻出版数字化转型升级提供了科研支撑和学术支持；这一年，文化产业发展专项资金首次推出了"重大项目＋市场化配置资源"的支持模式，强化了市场在资源配置中的决定性作用，对文化企业的自我造血能力提出了更高标准和更严要求。

2017 年，步入新时代以来，数字出版正由高速增长步入高质量发展阶段，《新闻出版广播影视"十三五"发展规划》的若干重大工程正在落地和实施，数字化转型升级成果突出，财政政策调控更加科学合理，新闻出版高端智库建设步入规模化阶段，人才培养、评价、激励、任用机制更加健全。总之，数字出版作为出版新引擎和数字经济发展的新动能之一，亮点频出，成绩斐然。

2017 年 5 月，《关于深化新闻出版业数字化转型升级工作的通知》正式发布，确立了两个主要目标：推动新闻出版企业加快完成数字化转型升级；初步建成支撑新闻出版业数字化转型升级的行业服务体系。2017 年 5 月，第十三届深圳文博会期间，在国家新闻出版广电总局的指导下，由 18 家中央社和近 20 家地方社所共同发起的"新闻出版业数字化转型升级成果展"在 4 号馆（新闻出版·媒体融合馆）盛大举行，全面展示了近年来我国新闻出版行业改革和发展的成就，呈现了新闻出版业数字化转型升级的新产品、新技术和新业态，传播和普及了融媒体的新理念、新创意和新模式。

2017 年 7 月，第七届中国数字出版博览会上发布了《2016—2017 中国数字出版产业年度报告》。该报告显示，2016 年产业整体收入为 5 720.85 亿元，比 2015 年增长29.9%，仍然处于高速增长阶段。新时代的数字出版正由高速增长向高质量发展阶段转型，提质增效始终是新闻出版业转型升级的目标和归宿。

2017 年，以增强现实、虚拟仿真、人工智能为代表的前瞻性科技持续作用于新闻出版业，在"出版+科技"的道路上向着"更高质量、更好效益、更可持续"的方向迈进：①AR出版业态。在产业链层面，截至2017年底，全国共计出版了AR类出版物超过300种。②AI出版业态。2017年8月8日，"四川九寨沟地震，中国地震网机器人写稿，用时25秒"。人工智能在新闻出版业的应用成为新闻出版数字化转型升级的新课题、新任务。2017年8月底，国家新闻出版广电总局发布了《关于开展数字化转型升级动态评估工作的通知》，对前两批170家转型示范单位和主管部门推荐的非示范单位进行动态评估。

2017年9月，《新闻出版广播影视"十三五"发展规划》（公开版）在千呼万唤中，终于对外发布。2017年国有资本经营预算金和文化产业发展专项资金项目进行"绩效制"改革：尊重市场规律，激发企业能动性，奉行"退后一步，站高一层"的原则，强化社会效益、经济效益和公益指标的考核，实现了财政宏观调控的更加科学化和合理化，进而将财政资金对文化产业发展的杠杆支撑作用进一步放大和提升。

2017年，新闻出版高端智库建设取得了突破性进展，标志性事件主要有：第一，由融智库牵头发起的首届中国新闻出版智库高峰论坛在南京大学召开，得到了国内主流媒体的广泛报道，社会影响力较大；第二，新闻出版产业智库新型联盟正式成立，包含了18家从事新闻出版的企业、集团、技术公司和科研院所，确立了新闻出版产业研究作为主攻方向。

2017年，数字出版的人才队伍培养上升了一个新台阶：第二次数字编辑中级职称考试的通过率大幅提升，传统出版首次设置了数字副编审、数字编审职称；数字出版高级研修班于11月开班，近百名数字出版业务负责人和主管社领导成为高级研修班首批培养人才，并完成了第一阶段理论学习的任务。

2018年，第二批CNONIX（即"中国出版物在线信息交换图书产品信息格式规范"的简称）国家标准应用示范单位公布，共计29家；第三批知识服务模式试点单位公布，共计55家；国家新闻出版署1号文，公布了2017年度科技与标准优秀重点实验室，共计12家；6月27—29日，第二届中国新闻出版智库高峰论坛在桂林成功举办。2018年互联网期刊、电子图书、数字报纸的总收入为85.68亿元，相较2017年的82.7亿元而言有所增长，在数字出版总收入中所占比例为1.03%，所占比例持续下降。传统的数字出版业态，在发展的过程中略显疲软，亟须创新产品形式、加速技术应用和强化渠道建设，进而奋起直追日新月异的数字出版新业态、新模式与新路径。

2019年，数字出版步入高质量发展阶段，以宏观布局和整体转型的角度来思考，数字出版宏观体系正在重塑和升级：坚持以新时代中国特色社会主义思想为数字出版事业的指导思想，推进优质内容与先进技术紧密结合，推动传统媒体与新兴媒体深度融合，成为数字出版事业发展与产业升级的最新共识和必然遵循；马克思主义在意识形态领域指导地位根本制度的首次确立，成为新时代数字出版坚持正确发展方向、践行伟大使命担当的根本制度保障；主题出版、精品出版、融合出版，成为新时代数字出版规划调控的三个重要抓手；中央财政以中央文化企业国资预算金为助手，地方财政以文化产业发展资金为手段，构成了数字出版财政调控的核心工作；无形资产的认定、高新技术企业的申请、研发费用加计扣除构成了数字出版税收调控的主体内容。

数字出版高质量发展，以微观布局和深度融合的视角来检阅，数字出版市场调节体系正在优化和完善：数字出版产值有望突破万亿元大关，国有数字出版企业的营业收入和利润规模化程度提高；数字出版产业链环节进一步完善，产品建设更加丰富，技术应用趋于成熟，渠道体系日臻完备；数字出版人才评价机制在实践中深化，全媒体、融合型、领军型人才呈现加速成长态势；新闻出版智库运行重要性凸显，宣传思想文化领域的治理体系现代化和治理能力现代化正式提上日程；自下而上的出版学科一级学科设置、单独的数字出版二级学科学术建议稿已正式上报主管部门，数字出版的学术话语权、实务话语权和国际话语权的提升已成为市场规制之要。

数字出版高质量发展，以全面审视和重点把握的思维来审视，意识形态工作责任制亟须落实落细：全国人民支援武汉、共同抗疫之际，坚持正确的舆论导向，推动党建与业务深度融合，引导民众科学理性有效防控疫情，创新公益数字出版模式，提供全方位、高品质、公益性的数字知识资源服务，是数字出版共同体责任与担当的主要体现和应有之义。

2020 年，在统筹疫情防控和经济社会发展的背景下，数字出版产业继续沿着高质量发展的方向迈进，数字出版调控始终围绕治理体系和治理能力现代化而展开，数字出版的学术研究更加趋向于理论自觉和学术自足，中国特色数字出版话语体系正处于建构进程之中，并走向不断丰富和完善。

2020 年的中国数字出版，在宏观调控方面，呈现出"战略协同、注重效益、更高质量"的特点：精品战略、融合战略、网信战略与数字化战略性协同推进，分别在内容、状态、安全、格局等不同层面调控和规制着数字出版的高质量发展；财政调控更加注重调控绩效，扶优助强的特征更加凸显，文化大数据体系建设成为数字出版"新基建"的重要组成部分；内容供给更加高质，要素体系更加健全，产业链结构更加优化，推动着数字出版发展的质量变革、效率变革和动力变革，塑造着数字出版高质量发展的新格局，推动着数字出版步入高质量发展的新阶段。

2020 年，在市场调节体系，数字出版在产品、技术、运营、平台等方面都出现了一些新变化，这些变化出现的主要因素在于新冠疫情对经济、社会乃至个人生活都造成了巨大而深刻的影响。同时，2020 年数字出版领域还出现了诸如公益数字出版、网红直播带货等现象级的事件。

数字出版产品的精品化、市场化趋势更加明朗，涌现出一大批数字出版权威产品、拳头产品，集中体现了出版机构的数字出版核心竞争力。

在数字出版技术方面，宏观而言，2020 年，5G 技术、区块链技术、人工智能三大数字技术赋能出版、融合出版，推动数字出版向智能出版方向演进的新发展格局已基本形成，技术赋能标准化工作稳中有进地开展。

在数字出版营销方面，作为"基础、内容"的"营销能力"，作为"关键、规律和技巧"的"营销策略"，作为"主体工程和长策大略"的"转化型、原创型、代理型数字出版渠道建构"①，这三者"三位一体"的建设和推进，是数字出版市场化运营、规模化盈利、产业化落地、高质量发展的最后一公里。

2021 年，教育数字出版头部企业逐步崛起，人民教育出版社、人民法院出版社、人民卫生出版社等一大批数字出版龙头企业的发展态势喜人，数字化收入、利润占比在全社收入利润中持续提升。基于元宇宙的数字孪生技术、虚拟现实技术等新技术探索应用开始出现。国家新闻出版署 42 家出版业科技与标准重点实验室陆续揭牌，数字出版标准化工作稳步推进，出版科技类标准的比例和规模不断提升。数字出版高质量发展所引领的精品化战略、出版业数字化战略、出版深度融合发展战略、网信战略等战略协同格局逐步形成，从内容、技术、安全等多方面保障和推动着数字出版高质量发展的实现。2021 年 12 月，《出版业"十四五"时期发展规划》发布，确定了高质量发展作为今后出版工作的主题和中心思想。

---

① 张新新. 数字出版营销能力、策略及渠道［J］. 中国出版，2020（16）：36.

第二节　数字出版阶段简述

数字出版大致经历了以数字图书、数字期刊、数字报纸为代表的数字化发展阶段，经历了以数据库产品、网络原创文学为代表的碎片化阶段，正在经历以知识体系为逻辑内核、以语义标引为技术基础、以云计算为技术支撑和以大数据知识服务为外在表现形态的数据化发展阶段。数据化发展有可能催生出数据出版这一新的出版业态。

一、数字化阶段

2009 年是日本的电子书元年，2010 年被誉为中国的电子书元年。彼时中国的电子书市场处于方兴未艾的阶段，无论是以终端阅读为代表的电子书产品，还是以数字图书馆为代表的在线电子书均展示出了强劲的市场前景，数字出版数字化阶段的代表性产品形态——数字图书从那时起开始发力。

对习惯于传统出版的出版人而言，以电子书（数字图书）、数字期刊、数字报纸为代表的数字出版，是个新生事物。面对这个新生事物，编辑们存在着以下几种态度——质疑、观望、恐慌。旗帜鲜明地支持的并不多，明确反对的也不多，各个出版社皆如此。传统出版的编辑能够认清数字出版是未来方向，是不可逆转的大趋势，但是基于情感或者利益的束缚，往往不能主动地实现转型。

数字出版的数字化阶段，其主要特征有：

首先，数字图书、数字期刊、数字报纸是数字出版的主要产品形态，表现形式多样化。以数字图书为例，其表现形式可能为手持终端式电纸书，例如汉王阅读器；可能为电子图书馆，如方正阿帕比的中华数字书苑；也可能为专业性的数字图书馆，如法律出版社的法官电子图书馆、法学院电子图书馆。

其次，功能强大，使用便捷，极大地提高了阅读和使用的效率。相对于传统图书而言，阅读、使用电子书，可以通过复制、粘贴、全文检索等功能，很快地实现资料检阅、研究查询，很大程度上方便了阅读、学习和研究的需要。

最后，浅阅读和功利性阅读趋势加强，深阅读和全面阅读的比例下降。相对于纸质阅读而言，电子书阅读一方面体现出功利性特征——基于特定查询、研究、引用的需要，为了提高效率而广泛使用电子书；另一方面体现出浅阅读特征——阅读电子书进行深入思考并进行系统整理和标记的用户相对较少，大部分用户基于娱乐、休闲而选择阅读电子书，形象的说法是"快餐式"阅读。

随着人们阅读需求的不断提高，电子书的用户体验已经不能够完全满足人们的使用需要。在这种情况下，受到境外出版集团和民营信息服务商的启发，诸多出版社纷纷试水数据库产品，还有的出版社开展了以片段化、碎片化为主要特征的网络文学业务，数字出版步入了以数据库产品为代表的碎片化发展阶段。

二、碎片化阶段

2010—2013 年期间，众多出版社尝试进入数据库市场，纷纷打造专业领域的数据产品，力图在数据库市场分一杯羹，取得自己的一席之地。在数字出版碎片化发展阶段，各新闻出版企业侧重于将数字产品向数据库方向过渡和转型，一方面立足于将作为存量资源的传统图书进行碎片化加工，拆分到章节甚至是段落；另一方面重视在制资源和增量数字资源的引入和加工，力图扩充所属领域数据库的数量和提高质量。

在碎片化阶段，民营信息提供商往往走在了出版社的前面。例如：在法律领域，北大法律信息网所提供的北大法宝数据库、同方知网所提供的法律数据库、北大法意所提供的法意数据库、超星公司打造的法源搜索引擎等；在建筑领域，有正保教育集团所打造的建设工程教育网。同时，汤森路透、励讯集团等境外出版传媒集团也纷纷在法律、医疗、金融等领域推出自己的数据库产品，不断开拓我国的个人和机构用户市场。应该说，无论是民营企业，还是境外企业，他们的数据库产品技术功能、市场占有率远远超过我国传统的出版单位；有所不同的是，民营企业占据的是我们的企业用户、事业单位用户和政府机关用户市场，而境外企业多是在企业用户、事业单位用户市场占有优势，并没有较为成功地打开和突破政府机关用户市场。

如果说传统纸质图书、电子图书传递的是一个个"知识孤岛"，那么数据库产品传递的是个性化、定制化的知识碎片，这些知识碎片往往更能够满足用户特定方面的知识需求，同时能够以性价比更高的方式实现产品运营和信息服务。这是传统出版单位纷纷进军数据库市场的最深层次的驱动因素。这方面走在前列的有某出版社人民医学网所推出的医学教学素材库、健康数据库、人民医学百科数据库等系列数据库产品，某出版社投入大量人、财、物资源所倾力打造的中国共产党思想理论资源数据库，某出版社联合香港中华法律网打造的法律门数据库，等等。

出版企业所着力打造的数据库产品，和民营企业、境外出版商相比有以下几个方面的特征：

其一，在内容质量方面，更加专业和权威。我国出版社因成立方式及经营体制，决定了每家出版社，尤其是专业性出版社，在特定行业、特定领域积累了庞大、丰富和权威的专业知识和专业资源；这些专业资源是民营信息服务商、境外出版商都无法获取的，资源的专业性和权威性是保障出版单位的数据库产品立足市场、打开市场的决定性因素。

其二，在目标价值层面，围绕用户的知识问题，以提供知识解决方案为主。专业性质的数据库产品，都在以提供特定专业、特定领域的问题解决方案为目标，并尽可能梳理出各个行业领域的知识解决方案体系。例如，地质出版社所打造的"国土悦读"移动知识服务平台，所提供的资讯、舆情均围绕着国土地质领域的专业用户而精心设计；社科文献出版社所研发的"皮书数据库"产品，旨在为社会科学各行业提供科研的智库和决策参考。

其三，在技术应用层面，打破传统静态数据库的设计，力图融合领域本体要素。传统的数据库产品，民营企业或境外出版商所研发和在销的各种专业性数据库，都属于静态数据库，条目与条目之间、子库与子库之间并没有实现知识关联，原因在于其数据库底层设计没有考虑知识元、知识关联、知识图谱的因素，没有将领域本体的构建作为终极目标；而随着大数据、云计算、语义标引技术逐步被重视，多家出版社已经开始考虑重构数据库的形态，以知识体系为核心构建动态、互通、可自动成长的数据库。例如人民出版社所打造的中国共产党思想理论资源数据库，就做了大量的知识标引工作，研发了概念关联系统，不仅实现了知识标引和关联的预期效果，还聘请了顶尖专家进行把关和审核。

碎片化阶段的数字出版，已经孕育了数据化发展的因素；部分出版社布局动态数据库的做法，已经预示着数据化阶段的数字出版即将到来。而在政府调控层面，2014 年，新闻出版广电总局、财政部文资办联合推动了特色资源库项目，2015 年初，总局数字出版司发起了专业数字资源知识服务模式试点工作，这便在政策引导方面鼓励新闻出版企业向着以知识体系为内核，以知识发现、知识图谱构建为目标的数字出版体系化发展阶段迈进。

三、数据化阶段

2013 年至今，数字出版发展的第三阶段——数据化发展阶段，其主要特征有：以知识体系为逻辑内核，以知识服务为新的产品（服务）形态，以大数据、云计算、语义分析、移动互联网为技术支撑，以存量资源、在制资源、增量资源为服务基础，出版业态呈现出数据化出版和智慧化出版的态势，呈现出内在逻辑清晰、外化形态合理、服务提供全面、知识自动成长的生态圈特征。

数字出版数据化发展阶段以知识体系为逻辑内核，这意味着，数字出版产业链的四环节——内容提供、技术支持、市场运营和衍生服务，均围绕着知识体系的嵌入、融入、延伸而展开。数字产品的研发需要围绕知识元的建设与应用、知识层级体系建立、知识交叉关联规则确立等方面而组织文字、图片、音视频等知识素材；数字出版技术的应用，需要以实现知识发现、知识自动成长和知识服务为最终目标；数字出版的市场运营，更是需要针对不同领域的目标用户，从知识体系出发，提供个性化、定制化、交互式的知识服务。在知识体系研发方面，2016 年，某出版社研发出 23 个学科、8 个层级、38 000 多条的知识点所构成的地质学知识体系，并将该知识体系作为标引依据，形成了 3 000 多万条知识关联关系，构建了中国地质专业大数据知识服务平台。

数字出版的数据化发展阶段以知识服务为最终产品（服务）形态。知识服务具备以下几个特征：用户驱动服务模式产生、问题导向出发提供知识解决方案、直联直供直销的即时响应方案、综合运用多种高新技术、注重知识增值服务等。

数字出版的数据化发展阶段，是以大数据、云计算、语义分析、移动互联网等高新技术为支撑的阶段。知识标引技术是数字出版体系化发展阶段的标志性技术，云计算技术是知识服务开展的关键性技术，大数据平台是知识服务外化的最佳表现形式，移动互联网技术的应用最容易产生弯道超车的跨越式发展效果。

数字出版的数据化发展阶段，极有可能催生出数据出版的新业态。数据出版，是指以数据作为生产要素，把文字、图片、音视频、游戏动漫都当作数据的一种表现形式，围绕着数据的挖掘、采集、标引、存储、计算开展出版工作，通过数据模型的建构，最终上升到数据应用和数据服务的层面。在数据采集和挖掘层面，可能需要用到特定的挖掘采集工作；在数据标引层面，需要用到知识标引技术；在数据计算层面，需要用到离线计算、分布式计算等多种计算方法；在数据模型建构层面，需要结合特定专业的知识解决方案，将专业与大数据技术相结合，建构一定的数据模型；在数据服务层面，针对个人用户、机构用户的不同需求，提供在线和离线的多种形式的数据知识服务。在数据出版领域，值得借鉴和思考的是，出版业之外的其他行业已经先行，甚至是取得了较为显著的成果。例如，福建省高级人民法院所研发的福建法院司法大数据分析平台，已经将全省自中华人民共和国成立以来的数百万宗案件输入了大数据平台，并能够随时做出案由、时间、地点、趋势等多方面的数据分析报告。

四、智能化阶段

智能出版，是数字出版发展的高级阶段，是将智能化的数字技术应用于出版产业链的结果，是以智能化的数字技术作用于编辑、复制、加工、传播等环节的新型出版，是出版业内部流程和外部产品（服务）都呈现出自动化、自主化、智能化特点的出版新模式、新阶段与新业态。

从新闻出版业内部来看，人工智能对新闻出版产业链流程的内部作用和改造体现为：积极抓住人工智能技术重塑出版流程的时代机遇，全方位研究推动人工智能在出版社智能策划与协同撰稿、智能审校、智能数据加工、智能印刷、智能发行等领域的应用，为新闻出版行业加速转型升级带来更多的可能。

从新闻出版业外部来看，人工智能配合新闻出版业对外提供精准化、智能化、多样化的智能产品服务，那么未来新闻出版的智能化新模式与新形态包括内容推荐、机器撰稿、AR 智能建模、智能知识服务、智能教育助理与智能教育机器人，这些产品服务的普及将成为行业发展的新增长点。

第三节　数字出版发展的重要概念

历经 20 年的产业发展，数字出版范畴有着赖以厚植的实践土壤，也有着一批自觉或自发推动数字出版范畴化的科研队伍，形成了一定规模的数字出版范畴集群；只是这些范畴集群没有被系统地归纳、总结和梳理出来。本节主要就出版业数字化战略、转型升级、融合发展、数字出版、数字出版调节与数字出版治理等若干重要概念或曰范畴来进行介绍和诠释。

迎接"十四五"，在《中共中央关于制定国民经济和社会发展第十四个五年规划和二〇三五年远景目标的建议》（简称《建议》）的指导下，在数字技术的驱动下，可以展望，未来五年，数字出版的意识形态属性将更加受到重视，出版产业的数字化战略、出版公共服务数字化建设将得以深入推进，数字出版向智能出版的演进升级将成为趋势，数字出版的产业智能化将持续强化，数字出版的治理现代化将深入推进，数字出版的话语权将会日渐增强，话语体系将不断完善，行业国际地位不断提高，并将在出版业数字化战略实施中发挥更大的杠杆和引擎作用。

《建议》共计六次提及"数字化"，分别是："加快推进服务业数字化""加快数字化发展"中的"产业数字化"、"公共服务、社会治理"的"数字化智能化"，以及在"繁荣发展文化事业和文化产业，提高国家文化软实力"部分所提出的"推动公共文化数字化建设"和"实施文化产业数字化战略"。《中华人民共和国国民经济和社会发展第十四个五年规划和 2035 年远景目标纲要》进一步指出"推进公共图书馆、文化馆、美术馆、博物馆等公共文化场馆免费开放和数字化发展"，"实施文化产业数字化战略，加快发展新型文化企业、文化业态、文化消费模式，壮大数字创意、网络视听、数字出版、数字娱乐、线上演播等产业"。由此，勾勒出未来出版产业数字化和出版事业数字化的轮廓。由上述可知，"数字化"仍然是未来五年文化事业、文化产业繁荣发展的重要任务和重要组成。由此进一步可知，数字出版作为出版业的新兴业态和前沿领域，将在"十四五"期间以更高质量、更可持续、更有效率的方式存在和发展。同时，对比深入思考可知：文化产业数字化战略，包含着出版产业数字化战略，即数字出版产业角度的方向设定；而公共文化数字化建设，则包含着出版事业的数字化考量，为数字出版公共服务、公益数字出版等模式的落地实施提供了注脚和可能；同时，出版业数字化战略与数字化转型升级、融合发展、深度融合以及未来出版业态密不可分，作为战略层面的出版业数字化可尝试归纳为初级、中级、高级阶段以及最终目标。（见图 4 – 2）

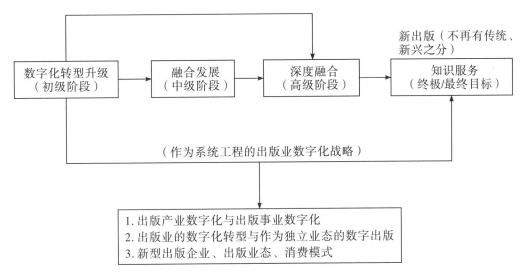

图 4 - 2　出版业数字化战略——系统工程

一、出版业数字化战略的两个方面

"数字化"作为一种思维方式、工作方式和生活方式，将影响当今社会的各个行业、各个领域和大部分公民。"数字化"的规律认识和运用，也将深入到文化事业和产业，深入到出版事业和产业。这也是数字出版得以长久存在、持续发展的根本原因所在。出版业的数字化，先后经历了试点示范、央企转型、整体转型、深化转型、融合发展几个阶段，下一步正迈向深度融合、提质增效。而"十四五"开局之年，随着文化产业数字化战略的实施，数字出版的发展趋势将会不断强化，同时数字化的发展理念需要深化，数字化的制度体系亟待健全，数字化的实践将会日益丰富。

作为文化产业数字化战略的重要组成部分，出版业数字化包含出版产业数字化战略和出版事业数字化建设两个方面。同时，出版产业数字化战略的落地实施，要处理好传统出版的数字化转型和数字出版产业发展两个问题。

（一）出版产业数字化战略与出版事业数字化建设

出版产业数字化战略，是指"在新一代数字科技支撑和引领下，以数据为关键要素，以数据赋能为主线，以价值释放和创造为核心，对产业链上下游的全要素数字化转型、升级、重塑和再造的战略"。我们可以得出结论，健全现代出版产业体系，离不开优质内容供给，离不开实施出版产业数字化战略，离不开新型出版企业、出版业态、出版消费模式、出版生态体系的发展与演进。出版产业数字化，先后经历了数字化转型升级阶段（2012—2017）、融合发展阶段（2014—2019）、深度融合（2019 年至今）阶段，已经步入到最新提出的数字化"战略"阶段。

出版事业数字化,一方面,包含公益数字出版模式,即出版单位践行社会责任、实现社会效益而进行的数字出版产品研发、技术应用和市场推广活动,如 2020 年疫情期间,200 多家出版社免费开放数字资源,开启了公益数字出版之旅;另一方面,包含公共文化服务的数字化建设,即以数字化出版产品、出版服务推进城乡公共文化服务体系一体建设,实施文化惠民工程,广泛开展群众性文化活动,包括但不限于实施数字农家书屋、卫星农家书屋、全民数字阅读、少数民族出版工程等。

（二）出版业的数字化转型与作为独立业态的数字出版

目前来看,出版业始终存在着传统出版和数字出版在发展理念、体制机制、生产流程、人员队伍、渠道建设等方面的"两张皮""两股道"现象。《关于推动传统出版和新兴出版融合发展的指导意见》中,也将传统出版和新兴出版作为两种独立的形态加以对待。由此,就出版产业数字化战略而言,要处理好两个方面:其一,出版业数字化转型,涉及策划、审校、印制、发行的全流程数字化,包含"三个层次、五个方面"的转型——"编辑转型、编辑室（分社）转型、出版机构转型;出版产品转型、技术运用、营销转型、流程再造、制度重塑"① 的转型。应该把数字化转型作为战略,旗帜鲜明地提出来,并在五年规划中予以体现和保障,在业务实践中不断推进和落实。其二,作为独立业态的数字出版。数字出版是指"以数字技术将作品编辑加工后,经过复制进行传播的新型出版"②。数字出版产业,是数字出版作为独立出版业态、出版形态的市场化、规模化发展。在相当长一段时间内,数字出版仍将承担着推动转型、促进融合的重任,数字出版从业者仍将在理念、制度和实践层面,成为推动出版业数字化转型的排头兵和先锋队。传统、新兴两种出版的二元界分、二元并存状态将长期存在,直至最后,出版机构完成从内容提供商向知识服务提供商的顺利过渡。届时,集传统出版、数字出版要素、特征、功能于一身的新出版业态将出现。

二、出版业数字化战略与转型升级

出版业数字化转型升级的内涵,是指"运用新技术,挖掘新业态,优化生产要素,重塑生产流程,强化网络空间话语权,协同推进数字出版产业发展与事业提升"③。

出版业数字化转型升级的外延包含:产品数字化转型升级、技术数字化创新应用、流程数字化转型升级、销售渠道的数字化转型升级以及人员素质的数字化转型升级。

---

① 张新新. 出版转型的体系性思考与理论建构［J］. 中国编辑,2020（9）:57.
② 张新新. 数字出版概念述评与新解:数字出版概念 20 年综述与思考［J］. 科技与出版,2020（7）:45.
③ 张新新. 吉光片羽:人工智能时代的出版转型［M］. 北京:清华大学出版社,2019:224.

广义的转型升级，包括产业转型升级和企业转型升级。产业的转型升级要追溯到2010 年的出版社转企改制，几乎所有的经营性出版社实现了由事业单位转变为企业的转型；至 2018 年 2 月，财政部、中共中央宣传部印发了《中央文化企业公司制改制工作实施方案》的通知，要求中央文化企业实现公司制改制，仍然是在延续产业转型升级的顶层设计和实施路径。

狭义的转型升级，主要是指企业转型升级，是企业的产业结构高级化的过程，其关键因素在于技术进步和应用，配套措施包括政策和资金的扶持，主要范围由产品、流程、渠道、人才的全面数字化转型升级等构成。

出版业数字化转型升级的主要特征包括：

1. 低附加值向高附加值转变

传统的出版业向读者所提供的产品仅仅是纸质图书，所提供的服务几乎没有附加值，但在转型升级的语境下，通过二维码、微信公众号、关联数据库平台或者网站，为用户提供增值知识服务，使得用户在原有的图书知识基础上能够享受到额外的知识服务，这是低附加值向高附加值转变的体现之一。在功能上，传统出版所提供的主要是整体阅读功能，而转型升级语境下的新兴出版，向着碎片化阅读、查询、复制、粘贴、知识关联和知识图谱的方向进化，这也是高附加值的重要体现。

2. 高耗能高污染向低耗能低污染转变

传统出版业对于纸张、油墨等原材料高度依赖，属于高耗能高污染产业的典型代表。而转型升级语境下的新兴出版，一方面强化对绿色印刷的评估和考核，在财政项目的绩效评估中旗帜鲜明地强调绿色印刷指标；另一方面以数字化为主题的新兴出版，主要依靠互联网、移动互联网进行传播，直接摆脱了纸张的载体，从源头上摒弃了高耗能高污染的帽子。

3. 粗放到集约

传统出版业的生产方式和盈利模式相对而言较为粗放，以静态的"种、册、件"作为主要盈利点，以单本图书作为盈利最小单元，通过扩大销量的方式来实现营业收入扩大和利润增长；而转型升级视角下的新兴出版，则是要将最小盈利单元进一步细化，以"篇、章、节"甚至是"条目"作为最小销售单位，开展数字化、碎片化、数据化的知识服务。二者之间的关系，好比生猪养殖业和猪肉批发零售业之间的关系：前者是粗放式的、整体打包的销售模式，后者是碎片化、拆分零售的方式，后者的利润空间和精细化程度远远超过前者。

4. 依赖技术创新

新闻出版业转型升级最明显的特征在于：高度依赖科技创新，重视技术赋能出版的价值。作为一个古老的行业，出版业经历过的技术飞跃相对较少：雕版印刷、活字印刷是技术飞跃；"告别铅与火，迎来光与电"是技术跨越；如今，以数字化、数据化、智能化为引领的转型升级，更是一次技术创新应用。实践证明，近几年中央财政和地方财政对文化产业的支持重点，始终离不开技术创新应用：无论是基础软硬件改造、资源数字化加工、数字运营平台搭建，还是出版影视融合、大数据、增强现实、虚拟仿真、人工智能、区块链等方面的新闻出版项目，都是在找寻高科技与新闻出版业的结合点，把科技领域最新的成果应用到新闻出版业，以打开"出版＋技术"的突破口。因此，转型升级的过程，也是出版与科技融合的过程。

5. 依赖政策扶持

任何产业的转型升级，都不离开政策支持、资金支持和政府引导；文化产业转型升级，尤其是新闻出版业转型升级更是如此。回顾"十二五"时期、"十三五"开局之年到现在，政府主管部门在文化产业发展专项资金、国有资本经营预算金、新闻出版改革发展项目库等政策方面，对新闻出版业的转型升级给予了极大力度的支持。支持范围涵盖实体书店转型、融合发展重点实验室、基础软硬件改造、特色资源库建设、行业级数字内容运营平台搭建、知识服务工程等方向。政策、资金支持的过程，其实也是政府主管部门在履行宏观调控职责，保障新闻出版业向着健康、可持续和高质量的方向发展。

6. 多层次与全方位

新闻出版业转型升级是全方位、立体化、多层次的，具体包含技术的创新应用、产品的数字化转型、流程的协同化升级、渠道的数字化转型、人员素质的全方位提升等。转型升级几乎涵盖了新闻出版的所有产业链条，从选题策划、内容审校、印制发行到衍生产品；转型升级的题中应有之义是新闻出版与外部产业的融合——新闻出版与影视、科技、农业、地质、法律等其他国民经济各行业的融合发展，一方面是落实传统媒体与新兴媒体融合发展的国家战略部署，另一方面也是转型升级高级阶段的重要抓手和主要举措。

出版业数字化转型升级的本质是生产关系的变革，是在互联网、移动互联网的共同作用下，对原有的新闻出版生产关系进行调整和重塑，旨在提高生产效率，推动新闻出版企业实现跨越式发展。

出版业转型升级包含三种属性：意识形态属性、文化属性和商业属性。就意识形态属性而言，转型升级的初衷和归宿在于推进传统新闻出版业增强网络空间话语权，牢牢掌握意识形态的领导权，确保新闻出版导向正确，坚持传递正能量，坚持弘扬主旋律。就文化属性而言，转型升级是为了在更广阔的渠道、媒体上，向更大多数用户传播知识，传播文明。就商业属性而言，转型升级是在第三次信息技术革命的大背景下，提升和改进传统的"种、册、件"的商业模式，培育壮大信息、数据、技术、标准等新动能要素的商业价值贡献度。

出版业数字化转型升级，萌芽于 2012 年，肇始于 2013 年，先后经历了：①基建数字化阶段（2013 年），以《关于做好中央文化企业数字化转型升级项目国有资本经营预算编制的通知》的发布为标志，旨在解决数字化转型升级的软件配备、硬件购置和部分内容资源建设；②资源数字化阶段（2014 年），以《关于做好中央文化企业数字资源库建设项目国有资本经营预算编制的通知》的颁发为标志，主要任务是开展数字资源管理，构建知识资源体系；③平台数字化阶段（2015 年），以《关于做好中央文化企业数字内容运营平台项目国有资本经营预算编制的通知》为标志，开展的工作主要是运营平台标准规范建设、数字内容产品研发，以及行业级数字内容运营平台建设；④深化数字化转型升级阶段（2017 年以来），主要任务包括优化软硬件装备、开展数据共享与应用、探索知识服务模式、持续开展创新和加快人才培养等。

出版业数字化转型升级阶段，还有两个重要调控政策：一是 2014 年主管部门发布了《关于推动新闻出版业数字化转型升级的指导意见》，由试点转型步入到整体转型，将中央文化企业数字化转型升级扩展到整个新闻出版业的数字化转型升级；二是 2017 年主管部门和财政部发布了《关于深化新闻出版业数字化转型升级工作的通知》，将主要目标设定为：推动新闻出版企业加快完成数字化转型升级，初步建成支撑新闻出版业数字化转型升级的行业服务体系。

出版业数字化转型升级，历经近十年的持续推进，在企业实践中所遇到的困难或问题，有若干情形，如："成本过高、资金储备不足"的"不能转"心态，"立足传统主业强大、组织模式不灵"的"不愿转"心理，基于"影响纸书销售、盈利模式不清晰"的"不敢转"心态，"战略不清、转型定位不明、战略定力不足"的"不善转"表现，以及在转型过程中的"人才储备不足、转型能力不强"的"不会转"结果。

出版业数字化转型升级是一个过程，是一个有起点无终点的连续过程，出版业需要长期开展转型升级并将长期处于转型升级的过程之中。就出版业数字化战略而言，"转型升级"是实现数字化战略目标的重要举措、抓手工程、起步阶段。而完整的数字化战略目标设定、主要任务、战略实施和战略评估，则是一个系统工程，是一个生态体系。

出版业数字化转型升级之后的下一阶段，参照其他传统产业的数字化过程，宜以"提质增效"来确定，分别是：对内提高发展质量，促进高质量发展；对外进行效益量化，提升社会效益和经济效益，并实现二者的有机统一。出版社数字化之"提质增效"要解决两个关键问题：其一，以内容为根本，以产品为核心，研发畅销型产品、长销型产品、工匠型产品，发挥工匠精神，打磨和锻造一系列数字出版精品，提升出版业的内在价值；其二，强化渠道建设，自建数字产品销售渠道，推动传统图书销售渠道转化，实现销售渠道融合，进而打通出版业数字化战略实施路径，切实解决数字出版的收入、效益问题，实现数字出版由价值到价格的转换，为数字化战略评估做好充分准备，直至最终形成出版业数字化战略闭环效应。

三、出版业数字化战略与融合发展

2020 年 12 月 21 日，第十届中国数字出版博览会在京开幕。中宣部副部长张建春出席会议并作题为《大力实施数字化战略　推动出版强国建设》的主旨讲话。讲话中指出，"要加强顶层设计，引领发展方向。把融合发展和数字出版产业作为一个主攻方向，作出系统规划部署，坚持分类指导，坚持扶优助强，坚持重点项目带动，推动出版业数字化水平在'十四五'时期上一个大台阶"[①]。由此可知，融合发展、数字出版产业是出版业数字化战略的主攻方向和重要抓手。

融合发展，是一种状态，是传统出版和新兴出版的融合，是传统出版和数字出版的融合，是传统出版和数字出版在内容、技术、平台、渠道、经营、管理、资本等层面的交融、互融、通融、共融的状态。自 2014 年起，媒体融合发展战略在新闻出版广电等各领域先后有一些重要的调控政策出台：2014 年 8 月 18 日，中央全面深化改革领导小组第四次会议审议通过了《关于推动传统媒体和新兴媒体融合发展的指导意见》；2015 年 3 月，《关于推动传统出版和新兴出版融合发展的指导意见》出台；2016 年 7 月，《关于进一步加快广播电视媒体与新兴媒体融合发展的意见》发布；2019 年 8 月，《关于促进文化和科技深度融合的指导意见》发布。2020 年 9 月，中共中央办公厅、国务院办公厅印发了《关于加快推进媒体深度融合发展的意见》，指出要坚持正确方向、一体发展、移动优先、科学布局、改革创新，推动传统媒体和新兴媒体在体制机制、政策措施、流程管理、人才技术等方面加快融合步伐。

推进出版业深度融合发展，要牢牢把握基本问题和关键环节，即"全媒为本、导向为先、内容为王、技术为要、改革为重、人才为宝"[②]；要坚持正确的政治方向、内容导向和价值取向；坚持内容建设为根本，先进技术为支撑，内容为本，技术为用，将先进内容与先进技术紧密结合，传统出版与新兴出版有机融合；要强化科技赋能，运用先进技术驱动引领融合发展，推动"出版＋人工智能""出版＋5G""出版＋区块链"等新业态、新模式不断涌现；要大力培养全媒体人才，充分释放人才活力，构建更加积极、开放、有效的人才引进、培养、使用机制，以吸引人才、留住人才、用好人才。

关于转型升级和融合发展的关系，"转型升级是融合发展的前提和基础，融合发展是转型升级的目标和归宿。没有转型升级作基础，融合发展就无从实现；不以融合发展

---

① 章红雨，尹琨. 第十届中国数字出版博览会在京举行　张建春作主旨讲话提出五方面要求［EB/OL］. 中国新闻出版广电报微信公众号，2020 年 12 月 21 日.

② 徐麟. 中国媒体融合进入全面发力、构建体系的新阶段［EB/OL］.［2022 - 12 - 24］. https://www.chinanews.com/gn/2020/11 - 19/9342344. shtml.

为目标，转型升级将迷失方向"①。应该说，融合发展的前提是转型升级，出版业只有实现了"三个层次、五个方面"的转型，才能加快推进融合发展。融合发展的两方是传统出版和新兴出版，新兴出版的主要构成是数字出版，传统出版和数字出版的深度融合，是出版业融合发展的核心要义。从实施出版业数字化战略的视角来审视，数字化转型升级是初级阶段，融合发展是中级阶段，深度融合则步入了高级阶段。

随着出版业数字化战略的深入推进，出版业融合发展也将从"相加"走到"相融"再到"深融"的阶段，从物理组合过渡到化学反应，从"你就是你，我就是我"融合到"你中有我，我中有你"的阶段，最终到达"你就是我，我就是你"的"合二为一"状态；换言之，形成传统出版与新兴出版"融为一体、合而为一"的体制机制，建构以内容建设为根本、先进技术为支撑、创新管理为保障的新型出版传播体系。届时，将不会再有传统出版和数字出版之分，二者统一归属、演变成一种全新的出版形态。出版业整体都将呈现出数字化、智能化、融合化的状态——复合式的人才、数字化的流程、融合化的产品、数字化技术、网络化渠道等。

四、出版业数字化战略与数字出版

出版产业数字化战略是否等同于数字出版？答案非也。那么，出版产业数字化战略和数字出版之间的关系是什么？区别与联系又在哪里？如前所述，大力实施出版业数字化战略，要把数字出版产业作为主攻方向之一。出版业数字化战略，一方面解决传统出版的数字化转型问题，另一方面解决数字出版发展问题，最终解决两个出版融合、合二为一，即"新出版"的问题。至此，出版业数字化战略的使命完成。这里，解决几个认知问题：

其一，关于传统出版和数字出版的二元逻辑。首先，在提法上，传统出版的提法，按照逻辑关系，应该对应"现代出版"或"新兴出版"，但是，往往传统出版却与"数字出版"同时出现，并且作为二元关系的方式出现。传统出版和新兴出版的对应，大多出现在融合发展的语境中，以《关于推动传统出版和新兴出版融合发展的指导意见》为代表。那么，是否还有除了数字出版外的新兴出版业态？答案是有的，典型的"图书＋文创产品"形式，例如镶嵌天然化石的图书——《走过大自然的痕迹——鱼化石》，又如图书＋大米的"米书"形态等，这些图书属于新兴出版的业态，但是并非基于数字技术的数字出版。不过，应该说新兴出版的最主要构成是数字出版，这一代表着最新生产力、科技赋能力的出版新业态。其次，在实践中，目前绝大部分出版机构，是将数字出版作为一种独立的业态，一个新的经济增长点，一种与图书出版并行、并列的业态来看

---

① 深化改革融合发展　打造精品再攀高峰［N］. 新闻出版广电报，2017 - 03 - 02（02 - 03）.

待。数字出版与传统出版由此形成了一种二元并立关系，而这种并立关系恰恰人为造成了数字出版发展的滞后、缓慢，即便先发展起来的数字出版业务，也会因为这种二元对立逻辑所演化出来的过高期望、过分索取而陷入夭折或中断的结局。"十四五"时期，或者直至 2035 年，要解决一个问题：不再把数字出版部门作为先锋者，不再把数字出版作为独立业务部门；而是以数字化的理念、制度、实践对整个出版业进行再造和重塑，这或许才是出版业数字化战略的核心要义。出版业数字化战略，则是包含内容、技术、流程、渠道、人才、理念、制度等在内的全方位数字化。其实也就是将新兴出版或数字出版的理念、制度和实践与传统出版紧密结合、有机融合，最终使出版业各方面、各种形态、各个环节、各种流程、各种角色都呈现出数字化特征、数字化功能的状态。最后，在角色上，出版业数字化战略实施中，数字出版构成了"传统出版数字化转型""数字出版产业发展"两极中的一极。数字出版是实施出版业数字化战略的主体性构成之一，数字出版作为一种独立的、重要的、显著的出版新业态，还将长期存在和扮演重要角色。一方面，数字出版需按照提质增效的要求，进一步提升收入、效益，进而增强行业话语权、学术话语权和国际话语权；另一方面，数字出版还肩负着引领、带动、支撑传统出版数字化转型的重任。

其二，数字出版的长期性与生命力。一度有些人质疑数字出版是否像历史上出现的其他出版形态一样盛极一时而又昙花一现，一度有些人唱衰数字出版，一些人离开了数字出版，甚至连实践中企业也出现了取消、调整、合并相关部门的做法。可以坚信，数字出版的长期发展与走向繁荣，是一个不可阻挡的历史趋势，它不会因一种错误观念、一项短期行为、一个企业组织改变而改变。从历史发展的规律来看，数字出版作为新事物，符合历史发展规律，吸收了积极、前瞻、正能量的因素，因而具有强大的生命力，能够不断壮大和发展；然而新事物的发展历程并非一帆风顺，甚至可能道路曲折、荆棘密布，不过，最终前途是光明的。一如人工智能经历了 70 多年的发展才步入第三次浪潮，虚拟仿真从 1989 年概念的提出到今天成为社会热点也经历了 30 多年，区块链技术成为社会热潮也是历经 12 年的艰辛历程。从介质的角度去分析，的确，新介质取代旧介质有时是很短暂的时间。以音像出版为例，盒带终结唱片，盒带又被 MP3 替代，MP3 也被智能手机所取代，这是短短几十年发生的事情。从历史性分析，出版介质先后经历了简策、版牍、缣帛、纸张、唱片、磁带、光盘、互联网、计算机、智能终端等，其中某些介质从发明到普及用了很短时间，如"唱片用了 30 年的时间，磁带用了 20 年，互联网不到 10 年"[1]；而同样，其从顶峰到走向消亡的时间，也仅仅用了几十年甚至是几年。但是，不同于音像出版等出版形态，数字出版的介质主要是互联网、计算机和智能终端（如手机、平板电脑、笔记本电脑等），这些介质在人们日常生活、思考和工作中

---

① 郝振省. 2005—2006 中国数字出版产业年度报告 [M]. 北京：中国书籍出版社，2007：6.

116

处于不可或缺的状态，很长一段时间内，很难有哪种介质能实现对数字出版上述介质的颠覆和革命。综上，历史的视角、介质的维度都可得出一个结论，数字出版具有长期的生命力，将长期存在并繁荣发展。

其三，项目驱动战略的重要性。作为财政调控重要手段的项目驱动与技术赋能是传统产业数字化转型升级的两翼、两轮、两个重要引擎。项目驱动在"十二五""十三五"期间发挥了重要作用，为传统出版业数字化转型升级奠定了扎实的基础。放眼未来，重点项目带动、扶优扶强的财政调控策略仍将在"十四五"期间出版业数字化战略的实施过程中起到重要作用，推动出版业数字化迈上一个新台阶。实践中，出现了部分企业出于考核、绩效等方面的顾虑而放弃项目申报，不再积极主动争取项目支持的现象，应该说这种做法并不明智。在着眼宏观、注重绩效、更好发挥政府作用的原则指引下，项目驱动将在出版业数字化战略布局、战略实施、资金保障等方面发挥更加重要、更加积极、更加科学、更加合理的作用。

其四，传统书报刊数字化的话语权问题。根据 2019 年度数字出版产业报告可知，数字出版产值已逼近万亿元规模，达到了 9 881.43 亿元，较 2018 年增长 11.16%。而传统书报刊数字化收入由 85.68 亿元增长为 89.08 亿元，尽管保持了 4.0% 的增长幅度，但数字出版整体收入占比却由 1.03% 下降为 0.9%，不能不令人唏嘘。这里便提出一个严峻的问题，就是传统出版业数字出版收入的提质增效问题。经历过转型升级阶段的出版业，应该在提质增效阶段花大力气、下大功夫，切实提高数字出版产品和服务的收入水平和价值贡献度，因为这涉及出版业主阵地、主力军的话语权问题。国有数字出版企业，"亟需创新产品形式、加速技术应用和强化渠道建设，进而奋起直追日新月异的数字出版新业态、新模式与新路径"[①]。值得欣慰的是，一批产值过千万元甚至过亿元的国有数字出版企业正在不断涌现，逐步改写数字出版的产业生态；与此同时，有一批传统出版企业将错过数字出版发展的战略机遇期，数字出版的"吉光片羽""优胜劣汰"效应将逐步显现。

其五，智能出版是数字出版的未来出路。传统出版的数字化转型升级，在数字化战略实施过程中，将步入深度融合、提质增效的新阶段；而作为独立业态的数字出版，则将步入数据化、智能化的发展新里程。智能出版，"是数字出版发展的高级阶段，是将智能化的数字技术应用于出版产业链的结果，是出版业内部流程和外部产品都呈现自动化、智能化特点的出版新模式、新阶段与新业态"[②]。智能出版的基本特征是：基于智能技术赋能，对内实现编校印发流程同步化、协同化、一体化的智能化重塑和再造，对外提供 AR 出版物、VR 出版、出版 +5G、出版 + 区块链等智能化产品和服务。

[①]　张新新. 传统出版与新兴出版深度融合，推进数字出版高质量发展：2019 年度数字出版盘点［J］. 科技与出版，2020（3）：15.

[②]　张新新，杜方伟. 科技赋能出版："十三五"时期出版业数字技术的应用［J］. 中国编辑，2020（12）：6.

综上所述，可得出一个基本判断：数字出版承担着引领出版业数字化的重任，还将在较长时间内存在，直至多种出版形态合一，全行业呈现出数字化、数据化、智能化的特征。从"十四五"的近景目标乃至二〇三五年的远景目标来看，数字出版仍是战略性新兴产业，是产业数字化的结果，也是数字产业化的实现，是出版业数字化战略的重要组成部分，其话语体系将不断丰富，其话语权将不断增强，其两极分化效应将逐步加大。

五、数字出版调节与数字出版治理

核心范畴，是对数字出版活动总体的普遍联系、普遍本质和一般规律的高度抽象，是对数字出版活动全过程、各方面、各层次、各环节的总体抽象，在数字出版范畴体系中处于中心地位，起到承上启下的关键性作用。一方面，数字出版核心范畴统摄基本范畴和普通范畴，规定和制约着基本范畴和普通范畴的特有属性、固有属性以及外延边界；离开核心范畴，基本范畴和普通范畴则如一盘散沙、散落一地的珍珠、一个个概念孤岛，难以组成数字出版范畴体系。另一方面，核心范畴也是对普通范畴和基本范畴的再拔高、再凝练和再抽象，离开普通范畴和基本范围，核心范畴便是无源之水、无本之木。

本书认为，数字出版范畴体系的核心范畴为"调节"和"治理"。调节，是指出版系统内化吸收数字技术，调整自身以发展到数字出版高级有序结构；治理，是指多元主体为适应数字化需要，创新理念方式以协同管理和服务数字出版。把"调节"和"治理"确定为数字出版范畴体系的核心范畴，其主要理由如下：

调节和治理及其相互关系是数字出版的核心问题。数字出版的核心问题是由数字出版元问题直接派生出来的，贯穿于数字出版发展始终，体现在数字出版研究对象和研究内容之中的中心问题。数字出版的元问题，即数字出版活动，[①] 而数字出版活动派生出"调节活动和治理活动"[②]，简称"调治活动"。数字出版调节和治理是贯穿于数字出版发展始终的中心问题，是研究内容的核心部分，也是研究对象的内核所在。

从数字出版本体来看，调节和治理是数字出版的基本粒子、基本要素。数字出版是由调节、治理两种要素的相互作用、综合作用所形成的结构。任何一种数字出版活动，都是调节活动，或者是治理互动，抑或是调治活动以及调治活动所衍生出来的数字出版科研活动，以及经济、政治、文化、技术活动等。正是基于数字技术赋能，出版系统的自我调节和出版治理的动态调整，在调节和治理两种粒子的独立运动以及协同运动下，

---

① 张新新. 中国特色数字出版学研究对象：研究价值、提炼方法与多维表达［J］. 编辑之友，2020（11）：30.
② 本书作者系列文章中曾用"数字出版调控""数字出版宏观调控"，是"数字出版治理"的主要、核心部分。之前语境中，实质上是将"调控"做"治理"的相同含义对待。后文同。

推动了数字出版本体的产生。

从历史维度分析，调节和治理贯穿于数字出版诞生、发展、繁荣、壮大的各个阶段，一部 20 年的数字出版发展简史，就是一部调节治理史（简称"调治史"）。就调节来看，数字出版不断吸收数字技术，将数字技术要素内化吸收为出版技术子系统，进而发挥数字技术赋能的作用，推动蕴含"数字技术赋能特有属性"① 的数字出版的产生。基于此，持续吸收最新的数字技术，催生出增强现实出版、虚拟现实出版、出版知识服务等数字出版业态，推动数字出版走向更为高级有序的结构。就治理来看，自 2006 年起，政府引导始终贯穿于数字出版发展全过程，数字出版先后三次被写入我国国民经济和社会发展规划，专门性和综合性的推动数字出版发展的产业政策持续出台，其实质为出版自身转型升级的数字出版，在离不开数字技术赋能的同时，也离不开政府治理的支持。

调节和治理是基本范畴的内在指称和实质意涵，由抽象上升到具体，推动数字出版基本范畴的形成。调节和治理是基本范畴的内在指称，赋予了基本范畴实质意义。从微观来讲，数字出版行为，是蕴含着调节、治理或调治衍生意义的行为；数字出版关系，要么是在生产经营中所形成的调节关系，要么是在管理服务中所形成的治理关系，抑或对调节、治理进行研究所形成的科研关系。从宏观来看，不断发展变化的数字出版调节和治理实践，"是数字出版理论体系形成的外在逻辑，是数字出版话语体系（范畴体系是内容和框架）建构的依据和来源，也是数字出版话语权表达和彰显的重要途径"②。整个"十三五"时期，已基本形成了"强化导向、政府引导、尊重市场、企业主体、整体转型、深度融合、高质发展"的治理格局以及"以市场为导向，通过优化完善数字出版产品、技术、营销、人才、科研、流程等产业链环节来达到提质增效、逐步实现产业化"③ 的调节体系。

关于由抽象上升到具体："内化吸收数字技术"这个特有属性，一方面在"调节"这个核心范畴中得以抽象和凝结，另一方面在"数字出版产品、数字出版技术、数字出版营销、数字编辑、数字出版制度"等基本范畴中得到具体和完整的反映；"协同管理和服务"这个特有属性，一方面在"治理"这个核心范畴中得到抽象和结晶，另一方面在"规划治理、财政治理、税收治理、法律治理、行政治理、安全治理、标准规范治理"等基本范畴中进一步开展和具体化呈现。数字出版项目作为一个基本范畴，其特殊性在于由治理行为发生，在调节中实施和完成，既包含治理的内在规定性，也蕴含着调节的内在规定性，是数字出版调治具体化的反映和呈现。

① 张新新. 数字出版概念述评与新解：数字出版概念 20 年综述与思考［J］. 科技与出版，2020（7）：56.
② 张新新. 中国特色数字出版话语体系初探：实践与框架［J］. 科技与出版，2021（3）：90.
③ 张新新. 数字出版调控与市场的二元互动："十三五"时期数字出版述评与盘点［J］. 科技与出版，2020（9）：48.

从数字出版的研究对象来看，数字出版活动之内容，即数字出版活动之本体，包括基于市场视角、调节维度的活动，也包括基于调控视角、治理维度的活动；并以调治活动为中心，关联出调治活动之主体、客体和效应，即主体为数字出版调治活动之所属，客体为数字出版调治活动之附属，效应为数字出版调治活动之所成。由此，亦可得知"调节活动和治理活动"构成了数字出版活动这个客观存在的核心领域、核心范畴。

小结

总之，从数字出版学科体系来看，数字出版学科体系以数字出版市场（调节）学和数字出版调控（治理）学为中心，涵盖调节领域和治理领域的全部知识体系；经过进一步抽象，形成本体论、价值论、方法论等数字出版基础理论；基于时空拓展，形成数字出版发展史和国际数字出版学。数字出版学是以数字出版（调治）活动为研究对象，以"数字出版基础理论、数字出版市场（调节）学、数字出版调控（治理）学、数字出版发展史和国际数字出版五大分支学科"[1] 为主体构成的数字出版全领域知识体系。

调节和治理是数字出版元范畴的基本粒子，由具体上升到抽象，即形成数字出版元范畴。"研究的范畴越抽象，其统摄面就越广，包容性就越强，也就越容易在广大范围内把握住事物之间的共性。"[2] 我们继续对调节和治理做进一步的抽象，就会发现，数字出版调节是出版系统内化吸收数字技术新要素的过程，是数字技术赋能出版业的过程；数字出版治理是基于数字化需要，基于数字政府建设的需要，基于提升出版治理体系和治理能力现代化的需要，由党政管理、社会自治、企业自律所构成的三位一体的协同化、现代化治理，是数字技术赋能出版的结果。因此，可推导出数字出版调节的实质是数字技术赋能出版业而出现的数字出版创新发展，数字出版治理的实质是数字技术赋能出版管理和服务而产生的数字出版协同治理；进一步推演出数字出版是数字技术赋能出版业各环节和各领域、赋能出版管理服务的全部过程和各种形式的新型出版，是数字技术赋能出版调节、治理的新型出版，简而言之，即数字出版是数字技术赋能的新型出版。从而，我们完成了出版调节和出版治理两种基本粒子，基于数字技术赋能，通过相互作用、协同作用而上升到数字出版元范畴的逻辑推导，或者说是数字出版调节和数字出版治理进一步抽象和融合产生"数字出版"这一元范畴的逻辑推导。

---

① 张新新，张莉婧. 中国特色数字出版学科体系建设的思考［J］. 编辑之友，2021（5）：96.

② 陈作平. 新闻理论新思路：新闻理论范式的转型与超越［M］. 北京：中国传媒大学出版社，2006：82.

思考题

1. 数字出版发展历程上有哪些标志性的年份以及事件?
2. 数字出版发展经历了哪些发展阶段?
3. 如何理解出版业数字化战略的内涵与外延?
4. 如何理解出版业数字化战略与转型升级?
5. 如何理解出版业数字化战略与融合发展?
6. 出版业数字化战略和数字出版之间的关系是什么?
7. 如何理解数字出版调节和数字出版治理这一对核心范畴?

参考文献

1. 张新新. 吉光片羽: 人工智能时代的出版转型 [M]. 北京: 清华大学出版社, 2019.

2. 张新新. 出版转型的体系性思考与理论建构 [J]. 中国编辑, 2020 (9).

3. 张新新. 数字出版概念述评与新解: 数字出版概念 20 年综述与思考 [J]. 科技与出版, 2020 (7).

4. 张新新. 传统出版与新兴出版深度融合, 推进数字出版高质量发展: 2019 年度数字出版盘点 [J]. 科技与出版, 2020 (3).

5. 张新新, 杜方伟. 科技赋能出版: "十三五" 时期出版业数字技术的应用 [J]. 中国编辑, 2020 (12).

6. 张新新. 中国特色数字出版学研究对象: 研究价值、提炼方法与多维表达 [J]. 编辑之友, 2020 (11).

7. 张新新. 中国特色数字出版话语体系初探: 实践与框架 [J]. 科技与出版, 2021 (3).

8. 张新新. 数字出版调控与市场的二元互动: "十三五" 时期数字出版述评与盘点 [J]. 科技与出版, 2020 (9).

9. 张新新, 张莉婧. 中国特色数字出版学科体系建设的思考 [J]. 编辑之友, 2021 (5).

10. 张新新. 基于出版业数字化战略视角的 "十四五" 数字出版发展刍议 [J]. 科技与出版, 2021 (1).

第5章 数字出版业务流程

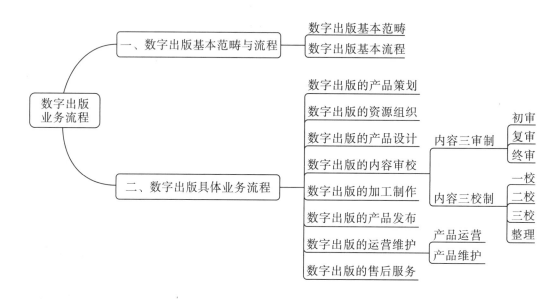

学习目的

　　理解数字出版基本范畴，并联系实际，掌握数字出版产品策划、资源组织、产品设计、内容审校、加工制作、产品发布、运营维护和售后服务等数字出版基本业务流程。

第一节　数字出版基本范畴与流程

本节主要介绍数字出版核心范畴之下的基本范畴，以及对数字出版基本流程作出简要阐释。

一、数字出版基本范畴

范畴及其体系是人类在一定历史阶段理论思维发展水平的指示器，也是各门科学成熟程度的标志。[①] 范畴这一概念，在哲学中属于认识论范畴，是客观实在无数次在脑海中的印证、固定、沉淀下来的重复性的认知模式和框架。每门科学都有自己特有的范畴，如：数学的点、线、面以及正与负等，化学中的分解、化合，政治经济学中的价值、使用价值，新闻学中的"事实、报道、新闻"[②] 三个特有范畴，马克思主义哲学的现象与本质、必然与偶然、形式与内容、原因与结果、可能性与现实性，等等。

数字出版范畴，是指反映数字出版本质和普遍联系的基本概念，是数字出版理论体系的基本概念，是数字出版客观存在（数字出版活动[③]）在脑海中印证、固定和积淀下来的重复认知模式和框架，具有主观性与客观性、确定性与相对性统一的特征。

从类型上看，数字出版范畴体系由数字出版本体论范畴、运行论范畴、进化论范畴、主体论范畴、客体论范畴、价值论范畴以及方法论范畴七个方面所构成，是一个非线性融合、相互协同、层层推演、逻辑自洽的范畴体系。数字出版范畴体系及其逻辑系统的展开，则形成了数字出版基本理论。从构建逻辑上看，数字出版范畴体系是由元范畴、核心范畴、基本范畴和普通范畴所构成的逻辑统一体。其层次结构如图 5 – 1 所示。

---

① 张文显. 法哲学范畴研究 [M]. 北京：中国政法大学出版社，2001：1.
② 刘九洲. 新闻学范畴引论 [M]. 武汉：华中师范大学出版社，1995：12.
③ 张新新. 中国特色数字出版学研究对象：研究价值、提炼方法与多维表达 [J]. 编辑之友，2020（11）：8.

图5-1　数字出版范畴体系层次结构图

如第四章第三节所述，数字出版的核心范畴是调节和治理。核心范畴不仅是对基本范畴和普通范畴的再次抽象和拔高，且统摄基本范畴和普通范畴。从数字出版活动这一元问题出发可以发现①，在对数字出版活动的探讨和抽象的过程中，"调节"和"治理"始终贯穿于数字出版活动出现和发展的始终，并基于数字技术赋能，出版系统内外部进行自我调节和系统治理的动态调整，推动数字出版主体的出现和发展。因此，"调节"和"治理"及其相互关系是数字出版的核心问题，该核心问题有力地推动数字出版基本范畴，以及元范畴的形成和发展。

数字出版的基本范畴是指以数字出版活动总体为背景，对数字出版基本方面、基本过程、基本环节或初级本质的抽象，属于数字出版理论的基本概念。数字出版基本范畴主要包括数字出版产品、数字出版技术、数字出版运营、数字出版编辑、数字出版项目、数字出版制度等六个方面。

数字出版产品是指进行数字传播的产品形态，包括有形的产品和无形的服务。相较

---

① 张新新. 中国特色数字出版学研究对象：研究价值、提炼方法与多维表达［J］. 编辑之友，2020（11）：7.

于传统纸质形态的出版产品，数字出版产品具有以数字化信息知识为构成内容、内容要素多样、传播速度快捷、目标用户定位准确、产品功能交互性强、服务方式个性化和定制化、物理空间利用高效以及定价灵活等八大显著特征。数字出版产品在数字出版中处于核心位置，数字编辑和制作、出版营销、数字出版项目设立等数字出版具体活动均是围绕数字出版产品展开，而数字出版产品质量的优劣以及市场接受度、用户反馈等则反映了数字出版效能和发展水平。

数字出版技术是指应用于数字出版活动过程、实现数字出版产品和功能的数字技术。数字技术是多种数字化技术的集称，也是具有通用目的的技术，具有可编辑性、可扩展性、抗干扰能力强、数字信号稳定性强且精度高、保密性高、通用性强等显著特征。数字出版是由数字技术赋能的出版活动和实践，因此技术要素在数字出版中占据基础性的、关键性的地位。同时，数字技术的应用贯穿数字产品生产流程和产品本身，是识别数字出版产品和实践的重要标志。

数字出版运营是数字出版企业对数字出版生产经营活动的组织、实施和控制等，主要包括数字出版产品开发、生产制作、发行销售、营销传播、平台运营、售后服务、品牌建设、版权运营等具体工作内容，涵盖了数字出版产品研发、销售和企业经营管理的各个环节。作为数字出版活动的重要组成部分，数字出版运营是一项系统性的工程，其要素众多、流程繁复，且在经营上任务繁重，并具有较高的风险性。对于数字出版企业而言，其运营管理水平和能力决定了企业发展方向，以及其所生产的数字出版产品和服务能否最大限度发挥出社会效益，获取合理的经济效益和经济回报，实现企业的快速发展。因此，数字出版运营对促进数字出版市场和产业繁荣具有重要指导意义。

数字出版编辑是对数字出版人才的统称，指对传统出版流程和数字技术及经营管理都比较熟悉或精通的数字出版复合型人才。相较于传统出版编辑，数字出版编辑需要谙熟传统出版流程和环节同时具备数字技术思维，兼具理论与实践功底，拥有相关专业的知识背景以及国际化视野，这也对数字出版人才培养提出了更高的要求。数字出版编辑培养和发展是数字出版产业发展的重中之重。2022 年 7 月，"数字出版编辑"列入《中华人民共和国职业分类大典》，标志着数字出版编辑职业化发展进入标准化、规范化和制度化发展新阶段，也为推进出版产业数字化转型升级、健康有序发展提供了基础性的、关键性的人才保障。

数字出版项目是指中宣部、财政部和新闻出版广电总局等数字出版主管部门为促进和支持数字出版产业繁荣与发展，而设置和投入的财政项目，主要包括新闻出版改革发展项目库项目、文化产业发展专项资金项目和国有资本经营预算金项目等。数字出版项目对提高数字出版发展整体实力，统筹和规划未来数字出版发展方向，落实和推进国家宏观经济政策、文化产业政策、区域发展政策及公共财政实施具有重要意义。从实践来看，当前数字出版项目的策划、申报、实施、验收和管理是新常态下数字出版从业者的主要工作内容之一，也是中国特色数字出版的重要组成部分。

数字出版制度是规范数字出版主体行为的行动准则，以保障数字出版产业有序、规范地运行。数字出版制度是数字出版"治理"范畴的重要内容，涉及相关法律制度、行业规范、产品质量指标、人才培养等，是一个体系化的规范系统。贯彻和落实数字出版制度是实现数字出版健康有序和高质量发展、满足人民群众数字化高品质的精神文化生活的协同管理与服务活动需要的重要保障。

除核心范畴和基本范畴外，数字出版范畴体系中还有丰富的普通范畴。普通范畴，是对数字出版现象的具体过程、具体联系、具体侧面的简单抽象，如数字出版业务流程中的"产品策划、资源组织、产品设计、内容审校、加工制作、产品发布、运营维护、售后服务"等，[①] 均属于数字出版的初级范畴或曰普通范畴。普通范畴的数量最多、群体最大，普遍存在于数字出版理论之中，本书仅结合本章"数字出版业务流程"的主题，对数字出版产品流程中所涵盖的数个"普通范畴"进行深入、具体的讲解，用实例对"普通范畴"的概念、内涵进行阐释。

二、数字出版基本流程

数字出版运行的系统，是由数字出版产品、技术、运营、人才、项目、制度等子系统相互影响、相互作用的过程。数字出版运行论是关于数字出版运行的理论，是从动态的维度来分析和揭示数字出版产生、发展、壮大过程的基本理论。

数字出版运行是数字出版范畴的主要类型之一，反映了数字出版调节和治理的整个过程。数字出版运行论与"调节"这一核心范畴密切相关。"调节"是数字出版运行的结果，同时，数字出版运行服从和服务于"调节"的目标和要求。从这个意义上说，对数字出版运行论的把握，不仅是从实践层面了解数字出版的内在运作机制，还有助于从具体上升到抽象，触碰和思考数字出版的核心内涵，乃至数字出版的元问题。从概念上看，数字出版运行论是对数字出版运转、操作和实现各个环节的认知框架和概括，反映数字出版发展的基本环节和基本机制。数字出版运行论范畴主要包括数字出版产品研发，数字出版技术应用，数字出版市场营销，数字出版调控政策的制定、实施、修订和废止，数字出版标准规范的研制、宣贯、实施和修订等。

数字出版基本流程，是指数字出版运行遵循的基本顺序、关联角色和职能定位。数字出版基本流程，依据上述基本范畴，可包括数字出版产品流程、技术流程、运营流程、人才流程、项目流程、制度流程等。其中，具有中心性、决定性的流程是数字出版产品流程。数字出版产品流程属于数字出版运行论范畴，是数字出版运行论的中心和枢

---

① CY/T158—2017 数字出版业务流程与管理规范 ［S］. 北京：中国标准出版社，2017.

纽，由数字出版产品策划、研发、编校、设计、运营和售后等基本环节所构成。

自 2011 年数字出版得到国家级文化产业发展专项资金和国有资本经营预算金支持以来，数字出版的业务流程、管理规范便成为传统出版机构重点关注的领域。数字出版流程的创新，传统出版与数字出版生产管理流程的一体化、协同化、同步化，始终成为数字出版领域难以突破的难题。如：在国家级政策和重大工程方面，复合出版重大工程的启动，旨在从标准、业务、产品层面解决复合出版流程问题；在企业实践中，国有出版企业也试图构建出能够同时支持纸质产品和数字产品生产制作的 ERP 系统。尽管如此，迄今为止，数字出版流程的复合性、协同性实践应用尚未实现实质性重大突破。对此，2018 年 2 月 1 日正式实施的《数字出版业务流程与管理规范》行业标准，不仅第一次在行业标准层面上对企业开展数字出版的顶层设计，还对业务规划、团队管理、项目管理等流程进行了全面、系统的规定，这也成为新时代我国新闻出版企业推进转型升级、发展数字出版的重要标准文件。

第二节　数字出版具体业务流程

本节主要以数字出版产品为主题，对数字出版八个具体业务流程进行分析和讲解，覆盖了数字出版产品的生命全周期。

数字出版业务流程主要包括产品策划、资源组织、产品设计、内容审校、产品加工、产品发布、运营维护和售后服务等八个环节。八个环节对应的是策划人员、内容管理人员、设计人员、审校人员、加工人员、发布人员、运维人员和售后人员等八种职务角色。从传统出版与数字出版的关系来看，数字出版还是要承继和延续"三审三校"的优良传统，这也是确保数字出版产品导向正确、质量合格的关键性环节；同时，在策划、运维和售后环节，数字出版的技术依赖性强于传统出版，即这三个环节的能力要求、服务要求、专业化程度更高于传统出版。

一、数字出版的产品策划

产品策划是指根据市场和用户的需求，结合公司的战略规划，制定产品业务模式的过程。数字出版的产品策划主要是针对数字出版物进行的产品业务模式设计。从类型划分，数字出版物的产品策划既包括单本电子书策划、融媒体电子书策划等单一型数字出版物策划，也包括专业领域的数据库策划、知识库或者大数据平台策划等复合型数字出版物策划。从策划流程来看，数字出版物的产品策划包括用户需求分析、市场调研、产品形态策划、商业模式策划、撰写策划和论证优化方案等具体环节。

第一，在用户需求分析环节，出版机构需从目标用户类型、竞争产品和服务、用户使用场景以及用户购买力等几个方面，对目标用户的需求进行分析和论证。

第二，在市场调研环节，出版机构在了解数字出版产品目标市场概况的基础上，对市场供需现状、市场销售价格、产品市场竞争力等数据进行收集并作分析，形成市场调研报告。

第三，在产品形态策划阶段，出版机构需根据市场需求和出版机构自身实际情况，从电子书、数据库、知识库、MOOC 平台、手机图书、MPR 出版物等不同形态中对产品形态进行选择，进而研发适销对路的数字出版产品。

第四，在商业模式策划阶段，出版机构在充分考虑行业特征和市场需求的基础上，筹划采用 B2C、B2B、B2G、O2O 等不同类型的商业模式。根据实际情况和情景，出版机构可选择单一商业模式，也可综合采用多种混合的商业模式。

第五，进入撰写策划方案环节，出版机构需根据调研和分析结果，遵循价值性、适应性、效益性和可行性原则，对数字出版产品的产品形态、商业模式、推广策略、执行计划等内容进行描述，撰写形成策划方案。策划方案要兼顾产品研发和销售，确保数字出版产品具备较强的稳定性和较长的生命周期。

第六，在方案论证与优化环节，策划方案要提交上级部门审核，审核通过之后，进入数字出版产品论证会论证。若审核未通过，策划方案将按照程序进行回退、修改、补充和完善，之后再次进行审核和论证。方案论证和优化是数字出版产品能否进入生产和发行的把关环节，发挥"守门人"的关键作用。方案论证主要包括产品的精神文化价值判断（可从引导性和独创性两方面评估）、市场适应性判断（可从针对性和前瞻性两方面评估）、效益性判断（可从经济效益和社会效益两方面评估）、可行性判断（内容合理性和技术可行性）四个方面。此外，方案论证通过后，如市场发生变化，策划人员应及时对策划方案进行修改、补充和调整，对数字出版产品方案不断打磨和优化，以提高方案的清晰度和可操作性。

在实践中，传统出版机构的产品，如社科文献出版社的"皮书"数据库、人民法院出版社的"法信"（中国法律应用数字网络服务平台，简称"法信"）大数据平台、中地睿知管理咨询公司的"融智库"是数字出版产品策划中较为成功和有影响力的代表；而新兴互联网企业，如"得到"、"知乎"、"掌阅"移动阅读和"喜马拉雅"听书等数字出版产品策划的经济效益和社会影响力也较为突出。

二、数字出版的资源组织

数字出版的资源组织，分为广义和狭义两部分。广义的数字出版资源组织，是指服务于特定数字出版产品和服务或某项目标所进行的资源有序化活动，基于特定的学科知识体系、行业应用知识体系或个性化知识定制，通过对信息、数据和知识资源进行有序化调取和配置，以保证资源的有效组合、产品素材的优质供给和数字出版用户的有效获取。广义的数字出版资源组织，其资源包括围绕数字出版产品和服务所进行的人力资源、物力资源、财力资源、智力资源以及内容资源等；从数字出版顶层设计的角度来看，不同的资源组织对应着特定环节或领域的数字出版战略的制定和实现，如数字出版人才战略、数字出版资金条件、数字出版智库、数字出版基础软硬件以及数字出版产品、数字出版服务等。

狭义的数字出版资源组织，仅指内容资源组织，即数据资源、信息资源和知识资源。其中，知识资源组织是数字出版资源组织的主体工作，数据资源和信息资源是数字出版资源组织的有效补充和亟待强化的工作，三者的有机组织可分别提供信息服务、知识产品和定制化服务等知识服务形态。

数字出版资源组织包括两个基本环节：一方面可以从出版社既有资源中进行数字化加工转化，或者通过资源购置、资源共享、资源抓取和深度加工等方式来实现资源获取；另一方面基于知识体系、行业应用或个性化定制来有效组织各种内容资源，分别服务于科研机构、垂直行业或者具体用户。

数字资源组织的过程，需要将"出版数据"作为生产要素的理念贯穿始终；单个条目、单本图书、单张图片、单个音视频、AR模型或VR视频均是"数据"的具体体现，也是新闻出版业展开知识服务、构建产业大数据的基础性资源。当前新闻出版业的数据建设亟待加强，数据格式不规范、数据标引没启动、数据计算未开展等问题将长期存在，这也是2014年中宣部、财政部、国家新闻出版广电总局启动中央文化企业"特色资源库"建设所需要解决的主要问题。

三、数字出版的产品设计

数字出版产品品类丰富，包括数字阅读、数字视听、数字动漫、数字游戏等。不同产品设计有其独特工艺和要求，但总体而言，数字出版的产品设计主要可归纳为形态设计、内文设计、界面设计、脚本设计和功能设计等五个环节。

第一，在形态设计环节，产品设计编辑根据选题策划方案目标要求，在电子书、数据库、知识库、MOOC平台、SPOC平台、手机图书等不同的数字出版产品形态中选取一种或多种适合的产品形态进行设计和规划，若是典型的数字出版产品，则可按照固定模式设计。

第二，在内文设计方面，产品设计编辑需要对数字出版产品内文版式进行设计，以取得既定的展示效果，为用户提供较好的阅读体验感。

第三，在界面设计环节，产品设计编辑针对数字出版产品的使用特点，对数字出版产品的界面、人机交互和操作逻辑进行整体设计，使得数字出版产品的外观、操作与内容达到和谐有机统一。

第四，在脚本设计环节，产品设计编辑需要根据视频、电影、动漫等特定产品的需要，设计其拍摄时所依据的脚本，主要包括标题、画面说明、解说、同期声、字幕等。

第五，产品设计进入功能设计环节，即产品设计编辑根据数字出版产品的目标用户的需求偏好，对数字出版产品的阅读、视听、交互等功能进行设计，以更好地满足目标用户的使用需求。

在实现上述产品设计之后，需要对数字出版产品的设计方案进行审查，即进入对数字出版产品"三审三校"的审校环节，严格把关产品质量。

四、数字出版的内容审校

鉴于数字产品传播速度快、传播范围广、借助网络载体更容易产生巨大的社会影响，其内容审校制度显得格外重要。数字出版产品要遵守"三审三校"的基本制度，以确保数字出版产品内容资源的政治导向正确、专业科学权威，符合语言学逻辑和语法常识。

对于内容审校环节的设置，数字出版企业可根据自身实际情况和特定数字出版产品形态，进行适当调整。如：对电子书等单种数字出版产品，可参考传统出版的三审三校制度；数据库产品应将审校工作重点放在试运营阶段，确保其功能完善、信息完整；运用数字化工具进行数字化编辑、校对工作的，可将编辑校对环节合并，简化审校流程。内容审校流程及人员角色见表 5 – 1。

表 5 – 1　内容审校流程及业务角色

序号	流程	角色	职责
1	初审	责任编辑	全面审查，侧重内容和文字技术层面
2	复审	复审责任人	侧重于内容的专业性和价值性审查
3	终审	终审责任人	在专业性、价值性审查基础上政治性把关
4	一校	一校人员	与原稿对照进行一校
5	二校	二校人员	汇总作者修改意见，进行二校
6	三校	三校人员	最终校对
7	整理	责任校对	在文字技术层面对书稿进行全面审查，做好入库准备

（一）内容三审制

数字出版产品内容要确保符合新闻出版法律法规规定，因此需要对内容进行严格的初审、复审和终审，各级审查负责人不同，且有其专门的职责和要求。在审查过程中，负责人可采用敏感词过滤系统、内容审查系统、协同编辑系统等数字化软件，提升审查效率和准确度。

1. 初审

初审主要侧重于对数字出版产品内容和文字技术等进行基础审查，由责任编辑负责实施。初审编辑必须认真审查数字出版产品的全部内容，对其政治倾向、思想水平、学术或艺术价值、科学性、知识性等各个方面进行把关，对其内容质量、社会效益和经济效益进行评价，并提出取舍意见和修改建议。

2．**复审**

复审主要由复审责任人负责，侧重于对产品内容的专业性和价值性进行审查。复审应审查全部内容，在初审基础上，对内容质量、内容价值等方面提出意见，并作出总的评价。相较于初审，复审更注重对内容创新性、价值型和专业度等质量的审查，因此，对复审责任人也有更高的专业要求。

3．**终审**

终审主要由具有正、副编审职称或主任编辑、高级编辑职称的终审责任人或由终审责任人指定的具有正、副编审职称或主任编辑、高级编辑职称的人员负责实施，在复审的基础上侧重于对内容的政治性进行把关。终审根据初审、复审意见，主要负责对思想政治倾向、社会效果、是否符合党和国家的政策规定等方面作出评价。如果内容涉及敏感问题，选题属专项报批的，初审和复审意见不一致的，终审者也应通读所有内容。

数字出版内容经过三审后，符合出版制作条件的，即可进入对数字出版产品的校对环节。

（二）内容三校制

数字出版产品的校对包括三次校对环节和最终的整理环节。在校对过程中，出版机构可决定采取对校、本校、他校或理校等基本方法，有条件的出版机构亦可采用人机结合校对、过红与核红、文字技术整理、无纸化校对等现代校对方法。

1．**一校**

一校指由一校人员对待加工的数字出版内容资源进行第一次校对，在此基础上责任编辑进行问题核实与处理；同时，内容资源也将返送至作者，作者对一校内容进行核查、校对，或提出修改意见；责任编辑在社内校对、作者校对所提出的问题的基础上，进行综合汇总和判断，然后修改数字内容资源。

2．**二校**

二校是指在第一次校对的基础上，二校人员参考、合并作者方的修改建议，进行并样和第二次校对。二校结束后，责任编辑需处理二校后遗留问题，并将数字内容资源送至三校。

3．**三校**

三校人员则是在二校基础上进行第三次校对，提出遗漏、异议等问题，进而由责任编辑沟通、协商和解决相关问题。

4．**整理**

整理是指责任校对脱离原稿审查待加工内容资源，对资源进行文字技术整理，使得内容质量达到制作要求，策划编辑处理最后遗留问题。

内容的"三审三校"是数字出版业务开展所要坚守的底线，也是确保数字出版物导向正确、质量合格的关键性流程。在这方面，传统出版企业因其长期的职业训练和质量意识，把关较好，流程运行和分工实施较为成熟；而新兴互联网企业在实施"三审三校"过程中常因为流程和分工不明、人员能力和素质不足以及不清楚产品质量标准等问题，致使产品常因质量问题而被国家主管部门暂停应用推广，甚至关闭或者下架。因此，对新兴互联网企业而言，随着产品类型不断丰富，产品审查和校对环节的流程设置、规则制定、人才培养等应受到更多关注和重视。

五、数字出版的加工制作

数字产品加工，主要包括两种形式：第一种形式是对已经形成纸质图书的存量出版资源重新进行数字化、结构化、重排和标引。这不仅是对纸质内容的电子化，同时需要将内容转化为符合电子出版物规格和属性，且适合进行屏幕阅读和使用的数字内容。第二种形式是对已经数字化、矢量化的内容资源进行结构化和深度标引。内容资源加工的核心环节集中于元数据加工、结构化加工和内容要素加工，加强内容资源之间的关联，以便提供更深层次的知识服务。

数字产品制作，是指在产品策划、设计方案的基础上，根据市场需求，调取、整合经过审校、加工的内容资源，封装、组织为数字产品的过程，包括对单一条目数据、单本电子书等单一性数字出版产品的制作，也包括对知识库、数字图书馆等集合性数字出版产品的制作。

数字出版产品加工与制作是赋予数字内容可使用性，将数字出版内容从概念和零散资源，最终聚合为一种产品形态的环节。在此基础上，数字出版产品方可在平台、媒介介质等载体上进行发布。

六、数字出版的产品发布

数字出版产品发布主要指数字出版产品在平面媒体、磁光介质媒体、网络媒体及移动媒体等不同媒体平台的呈现。数字出版产品发布主要流程如图 5 – 2 所示。

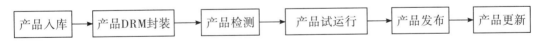

图 5 – 2　数字出版产品发布主要流程

第一步，数字产品入库，即将数字出版产品发布到数字出版产品运营系统，由管理员审核该数字出版产品是否可以进入数字产品资源库。

第二步，数字产品 DRM 封装。DRM 即数字版权管理（digital rights management），是指使用数字签名技术或数字水印技术等对数字出版产品内容进行加密，并通过设置身份认证、授权认证等使用限制技术，限制使用范围、非法打印和复制等。

第三步，数字产品检测，即对数字出版产品进行内容检测和技术检测，其中技术检测应包含安全检测、链接检测、功能检测等。

第四步，数字产品试运行，即当数字出版产品完成检测后，检测人员需根据数字出版产品设计方案在实际业务流程中对数字出版产品进行充分试用，产品试用通过后即可正常对外发布。

第五步，数字产品发布。数字出版产品制作加工完毕后，可通过纸质媒体、网络媒体、移动媒体等，PC 端、智能移动终端等，以及自营运营平台、第三方运营平台等向外推送。

第六步，数字产品更新，即系统可实时向用户推送数字出版产品的改进、升级信息，并可通过在线更新和离线下载方式对产品进行更新。

数字出版产品发布已形成较为成熟和稳定的流程，该流程贯穿产品检测和后续产品更新及用户提示等环节，为产品运行以及后续数字出版产品运营与维护提供了较为稳定的技术环境。

七、数字出版的运营维护

出版机构开展数字出版业务，往往会设立市场营销、内容维护、功能维护、平台维护等专职部门对数字出版产品进行运营和维护。运营维护环节业务角色配置见表 5 - 2。

表 5 - 2　运营维护环节业务角色配置表

序号	流程		角色	职责
1	产品营销		市场营销人员	通过自营平台、第三方运营平台推广、销售数字出版产品
2	产品维护	内容维护	内容维护人员	维护产品内容，确保合法、合规、功能齐全
3		功能维护	功能维护人员	确保电子书阅读器、技术统计等工具功能运转良好
4		平台维护	平台维护人员	确保平台正常运营，防止网络攻击

（一）产品运营

产品运营主要由市场营销部负责。其主要职责是采用合适的运营方式和商业模式，通过自有平台或第三方平台对数字出版产品进行营销。若数字出版产品投放于出版企业的自有平台，运营人员可根据数字出版产品性质不同，选择对个人销售和对机构销售等不同的商业模式。若需将产品投放至第三方运营平台进行推广和销售，运营人员可选择互联网或移动终端等多种形式的第三方平台，进行合作运营。

为更好地进行产品运营，数字出版产品运营人员需熟练掌握数字出版产品内容概况、功能详情，并具备一定的培训技巧，如有需要可向用户提供说明或培训服务。同时，相关运营人员也需具备数据统计和分析技能，对实现销售的数字出版产品进行统计分析，以便对市场和目标用户行为变化等进行判断，从而制订和调整运营策略和方案。

（二）产品维护

产品维护，是指对处于销售状态或者已经销售的数字出版产品进行维护和升级，使之具备应有的功能和价值。出版机构可安排单独的维护人员对数字出版产品进行维护和升级。产品维护主要包括内容维护、功能维护、平台维护等具体工作，一般有专门的维护人员完成相关工作。

内容维护，即维护人员定期或不定期对数字出版产品的内容进行维护，防止数字出版产品出现内容瑕疵和内容缺陷，确保数字出版产品内容上的合法性、合规性。功能维护，指维护人员应定期或不定期对数字出版产品进行功能、技术性上的检测和升级，确保数字出版产品保持应有的使用功能，确保数字出版产品技术处于正常状态。平台维护是指维护人员通过加强网络安全工作，定期或不定期对数字出版运营平台进行维护，以确保运营平台处于正常的运转状态。在业务实践中，经常出现新闻出版企业的数字产品平台受到网络攻击而被停止服务甚至是被篡改的情况，因而平台维护对于数字产品运营而言格外重要，需要高度重视并时刻开展检查和安全防护措施。

产品运营与维护是推动数字出版产品走向市场，建立口碑，保障产品顺利、安全运转的重要环节。尤其步入新时代以来，数字出版销售、运营和维护的重要性在实现数字出版项目成果与产品转化、传统出版企业公司制改革和转型升级等方面立刻凸显出来，无论是传统出版企业还是新兴互联网企业，都需要在市场化运营和维护方面加大力度，取得实质性突破。

八、数字出版的售后服务

在实现数字出版产品销售之后，专门的售后服务人员将为用户提供培训、网络资源下载、关联知识推荐等知识增值服务；并及时与用户进行沟通，获取用户产品使用和体验反馈信息，在不断更新数字出版产品内容、改进数字出版产品技术的同时，为数字出版产品的迭代更新提供新的策划创意。

思考题

1. 简述数字出版运行论的基本要义。
2. 谈谈你如何看待数字出版运行论与数字出版流程的关系。

3. 简述数字出版具体业务流程。

4. 你认为传统出版流程和数字出版流程有哪些异同？

5. 论述数字出版基本范畴，并在此基础上，思考数字出版基本范畴、核心范畴与普通范畴之间的关系。

参考文献

1. 匡文波，方圆，曹萩儿. 从理念转换到技术实践：后疫情时代数字出版走出去的流程再造［J］. 出版广角，2022（7）.

2. 王鹏涛. 基于流程再造视角的数字出版产业链创新研究［J］. 科技与出版，2009（4）.

3. 张立. 数字内容管理与出版流程再造［J］. 出版参考，2007（Z1）.

4. 赵冰. 构建全流程数字出版平台［J］. 出版参考，2009（31）.

5. 陈洁. 出版社数字内容管理平台的构架与实施［J］. 科技与出版，2009（1）.

6. CY/T158—2017 数字出版业务流程与管理规范［S］. 北京：中国标准出版社，2017.

第6章　数字出版治理概论

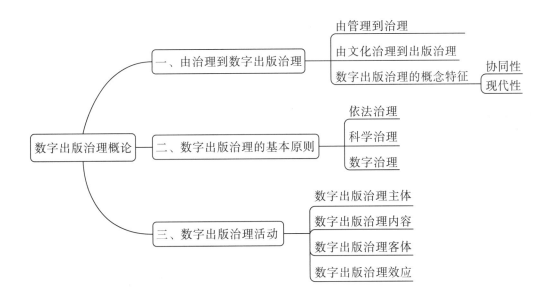

了解治理和文化治理的概念，理解出版治理的含义，掌握数字出版治理的概念和特征，理解数字出版治理基本原则，掌握数字出版治理活动的主体、内容、客体以及效应。

拓　展

　　数字出版治理和数字出版调节共同构成数字出版的核心范畴。数字出版治理论是数字出版基础理论的重要组成部分,和数字出版调节论共同构成了中国特色数字出版基础理论的内核和精华。数字出版治理是出版治理体系和治理能力现代化的重要组成部分,也是数字文化治理体系和治理能力现代化的重要组成部分。

数字出版基础理论研究

第一节　由治理到数字出版治理

党的十八届三中全会指出："全面深化改革的总目标是完善和发展中国特色社会主义制度，推进国家治理体系和治理能力现代化。"十九届四中全会指出："我国国家治理体系和治理能力是中国特色社会主义制度及其执行能力的集中体现。"基于此，社会科学领域出现了两次对于治理体系和治理能力的研究热潮。

一、由管理到治理

中华人民共和国成立后，在计划经济时代，传统行政决策模式以管理主义为主要特征；改革开放以来，我国的社会管理进入"党政主导"模式。① 随着我国经济发展水平的提高，国内外大环境也在不断动态变化中，管理主义模式已经不能适应社会快速发展的需要，单纯的行政管理模式若不能随之调整，就面临与经济社会发展不合拍、不适配的困境。从管理到治理，并非简单的用词变化，而是表明"统治范式被治理范式取代已经成为一种基本趋势"②，表明党对执政规律和社会运行规律的认识不断深化的过程，是社会政治发展理念、制度和实践的系统变化和全面提升。

治理不是统治，治理和统治在权力主体、权力性质、权力来源、权力运行向度、作用及范围等方面有着明显区别。"治理是实现一定社会政治目标的手段，相对于国家的统治体制而言，治理体制更多体现工具理性；治理的理想状态是善治。"③ 治理包含的关键因素有"分权与授权、合作与协商、多元与互动、适应与回应"④ 等。治理存在着三种主要的模式是"传统的官僚系统、市场导向的治理系统、分布治理系统"⑤；其中，分布式治理模式"试图提供一种在政府管理社会，引导市场和通过社会团体表达社会利益之间的平衡"⑥，或者说，现代治理是一个"协调、掌舵、施加影响并且去平衡相关利益

---

① 王锡锌，章永乐. 我国行政决策模式之转型：从管理主义模式到参与式治理模式 [J]. 法商研究，2010，27（5）：3-4.

② 陈进华. 治理体系现代化的国家逻辑 [J]. 中国社会科学，2019（5）：30.

③ 俞可平. 推进国家治理体系和治理能力现代化 [J]. 前线，2014（1）：5-6.

④ 包国宪，郎玫. 治理、政府治理概念的演变与发展 [J]. 兰州大学学报（社会科学版），2009，37（2）：3.

⑤ HALL W A. Global experience on governance [C] //ANTHONY R T. Governance as a trialogue：government-society-science in transition. Berlin：Springer，2005：35.

⑥ ROGERS P，HALL A W. Effective water governance [M]. Sweden：Elenders Novuml，2003：16.

体相互行为的一个过程"。①

综上，可归纳出治理的基本特征：第一，治理主体由一元走向多元化，在国家元主体的基础上，扩充为国家、社会、市场、公民等多元主体；第二，权力延展性，权力来源由单一性的国家权力向国家、社会和公民多源性扩展，由强制性的立法、司法、行政等权力拓展为社会公共组织、私营组织的权力以及私权利；第三，权力运行向度的双向性甚至多向性，由传统的"命令—服从"为内核的自上而下的权力运行转变为自上而下、自下而上、平行流动等多种向度；第四，多维价值追求，由效率价值导向转变为"以服务价值为中心价值"②、公平公正与效率价值的共生共存；第五，协同化特征突出，协同存在于多元主体之间的协同、多种权力之间的协同、多维价值之间的协同、多样化治理方式之间的协同，以及"国家与社会处于最佳状态"③ 的公共利益最大化，等等。

基于此，"治理"可被界定为：在党的全面领导下，政府、社会、市场和公民等多元主体通过建构与经济、政治、文化、社会发展相适应的制度体系以及对制度体系的有效执行来实现公共利益最大化的协同管理与服务活动。

二、由文化治理到出版治理

文化治理作为国家治理体系和治理能力现代化的重要组成部分，研究历时阶段较长，成果颇为丰硕。文化治理既遵循国家治理的一般性规律，也有专属于文化治理领域的特殊性规律。

文化治理的一般性规律，主要有基本特征和发展阶段方面。①文化治理的基本特征和其他领域国家治理的特征相类似：现代文化治理是刚性和柔性的统一，"是一种软性治理"，"治理的要义在于多元主体间合作与协商。"④ 国家文化治理体系的特征之一是"方式手段的协同化与参与性"。"由单纯的文化行政管理走向协同治理。""国家文化治理的基本方式是法治。法治是人类政治文明的重要成果，是国家治理的根本方式和普遍方式。"⑤ ②关于发展阶段：指文化治理经历"统治性文化治理、弥散性文化治理、合作性文化治理"的历史变迁，⑥ 主要表现分别是国家话语、市场话语和公民话语；也有学者总结为先后经历了"政治化引导""市场化为主""福利化特征"⑦ 的三个发展阶段，

---

① WRIGHT V. Reshaping the state: the implications for public administration [J]. Western European politics, 1994 (3): 117.

② 马全中. 治理概念的再认识：基于服务型政府的视角 [J]. 中共天津市委党校学报, 2014 (5): 104.

③ 俞可平. 推进国家治理体系和治理能力现代化 [J]. 前线, 2014 (1): 6.

④ 张良. 论国家治理现代化视域中的文化治理 [J]. 社会主义研究, 2017 (4): 79.

⑤ 景小勇. 国家文化治理体系的构成、特征及研究视角 [J]. 中国行政管理, 2015 (12): 53.

⑥ 邓纯东. 当代中国文化治理体系和治理能力现代化的理论反思 [J]. 湖湘论坛, 2018, 31 (6): 19

⑦ 张良. 论国家治理现代化视域中的文化治理 [J]. 社会主义研究, 2017 (4): 75 – 77.

其三个阶段的所指大同小异，和国家治理发展历程相类似。

文化治理领域的特殊性规律研究，主要体现在文化治理的双重性研究：托尼·本尼特基于福柯的"治理性"概念，提出文化治理观点，指出"文化既不是治理的目标，毫无疑问，也不是它欲颠覆的对立面；毋宁说，文化是治理的工具"①；文化治理既包括"运用文化进行政治治理，并且也要对文化本身进行政治治理"，要求"打破单向度的权力运作模式，寻求国家机器、文化机构、文化实践者个人在内的，多向度、联合的、自主的文化政治模式"。② 国内学者大多从双重性出发来阐述文化治理，认为文化治理是"对象和方法的统一"③：①作为治理方式的文化治理，"认为文化是治理的工具，强调社会主义核心价值体系的弘扬及精神文明建设，利用文化感染力和潜移默化作用实现国家治理"④；②基于治理对象的文化治理，认为文化治理"主要指对文化领域进行治理，其内容包含文化管理、文化改革与发展，强调以人为本、文化育人、人才兴文"⑤。同时学者们还深入到数字文化领域来加以论证，指出数字文化治理包含"对文化资源本身的治理、基于数字文化资源的治理"⑥。

基于"双重性"框架，出版治理的研究也呈现出两方面的分布：

首先，出版作为国家治理的方式和工具，助力国家治理体系和治理能力现代化的提升。"人们对出版在国家治理体系和治理能力现代化中的作用重视不够"⑦，通过强化出版经济、政治、文化等功能的发挥，提升出版在国家治理体系和治理能力的作用和价值。出版业要"注重及时宣传国家治理体系和治理能力现代化的阶段性成果"⑧，包括宣传显性制度和引导隐性制度的形成与发展。出版业可以通过"政治建设、体系建设和队伍建设"⑨ 奠定出版业意识形态工作基础，为国家治理体系和治理能力现代化做出应有贡献。主题出版通过"学术化、价值化、科技化"⑩ 等内容创新路径，有助于推动国家道路的发展、国家秩序的建立，从而为国家治理现代化贡献力量。

其次，出版作为治理对象，提升出版治理体系和治理能力现代化。出版行业要深化出版体制机制改革，"加快管理创新，调整出版业态"⑪，积极推动"出版业相关法律、

① 本尼特：文化与社会［M］. 王杰，等译. 桂林：广西师范大学出版社，2007：161.
② 本尼特与"文化治理"观念［J］. 内蒙古财经大学学报，2019，17（2）：123.
③ 立言. 文化治理：制度体系与实践要求［J］. 中国井冈山干部学院学报，2020，13（4）：103.
④ 张良. 论国家治理现代化视域中的文化治理［J］. 社会主义研究，2017（4）：76.
⑤ 林坚. 推进文化治理现代化的路径探析［J］. 国家治理，2015（25）：43.
⑥ 杨滟，田吉明. 基于科技与人文融合的数字文化治理体系建设研究［J］. 现代情报，2020，40（10）：44.
⑦ 周蔚华，杨石华. 出版与国家治理体系和治理能力现代化［J］. 中国出版，2020（8）：27.
⑧ 夏晓勤. 国家治理现代化原则下的中国出版人才发展指标体系构建［J］. 中国出版，2015（11）：16.
⑨ 于殿利. 论出版企业意识形态管理与国家治理体系与治理能力现代化［J］. 现代出版，2021（6）：43-45.
⑩ 郑甜. 制度经济学视域下主题出版与国家治理体系和治理能力现代化［J］. 中国出版，2021（8）：24-25.
⑪ 柳斌杰. 坚定自信，走进出版强国新时代［J］. 现代出版，2018（1）：9.

制度、机制、政策和规范的完善和创新"①，尽快形成"行政管理、社会治理、企业行业自律'三位一体'的出版治理体系"②，以推动出版治理体系和治理能力现代化。随着出版业数字化转向的速度越来越快，数字化战略对出版业提出了更高要求和更严标准，除了对传统的出版治理方式的着力之外，应急治理、安全治理、数字治理、智库治理等新型出版治理方式的探索和实践也须及时推上日程，以推动出版业高质量发展目标的实现。

三、数字出版治理的概念特征

综上，数字出版治理的内涵为：数字出版治理，是治理对象与治理方式的统一。狭义的数字出版治理，即治理对象维度的数字出版治理，是指在党的全面领导下，政府、社会、市场和公民等多元主体通过建构与经济、政治、文化、社会发展相适应的数字出版制度体系以及对制度体系的有效执行来实现数字出版高质量发展、建成社会主义出版强国、满足人民群众美好生活需要的协同管理与服务活动。广义的数字出版治理，还包括基于治理方式的数字出版治理，是指以数字出版所蕴含的数字文化形态的信息、知识、数据作为治理依据，充分运用数字出版资源，发挥数字出版的功能和价值，来推动国家治理体系和治理能力现代化的活动。由于篇幅限制，主要就狭义的数字出版治理进行阐述。

根据上述内涵，可对数字出版治理概念进一步分析如下：

坚持党的全面领导是数字出版治理的根本保证。数字出版直面意识形态的前沿阵地，加强党对出版工作的全面领导，严格落实落细意识形态责任制，健全和完善党领导数字出版的体制机制，把党的领导落实在数字出版治理的全过程、各环节和各方面，为数字出版治理体系和治理能力现代化提供根本保证。

坚持马克思主义在意识形态领域指导地位的根本制度。数字出版分属意识形态领域，其本质属性是意识形态属性③，数字出版治理应坚持马克思主义指导地位这一意识形态领域的根本制度。唯有如此，方可坚守和捍卫中国特色数字出版的根本性质——意识形态属性，方能确保数字出版坚持为人民服务、为社会主义服务的"二为"方针，方能真正推动社会主义核心价值观的贯彻落实，方可通过数字出版来推动中国特色社会主义文化的创造性转化和创新性发展。数字出版治理应坚持以马克思列宁主义、毛泽东思想、邓小平理论、"三个代表"重要思想、科学发展观、习近平新时代中国特色社会主

---

① 柳斌杰. 开拓中国出版业高质量发展新时代［J］. 中国出版，2020（22）：9.

② 张新新. "十四五"教育出版落实文化产业数字化战略思考：基于发展与治理向度［J］. 出版广角，2021（24）：34.

③ 张新新. 论数字出版的性质［J］. 出版与印刷，2021（02）：28.

义思想为指导，全面贯彻落实习近平总书记关于出版工作的重要论述。

数字出版治理的中心环节在于治理体系和治理能力。数字出版治理体系，是指管理和服务数字出版的一整套紧密衔接、协同集成的制度体系；数字出版治理能力是指运用数字出版制度、执行数字出版制度来对数字出版各领域、各方面、各环节和全过程进行管理和服务的能力。数字出版治理体系的现代化，要求数字出版制度体系与时俱进，制度体系的建构、实施、解释、修订要及时反映经济、政治、社会、文化、科技发展需要；数字出版治理能力的现代化，是指要不断提高数字出版制度体系的执行效能，综合运用规划治理、法律治理、财政治理、税收治理等治理方法，提升数字出版制度的建构能力、实施能力、调适能力和创新能力等。

数字出版治理的目标是实现数字出版高质量发展，建成社会主义出版强国，满足人民群众美好生活需要。数字出版治理的直接目标和近景目标，是通过治理效能的提升，推动数字出版的创新升级，推动数字出版高质量发展，实现数字出版蕴含文化自信、数字技术赋能、效益高质量增长的三位一体协同创新发展；数字出版治理的远景目标，是从出版大国向出版强国跃升，建成中国特色社会主义出版强国，增强国家文化软实力；数字出版治理的最终目标，是通过现代化的治理体系和治理能力，建构高品质数字出版产品供给体系，不断满足人民群众数字化、个性化、高品位的美好精神文化生活需要。

数字出版治理的基本特征，包括以下几个方面：

（一）协同性

协同性，是指数字出版治理系统的要素、子系统通过相互联系和相互作用，产生协同作用以及非线性的相干效应（融合效应），进而推动从低级有序状态走向高级有序的"善治"状态的特征。"协同论是由联邦德国物理学家哈肯创立的研究一个系统中各子系统之间的非线性相互作用产生的协同效应，导致系统结构有序演化的自组织理论。"①② 应用协同论原理和方法来分析数字出版治理问题，既有理论上的必然性，也有历史维度的偶然性。③ 根据系统的观点，数字出版治理系统是由规划治理、法律治理、财政治理、税收治理、安全治理、应急治理、数字治理、智库治理等子系统所构成，子系统之间存在着相互联系和相互作用的协同关系，这种内在的协同机理推动着数字出版治理整体外化呈现出协同性的特征。

数字出版协同性特征主要体现为：①多元主体之间的协同。数字出版治理系统之中，除了作为治理元主体的政府之外，还有行业协会等自治组织、数字出版企业主体甚

---

①　HAKEN H. Synergetic：an introduction ［M］. Berlin：Springer-Verlag，1997.

②　苗东升. 系统科学原理 ［M］. 北京：中国人民大学出版社，1990：517 – 566.

③　《数字出版方法论：研究价值与范式创新》一文中，简要介绍了横断学科方法并对"协同论"内容进行了概述，指出"对于时下整个产学研聚焦的传统出版与新兴出版融合发展、出版业高质量发展等具有方法论层面的启迪作用"。

至是公民个人，主体之间通过相互作用确立起"一主多元型"① 数字出版治理主体结构，形成"强化导向、政府引导、尊重市场、企业主体、整体转型、深度融合、高质发展"② 的数字出版治理格局。②多种权力之间的协同。数字出版治理系统涉及立法、行政、司法等公权力，社会自治组织权力以及企业、公民的私权利协同运用，共同推动治理现代化目标的实现。③多样化治理方法的系统，或者说是治理子系统之间的协同，即规划治理、法律治理、财政治理、税收治理、安全治理、应急治理、数字治理、智库治理等相互作用、相得益彰，共同推动数字出版善治状态的出现。④多维价值之间的协同，即通过数字出版治理，实现以服务价值为中心，效率、公平和公正等价值体共生共存的价值关系，协同推进数字出版社会效益和经济效益的双丰收、双跃升。

（二）现代性

现代性，是指数字出版治理的行为、过程、结果、"理念、制度和实践都融合着现代科技水平色彩，呈现出创新、探索、理性的特点"③。数字出版治理的现代性特征，整体体现为创新导向、工具理性、数字化转向、契合当代及未来经济社会发展等特点。

数字出版治理行为的现代性，是指无论是抽象的数字出版治理行为还是具体的数字出版治理行为，前者如数字出版领域的部委规章、地方性规章或非规范性文件，后者如数字出版领域的行政许可、行政处罚等，都须建立在合规律性、合目的性的基础之上。数字出版治理过程的现代性，体现在刚性治理向柔性治理的转变，封闭式治理向开放式治理的转变，一维集权的治理向多维协商治理的转变。数字出版治理结果的现代性，是指数字出版治理的落脚点和归宿在于提升数字出版领域制度体系以及制度执行效能的现代化水平，在于形成科学、合理、高效的政府、市场、出版主体良性互动的治理格局。

数字出版治理理念的现代性，反映着数字出版治理价值取向，构成数字出版治理过程遵循的准则，体现数字出版治理的方向和目标。数字出版治理理念的现代性，在于尊重和保障人民群众数字化的学习和阅读基本权益，满足人们数字化的美好精神文化生活需要，是为终极价值追求；在于以服务价值为中心，兼顾效率和公平，遵循数字化发展规律和出版业发展规律，在政府主导的基础上接受社会协同和公众参与，是工具理性价值。数字出版治理制度的现代性，体现在数字出版制度的建构、实施、评价、反馈、监督和修订等全过程符合经济社会发展需要，符合数字经济、数字社会、数字政府、数字创新发展需要；体现在数字出版产品开发、技术应用、市场营销、项目管理、人才建设等基本环节的制度体系，以及规划治理、法律治理、财政治理、税收治理、应急制度等

---

① 丛挺，高远卓. 数字化战略背景下专业出版发展研究：基于《出版业"十四五"时期发展规划》的思考 [J]. 出版广角，2022（5）：54.

② 张新新. 传统出版与新兴出版深度融合，推进数字出版高质量发展 [J]. 科技与出版，2020（3）：14.

③ 张新新，陈奎莲. 数字出版特征理论研究与思考 [J]. 中国出版，2021（2）：11.

基本治理领域的制度体系紧密相连，相互衔接，相互协调，饱含现代科技色彩和持续发展特质。数字出版治理实践的现代性，是指数字出版治理实践持续探索创新治理模式，及时应用算法治理、数据治理等数字治理工具，推动数字出版产业政策由结构导向型向创新导向型转变，不断优化治理模式，不断提升治理效能，不断推进数字出版治理体系和能力的现代化水平。

第二节　数字出版治理的基本原则

数字出版治理基本原则是指数字出版治理主体、治理活动、治理客体、治理内容、治理效应所要遵循或体现的基本准则，是数字出版治理"本质特征和基本精神"① 的体现。数字出版治理基本原则，是贯穿于数字出版治理各环节的基本准则，是数字出版治理各领域所遵循的本原性规则。数字出版调节基本原则和治理基本原则是衔接"数字出版宗旨"② 和数字出版具体调节治理活动的桥梁和纽带，是体现数字出版价值论的重要理论环节；建构和研究数字出版调节治理基本原则，有利于完善数字出版价值论，对于整个中国特色数字出版基础理论都具有重要的理论意义，同时对指导具体的数字出版调节实践和治理实践有重要的应用指导价值。数字出版治理包括依法治理、科学治理和数字治理三项基本原则。

一、依法治理

依法治理，是指数字出版治理主体、治理行为、治理方法、治理程序都要在法律的框架内进行，要依法进行治理。依法治理基本原则覆盖整个数字出版治理活动，是对数字出版治理全过程、各方面、各环节的基本要求。

数字出版治理，"法治是根本保证，要提升出版治理的法治化水平"③。依法治理的"法"包括宪法和法律，也包括以"条例、办法、规定、实施细则"等出现的行政法规；在法律和行政法规未有规定的领域，也要严格依据规章、非规范性文件所确定的管理服务规则进行治理。依法治理，首先要求有法可依，要求科学立法，以丰富数字出版治理的法律依据。随着数字化的飞速发展，数字中国战略的深入推进，数字经济、数字社会、数字政府的建设步伐加快，数字化深度变革世界经济、政治、科技和文化格局，而相应领域的法律也应与时俱进地制定与修订。于出版领域而言，制定独立的《出版法》，完善数字出版法律治理，有其必要性和可行性。在必要性方面，《出版管理条例》属于行政法规，及时反映数字化对出版领域的新变化和新发展，规定数字出版的治理举措，

---

① 张新新. 数字出版调控与市场的二元互动："十三五"时期数字出版述评与盘点 [J]. 科技与出版，2020 (9)：43.

② 张新新. 数字出版价值论（上）：价值认知到价值认同 [J]. 出版科学，2022 (1)：12.

③ 王资博. 出版强国建设的新时代机遇与创新发展 [J]. 中国出版，2018 (12)：31.

并适时上升为法律，是数字化时代的必然要求，也是数字文化、数字政府建设的必然要求。在可行性角度，一方面，"世界很多国家都有独立的出版法"①，如《出版自由法》（法国、瑞典）、《不良出版物法》（新加坡），基于《出版管理条例》的基础上升为《出版法》或《新闻出版法》有可借鉴性和参照性；另一方面，我国《出版法》立法实践曾开创过先河，"1994 年 10 月 21 日，全国人大常委会八届第十次会议首次审议《中华人民共和国出版法（草案）》"②，并且在 2019 年 7 月公布的《文化产业促进法（草案征求意见稿）》中，专门规定了"推动文化资源数字化""发展数字创意、网络视听、数字出版等新兴文化产业"等有关内容，进一步丰富了数字出版治理的法律渊源。

依法治理，还要求有法必依、严格执法。数字出版治理的关键在于"依法治理"，把相关法律法规落到实处，不走样、不打折扣，才能真正体现法律的权威和生命力。"如果有了法律而不实施、束之高阁，或者实施不力、做表面文章，那制定再多法律也无济于事。"③ 现行的数字出版治理依据主要包括《宪法》的相关规定，《民法典》《著作权法》《网络安全法》《出版管理条例》等法律、行政法规，《网络出版服务管理规定》等部委规章，以及《加快我国数字出版发展的若干意见》《关于促进文化和科技深度融合的指导意见》等非规范性文件。依法治理同时还强调在数字出版治理领域公正司法、全民守法，强调违法必究，对于侵犯专有出版权、自然人声音权、信息网络传播权等权益的行为，要坚决予以查处和追究，营造良好的数字出版发展环境。

二、科学治理

科学治理，是指数字出版治理要遵循治理规律，遵照出版业发展规律，尊重数字化发展规律，要符合经济、政治、社会发展需要，提高数字出版治理效能，推动数字出版的高质量发展。

数字出版治理，首先要遵循治理规律，坚持调控适度，从市场调节和政府治理的二元结构出发，平衡政府和市场的界限。用好"无形之手"，充分发挥市场机制的决定性作用，保护和鼓励信息、知识、数据、技术等无形生产要素的价值贡献，提高出版业全要素生产率，引导、鼓励和支持企业数字出版市场化、产业化发展，不直接干预企业的具体市场经营活动；用好"有形之手"，更好发挥政府作用，给予数字出版发展以政策和资金扶持，维持数字出版市场整体供需平衡，"引导正确的方向，主导规则的建立，

---

① 章礼强. 出版法若干问题探正 [J]. 编辑之友，1999（2）：55.
② 刘杲，石峰. 新中国出版五十年纪事 [M]. 北京：新华出版社，1999：323.
③ 本刊评论员. "法治"的生命力在于"依法治理"：学习贯彻党的十九届六中全会精神 [J]. 智慧中国，2022（2）：4.

推动市场主体转型"①，通过治理实现数字出版整体社会效益和经济效益的提升。

数字出版治理，其次要遵循出版业发展规律，出版的文化、经济、意识形态、数字技术等多维子系统协同程度决定出版发展质量高低。出版文化、经济和技术子系统相互之间独立运动超过协同作用，则呈现出无序状态，也就意味着发展质量低甚至是倒退；相反，出版子系统之间协同作用和相干效应能够束缚各自独立运动时，则出版系统宏观上呈现出一定的结构特征，处于有序状态，即发展状态或高质量发展状态。

数字出版治理，再次要遵循数字化规律，按照数字技术发展规律来开展治理活动。数字技术子系统以及技术属性越来越受到重视，技术进步和技术赋能对出版业发展质量的提高所起到的作用与日俱增。技术子系统在出版业走向高质量发展进程中的协同作用、相干效应的发挥，其前提和基础是技术子系统在出版系统内的作用方式。主要存在着两种作用方式：一是直接作用方式，即数字技术作为生产要素，通过自身形式价值的实现，发挥数字技术的有用性和有效性功能，来提高出版业的全要素生产率，直接推动出版业高质量发展的实现。二是间接作用方式，即通过数字技术作用于文化子系统和经济子系统，来间接推动出版业走向高级有序的高质量发展：数字技术推动文化内容的创新性发展、文化价值的创造性转化，提高劳动力的数字素养和技能，改造提升传统发展动能，进而提升出版业发展的全要素生产率，引起出版业发展的质量变革、效率变革和动力变革。

数字出版治理，最后要从实际出发，符合当下经济、政治、社会和文化的发展需要，既不超前，也不落后，因时制宜、因社制宜、因地制宜地制定和实施治理方式、方法和举措，提升数字出版治理能力，优化数字出版治理体系，提高数字出版治理效能。

三、数字治理

数字治理作为数字出版治理的一项基本原则，是指数字出版治理要善用数字技术工具，要致力于推动治理体系和治理能力数字化改革。数字治理基本原则，体现在治理思维、治理工具、治理体系、治理能力等方面。

第一，确立数字化治理思维，强化数字化治理理念。随着我国数字经济、数字政府、数字文化等各领域的国家级战略的出台，数字学习、数字工作、数字生活和数字创新成为典型的四大数字化应用场景，数字化思维和理念显得尤为重要，须知"自己意思、自己行为、自己责任"，"理念是行动的先导"；如果缺乏数字化思维和理念，出版业的数字化治理、数字出版的治理将无从谈起。因此，数字出版治理主体需确立数字化思维，强化数字化理念，从数字化背景、原理和机理等视角出发，构思治理行为，钻研

---

① 张新新. 数字出版业态中政府与市场的关系：以传统出版单位为视角［J］. 出版广角，2014（6）：12－14.

治理活动的开展。

　　第二，数字技术作为治理工具。数字治理理论发轫于新公共管理运动的式微、数字时代治理的兴起之际，"治理理论与互联网信息技术的结合催生出数字治理理论——一种运用信息技术重塑公共部门管理流程的新型理论"①。从时间上看，数字治理理论和数字出版兴起的时间线相重叠，均源于 20 世纪 90 年代末，有 20 多年的发展时间。数字出版作为"数字技术赋能"②的新型出版，在生产经营维度，数字技术作用于编校印发各个环节；在政府治理维度，数字技术可成为规划治理、法律治理、财政治理、应急治理等各治理领域的工具和手段。作为治理工具的数字技术，主要包括"5G 技术、区块链技术、人工智能技术"③三大技术体系，具体来讲，包括增强现实、虚拟仿真、深度学习、大数据、内容推荐、AI 识别等。目前数字出版治理实践中相对成熟的数字技术工具应用主要有算法安全综合治理、对深度伪造的治理、大数据治理、AI 内容审核、敏感词筛查等。

　　第三，治理体系和治理能力数字化。一般意义上的数字出版数字治理，是指把数字技术作为治理工具；另外一种是指国家治理体系和治理能力本身的数字化变革。④

　　数字出版治理体系数字化改革，是指管理和服务数字出版的制度体系体现出数字化、科技化的色彩，包含数字技术治理的规则和制度。数字出版治理体系数字化改革的推进，纵向维度可以围绕"算法、数据和算力"三个方面展开，横向维度可以围绕 5G、区块链、人工智能、数字孪生等不同类型的数字技术而进行。应该说数字出版治理体系数字化的治理矩阵已开启建构，如《关于加强互联网信息服务算法综合治理的指导意见》《提升全民数字素养与技能行动纲要》《出版物 AR 技术应用规范》《知识资源建设与服务工作指南》等各层次各领域的治理措施已陆续发布实施。

　　数字出版治理能力数字化改革，是指治理主体的数字出版制度执行能力呈现出数字化、科技化的色彩，彰显出数字化的适应力、胜任力和创新力。如政府部门数字出版治理的元主体，需不断提高自身的学网、懂网和用网能力，持续提升数据治理能力、AI 治理能力、算法治理能力以及其他数字素养和技能。数字出版企业负责人更应该持续增强自身的数字化适应力、数字化胜任力和数字化创造力，提升数字化经营管理能力，推动自身的企业经营管理能力和数字经济、数字社会、数字政府发展相适应、相匹配。

---

① 韩兆柱，马文娟. 数字治理理论研究综述［J］. 甘肃行政学院学报，2016（1）：25.
② 张新新. 数字出版概念述评与新解：数字出版概念 20 年综述与思考［J］. 科技与出版，2020（7）：53.
③ 张新新. 智能出版：现代出版技术原理与应用［M］. 北京：人民出版社，2021.
④ 鲍静，贾开. 数字治理体系和治理能力现代化研究：原则、框架与要素［J］. 政治学研究，2019（3）：24.

第三节　数字出版治理活动

"不断发展变化的数字出版宏观调控活动和市场调节活动，是数字出版理论体系形成的外在逻辑，是数字出版话语体系建构的依据和来源，也是数字出版话语权表达和彰显的重要途径。"① "数字出版治理活动和数字出版调节活动"②，是整个数字出版学研究对象的重要组成部分，是中国特色数字出版调治论的中流砥柱，是中国特色数字出版学的理论精华。数字出版治理活动，是数字出版治理论的研究对象，是由数字出版治理活动主体、内容、客体、效应所构成的客观存在，延展开来即为数字出版治理的全部研究内容。

一、数字出版治理主体

数字出版治理主体是数字出版治理活动之所属。数字出版治理主体构成是多元化的，主要包括政府、社会和企业等部分。

中国特色数字出版治理主体结构是"一主多元型"结构，其中：

"一主"是指党和政府主管部门，党对数字出版治理全面领导，政府是数字出版治理的元主体，在治理过程中起着主导、引导、管理和服务的作用。实践中，数字出版治理主体包括中共中央宣传部及其出版主管机构、国家新闻出版署（国家版权局）及相关出版主管机构、科教和文化司（中央文化企业国有资产监督管理领导小组办公室）及出版主管机构、人力资源和社会保障部及出版主管机构、国家税务总局及出版主管机构、国家市场监督管理总局及其出版主管机构等。上述党政主管部门，均是出版治理的元主体组成部分，分别行使着全面领导、全面主管、规划治理、财政治理、人事治理、税务治理、行政许可与处罚等行政管理权，其治理权的性质为强制性，多为管理权，同时也兼有服务的性质。

"多元"，是指数字出版治理主体同时存在着多元化特征，还包括社会组织、行业协会以及公司企业等。数字出版的社会治理主体是由行业协会以及其他社会组织来构成，他们发挥着数字出版企业和政府之间的桥梁和纽带作用。其中，作为行业协会的，如中国出版协会、中国音像与数字出版协会、图书评论协会、中国期刊协会、中国画报协会

① 张新新. 中国特色数字出版话语体系初探：实践与框架［J］. 科技与出版，2021（3）：96.
② 张新新. 中国特色数字出版学研究对象：研究价值、提炼方法与多维表达［J］. 编辑之友，2020（11）：11.

等；其他社会组织，如作为官方智库的中国新闻出版研究院以及各高校智库、民间智库、非营利性公司等。社会治理主体行使的数字出版治理权多为服务性质，是服务型政府职能的延伸和延展。

此外，市场上存在着的各类数字出版企业、数字出版基地以及广大民众等，都履行着自我管理、自我监督、企业自律职责的治理权，他们更多反映了数字出版治理过程的市场话语或公民话语。

二、数字出版治理内容

数字出版治理内容，即数字出版治理之本体。数字出版治理活动之所指，包括数字出版规划治理、法律治理、财政治理、税收治理、安全治理、应急治理、智库治理、标准治理、数字治理等。这些治理内容，大致可以分为传统治理体系和创新型治理体系两大类，传统治理如规划、法律、财政、税收、安全等，创新型治理如标准、智库、数字、应急治理等。

数字出版规划治理，是指通过编制、执行和检查国家级、行业级发展规划的方法对数字出版活动进行指导、管理和服务的治理方法、行为和措施的总和。规划治理具有预测数字出版发展方向、设定数字出版发展目标、综合协调财政、税收等多种治理方法手段的积极作用和价值，有利于从整体上保持数字出版总供给和总需求平衡，从整体上实现预期社会效益和经济效益，满足人民群众的学习、阅读的精神文化需要。

数字出版法律治理，是指通过执行宪法法律、行政法规、行政规章和非规范性文件等对数字出版的规定，来管理和服务数字出版活动的方法、行为和措施的总和。"法治是推动国家治理体系和治理能力现代化的唯一途径"①，实践中对于数字出版资质审批、市场准入与退出等都是法律治理的典型举措。数字出版法律治理在《出版业"十四五"时期发展规划》也被重点予以强调和突出，如《规划》指出：要加强出版领域法规体系建设，研究制定新兴出版业态管理规定，修订著作权、网络出版、印刷、报纸等领域的法规规章；要完善出版领域市场准入机制，加强出版资质管理，进一步规范重要文献、教材教辅、辞书地图等门类的出版资质要求。②

数字出版财政治理，是指通过公共财政手段，设立鼓励、引导和扶持数字出版发展的财政政策、专项资金或投资基金等，来推动数字出版实现产业升级、提质增效的治理方法、行为和措施的总和。任何一个产业的转型升级，依赖于技术进步的同时，还必须

---

① 徐晓冬. 制度体系现代化：理论经纬和技术细节：宏观、中观和微观分层研究框架［J］. 人民论坛，2013（34）：46.

② 国家新闻出版署. 出版业"十四五"时期发展规划［EB/OL］.［2022－02－21］. https：//www. nppa. gov. cn/nppa/contents/279/102953. shtml.

依赖政策扶持。财政手段作为数字出版治理体系的重要组成部分和最有效治理方式，解决了数字出版的财务承诺和绩效问题。实践中，文化产业发展专项资金、中央文化企业国有资本经营预算金、国家出版基金等各类财政治理方式对于推动出版业的数字化转型升级、推进数字出版和融合出版的提质增效起到了至关重要、不可或缺的积极作用。

数字出版税收治理，是指通过税收配置资源，通过对数字出版市场主体或数字出版高新技术业务进行所得税、研发费、增值税等减免或返还的方式，来推动数字出版发展、鼓励数字出版成长的治理方法、行为和措施的总和。实践中，数字出版企业，尤其是成长起来的企业，通过获批高新技术企业来获得研发费扣除、所得税减免等税务优惠红利的并不在少数。此外，数字出版网络安全治理等有关内容，囿于篇幅限制，此处不予赘述。

数字出版作为一种新兴文化业态，作为战略性新兴文化产业，在治理方面也出现了一系列创新型治理内容，如标准治理、应急治理、智库治理和数字治理等。本书仅就标准治理和智库治理予以简述。

标准治理，是指通过数字出版领域的推荐性或强制性标准规范的研制、宣贯、培训和落实，来管理和服务数字出版活动的治理方法、行为和措施的总和。"标准规范调控是数字出版调控的重要组成部分，也是特色鲜明的一种调控手段。"① 标准治理方法具有刚性和柔性并重、强制性和引导性并存的双重特征。到目前为止，数字出版领域标准治理大多以柔性、软性、引导性方法为主，个别国家标准或行业标准中有些强制性条款，则体现了标准治理的刚性、硬性和强制性特点。由于数字技术的发展速度、迭代速度往往超出数字出版的跟随步伐，其他治理手段在对技术把控、技术驾驭方面的作用发挥不那么及时，而标准治理则及时填补了这一空位，能够以标准规范秩序、效率价值的发挥来及时、有效地治理出版领域的数字技术应用。

智库治理，是指通过建设或引进数字出版智库，用好外部创意、发挥"第四部门"的作用，来管理和服务数字出版活动的治理方法、行为和措施的总和。2022年初，国家新闻出版署启动了出版智库高质量建设计划，拟逐步打造一批专业化智库，培养壮大智库专家队伍，为出版高质量发展、出版强国建设等重大主题研究提供智力支持和智慧资源。数字出版智库治理，应明确数字出版高端智库的战略定位，坚持"服务政府决策、助力业态创新"②，以开放式创新的胸襟和格局，同时用好出版业内部和外部的智慧创意资源，推动数字出版的创新性发展、高质量发展。

三、数字出版治理客体

数字出版治理客体，是数字出版治理活动之所附，是数字出版治理所附着或指向的

① 张新新，杜方伟. 科技赋能出版："十三五"时期出版业数字技术的应用 [J]. 中国编辑，2020（12）：6.
② 张新新. 数字出版高端智库建构综述 [J]. 科技与出版，2017（1）：20.

对象。数字出版治理客体的特征大致包括：其一，利益性，都包含或带有一定的利益和有用性，能够满足人们的某种需要；其二，客观性，是客观存在的，独立于数字出版治理主体之外，不以治理主体的意志为转移。

数字出版治理客体主要有静态意义上的数字出版环境、数字出版产品、数字出版技术、数字出版政策制度等；动态意义上的数字出版行为，包括数字出版产品研发行为、技术应用行为、市场营销行为等。

数字出版治理客体的意义在于"主体客体化"和"客体主体化"[①]两个方面。主体客体化，是指数字出版治理客体对治理主体的约束和限制，表现为数字出版治理行为要遵循和服从数字出版治理客体（数字出版产品、技术、制度等）内在的机理和规律。唯有如此，方可提升数字出版治理水平和效能。客体主体化，是指数字出版治理客体（如数字出版物）内在的属性、性质等被治理主体认知、挖掘、选择、建构和改造，服务于数字出版治理主体需要的满足。唯有如此，数字出版治理方可产生增进整体社会效益和经济效益的效果。

四、数字出版治理效应

数字出版治理效应，即数字出版治理活动之所成，是指数字出版治理活动产生的作用和影响。治理效应一般具有正、反两面性：正向的治理效应，如实现数字出版社会效益和经济效益的双跃升、双丰收、两统一等；负向的治理效应，如治理不到位、治理效果不佳所产生的作用和影响。

一般而言，数字出版治理效应包括数字出版效益、数字出版治理历史、数字出版治理体系和治理能力现代化是否达成和实现等。如《出版业"十四五"时期发展规划》指出，"加强和改进党对出版工作的全面领导，推动构建行政管理、社会治理、企业行业自律相结合的出版治理体系"[②]，便是对数字出版治理效应的描绘和定位。

小结

综上所述，数字出版治理论和数字出版调节论，构成了中国特色数字出版基础理论的内核，也是数字出版基础理论中最能体现实践特色、时代特色和中国特色的两个领域。数字出版治理是治理对象和治理方式的统一，指出数字出版治理是多元主体通过数字出版制度体系以及对制度的有效执行来满足数字出版高质量发展、满足人民群众数字

---

① 李德顺. 价值论：一种主体性的研究 [M]. 3 版. 北京：中国人民大学出版社，2020：43 - 47.
② 国家新闻出版署. 出版业"十四五"时期发展规划[EB/OL]. [2022 - 02 - 21]. https：//www.nppa.gov.cn/nppa/contents/279/102953.shtml.

化高品质的精神文化生活需要的协同管理与服务活动。数字出版治理具有协同性和现代性两个基本特征，要遵循依法治理、科学治理和数字治理三项基本原则。数字治理论的研究对象是由数字出版治理主体、内容、客体和效应所构成的客观存在，其中数字出版治理内容或治理本体将成为后续研究的重点和焦点。

思考题

1. 什么是数字出版治理？数字出版治理有哪些特征？
2. 数字出版治理需遵循哪些基本原则？
3. 如何理解数字出版治理活动？

参考文献

1. 本尼特. 文化与社会［M］. 王杰，等译. 桂林：广西师范大学出版社，2007.

2. 张新新. 智能出版：现代出版技术原理与应用［M］. 北京：人民出版社，2021.

3. 陈进华. 治理体系现代化的国家逻辑［J］. 中国社会科学，2019（5）.

4. 俞可平. 推进国家治理体系和治理能力现代化［J］. 前线，2014（1）.

5. 张良. 论国家治理现代化视域中的文化治理［J］. 社会主义研究，2017（4）.

6. 周蔚华，杨石华. 出版与国家治理体系和治理能力现代化［J］. 中国出版，2020（8）.

7. 于殿利. 论出版企业意识形态管理与国家治理体系与治理能力现代化［J］. 现代出版，2021（6）.

8. 张新新."十四五"教育出版落实文化产业数字化战略思考：基于发展与治理向度［J］. 出版广角，2021（24）.

9. 张新新，陈奎莲. 数字出版特征理论研究与思考［J］. 中国出版，2021（2）.

10. 张新新. 数字出版业态中政府与市场的关系：以传统出版单位为视角［J］. 出版广角，2014（6）.

11. 张新新. 中国特色数字出版话语体系初探：实践与框架［J］. 科技与出版，2021（3）.

12. 张新新. 数字出版高端智库建构综述［J］. 科技与出版，2017（1）.

第二编
数字出版实务

第7章　数字出版产品

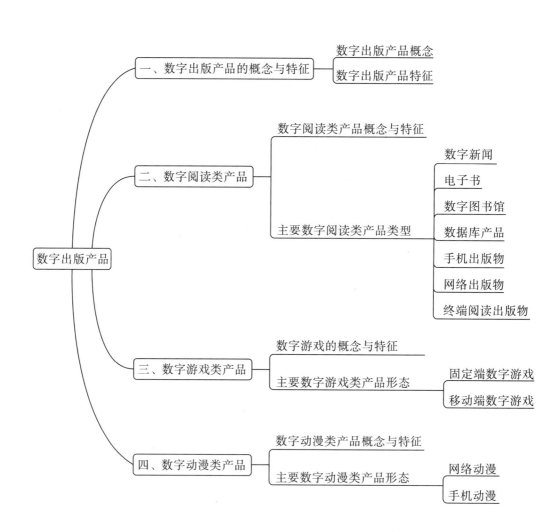

学习目的

掌握数字出版产品基本概念、特征与类别；了解具体数字阅读类产品、数字游戏类产品、数字动漫类产品，以及数字出版创新型产品形态、特征、发展现状和困境等，把握数字出版产品发展的总体趋势，并从产品层面加深对数字出版产业的理解。

第一节　数字出版产品的概念与特征

随着内容文化产业与计算机、互联网、无线通信、电子商务等方面新技术的融合，人工智能、增强现实、虚拟仿真、大数据、智能机器人、5G 技术、区块链技术等高新技术对文化产业的渗透不断加速，文化产业进入了一个大变革、大调整、大发展的新时期。在此背景下，数字内容资源的载体形式、呈现方式、传播方式、营销方式、管理理念等都发生了革命性变化，由此衍生了多样化、多元化的数字产品，深刻影响着人们的内容使用方式和习惯，也丰富了人们的生活。

一、数字出版产品概念

数字产品的出现与数字传播实践密切相关。数字传播是指通过高新数字技术手段，对信息、数据和知识进行编辑加工，并利用数字化媒介传播 AR、VR、图像、声音、语言、文字等多模态资源的一种社会实践活动。广义上说，数字出版产品是数字产品，是数字传播的产品形态，是新闻、出版、动漫、游戏、广播影视等传统产品在数字化、数据化、智能化时代的最新产品体现，主要包括数字阅读产品、数字动漫产品、网络游戏产品和数字视听产品等。但从狭义上说，数字出版产品，是指以数字传播为目的、存贮信息知识并依托一定介质形态的任何东西，包括有形的产品，也包括无形的服务。狭义的数字出版产品，包括传统出版产品的数字化形态以及原生的数字出版产品和服务。

二、数字出版产品特征

融入了互联网技术、移动互联网等数字技术元素后，相较于传统以纸质载体为主要形态的出版产品，数字出版产品具有以下九个显著特点。

第一，以数字化信息知识为构成内容。数字出版产品储存着用户所需要的、经过数字化编辑加工的信息知识，以满足用户的数字精神文化需要。数字化信息知识是数字出版产品的核心，也是区别于传统出版产品最显著的特征之一。

第二，内容要素多种多样。数字产品可以根据用户的具体需求，综合调用图片、文字、声音、影像、游戏、动漫、3D 模型等多种内容素材，为目标用户提供全方位、多角度、立体化、智能化的知识服务和产品体验。

第三，传播方便快捷。首先，数字产品通过互联网进行传递，能够以极高的速度进行信息传输，时间不再是信息交流的障碍。其次，数字产品可以随时进行修改，因此，消费者可随时获取最新的信息。再次，数字产品的传播不需要物质包装和物流运输，而是借助电流或电磁波进行即时传递，打破了地理边界的限制。

第四，目标用户定位准确。数字产品采用的知识关联和自动推荐技术，可以让消费者在网络上十分方便地找到与某个主题相关的、丰富的信息资源内容，从而拉近内容与消费者的距离，让内容主动找寻消费者。

第五，产品功能交互性强。互联网提供了海量并多元的信息供消费者参与和选择，消费者不仅可以实现同步交互，还可以进行异步交互。强交互性不仅可丰富消费者的用户体验，满足消费者的个性化需求，同时有助于收集消费者针对信息、事件本身的表达和反馈，为产品的升级和完善提供参考。例如，AR 出版物作为内容呈现极佳的一种数字产品，其 3D 模型的人机交互在教学、体验中表现出了较强的交互性，深受广大用户喜爱。

第六，存储介质耐用环保。由于纸张容易霉烂、变质、虫蛀，印刷出版物不仅占用较大空间，而且难以长期保存；数字产品采用了数字信息存储技术，不仅存储容量大，占用空间小而且寿命长，不会变质，不易损坏，因此可以长久保存。数字产品原则上可以无限地、大量地复制，且不需要纸张、塑料等实体材料，亦不产生任何废弃物，其复制成本几乎可以不计，且极为绿色环保。但正是这种低成本、易复制的特性，使得数字产品在为人们共享信息提供方便的同时，其版权保护问题受到严峻挑战。

第七，服务方式量身定做。该特点使得数字出版企业可以对数字产品进行定制化、个性化制作和加工。利用数字产品的可改变性来克服由不可破坏性带来的问题，即消费者购买了数字产品后，可以对其进行收藏、标注、组合等个性化操作，以满足自身的个性化需求。

第八，物理空间高效利用，物理空间利用率高。数字产品主要利用光、电、磁等介质作为存储载体，与纸张等载体相比，在相同的单位空间内可以存储的信息量更多，而且还能集文、图、音、像于一体。因此，数字产品可以集合在网络上供消费者选择，形成海量的信息资源。

第九，定价方式灵活多变。传统纸质图书的价格一旦确定，批次产品便很难作出变更，只能采用降价促销等方式加以调适；而数字产品则可以根据用户数量多寡，或个人用户还是机构用户等作出灵活适宜的价格调整，调价区间和调价时限较为宽松和灵活。

从现有的发展来看，以数字产品内容要素和外观形态为划分标准，数字产品大致可以分为数字阅读类产品、数字游戏类产品、数字动漫类产品和数字出版知识服务类产品。

第二节　数字阅读类产品

近年来，随着移动互联网的快速发展，网络上涌现出一系列网站、新媒体、自媒体产品，晋江文学、起点文学等数字阅读网站，以及微博、微信等社交媒体平台。其经济效益和社会影响力不断提升，已然成为人们的一种新的生活方式。

一、数字阅读类产品概念与特征

数字阅读类产品是数字出版产品的重要组成部分，源于数字阅读的兴起和发展。数字阅读指阅读的数字化，主要有两层含义：一是阅读对象的数字化，即阅读的内容以数字化方式呈现，如网络小说、电子地图、数码照片、博客、网页等；二是阅读方式的数字化，即阅读的载体、终端不是二维平面的纸张，而是带屏幕显示的电子仪器，如 PC 电脑、PDA、MP3、MP4、笔记本电脑、手机、阅读器等电子设备和仪器。广义的数字阅读包括以数字文件为内容载体的公开出版物，包括电子书、漫画、数字报刊以及有声读物文件等。而狭义的数字阅读则指通过 PC、手机、平板电脑等互联网设备进行文学作品的在线或离线阅读，阅读对象仅包括网络文学与出版物的电子版。

数字阅读类产品指承载数字阅读对象，服务于数字阅读活动的产品形态。从内容上划分，数字阅读类产品可分为数字新闻产品和数字出版产品，其具体形态主要包括数字新闻、数字图书馆、数据库产品、手机图书产品、网络原创产品、终端阅读类出版物等。数字阅读具有以下几点显著特征：

第一，阅读内容的立体化。相较于印刷出版物，数字阅读产品的阅读内容包括有声书、视频、动画等多元形态，让故事人物、情景跃然纸上，鲜活呈现于消费者眼前，从视、听、说等多维度给予消费者感官、情感、思考、联想、行动等联动的阅读体验。

第二，阅读载体的多元化。PC 端、移动终端和终端阅读器等多种阅读介质可超越时间和空间限制，实现万物皆屏。数字阅读产品致力于让消费者在任何时间、任何地点、任何屏幕（包括虚拟屏幕）上进行阅读，并在消费者的周围形成一种数字化、人性化的阅读空间，从载体层面丰富消费者的阅读选择。

第三，阅读过程的数字化和智能化。数字阅读产品往往借助 AI 技术、大数据技术实现精准阅读服务推荐与干预，帮助消费者从产品检索、选择、阅读到互动、收藏、分享等数字阅读全过程实现智能化、数字化操作。

二、主要数字阅读类产品类型

（一）数字新闻

数字新闻是指在计算机技术和移动通信技术的推动下，以数字或图表为主要表现形式并体现一定新闻价值的新闻信息报道。数字新闻作为新闻转播中的一种特殊报道体例，是伴随数字社会应运而生的，是时代的产物。数字新闻的出现，不仅丰富了新闻传播实践，而且对新闻理论研究提出了新的要求。

数字新闻主要有以下几个方面的特征：

第一，数字新闻是第三次科技革命的产物。数字新闻类产品产生于现代计算机技术和移动通信技术的快速发展之下的时代背景，换言之，数字新闻是数字时代和信息时代的产物。

第二，用数字和图表说话。数字新闻的主要表现形式是数字和图表。相对于传统新闻报道，数字新闻多用数字表现，能够增加新闻报道的真实性和权威性；数字新闻多用图表表现，能够增加新闻报道的直观性和形象性，同时能够满足现代社会人们快节奏获取新闻资讯的需求。

第三，产品形式多元化。随着信息技术的快速发展，数字新闻以多种形式出现在人们的视野中，如 PC 端新闻和移动端新闻。

数字新闻的出现，在很大程度上削弱了传统报纸的发行量，给传统的报社造成了颠覆性的冲击，致使很多大型的报业集团经营难以为继，有的历史悠久的报业集团宣布破产或者倒闭。如 2013 年 8 月，《华盛顿邮报》在新媒体的冲击下，经营每况愈下，最终被亚马逊创始人贝索斯以 2.5 亿美元价格收购。如今，国内外的各大报业正通过积极的转型实现自我救赎，转型的主要路径在于探索网络电子版订阅的推广和全媒体运营的开展。

值得关注的是，数字新闻领域发展的最新态势是人工智能技术的不断应用，形成了新闻推荐和机器撰稿等新业态。例如，今日头条所采用的新闻推荐算法，让用户总是在阅读特定资讯的同时，可以获取关联度极高的相似资讯；而 2017 年 8 月 8 日，我国地震网机器人撰写了关于九寨沟地震的新闻，用时 25 秒，成为国内机器人撰稿的范例。

（二）电子书

电子书又称 e-book，是指将文字、图片、声音、影像等内容数字化后制作而成的电子版图书。其通常以 PDF、DOC、CEB、TXT、EPUB 或者图片格式存储，以数字方式记录在以光、电、磁为介质的设备中，并借助于特定的设备来读取、复制、传输。近年来，以多功能、富媒体、强交互为主要特征的创新型电子书如雨后春笋一般涌现，电子书的发展步入了更高、更快、更便捷的阶段。相较于传统的纸质图书，电子书具有以下三个显著特征。

第一，电子化载体。电子图书不再像纸质图书那样需要依托于纸张作为载体，而是以互联网为载体，以计算机、平板电脑、电子阅读器等为输出终端。电子化载体是电子书区别于传统纸质图书最为显著的特征之一。

第二，交易和使用方式的数字化。用户在购买电子书时，需要通过在线支付的方式。交易完成后，用户即可借助电子书阅读器、手机、平板电脑等设备下载、在线阅读电子书。

第三，产品功能和呈现方式多样。一方面，用户可以在线订阅或从网上自动下载电子书，且在阅读过程中，用户可使用检索、超链接、书签等多元功能。另外，电子书产品往往具备多种内容显示方式和多媒体展示方式，可在最大限度上丰富用户阅读体验。

根据 2013 年度中央文化企业数字化转型升级项目标准——《数字出版业务流程标准》的规定，电子书包括原创型电子书和转化型电子书。目前国内的传统出版单位所经营的数字图书馆主要是以转化型电子书为核心产品单元，而新兴互联网内容企业则是以原创型电子书为核心产品单元。

原创型电子书，是指不依托于传统出版，直接采用电子书加工制作流程生产的电子书。其特征是：电子书的生产与纸质图书生产过程同步化，或者电子书的生产先于纸质图书。

转化型电子书，是指依托于传统出版，在纸质图书的基础上加以转化而产生的电子书。其特征是：电子书的生产过程明显滞后于纸质图书，电子书是在纸质图书源文件的基础上加以转化而产生的，或者是对纸质图书进行扫描、识别、加工、制作而产生的。

（三）数字图书馆

数字图书馆，也称为电子图书馆，是指依托一定的数字资源平台，按照特定专业或者特定领域，对海量的电子图书进行汇聚而形成的集合性数字出版产品。电子书是构成数字图书馆的最主要的组成部分和要素。数字图书馆是目前数字阅读类产品中最具典型性、最具代表性的数字出版物。几乎所有出版社都拥有自身的数字图书馆产品，如中国法制出版社的法制书屋、中国建筑工业出版社的建筑数字图书馆、人民法院出版社的最高人民法院数字图书馆等。

数字图书馆的主要特征如下：

第一，依托特定的数字资源平台。该平台往往具有注册登记、资源管理、收藏阅读、资源分类、查询检索、复制粘贴等功能。

第二，按照特定专业或者特定领域建立。服务于专业群体、职业群体往往是数字图书馆的建立初衷，所以有的按照学科体系进行建设，有的按照职业体系进行研发。总之，数字图书馆的名称就最直接地体现了其服务的对象，例如人民军医数字图书馆、中国法官电子图书馆、中国少儿数字图书馆等。

第三，汇聚海量电子图书。数字图书馆的数字图书保有量至少在百种、千种的规模，否则难以体现其专业性、权威性和综合性。例如，方正阿帕比的中华数字书苑，其数字图书保有量在几万种。

第四，数字图书馆属于综合性数字出版物。数字出版物按照种类数量、经营模式，分为单一性数字出版物和综合性数字出版物。单一性数字出版物往往以单本数字图书、单条信息数据作为产品形态，采用 B2C 的盈利模式，面向广大个人用户市场进行销售；综合性数字出版物往往汇聚海量数字资源，以整批数字图书、整批信息数据作为产品形态，采用 B2B 或者 B2G 的盈利模式，面向政府客户、企业客户、事业单位客户等机构客户进行销售。数字图书馆属于综合性数字出版产品的典型性产品。

在数字图书馆的研发过程中，最重要的不是电子书的格式、电子书的展现效果或者电子书总量的多少，而是采取合适的分类法对馆藏的数字图书进行分类。当前大部分出版技术商、传统出版的专家的想法都倾向于将数字图书馆采取较为成熟的中图法分类，以便于和相关标准衔接和互通。

总体而言，数字图书馆可以算是传统出版社最容易研发的数字产品，但在实践过程中，却鲜有出版社制作出了专业性、权威性、影响力较大的数字图书馆产品。在部分数字出版从业者眼里，数字图书馆是依托于传统出版而衍生出来的产品，其技术含量不高，不能够代表数字出版的先进性，因而被弃之不用。然而，事实上，数字图书馆拥有庞大的用户群体和畅通的销售渠道，能够最大限度地转化和借用传统图书的销售渠道，并为出版社原有的读者群体所接受。如法律出版社所研发的中国法官电子图书馆已被全国 17 个省份、400 多家法院安装，福建、甘肃两省的 200 多家法院全部使用，效果良好。人民法院出版社的法官数字图书馆也已经覆盖了上千家法院系统。可见，数字图书馆的专业性、权威性、品种丰富性可保障相关产品在市场中占有一席之地，取得预期的市场收入和社会效益。

（四）数据库产品

数据库产品，是指按照特定专业或者学科，汇集海量条目数据，为个人用户或者机构用户提供知识服务的数字出版物。数据库产品和数字图书馆一样，是目前数字出版业态的主流、典型的数字出版物。

数据库产品的主要特征如下：

第一，以条目数据为产品构成基本单元。数据库产品的基本单元是条目数据，这些条目数据的信息量大小不尽相同，性质多样，包含新闻资讯性质、概念定义性质、解决方案性质、理论研讨性质等。不同属性的条目数据，按照专业学科或者职业领域的不同，围绕着知识提供和知识服务的开展，形成了内容丰富、体系健全、逻辑严密、规模庞大的知识数据库。

第二，以海量资源聚集为主要表现形态。目前，无论是国内的数据库信息内容提供商，还是国外的数据库供应商，均将海量资源优势作为市场竞争的制胜方略。无论是医学、法律，还是税务、金融领域的数据库，其数据量动辄数百万条，所包含的信息节点往往多达数十亿汉字的规模。

第三，以强大的查询检索功能为技术支撑。以海量资源作为内容支撑的数据库，需要借助检索查询技术，为用户提供便捷知识服务。目前其业态主要是提供关键词的查询检索，也有部分数据库厂商在推广知识导航查询。

第四，数据来源途径多样化，市场准入门槛相对较低。相对于数字图书馆产品，数据库产品的数据来源较为广阔，不局限于以标准书号为属性限制的图书，可以通过互联网资源抓取、行业资源置换、政府资源合作等多种方式来实现条目数据的扩充和增值。同时，数据库领域的市场准入门槛也相对较低，出版社以及拥有一定平台技术和专业优势的网络公司等均可以进军数据库服务市场，甚至在法律、医药等许多领域，民营企业、境外企业远远早于传统出版社对数据库产品进行规划和布局。

目前的数据库类型很多，从数据库收录的内容来分，主要分为全文数据库、二次文献数据库和混合型数据库。其中：全文数据库是典型的科技期刊聚合模式，集检索期刊、文章链接、阅读、下载阅读服务器于一体，如中国期刊全文数据库、中文科技期刊数据库、万方系统的数字化期刊全文数据库等。全文数据库能检索并且提供全文，提供全文字段检索，方便读者对文献的查询和判断。二次文献数据库如 CA（化学文摘）、MEDLINE（医学文献数据库）、SCI（科学引文索引）、CBM（中国生物医学文献数据库）等，是指按照一定的原则，对一次文献进行加工、整理之后，定期出版的一种文献，如目录索引、引文索引、文摘等。二次文献汇集了某个特定范围的一次文献线索，可为查找一次文献提供线索，并使一次文献有序化，因此具有明显的汇集性、系统性和可检索性，有助于减少查找一次文献所花费的时间，且能高效率地捕捉有效信息，全面、系统地反映某个学科、专业或专题在一定时空范围内的文献线索，是积累、报道和检索文献资料的有效手段。混合型数据库是既包含有书目记录又包含有全文记录的文献数据库，如万方数据库等，目前以信息服务提供商为主要开发者。从内容上看，混合型数据库有出版物与科学数据混合，有出版物和专利混合，有按照专业方向的细分内容混合，等等。

总体而言，我国各领域数据库产品的研发往往发端于民营企业，如北大法宝的北大法律信息网，已出现近 30 年。而出版社在数据库研发方面起步较晚，经验相对欠缺，所购置的技术也相对落后，因此其市场开拓情况不容乐观，市场占有率相对较低。因此，部分出版社开始结合自身资源优势，奉行蓝海战略。如 2011 年，法律出版社将法律职业数字图书馆作为主打产品推出，在短短的三四年时间内便取得了遍地开花、市场社会效益双丰收的良好效果。自 2013 年起，人民法院出版社、知识产权出版社等诸多出版社直接实现跨越式发展，不再建设传统的静态数据库，而是从资源的数字化、碎片化到数据化建设，遵循知识元研发、知识体系建设、知识标引、知识关联、知识计算、知识服务的路径，上升到构建知识库、大数据平台的阶段，构建自身的专业数字资源大数据知识服务平台，实现了数据库产品的突破和发展。

（五）手机出版物

手机出版物，是以手机为载体的出版形态，指手机出版服务提供者使用文字、图片、音频、视频等表现形式，将自己创作或他人创作的作品经过选择和编辑加工制作成数字化出版物，通过无线网络、有线互联网络或内嵌在手机载体上，供用户利用手机或类似的移动终端阅读、使用或者下载的传播行为。广义上，手机出版物包含手机铃声、彩信、彩铃、图片、动漫、手机游戏、手机图书杂志等；而狭义的手机出版物仅指手机图书、杂志等手机阅读产品。手机出版物主要有以下几个特征：

第一，移动性、便携性。该特征源于作为内容载体的手机的特性。过去，人们往往在地铁或公交车上翻看报纸，或用平板电脑等进行阅读，消磨通勤时间；而如今，人们几乎都会选择更为便携、轻巧的手机进行阅读和资讯浏览，手机出版物的普及和受欢迎程度可见一斑。

第二，传播范围广。随着 4G、5G 技术的普及，无线上网速度得到极大提升，手机出版物的传播可打破地理空间的影响和限制，使得用户可在手机网络覆盖的任何地方进行阅读。

第三，节省成本，零库存，价格低廉，付费便捷。手机出版不仅可以节省传统出版中的附加费用，还可降低因市场预期不足带来的库存风险。在交易过程中，受众可以通过话费、支付宝或其他支付方式实现订阅，随时随地支付费用；付费方式的低廉性和便捷性，加上超大规模的手机用户群体，使得手机出版物是目前我国数字出版业态中唯一一种能够在 B2C 盈利模式下取得大规模、高增长盈利的数字出版产品。

第四，互动性强，更新速度快，信息容量灵活。手机出版不受篇幅、长度限制，内容可以随时修改调整，实时更新。手机出版促成了读者和作者之间的互动，打通了两者之间长期存在的鸿沟，每一部手机都是出版体系中的一环，从而能够实现对出版物销售跟踪、意见反馈等多方面的功能，为读者和出版企业都提供了更便捷的服务，实现了广泛、迅速的互动。

自 2011 年起，以法律出版社为代表的部分出版社便先后与中国移动手机阅读基地、中国电信手机阅读基地签订了合作协议书，步入了手机出版的新阶段。经过两年的发展，法律出版社充分结合手机移动基地用户的阅读习惯，选取大众普法类图书、社科文艺类图书上线运营，取得了较为辉煌的成就和经营效果。但作为渠道运营方的手机通讯商在完成其内容、资源方面的布局后，开始调整手机出版策略，对出版社实行评级制，同时开始推动"政企书屋"，意图将出版社的传统销售渠道客户向手机阅读基地分流，实现渠道、用户的第二次积累。而缺乏商业运营能力的出版机构习惯了传统体制，还没有足够的能力在"政企书屋"方面有所作为，致使营收快速下滑。传统出版社在手机出版物发展历程的兴衰表明，在数字时代，出版社仍应回归内容资源这一根本，若失去了资源的唯一性和独有性优势，出版社便将面临失去在"互联网＋"时代的竞争筹码和比较优势。

（六）网络出版物

网络出版物，是指拥有互联网出版许可资质的企业，根据互联网和移动互联网数字传播的规律，组织专业人员创作的仅在互联网和移动互联网上进行营销和销售的数字出版物。国家新闻出版广电总局设有专门的互联网出版管理部门，每年还对授予互联网出版许可证的出版企业进行年度核验，由此可见，网络出版业务在我国数字出版的版图中占有重要的一席之地。简单地说，网络出版物的特征具备如下几个特征：

第一，网络出版物的生产者需要具备互联网出版许可资质。不具备互联网出版许可资质的企业不能独立从事网络出版业务。另外，出于对国家网络安全、文化安全和信息安全的考虑，我国相关部门目前还未曾向境外传媒企业授予互联网出版的许可。

第二，网络出版物传播形态以章节、段落为主。网络出版业务的作者大多是年轻的网络作家，主题集中于情感、穿越、玄幻等领域。网络出版物的作品不再以整本图书形态出现，而是根据传播需要以章节或片段的形式进行传播。

第三，网络出版物主要是通过互联网和移动互联网进行传播和销售。互联网、移动互联网是网络出版物的主要传播载体。近年来，网络文学大量通过中国移动手机阅读基地、中国电信手机阅读基地等移动互联网进行销售，取得了社会效益和经济效益的双丰收。

伴随着青少年数字化阅读的群体不断扩大，网络文学成为网络出版物发展最快的领域，呈现出作品规模逐年扩大、作品质量不断提升、社会效益与经济效益俱佳的良好发展态势。目前，网络出版物已经出现了以内容为核心，IP全版权运营的发展模式，向出版、影视、动漫、游戏、音乐等领域发展，受到中央和地方政府的支持。

（七）终端阅读出版物

终端阅读出版物，是指以存储设备、电子阅读器等为载体，以特定领域的电子图书、条目数据等为内容，通过在线或者离线的方式为用户提供知识服务的数字出版产品。2011年，国内数字出版界盛行的五大运营模式主要包括"汉王模式""方正模式""移动模式""上海世纪模式"和"盛大模式"。这五大模式中的"汉王模式"和"上海世纪模式"便是将终端阅读器作为发展战略的重要组成部分。数字出版发展历程中，有许多出版社、技术公司都曾推广终端阅读出版物，如人民军医出版社的"军医掌上图书馆"、当当网的"多看阅读器"、掌阅的 iReader Smart 阅读器、科大讯飞的 R1，以及汉王科技的手写电纸本 N10，等等。

相较于其他数字阅读类产品，终端阅读出版物主要具备以下两点特征。

第一，依托有形的载体。终端阅读出版物需要依托看得见的载体，这种载体包括 U 盘、软磁盘、硬磁盘、光盘等存储设备，也包括电子阅读器、平板电脑等可视化的载体。

第二，采用离线或者在线的知识提供模式。从知识服务提供的角度来看，终端阅读出版物包括两种：一种是采取在线方式，借助电子阅读器或者平板电脑，向数字知识平台下载、购置所需的电子图书、条目数据等产品；另一种是离线的方式，将电子图书、数据库等事先预装在 U 盘、平板电脑等载体中，供用户长久甚至是终身使用。

2022 年 6 月 2 日，美国亚马逊宣布 Kindle 将退出中国市场。一代终端阅读出版物出版巨头在中国的陨落，为以掌阅科技、科大讯飞等为代表的本土终端阅读出版和服务机构的发展留出更广阔的市场和空间。掌阅科技发布 10.3 寸的 iReader Smart 3，带有智能物理按键，方便单手持握，可支持用户自定义个性化操作，在任何场景下享受高效、便捷的使用体验。科大讯飞的 R1 阅读器主打开放生态，内置咪咕和讯飞两大书城资源，拥有 80 万 + 优质书库、15 万册免费图书，机身自带 8GB 存储空间，可存储上千本电子图书；同时，R1 自带扬声器，且采用科大讯飞特有语音合成技术，支持在线或离线听读。总体而言，随着数字技术的发展，终端阅读器在版本兼容、内容资源、服务种类和功能等方面不断提升，为终端阅读出版物的多元化、多样化发展提供良好的技术环境和基础。

第三节　数字游戏类产品

数字游戏作为新型的艺术化电子娱乐产品，既脱胎于又不同于动漫和影视。动漫影视是观赏式娱乐，而游戏是体验式娱乐。数字游戏不仅是互动的，而且常常形成一种沉浸氛围，具有润物细无声的人文教化作用和影响。

一、数字游戏的概念与特征

数字游戏本质上是提供休闲娱乐的计算机程序软件产品，属于数字娱乐范畴。国外一般将数字游戏细分为视频图像游戏和听觉游戏，国内则统称为电子游戏或数字游戏。数字游戏指依托电子、数字媒体平台进行的娱乐行为。从内容和选题上看，游戏设计多依托于文学故事情节，题材内容多种多样。数字游戏可分为角色扮演类，模拟人生、养成、经营类，冒险类，动作格斗类，射击类，体育类，棋牌类、武侠类，休闲类，魔幻类，科幻类，战争类，等等。如今，游戏的美工画面丰富多彩，又分为卡通类、KO类等。

作为一种技术产物与文学艺术作品的集合体，数字游戏的特征可总结为以下三点。

第一，目标导向性和规则性，即数字游戏产品的构成和运行等都是以一定目标为前提和指引，以一定的规则为基础开展的。正是在这种目标和规则之下，用户才能够理解、接纳、学习和享受游戏。可以说，目标导向性和规则性几乎是所有游戏产品的核心和基本特征，揭示了游戏的存在方式和运行方式。[1]

第二，以数字技术为基础。相较于以弹珠、纸牌等有形实物为载体的传统游戏，数字游戏的基本特征和基础属性在于以数字技术为基础，即游戏中的人物和场景等美工形象，以及音响效果等艺术元素，都是通过计算机程序语言来完成的。同时，借助数字技术，数字游戏跳脱了传统游戏对游戏载体、环境等的束缚，带来更为丰富的体验感和趣味性。

第三，交互性与沉浸式。交互性和沉浸式是数字游戏的重要特性，有利于用户学习和理解游戏。数字游戏在设计时，往往会根据情节发展配上音乐、动画、视频等，或借助人工智能技术、3D技术、5G技术等智能合成游戏角色或场景，让用户可置身游戏情

---

[1]　北京大学互联网发展研究中心. 游戏学［M］. 北京：中国人民大学，2019：12.

景中，犹如身临其境，并通过与其他玩家或与游戏角色的交互，加深对游戏理念和概念的理解。

二、主要数字游戏类产品形态

（一）固定端数字游戏

最早的数字游戏以 PC 端的单机版游戏为主。单机版游戏，也称单人游戏，一般指游戏只需要通过一台电脑或其他电子设备就可以完成的电子游戏。单机版游戏往往依托故事梗概为背景展开，玩家进入故事情节扮演某个角色，与故事情节互动。其程序系统包括游戏引擎和渲染系统及实用系统，运行时按故事情节的先后顺序演示。

随着互联网的发展，出现了网络版游戏，即线上游戏、网游。网络版游戏一般指多名玩家通过计算机网际网路进行互动娱乐的电子游戏，部分网络版游戏能通过连接网络服务器进行联机对战、在线云端存档。借助互联网，玩家可在网络游戏中扮演某个角色，与故事情节、其他玩家、团队等进行多向互动。网络游戏的软件系统庞大而复杂，其游戏引擎和渲染系统及实用系统，包含所有的场景、人物、道具及玩家注册等有关资料，都存放在服务器端。而在客户端，也要安装或下载软件系统，包括游戏引擎和渲染及实用系统，还有运行时所要用到的有关资料。玩家在赏玩运行网络游戏时，客户端和服务器两个系统是交叉互动的。这就是网络版的客户端游戏，英文名称为"online game"，又称网络在线游戏，简称端游。随着技术的发展，后期客户端软件系统微型化，隐藏在浏览器中，玩家不必下载客户端系统，在页面直接操作，赏玩运行游戏，简便易行。此即是网络版的网页游戏，英文名称"web game"，简称页游。

总之，从程序软件的维度看，固定端数字游戏可分为单机版游戏和网络版游戏。其中，网络版游戏可分为客户端游戏和网页游戏，即端游和页游。单机版游戏运行时，基本上是按顺序来演示；而网络版游戏则是在服务器端和客户端同时存放两套软件系统，在游戏赏玩运行时，这两套系统交叉互动。早期的单机版游戏，以光盘形式发行，现在多从网上下载；早期的网络版客户端软件也以光盘形式发行，现在也多从网上下载。

（二）移动端数字游戏

随着智能手机和平板电脑的快速发展，以文字为主的小型手机游戏，扩展为移动游戏，在市场上迅速兴起。移动端数字游戏主要指运行于手机、平板等移动通信设备上的游戏产品，具有代表性的移动端数字游戏包括《植物大战僵尸》《愤怒的小鸟》《王者荣耀》等。与固定端数字游戏相似，移动端数字游戏中，也存在单机版游戏和网络版的页游与端游之分。

相较于固定端数字游戏，移动端数字游戏具有显著的便携性、移动性。用户可随时随地打开移动通信设备进行游戏。因此，移动端数字游戏拥有庞大的潜在用户，且随着各信息服务运营商应用商店产品和服务的不断扩充，以及移动端数字游戏的支持渠道不断拓展，其用户数量早已超越了固定端数字游戏。2022 年 3 月伽马数据发布的《2021—2022 中国游戏企业研发竞争力报告》显示，2021 年，中国移动游戏市场实际销售收入达到 2 255.38 亿元，占比为 76.06%。① 但从现有发展来看，移动端数字游戏也存在同质化、创新性不足、质量较为粗糙、产品生命周期较短等问题，亟须游戏供应商、运营推广平台和用户等共同解决，以推动移动端数字游戏向精细化、精品化、多元化等方向发展。

　　由于起步较晚，我国游戏产业仍存在游戏利益分配不均、高端游戏人才缺乏、恶性竞争时有发生以及法律保护存在漏洞等问题。但随着数字游戏产业的快速推进，我国在游戏用户数量和数字游戏市场规模上都有着突飞猛进的增长。巨大商机下，我国游戏企业除引进代理过期产品外，也加大了自主研发能力，国内自主研发的原创游戏比例不断攀升。同时，中国自主研发、研发精良、富含中国传统文化元素的国产游戏也开始走向世界，给中国和世界游戏产业带来了强劲的发展后劲。

---

① https://finance.sina.com.cn/tech/2022-04-02/doc-imcwiwss9483209.shtml.

第四节　数字动漫类产品

动漫产业，是指以创意为核心，以艺术和科技为支撑，以动画和漫画为表现形式，以创作动漫直接作品为基础，以开发产品形象衍生品为延伸，从而形成巨大版权价值链的产业。近几年来，我国动漫产业规模不断扩大，成为新的经济增长点，被称为 21 世纪最有希望的朝阳产业。

一、数字动漫类产品概念与特征

数字动漫，是指在互联网和移动互联网技术的推动下，运用数字媒体制作出来的动画。在手机、平板电脑等新移动终端市场的影响下，动漫的数字化内涵和外延都得到延展。数字动漫可以是纸质漫画的电子版，也可以借助软件，把漫画动态化，并辅助一定的声响效果，具有一定的动感及互动性，创造一种全新阅读体验。

我国数字动漫产业链环节主要由内容、运营、技术和平台四部分组成。内容是数字动漫产业链的源头，也是数字动漫产业链的上游环节，数字动漫产业链上游内容的质量直接影响终端用户的购买力。在数字动漫产业，内容型的公司主要包括传统的动画、漫画公司和提供应用型数字动漫内容的公司两类。运营环节在整个数字动漫产业链中扮演着关键角色；运营型公司主要指针对动漫版权产业的运营。在我国，运营型公司主要分为版权代理公司和全版权运营公司两种类型。技术环节在中国数字动漫产业链中属于支撑环节。随着数字终端硬件产品越来越多样化，技术的变革将对传统动漫的内容进行技术转化，并移植到数字渠道上传播，技术演化未来可能颠覆传统动漫作品生产的生态链。平台是指能够通过汇聚动漫内容从而聚合用户的数字动漫展示平台，主要分为互联网动漫平台和移动互联网动漫平台两类。

相较于传统印刷于纸张的动漫，数字动漫具有以下几点显著特征。

首先，虚拟性。虚拟性是动画产品的本质属性之一。动画艺术最大的特点便是无限的想象力和表现力。动画产品在生产和创作过程中均融入了创作者的主观想象和设计，且与一般的影视作品不同，动画作品不需要进行对现实的复现；因此，创作者完全可以按照自己的主观设想对内容情节和呈现方式进行设计。随着 3D、人工智能等数字技术不断融入和增强，动漫产品的虚拟性从内容本身延展至呈现环境，为用户带来更为丰富的感官体验。

其次，声、画、触一体的立体叙事。借助数字技术，数字动画在叙事手段方面可实现声音、画面和触感一体的立体叙事，采用声、画、触对应、分立或对比等叙事手法，让用户走进创作者设计的动漫世界，并与动漫人物和情节展开互动，加深对动漫产品和情节的理解。

最后，传播的广泛性。传统印刷于纸张的动漫作品主要通过书店、报刊亭等方式传播，传播场景有限，广泛性受到制约；而数字动漫可以通过 U 盘、光盘、互联网等进行传播，且其传播方式和路径呈现日益多元化的趋势。如今，已经出现了"快看""腾讯动漫""咚漫漫画"等移动端数字动漫应用。同时，不少创作者第一时间借助微博等社交媒体传播自己的最新作品，用户也可通过一键分享，传播自己喜爱的动漫作品，因此数字动漫传播的广度、深度和效率迅速提升。

二、主要数字动漫类产品形态

（一）网络动漫

网络动漫是高科技技术发展的产物之一。计算机技术和信息技术的进步为网络动漫的出现和发展筑牢基石，成为现代动漫技术的关键和基础（如 CG 技术），极大地促进了动漫发展（如三维动画），并拓展了动漫的外延领域（如网络互动游戏）。网络动漫的发展经历了从传统逐帧制作到计算机二维动画，再到现在的三维动画的过程。网络动漫正是借助互联网的迅速发展而进一步发展起来，其前景相当可观。

目前，中国数字动漫产业链中主要存在两类（运营型公司和平台型公司）、四种盈利模式的公司。其中，如上文所述，运营型公司主要分为自有知识产权的运营公司和版权代理公司。而平台型公司则主要以盈利模式为划分，可分为广告盈利模式和付费下载模式。其中，广告模式，指动漫类网站通过搭建动漫内容发行平台，采购优质的动漫版权内容，吸引网站流量，增加用户黏度，通过广告销售实现收入的模式；付费下载模式则是指通过动漫基地的建立，搭建基于手机的动漫内容发行平台，实现手机 WAP 网站、手机客户端以及多元化数字动漫衍生品的产品传递，让手机用户付费下载从而实现盈利的模式。

我国网络动漫发展具有天然优势。首先，10 岁以上的动漫爱好者群体庞大，且这类用户参与动漫互动的方式多样，如看动画片、看漫画、使用动漫表情和插图、下载壁纸等，可推动网络动漫作品的迅速传播和成长。其次，近年来动漫 IP 迅速崛起，且具有较为显著的长尾效应，快速推动动漫周边衍生品产业化发展。再次，社交媒体的发展为动漫作品抓住粉丝、建立用户关系、实现商业价值的转化和成长具有重要意义，这也直接影响着动漫制作公司的商业模式和盈利模式。最后，对于网络动漫产业价值链而言，互联网的发展使得动漫公司可迅速建立起动漫小产业链，函盖原创、传播推广、商业合作、电子商务、线下贸易关系等方面，帮助动漫企业实现文化价值与商业价值的转化。

对于动漫制作公司而言，广告是非常突出的互联网的新契机。"未来的视频点播模式，可以把视频作为货架，观众看一下或者点一个暂停，可能就会有类似的品牌弹出，动画片是可以跟电商结合起来的。"①

当然，基于互联网发展的网络动漫产品仍然存在不少问题。如：由于互联网上的信息泛滥，因此基于互联网发展的动漫形象不易获得知名度；目标用户定位不明确，忽视"85 后""90 后"乃至老年人等群体的动漫需求；等等。因此，对于网络动漫制作公司而言，在保证内容质量的前提下，亟须树立"全民动漫"的概念，考察细分市场，把握不同年龄段观众心理、观看行为和喜好，丰富创作资源，以满足不同人群的动漫需求；同时推进动漫从网络出版走向电影、电视等全媒体发展，在降低风险的同时，实现网络动漫产业的阶梯式向前发展。

（二）手机动漫

手机动漫业务是整合传统动漫产业资源，并以短信、彩信、WAP、手机客户端等移动互联网通道为承载平台，为用户提供动画、漫画作品浏览服务和动漫数字衍生品服务的业务序列。世界动漫产业发展有 3 次浪潮：从以传统纸质出版物和传统艺术动漫电影为主的传播形式及单一发展模式，到以日本和美国为主的电视动画、图书、衍生产品相融合的"内容 + 商品"的产业化模式，再到我们正在经历的，以网络动漫和手机动漫为主的发展浪潮。中国是手机用户大国，截至 2021 年，中国拥有近 16.5 亿手机用户，有最具创新能力和实力的互联网、移动互联网、电子商务、移动电子商务企业。以此为支撑，手机动漫可为中国动漫产业发展插上腾飞的翅膀，超越动漫强国。

当前，手机动漫平台主要集中在中国移动、中国电信和中国联通三大运营商中。其中，中国移动手机动漫基地目前已经推出了自己的手机漫画制作工具，并搭建了手机漫画制作团队，为 500 多家移动动漫基地的 CP 提供手机漫画切图服务。动漫内容的创作者和提供方可通过合作的方式将拥有版权的动漫作品授权给中国移动，利用中国移动的渠道优势进行动漫内容和产品的发行。中国移动在获得授权之后，一方面对动漫内容进行创新，通过彩信、WAP、web 及客户端等方式为用户提供丰富的动漫产品；另一方面，对动漫产品进行运营，加入用户参与元素，为个人用户提供动漫内容 DIY 渠道，调动终端用户的积极性。中国电信手机动漫运营中心是中国电信集团公司授权筹建的全国性的动漫产品基地，于 2012 年正式面向全国运营推广。中国电信动漫运营中心运用 3G 移动互联网技术应用，将动漫领域作品延伸到移动终端平台，利用天翼手机及宽带全国统一认证系统，实现"一点接入、一号通行、合账收费"的功能。中国联通沃动漫基地成立

① 王童 17. 互联网环境下的中国动画产业发展 [EB/OL]. (2016 - 09 - 21). https://www.jiemian.com/article/86315. html.

于 2012 年，顺应移动互联网开放、合作、创新、共赢的发展趋势，强力依托中国联通的品牌、用户、网络、终端、推广等优势，携手内容提供商、衍生品生产商、原创作者、APP 开发者等产业链各方合作伙伴，来引领、推动中国动漫产业。

未来，手机动漫的发展可能呈现以下趋势：第一，引起动漫内容制作与传播技术的巨大变革，与数字新媒体的结合将更加紧密；第二，引起动漫语言模式的变革，借助移动终端和相关技术提升动漫用户的参与度，以及用户与数字动漫产品的互动性；第三，移动智能终端的迅速普及使内容创作者可以与读者进行直接沟通，实体物流销售也因移动电商的商业模式而发生根本变化，全新的消费模式与文化产品生产模式或将由此开启；第四，引发原创内容经济收入模式变革，手机动漫作品稿酬同运营商的分成与传统模式相比具有很大的优越性，在优质内容低投入与高产出的激励下，可催生一大批高品质、好创意的优秀作品。

思考题

1. 数字产品有哪些具体形态和特征？
2. 简述数字阅读类产品有哪些具体的类型。
3. 简述狭义的数字出版产品类型及特征。
4. 简述数字图书馆与电子书产品概念与特征。
5. 简述数字出版产品会对人们的生活和社会发展带来什么影响。

参考文献

1. 北京大学互联网发展研究中心. 游戏学 ［M］. 北京：中国人民大学出版社，2019.

2. 张新新. 出版业融合发展的趋势与对策建议 ［J］. 中国编辑，2016（5）.

3. 张新新. 传统出版与新兴出版深度融合，推进数字出版高质量发展：2019 年度数字出版盘点 ［J］. 科技与出版，2020（3）.

4. 周星. 数字时代的中国大动漫观念与发展问题分析：关于 2011 年暑期档动画电影市场呈现的认识 ［J］. 现代传播（中国传媒大学学报），2011（12）.

第8章 数字出版技术

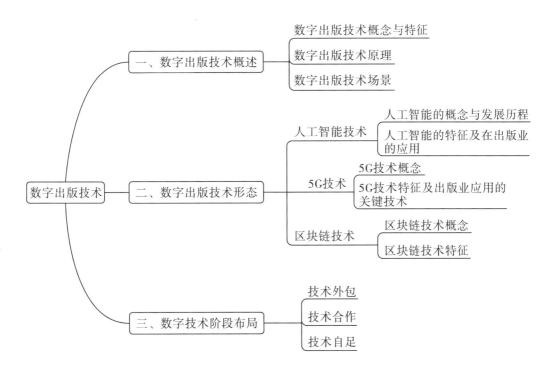

了解数字出版技术（简称"数字技术"）概念、特征、技术原理与主要技术场景，掌握大数据、深度学习、增强现实、虚拟现实等与数字出版发展密切相关的数字技术及其具体应用，了解和掌握技术外包、技术合作、技术自足等数字出版企业技术研发与技术应用布局阶段。

第一节　数字出版技术概述

出版业产生和发展历程表明，出版是一个高度的技术依赖型行业。从造纸术、活字印刷术到激光照排技术、计算机桌面出版系统和网络出版系统，出版业的每一次重大进步都与出版关联技术的发展密不可分。① 作为现代出版新业态之一，数字出版是数字技术作用下的出版，也是数字技术赋能的出版。数字技术的变革带来了数字出版产业的迅猛发展，人类知识生产、编辑、加工、组织、利用、传播、阅读、分享等方式发生深刻变革，延伸了人类听觉、视觉、触觉和中枢神经，成为人类认识世界、改变世界的重要媒介。如今，我们可以在 Kindle、智能手机等智能终端随时随地阅读、注释和分享出版物，也可身临其境，"走进"出版物，同主角一道探索用思想和想象构建的世界。

可见，对于数字出版而言，数字技术是基础性、关键性的核心要素。那么，何为数字技术？数字出版中的数字技术具备什么样的特征，又有哪些技术形态和技术路线呢？

一、数字出版技术概念与特征

数字出版技术，简称数字技术，是多种数字化技术的集称，是一种通用目的的技术。② 从技术生成和组成要素来看，"数字技术，是一项与电子计算机相伴相生的科学技术，它是指借助一定的设备将各种信息，包括：图、文、声、像等，转化为电子计算机能识别的二进制数字'0'和'1'后进行运算、加工、存储、传送、传播、还原的技术"③，其内涵主要包括设备、网络、服务和内容四个层次。④ 由于在运算、存储等环节中要借助计算机对信息进行编码、压缩、解码等，数字技术因此也称为数码技术、计算机数字技术、数字控制技术等。

数字技术的出现，从根本上改变了人们对信号与系统的认识。数字出版活动很大程度上依赖于数字技术本身的、独立于实体组织的特征。具体来看，数字技术的特征主要

---

① 方卿. 资源、技术与共享：数字出版的三种基本模式［J］. 出版科学，2011，19（1）：29.

② 邢小强，周平录，张竹，等. 数字技术、BOP 商业模式创新与包容性市场构建［J］. 管理世界，2019，35（12）：123.

③ 房国志. 数字电子技术［M］. 北京：高等教育出版社，2019：18.

④ YOO Y. Computing in everyday life：a call for research on experiential computing［J］. MIS quarterly，2010：213－231.

包括以下四个方面：

第一，数字技术具有可编辑性和可扩展性，即数字技术一般都采用二进制，同时也包括三进制、四进制甚至是多进制。多种编辑和识别方式使得非数字组件具备可编辑性和可塑性，这不仅有助于产品功能和形式之间的脱耦，为编辑、修改和完善产品功能提供可能，也可控制软硬件输出、输入与转换，实现较高水平的性能优化以及处理大规模业务的能力。[①]

第二，数字技术具有抗干扰能力强、数字信号稳定性强和精度高的特点。通过芯片、二维码识别、人工智能等数字技术，可对数字产品进行定位、追踪，甚至复原和追溯被感知和记忆下来的数据。这不仅使得信息资源可以被长期保存、复原和保护，且有助于数字产品实现高精度的个性化推送和服务。

第三，数字技术具有高保密性的特点。通过运用区块链、水印技术等一系列加密技术，数字产品内涵的信息资源不容易被窃取和伪造。这对维护网络信息安全、国家安全、机密信息保护等发挥基础性的保障作用。

第四，数字技术具有通用性强、可扩展性强的特点。一方面，可以采用标准化的逻辑部件构成数码系统，形成具有通用性的数字技术，应用于广泛的数字产品；另一方面，当数字技术与不同的产品和服务连接时，可极大地扩充甚至重构产品功能和服务价值，为使用者产生新能力、开发新机会和重塑新模式提供可能。

二、数字出版技术原理

技术原理是指技术背后的实现思想、架构设计等。解释数字出版的技术原理，需要对数字出版与数字技术关系进行阐释，进而阐释促成和实现数字出版活动的数字技术实现思想及架构设计。

对数字出版与数字技术关系而言，从内涵来看，数字出版定义之关键在于"数字技术"，即数字出版是数字技术作用于出版各环节，是用数字技术进行作品的编辑加工、复制和传播，其技术外延包括但不限于出版产品的数字化、出版数字化技术应用、出版营销的数字化、出版流程的数字化等。数字技术是使得数字出版区别于图书出版、音像出版等其他出版形态的特有属性。数字技术原理则贯穿数字产品生产流程和产品本身，是识别数字出版产品和实践的重要标志。

在技术实现思想方面，数字技术一般采用二进制、三进制或者多进制进行编码，从而实现和延伸数字出版具体功能。三进制数码包含"0，1，2"，逢三进一，退一还三。

---

① 余江，孟庆时，张越，等. 数字创业：数字化时代创业理论和实践的新趋势［J］. 科学学研究，2018，36（10）：1804－1805.

相较于二进制，"三进制"逻辑更接近人类大脑的思维方式。因为在一般情况下，我们对问题的看法不是只有"真"和"假"两种答案，还有"不知道"。在三进制逻辑学中，符号"1"代表"真"，符号"2"代表"假"，符号"0"代表"不知道"，这种逻辑表达方式显然更符合计算机在人工智能方面的发展趋势。关于多进制，如生物计算机等可能采用四进制；量子计算机区别于传统的二进制计算机，量子比特除了处于"0"态或"1"态外，还可处于"0"态和"1"态的任意线性叠加态，因此量子比特、量子计算机的进制数是无限的。数制规则和形态的进化为数字技术反映和实现用户需求提供底层支撑，在生物、计算机、光、电、量子力学等领域已受到广泛关注，并被积极尝试。对此，《新闻出版业科技"十三五"时期发展规划》指出：要鼓励其他领域高新技术在新闻出版行业的应用研究。在外来高新技术的支持下，以数字技术应用于出版业为特有属性的数字出版外延也将不断扩大。

在架构设计方面，数字出版在宏观架设过程中需借助现代信息技术、计算机技术、互联网、移动互联网等，对资源统筹、汇集、流通提供技术支持；在中观层面，数字出版需引入数字图书馆技术、知识服务技术、大数据、云计算、区块链、5G技术、AR技术、VR技术、智能机器人技术等，实现数字出版产品和功能，以及不同产品之间的连接与互动；而在微观层面，即在数字出版编、印、发等具体生产和运作过程中，需借助电子书制作的格式技术、数字版权保护技术、数字印刷技术、智能编校排技术等，支撑具体功能的实现。总之，几乎所有的、能够应用于出版的数字技术，都可以采取拿来主义的方法加以运用和进行架构设计。

三、数字出版技术场景

数字出版是高度依赖于科技创新和技术赋能的出版形态，数字技术对出版业的重塑和再造，是数字出版区别于传统出版的主要标志，因而数字出版的技术场景极为广泛，常贯穿于出版活动的任一环节或全流程。

数字技术和出版业是否耦合以及耦合程度的高低，决定了数字技术在出版业应用场景的有无以及多少。如：智能编校排版技术应用于出版流程，就推动着出版流程的数字化再造和智能化重塑；AR技术应用于出版业，就催生出AR出版物这一对现实进行增强的新的出版物形态；VR技术应用于出版业，创造出VR出版物、VR知识服务、VR出版展览展示、VR课件视频等众多VR出版场景；区块链技术应用于出版产业，则创新出版权保护、版权溯源、知识服务联盟链等众多新业态和新场景。

近年来，数字出版高速发展，不仅推动研发了一批形态多样、专业优势明显的数字产品，也加速了出版业态与人工智能、大数据、知识服务等高新技术的应用。相信在未来，数字出版的技术场景将延伸至更多元、多维和多样化的环节和环境中。

第二节　数字出版技术形态

《新闻出版业科技"十三五"时期发展规划》指出，鼓励其他领域高新技术在新闻出版行业的应用研究。当前，大数据、增强现实、虚拟现实、人工智能等数字技术形态已被引入，并广泛应用于数字出版流程、产品和服务中，成为数字出版实务的重要组成部分。

一、人工智能技术

2017 年 7 月，国务院印发《新一代人工智能发展规划》，将人工智能定位为国际竞争的新焦点、经济发展的新引擎和社会建设的新机遇。人工智能的加速发展，正在引发链式突破，推动经济社会各领域从数字化、网络化向智能化加速跃升。2017 年 9 月发布的《新闻出版广播影视"十三五"发展规划》指出：研发应用人工智能技术，包括基于深度学习、类脑智能的机器写作、机器翻译、机器智能选题策划、智能内容分发的关键技术。人工智能涉及领域丰富，既包含硬件，也包含软件，是推进数字出版数字化、智能化转型和发展的最主要的数字技术之一。

出版＋人工智能：未来出版的新模式与新形态——以《新一代人工智能发展规划》为视角

2021 年 12 月发布的《出版业"十四五"时期发展规划》指出，"实施数字化战略，强化新一代信息技术支撑引领作用，引导出版单位深化认识、系统谋划……创新出版业态、传播方式和运营模式，推进出版产业数字化和数字产业化，大力提升行业数字化数据化智能化水平，系统推进出版深度融合发展，壮大出版发展新引擎"；"健全完善数字出版科技创新体系。突出科技创新在推动出版业数字化转型升级、实现深度融合发展中的重要作用，大力推动 5G、大数据、云计算、人工智能、区块链、物联网、虚拟现实和增强现实等技术在出版领域的应用，推动国家出版发行信息公共服务平台的应用。"

（一）人工智能的概念与发展历程

人工智能是相对于自然智能而言的。人工智能的本质是对人类思维中信息过程的一种模拟甚至超越。人工智能的具体的定义包括以下几种：

（1）人工智能，是让人觉得不可思议的计算机程序；（2）人工智能，是与人类思考方式相似的计算机程序；（3）人工智能，是与人类行为相似的计算机程序；（4）人工智能，是会学习的计算机程序；（5）人工智能，是根据对环境的感知，做出合理的行动，并获得最大收益的计算机程序。其中，最后一种的定义较为全面和科学，但是也体现出对伦理、情感、法律等方面的考虑不足，进而会引发一系列的问题。综上，根据现代决策体系，人工智能是能够自主感知、决策、执行和控制的计算机软件程序或硬件设备。

人工智能是计算机科学的一个分支，除此以外，人工智能还涉及信息论、控制论、自动化、仿生学、生物学、心理学、数理逻辑、语言学、医学和哲学等多门学科。人工智能学科研究的主要内容包括：知识表示、自动推理和搜索方法、机器学习和知识获取、知识处理系统、自然语言理解、计算机视觉、智能机器人、自动程序设计等方面。

人工智能的基础理论研究方向包括：大数据智能、跨媒体感知计算、人机混合智能、群体智能、自主协同与决策等方面的基础理论研究。人工智能的前沿基础理论研究主要包括：高级机器学习、类脑智能计算、量子智能计算等跨领域基础理论研究。人工智能的跨学科探索性研究，主要包括研究人工智能与神经科学、认知科学、量子科学、心理学、数学、经济学、社会学等相关基础学科的交叉融合。

人工智能的发展，大致可划分为三个阶段。早在 1950 年，计算机科学和密码学先驱——艾伦·麦席森·图灵发表了《计算机器与智能》一文，试图解决究竟什么是人工智能的问题。这篇论文成为划时代之作，也正是这篇文章，为图灵赢得了"人工智能之父"的桂冠。1956 年，美国达特茅斯大学开了一次会，希望确立人工智能作为一门科学的任务和完整路径。达特茅斯会议标志着人工智能的正式诞生。

20 世纪 60 年代末 70 年代初，斯坦福大学费根鲍姆等人成功研制了分析化合物分子结构的专家系统"DENDRAL"，开启了 AI 研究的第二次热潮。与利用推理等简单规则的第一次人工智能浪潮的方式不同，第二次人工智能开始走向专业化，即可通过大量学习某个领域专家水平的知识与经验，对具体问题进行推理和判断，模拟人类专家的决策过程，以解决那些需要人类专家处理的复杂问题。然而，20 世纪 70—90 年代，台式计算机的出现和兴起，逐步取代了人工智能"专家系统"所使用的 Symbolics 和 Lisp 等机器，致使人工智能浪潮面临寒冬。

第三次 AI 浪潮，是由深度学习携手大数据共同促成的。深度学习的概念源于人工神经网络的研究，是机器学习研究中的一个新的领域，其动机在于建立、模拟人脑进行分析学习的神经网络，以模仿人脑的机制来解释数据。大数据作为人工智能的基石，其价值在于数据分析、数据挖掘和智能决策。将深度学习与大数据结合，可借助大数据对机器进行训练，进而从中归纳出可以被计算机运用在类似数据上的知识或规律，从而实现真正的人工智能。

（二）人工智能的特征及在出版业的应用

普遍认为，人工智能具有以下五个特点：

第一，大数据驱动的知识学习。相较于传统通过人脑进行的知识和经验归纳、总结和知识表达，人工智能的显著特征之一在于以深度的机器学习为基础，对已有的人类成果和经验进行学习和分析，进而试图以人脑思维解决具体问题，进行智能决策。

第二，从分类型处理的多媒体数据转向跨媒体的认知、学习和推理。这里讲的"媒体"指的是界面或者环境，即人工智能可跨越不同媒介的复杂关联特性，根据不同媒体的数据特点，以多模态人类智能为目标，构建跨模态、跨平台内容的语义贯通机制，对具体问题进行问答、处理、交互和推理。跨媒体智能是实现机器认知外界环境的基础智能，在语言、视觉、图形和听觉之间的语义贯通，是实现联想、设计、概括、创造等智能行为的关键。

第三，高水平的人机、脑机相互协同和融合。相较于过去追求智能机器，人工智能强调以人为本，用人的思维解决问题，因此人工智能与脑科学的交叉是未来人工智能发展的一个前沿方向，其目的是建立起一些计算模型，通过大脑与计算机的融合交叉，或人机交互，产生一种能够互补型的、增强型的智能系统或新的智能形态。

第四，人工智能是基于互联网和大数据的群体智能。当人类面临共同挑战时，往往会处于相当混乱的协作网络和情绪之中，人工智能可充当信息存储库，帮助人类在纷乱中建立良好的联系，促进不同部门之间的交流，并把很多人的智能集聚融合起来变成群体智能，服务于团队决策。

第五，在研究和实践理念方面，人工智能技术的发展从关注智能机器人转向广阔的智能自主系统，即将人工智能技术与家居、制造业、经济、医疗等多样化产业集合，改造各种机械、装备和产品，打造智能工厂、智能无人机系统等智能自主系统，引领各产业走向智能化发展道路。

当前，人工智能技术正在加速进入新闻出版行业，对新闻出版产业发展产生了深远影响。一方面，人工智能重塑了新闻出版产业流程，推动出版社智能选题策划与协同撰稿、智能审校、智能印刷、智能数据加工、智能发行等活动开展，为新闻出版行业加速转型升级带来更多的可能（统稿后调整）；另一方面，人工智能可为新闻出版业对外提供精准化、智能化、多样化智能产品服务提供技术支撑，如通过新闻推荐、知识服务、智能社交、智能机器人等算法和应用，精准推送信息与服务，或满足用户个性化需求。（见图 8-1）

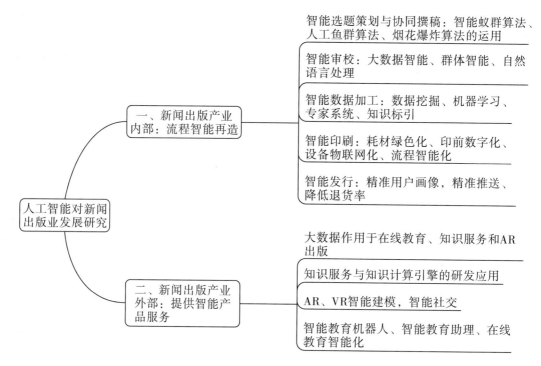

图 8-1　人工智能在新闻出版产业领域的应用

二、5G 技术

2019 年 6 月 6 日，工信部向中国移动、中国联通、中国电信、中国广播电视网络有限公司四家企业颁发了 5G 牌照，标志着中国正式进入 5G 时代。如今，5G 已成为移动通信的主要发展方向和主体内容，是社会各行各业热衷探讨的热门话题。5G 的赋能、注智，为进一步推动新闻出版业向着数字化、数据化、智能化的方向转型升级奠定通信技术根基，是推动新闻出版业高质量、高效率发展的重要数字技术之一。

**数字出版技术
形态：5G 技术**

（一）5G 技术概念

5G 是指第五代无线网络技术。相对于前四代移动通信技术而言，5G 具备低成本、低能耗、安全可靠的特点，同时令用户体验数据速率提高 10～100 倍，峰值传输速率达到 10 G/s，并具有 1 毫秒（ms）量级的超低延迟。[①] 从通信技术发展历程来看，1G 解决

[①]　赵国锋，陈婧，韩远兵，等. 5G 移动通信网络关键技术综述［J］. 重庆邮电大学学报（自然科学版），2015，27（4）：442.

了用户电话通信问题；2G 解决了短信发送问题；3G 解决了用户上网浏览图片问题；4G 解决了用户数字音频听取和数字视频观看问题；5G 则突破时空限制，在超高速传输、低时间延迟的前提下给用户带来最佳体验感，包括现实体验感和增强现实体验感。5G 技术所具有的大容量、高可靠、低功耗等特点，决定了其将会在国民经济各行业大放异彩，不仅改变人们的日常生活，还将重塑整个社会。而 5G 的赋能、注智，将进一步推动新闻出版业向着数字化、数据化、智能化的方向转型升级，向着更高质量、更有效率的方向迈进。

(二) 5G 技术特征及出版业应用的关键技术

相较于前四代移动通信技术，5G 技术具备以下三个特点。

第一，超高速传输。5G 技术的传输速率，理论峰值可达到 20G/s，是目前 4G 传输的 20 倍。打个比方，若在 5G 网络下，下载一部高清电影，仅仅需要几秒钟的时间。超高速传输不仅可以保证 4K 等超高清视频平均 18 Mbit/s 的带宽需求，还可以保证 VR 视频体验 175 Mbit/s 以上的带宽需求。超高速传输的特点，能够极大地带动和推进 AR 业务、VR 业务、全息业务的发展和普及，为用户提供绝佳的体验。

第二，低延迟。3G 技术的端到端延迟时长为数百毫秒；4G 可以缩减为 10 ~ 100 毫秒；而 5G 时代的端到端延迟时长为 1 ~ 10 毫秒，是 4G 的十分之一。低延迟的特点，为远程医疗、智能制造的远程操作、自动驾驶等提供了无限发展可能，能够加速推进社会智能化的建设进程。

第三，宽覆盖。5G 技术的全面应用，将会覆盖城市等热点地区以及边远山区，进而将移动互联服务推送到更广的范围。2019 年 6 月，中国移动表示将会在当年实现 40 个城市的 5G 覆盖，其中北京实现二环以内的覆盖。2019 年 7 月 9 日，在华为公司的大力拓展下，摩纳哥成为全球第一个实现 5G 全国覆盖的国家。但由于我国国土面积广阔，且地势、自然条件复杂多样，在我国实现 5G 技术全面覆盖还需要一定的时间。[1]

5G 技术涉及的关键技术广泛，如超密集网络异构技术、自组织网络、内容分发网络、设备到设备通信、机器对机器通信、信息中心网络、移动云计算、软件定义网络、软件定义无线网络、情境感知等。其中和新闻出版业紧密相关的技术主要包括内容分发网络、移动云计算技术和情境感知技术，具体如下。

（1）内容分发网络是为解决用户大量访问互联网导致的网络拥堵问题而提出的技术解决方案。也就是说，在传统网络中添加新的层次，即智能虚拟网络。在以往的数字图书馆、专业出版知识库销售过程中，经常会出现的问题便是打开页面时间过长，进而造成用户的满意度下降，影响数字产品和服务的销售进程。而内容分发网络，将有助于改善目标用户的阅读体验，提升分发内容的有效性，同时能够降低用户访问迟延时间，给

---

① 代小佩. 5G 全面覆盖至少还要 5 年［N］. 科技日报，2019 – 01 – 16.

用户访问网络平台内容提供较好的体验。尤其是在提供镜像服务的情境下，能够优化和改善数字产品和服务的 B2B 用户反馈，从侧面协助市场销售工作的开展。

（2）移动云计算技术是将云计算的概念引入移动互联网的产物。在新闻出版业"十三五"科技发展规划的预研究课题中，云计算以及物联网、大数据、语义分析作为四项重要的技术被提上研究日程。其中，云计算对数字出版的影响包括特殊的容错措施、数字资源格式和设备标准化以降低成本、减少出版企业系统软件的投资等。① 作为 5G 关键技术之一，移动云计算技术能够解决智能终端的访问质量和速度问题，同时也为移动医疗、移动学习、移动教育、移动型知识服务平台的建设与推广提供了技术的现实可能性。

（3）情境感知技术，是指借助可穿戴设备、无线通信技术、传感技术等，感知用户所处的环境，并根据获得的信息，为用户主动、智能、个性化地推送服务的技术。情境感知技术因其科技含量高，应用潜力巨大，已成为构建智慧图书馆的基石。② 未来，情境感知技术将会大量应用于个性化、定制化的知识服务的推送、智能机器人＋阅读、智能管理机器人、礼仪机器人、智能盘点机器人等新兴出版场景；③ 同时，智能终端设备依托情境感知技术，可在捕获用户位置、阅读偏好、交通状况等信息的基础上，实现和优化智能新闻的内容推荐功能。

三、区块链技术

近年来，随着以比特币为代表的虚拟货币的迅猛发展，其底层技术和基础架构"区块链"受到社会广泛关注。区块链技术被认为是"继大型计算机、个人计算机、互联网、移动社交之后的第 5 次颠覆式计算范式，是人类信用进化史上继血亲信用、贵金属信用、央行纸币信用之后的第 4 个里程碑"④。作为一种创造信任的机制，区块链技术不仅可以作为比特币应用的共识达成机制，而且可以承载交易等多种与价值相关的信息。⑤

区块链在新闻
出版业的应用研究

（一）区块链技术概念

"区块链"的概念起源于 2008 年中本聪在密码学邮件组发表的论文《比特币：一种

---

① 国家新闻出版广电总局数字出版司. 新闻出版业科技"十三五"时期发展规划预研究成果汇编［M］. 北京：中国书籍出版社，2015：176－178.
② 韩业江，董颖，等. 基于情境感知技术的智慧图书馆服务策略研究［J］. 情报科学，2019，37（8）：87.
③ 张新新. 新闻出版业智能机器人的应用原理与场景分析［J］. 科技与出版，2018（11）：43.
④ SWAN M. Blockchain: blueprint for a new economy［M］. USA: O'Reilly Media Inc，2015.
⑤ 许洁，王嘉昀. 基于区块链技术的学术出版信任建设［J］. 出版科学，2017，25（6）：21.

点对点电子现金系统》，其中中本聪提出"时间戳服务器通过对以区块（block）形式存在的一组数据实施随机散列而加上时间戳，并将该随机散列进行广播。每个时间戳应当将前一个时间戳纳入其随机散列值中，每一个随后的时间戳都对之前的一个时间戳进行增强（reinforcing），这样就形成了一个链条（chain），即'区块链'"。2009 年，中本聪创立了比特币，并开发出第一个区块，被称为"创世区块"。

从概念来看，狭义的区块链，即分布式记账本，是一种新型数据。换言之，区块链是一种按照时间顺序将数据区块以链条的方式组合成特定数据结构，并以密码学方式保证不可篡改和不可伪造的去中心化共享总账（decentralized shared ledger），以及能够安全简单存储的、有先后关系的、能在系统内验证的数据。[①] 而广义的区块链是一种全新的基础架构和分布式计算范式，是完整的带有数学证明的系统框架，具体地说，是利用加密链式区块结构来验证与存储数据、利用分布式节点共识算法来生成和更新数据、利用自动化脚本代码（智能合约）来编程和操作数据的一种全新的去中心化基础架构与分布式计算范式。[②] 因此从本质上来说，区块链是一个去中心化的分布式账本数据库，[③] 为价值互联网的实现奠定了技术基础。[④]

(二) 区块链技术特征

区块链的特征主要包括：去中心化、时序数据、广泛参与性、安全可靠性、可编程性等。

第一，去中心化。指区块链的信用关系构建是基于分布式系统结构，不依赖中心化的第三方机构或设施，基于协商一致的规范和协议（如哈希算法），各节点数据自我验证、记账、存储、维护和传输的，这是区块链最突出的特有属性。从信用机理的角度来看，区块链是以去中心化的算法信用（软件定义的信用）来取代中心化的机构信用甚至是国家信用，如比特币的信用体系和现行货币中心化信用体系的关系。

第二，时序数据。指区块链的链式区块结构数据带有时间戳，被增加了时间维度，进而可验证和可追溯，这是时间戳服务应用的结果。该特征使得区块链技术在产品和服务溯源、版权确权等方面会有较广阔的应用前景。

第三，广泛参与性。区块链是建立在开源代码和技术之上的技术，即区块中的数据对所有人开放，任何人都可以通过公开接口查询区块链数据和开发相关应用。[⑤] 因此，区块链技术具有广泛参与性和集体维护性，用户可通过激励机制来参与数据区块的验证过程，并通过共识算法来选择特定的节点，将新区块添加到区块链中。[⑥]

①②⑥ 袁勇，王飞跃. 区块链技术发展现状与展望 [J]. 自动化学报，2016，42（4）：482.
③　徐明星，刘勇，等. 区块链：重塑经济与世界 [M]. 北京：中信出版集团，2016：22－24.
④　蒋海. 区块链：开启价值交换新时代 [J]. 金融科技时代，2016（7）：28.
⑤　姚忠将，葛敬国. 关于区块链原理及应用的综述 [J]. 科研信息化技术与应用，2017，8（2）：4.

第四，安全可靠性。区块链在运行和架构中，采用非对称加密技术，通过工作量证明的共识算法所形成的强大算力来确保区块链数据的不可篡改和不可伪造。除非达到全部数据节点/全部算力的 51% 以上，否则无法修改区块数据；然而以比特币为例，随着计算机计算能力的不断进步，F2Pool、BTCChina Pool、Huobi Pool 等中国大型矿池部分已可达到约 60% 的算力，这就意味着比特币的安全性在理论上无法得到确保，区块链的安全可靠性受到挑战。

第五，可编程性。即区块链技术可通过共享海量、灵活的脚本代码系统为用户研发高级的智能合约、货币或其他去中心化应用提供支持，如以太坊的智能合约平台所提供的图灵完备的脚本语言，以供用户构建任何可以精确定义的智能合约或交易类型。可编程特点的不断凸显，推动区块链技术模式的不断升级，从 1.0 版的可编程数字加密货币体系，到 2.0 版的可编程金融系统（目前区块链处于 2.0 版早期阶段），直至最终的 3.0 版可编程社会。

2018 年 5 月，工信部发布《2018 年中国区块链产业白皮书》，其中指出，区块链作为一项颠覆性技术正在引领全球新一轮技术变革和产业变革，有望成为全球技术创新和模式创新的"策源地"，推动信息互联网向价值互联网变迁。[①] 在新闻出版领域，区块链技术的运用，有助于提升新闻溯源、版权保护、选题策划、知识服务、智库建设等业务和服务的水平，并在相关场景中发挥较大作用。[②]

---

① 工业和信息化部信息中心. 2018 年中国区块链产业白皮书 [EB/OL]. [2022 - 06 - 21]. https://www.miit. gov.cn/n1146290/n1146402/n1146445/c6180238/part/6180297.pdf.

② 张新新，杜方伟. 科技赋能出版："十三五"时期出版业数字技术的应用 [J]. 中国编辑，2020 (12)：9.

第三节　数字技术阶段布局

为适应图书出版与科技、信息化浪潮结合的整体趋势，发挥数字技术对传统出版的赋能作用，出版企业在市场定位和转型方面已初步达成共识，即要实现由内容提供商向技术应用商、服务提供商的角色转变。这种转变反映在数字技术布局中，则可分为三个阶段，即技术外包、技术合作和技术自足。

一、技术外包

技术外包，是指出版企业专注于自己的核心业务，将其信息化、硬件、软件业务全部或部分外包给专业的信息技术服务公司。技术外包符合社会化分工的规律，由专业的群体负责专业的事宜，能够提高效率，使得出版社可以专注于自身在内容资源、产品渠道方面的布局和实施。但从实施来看，数字出版在技术外包的过程中也面临若干问题，这些问题在一定程度上影响了项目预期目标的实现，也导致了项目成果转化率不高。

第一，出版技术企业所提供的技术落后于数字出版业务发展现状。当前，部分数字出版企业已步入完全市场化运营阶段，需改进门户网站的技术和功能，提高市场运营方面的效率。然而，传统的出版技术企业，仍然是以排版文件转换、数字化加工 DRM 版权保护、数字图书馆建设、数据库开发作为核心技术。在现有业务能够满足其经营指标的情况下，相关出版技术企业不再继续推出新业务、研发新技术，致使其提供的技术难以满足数字出版企业发展需要。

第二，出版技术企业多采用租赁的方式为数字出版企业提供技术支持，一定程度上制约和阻碍了数字出版企业技术发挥和转型升级。传统出版技术企业在成长和发展过程中需研发和掌握一定关键技术，该技术是出版技术企业的核心竞争力，也是使得出版技术企业在激烈的市场竞争中占据一席之地的"秘密法宝"。因此，出于商业机密保护等原因，传统出版技术企业往往不愿意出售或让出版社直接占有和操控其核心技术，而采用租赁的方式，即由技术提供方提供安装盘或技术支持，该种方式在某种程度上影响和制约了出版社在数字出版领域的发展，以及向技术应用商和服务提供商的转型升级。

第三，出版技术企业提供的软件系统多是固定的，致使个性化、定制化服务缺失。大型、老牌的出版技术企业所提供的技术方案多是程式化、固定化的，且出于对成本收益的考量，相关技术企业不愿根据出版机构客户的实际情况做出重大变化或进行技术革新。这种被业界称之为"技术产品化"的路线从技术企业角度考虑，有其合理性，可降低产品成本，确保利润的最大化；但在出版企业看来，由于无法满足特定出版领域的技术需求，可能导致相关项目难以获得预期的技术实现效果，甚至由于软件系统适配性差而被大量搁置，造成资金和资源浪费。

二、技术合作

鉴于技术外包方式的突出弊端，部分有着明确战略定位、清晰发展思路的数字出版机构在面临出版技术问题时，可能采取"技术合作"的策略。技术合作主要有两种具体方式。

第一种方式，即出版社作为出资方，购置技术企业的软件技术，使得出版社本身对该项技术享有所有权和使用权；出版社在进行数字产品运营推广时，可将该项技术应用于自己的目标客户，为目标客户提供"内容＋技术"的全套服务方案。第二种方式，是出版社与技术企业联合成立"内容＋技术"的公司实体，出版企业以自身的内容资源、运营渠道等作为投入，而技术合作方则提供符合出版企业要求的、相关领域的高新技术，双方共同出资打造面向特定出版领域的法人实体。如由科大讯飞股份有限公司与北京师范大学出版集团共同投资成立的、致力于采用"出版＋AI"技术进行互联网教育服务的北京京师讯飞教育科技有限公司（简称"京师讯飞"）便是第二种技术合作方式的成功案例。该公司不仅整合了北京师范大学出版社丰富的学术资源、教育资源和渠道资源，也充分发挥科大讯飞的语音识别、机器人制造等人工智能技术优势，是出版企业开创融媒体出版、布局"出版＋AI"前瞻业态的经典案例，也是开展个性化、定制化、智能化数字教育的重要尝试。

总之，技术合作，是出版社走向自我掌握技术、应用技术的关键性步骤，也是出版社在与技术提供商谈判过程中具有里程碑意义的一个阶段，为出版社实现技术自足、自我研发奠定了丰富的实践经验和业务能力。在技术合作阶段，出版企业开展数字出版业务，可分别在锻造人才队伍、应用高新技术、熟悉项目管理、储备无形资产等方面进行积累和着力。

三、技术自足

技术自足，是指出版机构能够自主研发和集成应用数字出版相关技术，尤其是能够拥有数字出版核心技术，并将相关核心技术转变为自身的知识产权、无形资产，能够集成应用数字出版前沿性技术。技术自足是大型单体出版社、出版传媒集团发展数字出版、实现出版转型的必由之路，也是越来越多的新闻出版企业主动选择的发展路径。

出版企业技术自足对传统图书出版企业向现代知识服务提供商转型具有重要意义和价值。第一，出版企业技术自足有助于提升出版社的自主研发能力，增强自主研发力量，满足互联网＋时代发展需要，支撑出版社技术创新和系统维护，储备信息化建设的人力资源和技术资源。第二，出版企业技术自足有利于提高项目成果的转化能力，即技术自足不仅可降低出版企业运营和维护成本，且可让出版企业切实了解和主动衔接市场，从而更好地满足国民经济各行业、新闻出版企业市场的技术开发需求和功能需要，为数字产品销售、项目成果转化提供坚实的技术基础和保障。第三，出版企业技术自足可帮助出版企业打通数字出版产业链，在内容资源优势的基础上实现技术嫁接，占据数字出版产业链制高点，从而在较短的时间内，推动数字出版部门和企业具备资源建设、内容生产、技术开发、市场销售的数字出版全产业链操作能力和研发实力。第四，出版企业技术自足可成为发掘企业新增经济增长点的重要渠道，即数字出版企业可面向出版企业、行业市场需求，提供智库支持系统、知识服务系统、数字产品平台等各类技术产品和服务，发掘新的赢利点。第五，出版企业技术自足也可提高资助项目的使用绩效，避免"转移支付"的消极后果，即在坚持专业化分工、职业化发展的基础上，提高项目资金的使用效率，以尽可能经济的价格，实现最优服务、最佳产品、最合理的技术设计，避免项目资金浪费。第六，出版企业技术自足也可加大其潜在市场机会，提升企业发展速度，如具备技术自足实力的数字出版企业，可申请国家高新技术企业认证或"双软"企业认证，享受国家税收优惠政策，且可获得进入招投标市场的资质，对开拓市场、把握机遇具有较大的促进作用。

作为出版机构数字化转型的高级阶段，出版单位实现技术自足需要具备以下五点前提和条件。

其一，在理念上，出版机构需具备从内容提供商到技术提供商转变的战略定位。知识服务时代，出版社若想提供层次鲜明的信息服务、知识产品、知识解决方案，需要以自主技术为支撑。因此，技术自足的第一位要素便是在出版机构战略定位中，将内容提供商向技术提供商转变作为重要战略目标。现有国内外大型的出版机构、出版集团无不兼具内容优势和技术优势，如励讯集团的数字决策工具系统，由其自主研发；知识产权出版社也在积极布局自身的大数据公司和专利文献知识服务技术。

其二，在资金投入上，出版机构需要保证充足的项目资金和自有资金支撑技术研发。目前各级财政部门都将文化产业作为重要的扶持方向和投入方向，规模大、实力强的出版社每年都可获得数千万元的财政项目支持。这些财政项目可为出版机构实现技术自主提供财务支持。同时，出版机构本身亦需投入一定的资金用于研发核心技术，培养骨干技术团队，以最终形成自身的数字出版前沿技术。

其三，在组织层面，出版机构可成立单独的数字出版公司，并将高新技术作为公司的主营业务之一。在理念前瞻、资金充足的前提下，传统的数字出版部门无法承担自主技术研发的工程，技术自足的任务需要交由独立的数字出版公司加以实现，并且该公司必须将高新技术作为主营业务之一。目前，国内已有一部分出版机构成立了专门的数字出版科技公司，专门进行技术研发、技术提供和技术服务，为出版机构提供必要的和个性化的技术支持。

其四，在人才队伍建设方面，出版机构需引进技术核心团队，采取项目带动、反向工程等措施尽快培养自主技术队伍。技术自足的实现，离不开技术领头人和技术骨干团队。出版机构可通过技术并购、项目带动和反向工程等方式，如引进成熟的技术团队，或通过项目合作理解和掌握相关技术研发与应用，或通过公开渠道取得数字产品和平台，并进行拆卸、分析、统计、改进等以获得有关技术信息，从而实现对内支撑出版企业项目开发、信息化建设，对外提供技术开发服务的目标。

其五，在制度上，出版机构需及时进行新兴出版制度的"立改废"，形成鼓励先进技术应用与赋能、将先进技术与先进内容相结合、传统媒体与新兴媒体深度融合的制度文化氛围，不断提升出版企业新兴出版治理体系和治理能力的现代化。

思考题

1. 数字技术具有哪些特征和应用场景？

2. 数字出版有哪些主要的技术形态？

3. 在了解了主要的数字出版技术形态后，你对数字出版有什么新的理解？

4. 结合数字出版主要技术形态，你觉得未来数字出版是什么样的？

5. 数字技术阶段布局及其条件分别是什么？

参考文献

1. 房国志. 数字电子技术［M］. 北京：高等教育出版社，2019.

2. 工业和信息化部信息中心. 2018 年中国区块链产业白皮书［EB/OL］.［2022 – 06 – 21］. https://www.miit.gov.cn/n1146290/n1146402/n1146445/c6180238/part/6180297.pdf.

3. 方卿. 资源、技术与共享：数字出版的三种基本模式［J］. 出版科学，2011，19（1）.

4. 张新新. 新闻出版业智能机器人的应用原理与场景分析［J］. 科技与出版，

2018（11）.

5. 许洁，王嘉昀. 基于区块链技术的学术出版信任建设［J］. 出版科学，2017，25（6）.

6. 张新新，杜方伟. 科技赋能出版："十三五"时期出版业数字技术的应用［J］. 中国编辑，2020（12）.

7. 袁勇，王飞跃. 区块链技术发展现状与展望［J］. 自动化学报，2016，42（4）.

第9章 数字出版市场调研与预测

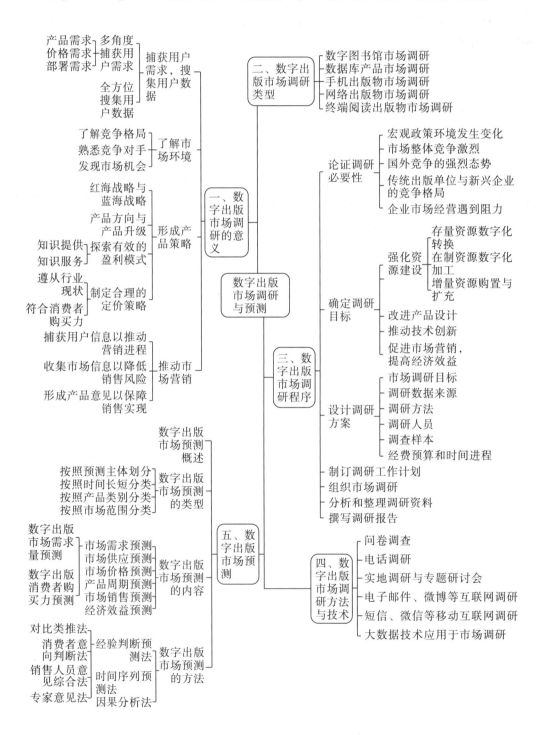

学习目的

了解数字出版市场调研的重要意义，理解数字出版调研的典型类型，掌握数字出版市场调研七个阶段的科学程序及其要求，熟练掌握数字出版市场调研的基本方法和技术，具备基于市场调研和分析进行数字出版市场预测的能力。

知识链接

数字出版市场调研，是指运用科学的方法，遵循特定的程序，在搜集、分析、整理各种信息、情报和资料的基础上，对数字出版市场进行调查和研究；通过调查和研究深度挖掘用户的消费需求，获知竞争对手的商业策略，形成自身的经营规划，进而减少市场运营风险，把握市场经营规律，提高数字出版企业的经济效益和社会效益。

第一节　数字出版市场调研的意义

市场调研工作，贯穿于数字出版产业链的各个环节，无论是资源建设、产品研发、市场营销和销售，还是衍生服务的开展，均需要围绕市场调研所得出的结论和报告进行。具体而言，数字资源建设的形态、格式、标准，需要借助市场调查的结论；产品的表现形态、定价策略、安装部署方式，需要建立在市场研究的基础上；市场销售商业模式的确定、营销方案的制订、付费方式的实现，需要与市场调研中的用户需求相吻合。

目前国内的出版社、民营企业和境外的出版传媒集团均对数字产品和服务的市场调研工作高度重视，通过市场调研，资本背景不同的数字出版企业，针对政府市场、企业市场和个人用户市场制定了前瞻而务实的产品策略和营销策略。市场调研对数字出版发展具有重要意义。

一、捕获用户需求，搜集用户数据

用户需求的获取，是数字出版产业链的第一环节，能够敏锐、准确地把握用户阅读需求、消费习惯，数字产品的开发工作就完成了一半。相对于传统出版的市场调研工作，数字出版的市场调研所捕获的用户需求更加具体，所搜集的用户数据更加精细。

（一）多角度捕获用户需求

数字出版的市场调研，包括数字产品的调研和数字服务的调研，两种调研的目标在于从更多角度、更大范围来挖掘用户需求，包括用户的产品阅读需求、价格定位需求和安装部署方式的需求等。

1. 产品需求

数字化、信息化时代的到来，推动着人们的阅读向着无纸化、环保化方向迈进，进而催生出大量的电子图书、数据库、手机书、网络动漫、网络游戏、网络音视频、MPR多媒体复合印刷读物等数字阅读产品。在面对海量的资源形态、产品形态时，用户究竟需要什么样的产品？究竟迫切需要获取哪方面的精准知识？是需要海量集合性的产品还是需要单一碎片化的产品？是需要在互联网环境下实现阅读还是在移动互联环境下进行阅读？是通过计算机享受知识服务还是通过平板电脑、手机等享受知识服务？这些问题都是数字出版市场调研工作需要一一解答的。数字出版的营销实践表明，各类用户对数字产品的需求是不同的。

（1）B2C 语境下的个人用户。个人用户对数字产品的需求往往是碎片化的、单一性的；一些个人用户会选择计算机进行数字产品阅读，但是更多的个人用户逐步倾向于通过平板电脑、电子书阅读器、移动手机进行资讯的获取、阅读的消费。

（2）B2B 语境下的企业用户（也包括事业单位）。企业用户往往会对综合性的、资源海量性的数字产品进行集中采购，而后分发给企业成员使用；所选择的数字产品或者是集中在特定专业、学科领域，或者是集中在特定职业、实务领域；获取知识的介质大多是计算机，往往通过互联网向企业成员进行知识分发和推广。

（3）B2G 语境下的政府用户。随着国民经济各个行业信息化、科技化、数字化日新月异，政府机关采购数字产品和服务的比例呈现稳定上涨的趋势，政府机关客户所购置的数字产品多是特定领域、特定职业的，并且往往是通过政府内部局域网的方式进行安装和部署，从而向机关成员进行资讯的提供、知识的分发和信息的传递。

2．价格需求

对任何行业的市场调研而言，其目标用户的价格需求把握始终是调研的重中之重。把握消费者能够承受的价格底线，在此基础上形成合理的定价策略，是数字出版物实现销售的关键性因素。

相较于西方数字产品的价格，我国的数字出版物价格呈现出"畸低"的不正常状态。例如，西方国家的电子书价格和纸质图书价格相差无几，甚至前者是纸质图书价格的几倍，而我国在互联网销售的电子书价格普遍是纸质图书的 1/3 左右，手机图书的价格只有纸质图书的 1/10 左右。单一品种的数字出版物价格偏低，广大网民仍然习惯于免费阅读，数字环境下的盗版猖獗，是当下我国电子书 B2C 市场无法打开的三大因素，也是很多出版企业无法实现数字出版盈利的时代性因素。

3．部署需求

数字出版市场调研的另一个重要方面是产品/服务的安装部署方式。用户对数字出版物的部署需求，影响着甚至是决定着数字出版企业的产品研发。一般情况下，个人用户会选择广域网访问（互联网访问或者移动互联网访问）的方式来获取数字产品；企业用户、高校图书馆等事业单位用户会选择广域网＋局域网访问的方式来实现数字产品的安装部署；而出于对网络安全和信息安全的考量，政府机关用户绝大部分会采取内部局域网的方式对机关成员开放所购置的数字产品和服务。

数字出版企业往往会根据自身发展的实际情况，选择不同的部署方式和服务策略，从而形成了我国数字出版物市场的基本竞争格局：外国的传媒集团，如亚马逊、励讯集团在我国占有以个人用户和企业用户为主的数字出版市场；中国知网、方正阿帕比等民营企业占有以个人用户和高校图书馆为主的数字出版市场；为数众多的国有出版社主要依靠自身的专业优势和行业背景，力图在个人市场和政府机关市场领域取得突破。

（二）全方位搜集用户数据

随着大数据技术的发展，大数据变革着人们的思维，变革着商业模式，也在变革着社会管理和企业管理。因此，以海量数据为标志、以预测为核心、以辅助决策为功能的大数据技术越来越引起各个行业的重视。就新闻出版业而言，在大数据环境下，数字出版的市场调研主要是通过各种各样的数字产品和服务平台来全方位、立体化地搜集用户数据，包括用户类型、年龄、性别、学历、消费频次、阅读偏好等。

二、了解市场环境

数字出版市场调研工作有利于数字出版从业者、数字出版企业更加全面地了解市场竞争情况，包括竞争对手的产品服务、经营策略、经营规划等，也包括市场的需求空白、数字出版蓝海，以及整个数字出版市场竞争的格局、态势及发展趋势。

（一）了解竞争格局

数字出版市场目前的国内竞争基本格局是：国有出版企业、民营文化企业和外国出版传媒集团各有千秋，分别在政府市场、企业市场、高校图书馆市场和个人用户市场进行着激烈的市场竞争。

无论是国有出版企业，还是民营文化公司，抑或外国出版传媒集团，要想打开国内的数字出版市场，在激烈的市场竞争中脱颖而出，都必须在全面调研竞争对手的产品、服务的基础上，以优质的产品为核心，以完善的服务为后盾，上升到行业、产业知识服务的高度，为用户提供点对点直供、直联、直销的数字出版产品和服务。

（二）熟悉竞争对手

"知己知彼，百战百胜"，充分、深入的市场调研工作还有利于数字出版企业全面地了解竞争对手的基本情况，进而制定出差异化的市场竞争策略，从而在数字出版市场中立足和发展。

数字出版的市场调研，要围绕竞争对手的产品布局、渠道分布、盈利模式、人员结构、市场表现等方面展开，这样才能全面地获知竞争对手的基本情况，为自身进行数字出版物的研发和营销提供有益借鉴，进而取得数字出版领域的跨越式发展。

（三）发现市场机会

数字出版的市场调研，还能够帮助数字出版企业掌握现有市场的饱和度，解决市场准入时的信息不对称问题。优秀的市场调研员，能够通过对竞争对手的分析、对整个市场的研究，来避开红海的激烈竞争，为企业制定和实行蓝海战略，探索差异化竞争策略，找寻并发现未知的市场商机，奠定扎实的数据基础。

三、形成产品策略

在充分展开市场调查和研究的基础上，通过对整体数字出版市场环境的熟悉和分析，通过对竞争对手进行全面细致的研究，数字出版企业按照"人无我有""人有我优"的基本经营方针，可以在红海市场推进差异化竞争策略，在蓝海市场先发制人抢占市场制高点。

（一）红海战略与蓝海战略

数字出版物市场调研的直接目标是通过搜集资料和分析论证，来判断和掌握数字出版企业拟研发的产品服务属于红海产品还是蓝海产品，进而为企业制定红海战略或蓝海战略提供客观、第一手的资料和信息。

红海产品是指在已知市场空间竞争激烈的主流产品，蓝海产品是指针对未开发市场所拟研发的产品。作为数字出版业产品典型代表的数字出版物，无论是电子图书、数据库，还是手机图书、网络文学，都经历了一个由蓝海产品向红海产品过渡的阶段。因而，数字出版市场调研工作首先要搞清楚数字出版物属于红海范畴还是蓝海范畴；其次要研究分析出企业自身拟研发的产品是否处于蓝海产品向红海产品过渡的阶段；最后要根据产品所处的竞争阶段的不同，制定和实施差异化的红海战略抑或蓝海战略。

红海战略的核心在于不断提高产品竞争力，不断降低产品研发成本，不断推进产品的升级换代，只有这样才能够保持优势的市场竞争地位，不在市场竞争中被淘汰；蓝海战略的核心在于奉行差异化竞争策略，敏锐捕捉和及时发现市场空白，针对市场潜力巨大、目标用户群数量巨大的领域创新性地研发新产品、提供新服务，以填补数字出版物市场的空白，始终保持处于市场竞争的前瞻性地位。

（二）产品方向与产品升级

在对数字出版物市场进行调查和研究的基础上，结合市场调研报告和企业实际经营情况，数字出版企业能够明确自身的产品研发领域和产品更新换代的方向。

经过调研，当企业发现自身拟研发的产品处于未知的市场空间时，该产品便属于蓝海产品；在此基础上，企业领导层需要具体细化产品的方向，如采取线上服务还是线下服务的方式，主要的目标客户是个人客户还是企业、政府客户，具体产品形态是电子图书、数据库产品、手机出版物、动漫游戏还是其他类型的数字出版物。

当企业发现自身拟研发的产品在市场中处于完全、充分的市场竞争格局时，在调研报告中便要提出企业产品改进的意见和建议，尽可能提出更新换代版的数字出版物。产品升级的方向可能是资源量更大、功能更加便捷、价格更加低廉，也可能是对安装使用载体的扩充。

（三）探索有效的盈利模式

数字出版的盈利模式是市场化操作的前提，也是产业化发展的纽带。在商业模式的选取上，各个出版社大致有线上和线下两种模式；在具体的盈利模式开拓上，则更加丰富，有 B2C、B2B、B2G、B2B2C、O2O 等多种模式。无论何种模式，只要有利于提高数字产品的市场占有率，有利于提升数字出版的收入水平，就是合理的盈利模式。

数字出版市场调研报告需要包含产品的盈利模式，该盈利模式需要具备前瞻性，能够满足企业较长时期的发展需要；需要具备务实性，能够满足企业日常经营的生存需要。

为数众多的盈利模式，就目前而言，其功能和定位大致有二：知识提供和知识服务。其中：知识提供指数字出版企业根据自身的行业资源优势，按照行业知识分类法，为用户读者提供优质的数字化内容。知识服务指数字出版企业根据用户的需求，按照个性化和定制化的目标，为目标用户提供量身定做的知识产品和服务。

1. 知识提供

B2C 盈利模式主要适用于和重点合作商的合作，该第三方运营商必须具备足够多的个人用户，能够提供强大的个人消费渠道，进而为出版社的数字产品提供优质的消费渠道。曾经一度，盛大文学、中文在线等民营企业和数百家国有出版社与中国移动手机阅读基地、中国电信手机阅读基地、亚马逊等第三方平台合作。在数字出版初期，B2C 起到了有效地提高收入、增加用户的效果。

B2B 模式是目前各个数字出版企业应用最广泛的商业模式，能够起到短平快见效的效果，也是构建自主销售渠道的最快捷方式，主要适用于高校、出版社等机构用户。

B2G 模式是部分中央级出版社目前盈利模式的支柱，主要指出版社与行政机关、司法机关、立法机关等国家机关进行合作，将所研发的数字产品向国家机关进行推广、宣传和销售。

2. 知识服务

B2B2C 模式，是在上述 B2B、B2C 的基础上，结合行业服务功能，通过向某一固定系统的成员按月收取信息费的方式，向系统成员提供资讯、知识服务，进而增强了服务的针对性，提高了互动性，而非单纯的知识推送。

（四）制定合理的定价策略

数字出版的市场调研必不可少地要包含对数字出版物定价的调查和研究，定价策略选择的成败直接关系到商业模式是否成功，关系到消费者是否为数字产品买单，关系到数字出版物的营销和销售目标能否成功实现。

1. 遵从行业现状

从我国数字出版实际出发，数字出版企业所确定的产品定价不宜过高，短期内我们不能达到西方国家数字产品定价和纸质产品相近甚至是高于纸质产品定价的水平。就电子图书而言，目前的行业现状是，鉴于图书上线时间较之于纸质图书而言相对滞后，电子书的销售价格不宜与纸质图书相同或高于纸质图书售价。

2. 符合消费者购买力

消费者的购买能力、心理承受能力是数字产品定价策略的首要考虑因素。目前我国个人用户用于数字产品的消费相对较低，而企业用户和政府机关用户则呈现出较强的购买力，并且企业和政府机关购买数字产品、数字知识服务的经费比例呈现出逐年上涨的趋势。因此，数字出版企业不妨将产品策略、渠道营销和推广的重点放在机构客户领域，这样能够在近期内实现企业的盈亏平衡。

四、推动市场营销

数字出版的市场营销，按照产品研发的时间点不同，分为前期营销、中期营销和后期营销，而一项优秀的数字出版物市场调研活动，其本身也是一项数字出版物前期营销的过程。

（一）捕获用户信息以推动营销进程

数字出版市场调研获得了大量关于用户的联系方式、博客微博、微信邮件等具有身份属性的信息，同时对目标用户的消费价格预期、阅读媒介、阅读偏好、阅读习惯等数据也进行了统计和分析，这些信息和数据往往是数字出版物中期营销和后期营销的关键性资料，也为中期营销和后期营销大大提高了效率，缩短了整个营销进程的时间周期。

（二）收集市场信息以降低销售风险

数字出版市场调研通过搜集大量有关市场竞争格局、竞争对手情况和市场机会的信息和数据，能够为数字出版企业制定红海/蓝海战略提供决策辅助，能够协助企业制定与竞争对手大相径庭的差异化竞争策略，能够帮助企业领导层及时发现市场空白，进而为开辟全新的、未知的市场空间做好铺垫。

（三）形成产品意见以保障销售实现

数字出版市场调研有利于企业创新性研发新产品，以占领数字出版新市场；有助于企业对原有产品进行升级换代，加快企业转型升级的步伐；同时能够协助企业制定出最能满足消费者需要的产品价格，帮助企业选择最合理、最前瞻的盈利模式，进而保障销售过程的最终实现。

第二节 数字出版市场调研类型

数字出版市场调研的类型，涵盖了几乎所有的数字出版产品和服务的市场调研，包括电子图书、数据库产品、手机图书、网络出版物、终端阅读产品、动漫游戏产品、网络视听产品等。

数字出版市场调研有其共性规律，也有个性特点，不同的数字出版物所呈现出来的调研重点、调研群体、调研方向、调研方式方法均有一定的差异性。这里仅选取几种具有代表性、典型性的数字出版市场调研类型加以细致分析。

一、数字图书馆市场调研

数字图书馆的市场调研，需要围绕以下几个方面重点展开：

第一，目标用户群体。首先需要确定目标用户群体的性质，是属于政府机关，还是企业客户，抑或高校图书馆、公立图书馆、科研院所等事业单位客户；其次需要估算目标群体的规模，也就是用户群体数量，这直接关系到数字图书馆未来的市场收入规模和盈利大小。

第二，同类竞争对手。目前国内数字图书馆供应商数量庞大，能够供应的数字图书也是海量级别的。在这种情况下，市场调研的第一要务是准确定位真正的竞争对手是哪一家或者哪几家，要清晰明了竞争对手的市场占有率，要分析研究如何贯彻落实差异化竞争策略，尽量避免与竞争对手的红海竞争。

第三，产品战略和定价策略。在数字图书馆这个红海市场，当竞争对手为数众多、产品规模相当庞大、市场占有率较高的时候，把产品做精做细、提供更加优质便捷的知识服务便成为赢得客户的重点；同时，能否有效地降低成本，以低于竞争对手的合理定价来提高市场占有率，让消费者以最高的性价比获取同样的数字出版服务，这些也是市场调研不可或缺的组成部分。

第四，合理的服务方式。前述目标用户群体的确定、竞争对手的实力评估中都包含了对自己采用何种服务方式的逻辑基础。而性质不同的用户群体，所需要的安装部署方式是不一样的。比如，政府客户往往接受多层级内部局域网安装部署的方式，甚至有保密资质、网络安全方面的要求；企业客户更倾向于能够同时采用互联网访问和局域网安装的方式；图书馆等事业单位客户往往会针对自身成员，以局域网的方式进行数字图书馆的安装和部署。

二、数据库产品市场调研

目前，国内外著名的数据库产品供应商有国内的北大法宝、北大法意、中国知网，国外的汤森路透、励讯集团，等等。这些数据库产品供应商的产品布局较早、市场占有率较高，同时在不断提升自身的产品质量和产品规模，力图长期保持数据库服务市场的优势竞争地位。在这种情况下，数据库产品市场调研的重点主要有以下几个方面：

第一，竞争对手实力评估。竞争对手的实力包括资金实力、产品实力、技术实力、渠道实力、人力资源实力等，任何一个试图进入特定领域的数据库产品供应商，都要考虑同领域竞争对手的上述实力；在经过调查和研究后，全面评估竞争对手的综合实力，再分析和判断自身是否要进入该领域的数据库产品市场。

第二，数据库产品的核心竞争力。竞争对手的数据库产品之所以拥有较高的市场占有率，是因为其数据库产品拥有着别人无法望其项背的核心竞争力。产品的核心竞争力可能是资源的权威性、资源的独家性、资源的海量聚集效应、资源的更新及时性等，也可能是拥有特殊的分销和发售渠道，该渠道其他供应商无法轻易进入。

第三，差异化竞争策略与蓝海战略。在确定了竞争对手的综合实力和产品核心竞争力之后，市场调研报告的重点便是在红海领域提出差异化的竞争策略，在未知市场空间提出蓝海战略。

从差异化竞争的角度来看，国有出版企业往往因其拥有数千种乃至数万种图书，而具备了民营企业、境外企业所无法提供的特殊资源，这些图书在经过作者授权、资源碎片化、知识体系标引等环节后，便成为出版社所独家拥有的核心数据。

从蓝海战略的角度看，目前我国信息服务市场所提供的数据库产品大部分是"靠量取胜"而非"靠质取胜"，现有供应商的主要优势在于海量资源聚集效应，规模越大，产品销售越容易实现。新生数据库供应商需要立足前瞻性的战略定位，从特定领域的知识元、知识体系、知识图谱建构的角度来重新研发和升级数据库产品，以互联网知识服务和移动互联网知识服务作为企业发展战略目标，这样的企业才能够重新开辟数据库市场的新天地。

三、手机出版物市场调研

鉴于手机彩铃、手机音乐、手机游戏等广义的手机出版物的产业链较为复杂，且在是否属于数字出版学研究范围问题上尚有争议，以下将对与传统出版业态紧密关联的手机图书、手机杂志等手机阅读类产品的市场调研作为介绍重点：

第一，用户规模统计。手机图书和杂志的潜在用户数量是市场调研的重要任务，直接关系着手机出版能否盈利和盈利多少。手机阅读用户群集中于农民工、青少年、高校学生等群体，一般来讲，针对这些群体定向推送的内容资源往往会取得较好的经济效益和社会效益。

第二，移动互联规律把握。手机出版和互联网出版的特点具有较大的差异性。首先，手机阅读类产品的信息量不宜过大，篇幅不宜过长；其次，手机阅读类产品的风格应当以轻松、愉悦、休闲的题材为主，适宜浅阅读的作品往往更受读者欢迎；最后，手机阅读类产品的定价要符合用户消费能力和消费频次等。把握了这些规律，所作出的调研报告会更加科学，更加合理，能为企业进军手机出版领域提供可靠的资料和数据。

第三，市场营销手段运用。传统出版编辑在互联网方面从事电子书、数据库产品的开发和营销时，往往会较快地完成自身角色的转换，胜任工作的可能性较大，而对于移动互联领域的产品研发和市场营销却会显得捉襟见肘。这是因为在移动出版领域，一方面传统出版单位甚至是网络文学公司的话语权不够重，很难就新产品推荐、新品上榜等事宜和手机阅读基地进行平等的洽谈和协商；另一方面，网络文学公司和出版社，尤其是传统出版社，对手机阅读的营销手段、营销方式、营销法则非常生疏，不像在传统出版领域那样驾轻就熟。所以，通过什么样的渠道，采取直销、分销还是委托第三方营销的方式，运用什么样的营销手段便成为手机阅读调研的重点任务之一。

第四，产品业态创新考量。2009—2012年，传统出版社的数字出版部门往往会通过简单的版权许可使用的方式，把图书的数字版权授予移动、电信手机阅读基地，每月换取几万、几十万不等的市场收入，彼时的手机出版可等同于出卖版权。2012年以后，手机阅读运营商的整体收入规模呈现高增长的态势，但是作为内容提供商的出版社的收入却不断下降，这种现状迫使出版企业重新思考手机出版的产品形态和业态创新。至此，手机阅读的盈利模式由B2C一统天下的局面逐步过渡为B2C、B2B和B2G齐头并进；手机出版物的产品形态由单一的手机书、手机杂志逐步向着移动办公学习平台、移动行业应用知识服务平台等产品领域升级换代。而手机阅读运营商除了和数字出版企业签订传统的以内容合作为主的协议以外，还就行业渠道建设逐步和内容供应商，尤其是专业出版社陆续展开合作。

四、网络出版物市场调研

网络出版物市场调研的重点主要有以下几个方面：

第一，总结流行主题。网络出版物的时效性非常强，往往在特定时间段内会流行特定题材，比如玄幻类题材曾经在2012年左右特别畅销，当时涌现出了以《斗破苍穹》为最典型代表的一大批玄幻小说，促进了网络文学的繁荣与发展，同时也成就了一大批年轻的网络作家。因此，网络出版物市场调研的重中之重便是及时发现和总结当时乃至未来一段时间可能畅销的作品主题和题材。

第二，挖掘网络作家。网络出版物市场调研的另一项重要使命是挖掘网络作家，既包括已经成名的网络作家，更包括发现并培养可能成为著名作家的网络新写手。这一点，网络文学公司有着成功的市场实践，每个大的网络文学公司都有几个网络作家作为当家花旦，同时还经营着庞大的网络新作家队伍。

第三，掌握营销渠道。网络出版物的市场营销非常重要，如何在互联网、移动互联网运用科学合理的营销手段，投入经济实惠的营销成本，抓住恰到好处的营销时机，是网络出版物市场调研的另一项重要任务。

五、终端阅读出版物市场调研

终端阅读出版物市场调研的重点任务有以下几个方面：

第一，合理的产品定价策略。终端阅读出版物的成本包括硬件成本和内容资源成本，硬件成本往往会占据整个产品定价的相当大的比例，此时如何给内容资源定价便成为市场调研重点要解答的问题。过高的内容定价容易引起用户的不满，而过低的内容定价又无法提高出版机构的积极性，因此选择合适的定价范围和区间显得至关重要。

第二，可行的商业模式。终端阅读出版物的商业模式相对单一，和传统出版领域出售图书的模式相近；但是因为涉及硬件的高成本，产品供应商可以考虑是采取接受预订的模式，还是采取自身先行制作加工之后再向市场销售的模式。实践证明，"接受预订"的模式商业风险较低，营销成功率较高。

第三，与业务相匹配的人力资源配置。终端阅读出版物按照计件销售、计件盈利的方式进行推广和销售，这种营销模式往往需要投入大量的人力、物力，需要有相当规模的人力资源作为业务支撑，因此市场调研的内容必须要回应人力资源配置的问题。

第三节　数字出版市场调研程序

数字出版市场调研，大致要经过必要性论证、确定目标、设计方案、制订计划、组织调研、分析和整理资料以及形成调研报告七个阶段，其中每一个阶段都是下一阶段的工作基础，也是上一阶段的工作延续。

一、论证调研必要性

之所以进行数字出版物的市场调研，是因为特定领域出现了特定的问题，需要用市场调查和研究的方法来提供决策参考，以解决市场经营中的问题，更好地实现数字出版物的开发和营销。一般来讲，数字出版物市场调研必要性主要由以下几个方面的问题引起。

（一）宏观政策环境发生变化

数字出版是出版业态创新的产物，是信息技术、通信技术等数字技术作用于出版业的客观结果，是出版业发展的未来和方向。作为一个新生产业，政府主管部门高度重视和大力扶持数字出版业，近几年先后出台了一系列支持和鼓励数字出版发展的宏观调控政策。当宏观调控政策出现明显变化的时候，作为市场细胞的企业需要及时进行市场调研，分析和研究政策变化，自觉用好各项有利政策，积极争取财政项目资金，以促进自身的产品升级和营销调整。

目前我国数字出版产业中，政府主要起着引导、扶持和有效干预的作用：在引导方面，国家主管部门引导出版企业树立正确的数字出版方向，主导数字出版行业规则、规章制度的建立，推动传统出版单位的业态升级和转型；在扶持方面，主要是通过示范评比、人才调训、项目建设等方面，为出版单位提供资金和政策方面的各项支持；在有效干预方面，有关主管部门主要致力于维护健康的数字出版市场秩序，确保国有资产的保值增值，维持数字出版市场的整体供需平衡。

从长远来看，在数字出版产业中，市场起着最终的决定性作用，国家有关主管部门在职权职责范围内，在特定的历史阶段，给予数字出版业资金、政策等方方面面的支持和鼓励，主要是为了培养传统出版单位和新媒体企业具备复合出版业态下的综合竞争力，甚至是国际竞争力。无论是作为数字出版主体的传统出版单位，还是作为数字出版新锐力量的新媒体公司，都应该保持清醒的头脑，抓住国家大力推动文化产业大发展、大繁荣的有利契机，自觉用好各项政策资金支持，充分发挥市场主体的主观能动性，全面引入和推行数字化的技术、流程，生产出数字化的产品和服务，建立起数字化的渠道网络，在国内外激烈的市场竞争中脱颖而出，成长为能够适应现代复合出版业态竞争格局的领军企业和行业领跑者。

（二）市场整体竞争激烈

十八届三中全会首次提出市场在资源配置中起决定性作用，进而改变了近 20 年来的市场在资源配置中起基础性作用的提法。市场的决定性作用，给正在形成和不断发展的数字出版市场起到了重要的提醒作用：作为市场主体，必须充分发挥自身在数字出版业态中的主人翁、决定性身份的作用，尽早适应融入到真正意义上的市场竞争中去，甚至是走出国门，与国外的数字出版商进行竞争；不断培育和发展自身的用户市场，在完善的产品供给、先进的技术布局和有实际掌控力的渠道建设方面真正成长和成熟起来。作为主管部门的新闻出版广电总局数字出版司，将"数字出版处"更名为"产业推进处"，这也释放了一个强烈的信号：主管部门将会在促进数字出版产业化、规模化、市场化方面加强工作，指导和督促出版单位参加、融入到市场竞争中去。

（三）国外竞争的强烈态势

客观地说，我国的数字出版市场存在着三股主要的竞争力量：传统出版企业、新兴民营企业和境外出版传媒公司。强调市场的决定性地位，以市场需求为导向、面向市场研发数字图书和数据库等产品，宏观的战略意义在于应对来自国际方面的数字出版商的挑战。我国的数字出版消费市场潜力是巨大的，正因为这一点，国外的出版商纷纷以各种形式、各种产品入驻中国。如 West Law、Lexis Nexis 等出版商纷纷在中国推广自己的数据库产品，涉及医疗、商业、法律等各个行业，深入研究用户的需求特点和规律，研发适销对路的数字产品，提供"私人订制"般的市场服务，才能一方面抓住国内市场，另一方面进军国际市场，把中国的数字化产品和服务推向国际社会。

（四）传统出版单位与新兴企业的竞争格局

关于数字出版的发展方式，长期以来有两种说法：其一，依托于传统出版单位，促使其实现技术升级、产品创新，进而达到全行业的业态创新；其二，"腾笼换鸟"，由新兴的技术公司、新兴的市场主体取而代之。从目前主管部门的产业政策来看，首先还是主要支持传统出版单位尽快实现产业升级和业态更新。客观地说，为数众多的新兴企业在数字出版领域确实正在或者已经取得了相当不错的社会效益和经济效益。它们并没有出版单位的行业渠道优势、品牌价值优势，也没有政府主管部门的资金政策扶持，但是它们却在数字出版的若干领域取得了突飞猛进的进展。

在数字出版容易脱颖而出的法律出版领域，国内的技术企业，如北大法宝、北大法意、中国知网、方正阿帕比等，曾先后在政法院校、公检法司律等行业系统内开拓了非常广阔的市场渠道，他们的数据库较之出版社而言，还是有着内容、技术、功能等多方面的优势。他们依托自身的内容资源，尽管没有行业渠道的先天性优势，却在数字出版领域开辟了一片新天地。

境外出版传媒集团依靠雄厚的资金实力，强势阻击我国数字出版产业；国内新兴网络技术公司纷纷涉足数字出版领域，并且已经在市场竞争中占有一席之地；传统出版单位借助国家新闻出版广电总局、财政部的政策资金支持，试图展示后发制人的实力。这样的竞争态势，决定了每一个数字出版企业在进行产品研发、技术开发和市场营销的时候，都需要认真进行市场调研，弄清市场竞争格局，这样才能做到有的放矢，规避市场经营风险，提高市场经营成功概率。

（五）企业市场经营遇到阻力

数字出版物市场调研的直接必要性在于企业的市场经营活动出现了困难，遇到了阻力。这种阻力可能是企业所拥有的数字资源规模不大，质量不高，难以满足产品研发的需要；可能是数字产品研发不对路，不能有效满足用户的消费需求；也可能是企业市场营销和销售局面打不开，难以在激烈的市场竞争中脱颖而出；等等。正是上述种种企业在实际经营中所遇到的障碍，促使企业积极进行市场调研活动，以便更好地建设资源、改进产品和提高销售额。

二、确定调研目标

明确的目标是数字出版物市场调研发起的初衷，也是最终要达到的调研目的。从数字出版产业链的角度来看，数字出版物市场调研的目标主要涵盖资源、产品、技术、销售四个环节，为数字出版产业链的贯通做准备，具体来讲包括以下四个方面：

（一）强化资源建设

在对国内外数字出版企业市场综合调研的基础上，要确定自身的数字资源建设方式，为下一步数字出版物研发做好铺垫。一般来讲，数字资源建设途径主要有三种：

1. 存量资源数字化转换

存量资源数字化转换主要适用于具备专有出版权的传统出版社、报社、杂志社。我国的出版社社龄分别从几年到几十年不等，在数十年的发展过程中，积累了数千到数万种数量不同的纸质图书，这些纸质图书的数字化加工与转换是出版社数字出版资源建设的重要任务与使命，也是传统出版社具备的独家数字资源优势。

2. 在制资源数字化加工

在制资源数字化加工同时适用于出版单位、民营企业和境外企业。其中，对新闻出版单位而言，在制资源数字化主要是指日常生产经营过程中的纸质图书数字化、报纸期刊数字化；对民营企业而言，在制资源数字化是指通过网络抓取、政府合作所获得的公共信息资源；对境外企业而言，主要是指通过互联网所获取的我国医药、法律、税务等国民经济各个行业的数据和资源。

3. 增量资源购置与扩充

增量资源的购置与扩充，同样适用于三种类型的数字出版企业。如：新闻出版单位可以通过版权置换、版权购置的方式来获取图书、期刊、报纸、条目数据的增量资源；民营企业和境外企业同样可以选择彼此合作，或与新闻出版单位合作、与数据拥有者合作的方式来开展增量资源建设工作。

资源数字化加工和制作，是数字出版市场调研的目标之一，同时也为数字出版企业进行数字产品研发、数字产品转型升级奠定了产业链的基础。

（二）改进产品设计

改进产品设计，是数字出版市场调研的另一项重要目标。数字出版物，亦即数字出版产品和数字出版服务，是数字出版产业链的核心环节，是上游资源建设的逻辑延伸，是下游技术应用和市场销售的主要对象。

数字出版市场调研的产品改进目标主要体现在以下两个方面：

其一，新产品研发设计。在对数字出版物市场供需整体状况进行调查的基础上，在对竞争对手核心数字出版产品进行研究的基础上，数字出版企业根据调研报告，提出适销对路、适合自身实际情况的数字出版产品研发方案，可以凭借全新的，或者差异化非常大的数字出版产品打开一片全新的数字出版市场，贯彻和落实数字出版的蓝海战略。

其二，原有产品升级换代。在对主要竞争对手的核心数字产品全面调研的基础上，结合消费者购买数字出版物的趋势分析，数字出版企业便可对自身已有的数字出版产品进行改进。这些改进或者体现在增强数字出版物的功能，如把电子书升级成包含音视频、动漫、三维插图的增强型电子书；或者体现在降低产品定价，以优惠的促销策略来打动消费者；或者体现在对数字产品的内容进行丰富和扩充，提供增值型知识服务，提高消费者的购买性价比；等等。

（三）推动技术创新

市场调研的重要目标，还包括把最新的如 5G 技术、区块链技术、人工智能甚至是元宇宙技术应用于数字出版业，按照创新驱动发展的战略，把技术创新作为第一生产力，不断提高企业的生产效率，不断降低企业的经营成本。

新闻出版广电总局在"十三五"科技规划课题中，设置了大数据、云计算、语义分析和物联网四项技术在新闻出版业的应用研究。这四项技术一方面可以作用于出版业的编辑、校对、印制、发行等传统出版过程；另一方面更能够通过出版业，创新性地与国民经济行业知识服务相结合，推出应用这些技术的数字出版产品和服务。

（四）促进市场营销，提高经济效益

数字出版市场调研的终极目标是促进数字产品营销和推广，增加数字产品的市场收入，提高数字出版物的社会效益。无论是前述的资源建设目标、产品改进目标，还是技术创新目标，都是服务于提高市场销售的目标，因为实现了市场销售，数字出版物的价值才真正得到了实现。

市场调研本身就是一种前置性营销活动，它把数字出版企业所研发的最新的产品，通过样本抽取的方式，向目标用户进行宣传和推广；或者是通过吸收和借鉴目标用户的建议和意见，用于改进产品和创新技术，又在用户那里实现最终的产品价值；或者是通过对竞争对手产品、技术、销售方面的调研，形成企业自身的经营策略，不断强化自身产品、降低产品价格，增强自身的市场竞争力，提高企业产品的市场占有率。

三、设计调研方案

数字出版调研方案的设计，是整个数字出版物市场调研活动的核心和关键，直接关系到调研目标能否实现，调研活动能否如期开展，调研报告是否科学有效，是否能兼具务实性和前瞻性。数字出版调研方案大致包括以下几个方面内容：

（一）市场调研目标

在市场调研课题启动之初，就必须根据营销人员与企业管理者的要求发现问题、确定方向，从而在调研设计阶段明确调研的目的。

（二）调研数据来源

市场调研所依据的信息、资料、数据，是来自互联网、移动互联网的各种数字出版运营平台，还是来自最终的数字出版物用户？是第一手资料，还是依据其他报告所总结出来的第二手资料？这些问题都需要确定下来。

（三）调研方法

是采取电话调研、问卷调查，还是进行实地考察，举行专题研讨会？是借助互联网、移动互联网等技术，还是通过第三方的大数据平台进行调研？这些调研方法如何统筹使用？这些都是调研方案必须要解决的问题。

（四）调研人员

调研人员首先需要具备丰富的数字出版营销经验或者销售经历，能够熟悉电子书、数据库、手机阅读等多种数字出版物的特征和规律；其次需要具备与时俱进的学习态度，能够对大数据、语义分析、物联网等最新技术有所了解和判断；最后需要能够熟悉用户情况，熟悉市场竞争状况，及时响应用户提出的问题，并将这些建议和意见反馈在调研报告中。

（五）调查样本

调研方案必须明确调查的范围，样本的数量和特征以及抽样方法。是采取全样本，还是样本抽查？是选择个人读者，还是选择政府用户、企业客户？这些问题都需要在调研方案中明确下来。

（六）经费预算和时间进程

市场调研工作总是需要花费一定的时间和资金，因此必须做出预算，进行成本效益分析。好的调研方案力争以最节约的时间成本和资金花费来完成最优秀的市场调研。

四、制订调研工作计划

数字出版物市场调研工作计划的制订要遵循以下几个原则：

其一，时间性。调研工作计划一定要有明确的时间阶段，要按照事先规定的时间表进行，除了不可抗力以外，不能随意变动调研进程，以影响整个调研工作的正常进展。

其二，务实性。调研工作计划要具备务实性的特点，需要紧紧围绕事先制定好的各项目标展开，不能游离于调研目标之外。

其三，参照性。调研工作计划要以竞争对手为参照，充分对竞争对手的数字产品、数字技术、资源建设和市场营销进行调研和研究，以确保所得出的调研结论具有较强的执行性。

其四，前瞻性。调研工作计划要具备前瞻性的特点，要立足国内、国际两个数字出版市场，充分调查研究国有出版社、民营企业和境外传媒集团的各项指标，要结合政府宏观调控政策，确保所得出的调研报告能够立足时代前沿，在较长时间内指导数字出版企业发展和壮大。

五、组织市场调研

在制订好调研计划之后，数字出版企业应该着手安排专业人员开展市场调研工作。市场调研的组织实施，可以由数字出版企业自身进行，也可以委托第三方调研机构实施。

市场调研的过程中，首先要对调研目标进行分项拆解，拆分为多个子目标，每个子目标由专门的工作组负责，实行责任制原则；其次，调研过程需要综合运用多种调研方法，主要是线上和线下两种途径，前者依托于互联网的信息资讯，后者需要实地调查，需要深入到市场、深入到目标用户所在地；再次，调研工作组之间要定期沟通和交流，以确保分项子目标的调研相互协调，避免重复劳动，避免做无用功。

六、分析和整理调研资料

调研过程结束之后，各个工作组需要汇总本组的调研资料数据，同时对不同工作组的调研数据进行整理和分析研究。数据整理过程中要优先考虑选择价值较高的第一手资料和数据，按照"去粗取精、去伪存真"的原则对资料数据进行细致甄别和梳理。

七、撰写调研报告

经过对数字出版物市场实际情况的调查了解，将搜集到的全部情况和材料进行分析研究，揭示出共性，寻找出规律，总结出经验，最后以书面形式陈述出来，就形成了数字出版物市场调研报告。

数字出版物市场调研报告撰写过程中需要注意以下几个方面的问题：

第一，报告需要建立在丰富的调研数据基础上。没有内容丰富、角度全面的资料和数据，便难以形成科学权威的调研报告。除了第一手资料，国家新闻出版广电总局、财政部文资办、新闻出版研究院等政府主管部门和行业科研机构所发布的宏观政策、年度报告等，也具有极高的信息价值和指导价值。

第二，报告要遵循逻辑严谨、条理清晰的原则。做出的报告要围绕数字出版物的产品、技术、渠道等产业链的特定问题展开，运用网络统计、实地考察、专题研讨、大数据分析等多种方法，符合实际调研的过程，以最简洁的表现形式表达出真正全面的内容。

第三，调研报告要统筹运用文字、图片、表格等多种表现形式。单纯的文字表述尽管逻辑严谨，但是不够形象和生动，而配以相应的表格、图片后则显得更加立体和丰富。例如，关于电子书收入增长的年度报告，除了文字表述外，年度增长表、年度增长柱状图会更具有表现力，而且能产生一目了然的效果。

第四节 数字出版市场调研方法与技术

数字出版市场调研的方法，既包括传统的问卷调查、电话调研、召开专题研讨会，也包括新型的基于互联网、移动互联网工具和手段的调研方式。新型调研方式往往是数字出版调研的主要方法，数字出版市场调研可能会运用许多信息技术。

一、问卷调查

问卷调查法，是指在调查中将调查的资料设计成问卷后，让被调查对象将自己的意见或答案，按照调查问卷的要求，填写到相应的地方，以获得被调查对象的信息。数字出版市场调研的调查问卷只有符合以下几个方面的要求，才能取得较好的调研效果。

第一，简洁明晰。调查问卷的题干要明确、清晰、直奔主题，不能出现似是而非的问题，让被调查者不明所以；调查问卷的题肢要有明显的层次区分，各题肢之间相对独立，尽量避免出现题肢与题肢之间相互重叠、互相包含的逻辑语病。

第二，针对性强。调查问卷要针对被调查对象的消费能力、消费行为、身份属性、群体特征等个性化的特点，设置出被调查者主动感兴趣、参与积极性强的问题，否则问卷调查的目的就难以实现。

第三，预设情景多于自创情景。现代社会的快节奏、高压力导致人们的阅读行为呈现出浅阅读大于深阅读的趋势，许多"填鸭式"的"垃圾信息"充斥人们的日常生活中。在这种情况下，如果调查问卷设置的客观性问题少而主观性答案多、预设情景少而自创情景多，那么被调查者往往会对问卷表现出敷衍、厌倦的态度，甚至会将问卷像垃圾文件一样弃置一边。

第四，既要坚持全面的原则，又要坚持重点的原则。调查问卷的内容需要紧紧围绕市场调研的目标，比如选取数字出版产业链的资源建设、产品研发、技术应用或者渠道销售的某一个方面重点进行调研，但同时又要兼顾产业链的上下游关系，对调研目标相关的问题适当涉及，体现出立足全面、突出重点的调研风格。

二、电话调研

电话调研，是指针对数字出版物的某些具体问题，采用电话询问的方式向特定的人群进行调查的调研方式。电话调研的主要特征如下：

第一，针对具体问题。电话调研的问题不能是范围很广的，那样会引起被调查人的反感甚至是厌恶。调研的问题往往是关键性的、具体的。比如，就数字图书馆的定价体系向目标用户进行意见征询，或者就数据库产品的规模向目标用户提出询问等。

第二，面向特定人群。电话调研的目标群体必须是特定领域的或者是特定群体，如果泛泛地向公民大众进行电话调研，往往会被当作垃圾信息一样过滤掉，调研效果会适得其反。比如，采用电话调研的方法来确定政府机关用户对数字图书馆的价格心理承受能力，所选择的目标群体必须是政府机关内部数字化产品的采购负责人。

第三，调研时间不宜过长。电话调研的大忌是没完没了地就同样的问题向被调查者发问，或者是向同一调查者多次进行询问，这样导致的后果是电话调研的目标群体减少。

第四，需要及时归纳总结。在经过询问之后，需要及时将被调查者的建议或者意见进行总结和梳理，尤其需要对多个被调查者的建议进行系统归纳，得出其中共性的规律，作为调查报告的组成部分。

三、实地调研与专题研讨会

实地调研法，是指数字出版企业委派专业人员到目标用户所在地进行市场调查研究的方法。调研员在实地考察时，常用的调研形式是召开专题研讨会。实地调研的主要特征如下：

第一，成本相对较高。实地调研相对于电话调研、问卷调查最明显的区别便是调研成本较高，涉及交通成本、会议成本、专家咨询费等。

第二，互动性强，参与度高。尽管成本相对较高，但是实地调研的互动性较强，便于现场提出问题和现场解决问题，不像问卷调查那样互动性相对较差。另外，实地调研的参与度较高，实地调研的前提是事先确定好调研参加者。由于实地调研往往是就特定地域或者特定职业群体的数字出版需求问题展开，所以出席调研会的往往都是专业人士，发表的观点具有较高的参考价值和借鉴意义。

第三，便于集中解决调研问题，调研效率相对较高。采取头脑风暴式的实地调研法，能够在短时间内调动所有参与者的积极性，吸收和汇聚专业人士的观点，因而解决问题的效率非常高。

四、电子邮件、微博等互联网调研

计算机技术作用于出版业，催生了数字图书馆、数据库产品、网络出版等典型的数字出版物，同时在数字出版业务流程中也起到了促进和推动作用，产生了一系列新型的市场调研方法。

电子邮件调研已经被证明是互联网调研的最常见的方法之一，许多数字出版企业通过电子邮件就年度、季度、月度的数字产品向广大消费者征询意见，征求建议。电子邮件调研的优势在于：第一，信息传递快，缩短了调研过程；第二，信息承载量大，比较适合综合性的调研内容。不足之处在于：随着越来越多垃圾邮件的出现，许多问卷调查也被专业软件过滤掉或者被用户当作垃圾邮件予以删除，消费者调研参与度较低，互动性不够。

微博是近几年流行的一种新型网络平台，是一种通过关注机制分享简短实时信息的广播式的社交网络平台。随着微博的用户量呈现出几何式增长的趋势，越来越多的企业采用微博进行市场调研和市场营销。微博调研的优势在于即时性强，关注度高，尤其是粉丝数量多的微博，往往具有较高的调研参与度。

五、短信、微信等移动互联网调研

移动互联网领域的市场调研，相对于互联网调研而言，有其特殊性：第一，移动互联网领域的调研内容相对集中、信息量相对浓缩，无论是微信调研还是短信调研，都不可能采用长篇大论的方式向用户征求建议和意见；第二，移动互联网领域的市场调研具备最高的即时性，响应速度快。随着微信用户数量的大规模扩张，各种类型的数字出版企业都注重用微信平台来推广自己的产品，宣传自己的服务，同时也就用户最关注的问题进行市场调查和研究。

六、大数据技术应用于市场调研

我国国家新闻出版广电总局已经将大数据技术作为"十三五"期间科技发展规划的重要课题之一进行了预研究。国内目前并没有服务于新闻出版业的专业大数据平台。在可以想见的未来，大数据平台因其海量资源聚集效应、事件预测功能、规模数据分析统计功能，必将带来数字出版物市场调研的革命性变革。

首先，大数据平台的海量资源会成为数字出版市场调研的数据来源，大批量、高价值的用户数据、内容数据和交互数据都可以在大数据平台中被准确定位和获取，这便为数字产品的市场调研奠定了扎实的数据资料基础。

其次，大数据平台通过对海量的读者进行消费行为统计分析、消费价格统计分析、畅销内容选题分析之后所形成的统计报告，能够相对准确地指引数字出版的产品研发、市场营销和市场销售。

最后，大数据平台对海量用户数据的分析统计，能够挖掘出数字产品消费者的身份特征、消费能力、消费周期、阅读偏好等个性化的数据信息，这为数字出版物的精准调研、精准营销提供了最准确的目标用户资料。

第五节　数字出版市场预测

在数字出版企业的建立、建设和发展过程中，市场预测都起着至关重要的指引作用，并且具有重要的参考价值。数字出版物的市场预测，有利于企业制定科学合理的经营战略规划，有利于企业形成前瞻务实的产品策略，有利于企业进行准确的市场定位，有利于企业实行正确的渠道策略和销售策略，开展有效的市场营销活动。

一、数字出版市场预测概述

数字出版市场预测，是指统筹运用科学的方法，对影响数字出版市场供需的各种因素进行调查研究，分析和预见市场发展趋势，探索和掌握市场供求变化的规律，为企业经营决策提供可靠的依据和参考。数字出版市场预测的主要特征有以下几方面：

第一，科学性。数字出版市场预测的科学性体现在其方法的科学性和结论的科学性两个方面：首先，市场预测过程需要运用定性预测法、定量预测法、时间序列预测法等多种科学的预测方法；其次，数字出版市场预测结论是在对市场供需规律的科学把握的基础之上得出的，因此具有较高的可信度和参考价值。

第二，近似性。数字出版市场预测的近似性特征是指经过预测得出的市场预测报告与市场最终的实际结果之间具有很高的相似性，但同时又有一定的差距，并非百分之百完全吻合。这种近似性特征适用于所有类型的数字出版物市场预测，也适用于同一类型数字出版市场预测的不同方面，无论是价格预测、产品预测、用户预测，还是销售预测。

第三，服务性。数字出版市场预测的服务性特征是指市场预测本身并不构成目的，而是服务于企业经营决策的每个过程、阶段和依据。"凡事预则立，不预则废"，可见预测对于各行各业、各种企业都起着非常重要的规划参考、决策借鉴的重要作用。

第四，持续性。数字出版市场预测的持续性特征，是指市场预测是一个持续的过程，而不是一蹴而就的，也不是一劳永逸的，需要在企业生存和发展的过程中持之以恒地进行下去。只要数字出版企业在正常经营运转，市场预测就不可或缺；而每当面临"十二五""十三五""十四五"等重大时间段的发展规划时，市场预测的重要性就体现得更加明显。

二、数字出版市场预测的类型

数字出版市场预测，按照不同的维度标准，可以划分为不同的类型。这里结合主要的数字出版产品形态，对各种市场预测类型划分如下：

（一）按照预测主体划分

按照市场预测主体的不同，市场预测分为宏观市场预测和微观市场预测。其中：宏观市场预测，是指由政府主管部门、行业协会或者科研机构发起的，针对整个数字出版市场所做的预先判断和推测。微观市场预测，是指由数字出版企业发起的针对特定类型的数字出版的生产和营销活动的预测。

在我国，数字出版宏观市场预测一般由国家新闻出版署、数字出版协会或者是中国新闻出版研究院负责发起，发起的目的是为下一年度或者下一个五年发展规划期更好地指导我国的数字出版产业沿着健康、稳定、快速的方向发展。

而数字出版微观市场预测的发起主体是各种类型的数字出版企业，既包括传统出版社、报社、期刊社等国有新闻出版单位，也包括北大方正、中国知网、盛大文学等网络技术公司，还包括亚马逊、励讯集团、汤森路透等境外出版传媒集团。这些数字出版企业发起市场预测的主要目的是更好地改进自身的产品、提高市场销售额和市场占有率，让企业更好地经营和长久发展。

（二）按照时间长短分类

数字出版市场预测，按照时间长短划分，可以分为短期市场预测、中期市场预测和长期市场预测三种类型。

短期市场预测是指时间长度按照日、周、月度和季度所做的预测，目的是为企业月度或者季度生产营销规划提供参考和依据。短期市场预测往往针对产品的营销、产品价格、产品销售等具体问题展开，能够同时适用于综合性数字产品和单一性的数字产品。

中期市场预测是指面向未来一年以上五年以内的数字出版市场进行预测，目的是为企业年度经营计划或者未来几年的经营发展规划提供参考和依据。中期市场预测往往适用于企业的市场潜力、价格变化、数字出版物的供需变动趋势以及影响中期预测的各种变动因素等范围。

长期市场预测往往是指面向五年或者五年以上的数字出版市场进行预测，目的是为企业长期发展提供决策参考和依据。如传统出版社经常进行的五年发展规划、新闻出版广电总局数字出版司制定的"十二五"数字出版发展规划等长期的发展战略都依赖于对数字出版市场的长期预测。

（三）按照产品类别分类

按照数字出版产品的类别，可以将数字出版市场预测分为数字图书馆的市场预测、数据库产品的市场预测、手机出版的市场预测、网络出版物的市场预测、终端阅读出版物的市场预测、网络音视频的市场预测、游戏动漫的市场预测、数字报纸期刊的市场预测、AR 出版物预测、VR 出版物预测、数字藏品预测等。

按照数字出版不同的产品表现形式，数字出版市场预测可以分为对综合性数字出版的市场预测，如数字图书馆、数据库的市场预测；对单一性数字出版物的市场预测，如某本电子书、某个畅销的网络文学的市场预测。

（四）按照市场范围分类

随着全球化的趋势对出版业的日益渗透，国内的数字出版企业积极谋求文化产业"走出去"，境外的出版传媒集团也纷纷高调宣布进军中国数字出版市场。在这种大的时代背景下，我们的数字出版市场预测又分为国际数字出版市场预测和国内数字出版市场预测。

一般来讲，国际数字出版市场预测的主要发起者和承担者是政府主管部门、行业协会和科研机构，各种类型的数字出版企业往往会根据前者所制定的国际市场预测报告，制定和实施自身的国际市场开拓战略和规划。从国际数字出版市场的竞争态势来看，我国数字出版企业处于弱势地位，不具备与国际同行相抗衡的实力。国外的大型出版传媒集团凭借雄厚的资金实力、灵活的运营机制，通过兼并、重组等手段，在数字出版领域成为名副其实的领跑者。

国内数字出版市场预测报告一般也是由政府主管部门、行业协会和科研机构等发起和公布。目前国内的数字出版市场趋势大致有以下几种：首先，出版深度融合趋势进一步加强，传统出版社纷纷进军数字出版领域，国家财政资金支持优先向国有出版社倾斜；其次，新兴技术公司、媒体公司凭借灵活的资本运作、市场机制，呈现出快速发展的趋势；最后，网络出版业务发展迅速，且呈现出持续增长的趋势，在"走出去"方面将会持续发力。

三、数字出版市场预测的内容

数字出版市场预测的内容，是指对那些与市场相关的要素进行预测，主要包括市场需求、市场供应、市场价格、产品周期、市场营销、经济效益预测等。

（一）市场需求预测

数字出版市场需求预测，是指对与数字出版市场需求相关的要素进行预测，主要包括市场需求量、消费者购买力等。

1. 数字出版市场需求量预测

数字出版的市场需求量，是指在一定时间段内，整个市场对于数字出版产品和服务的需求总量。市场需求总量受到消费者收入水平、消费者购买能力水平、数字产品定价、相关竞争者价格策略、用户消费行为偏好、国家宏观政策调控等多方面因素的制约。

这里仅以国家宏观调控政策为例加以说明：2015年1月财政部等三部门出台了《政府购买服务管理办法（暂行）》，通过对该办法的认真解读，可以发现数字出版的B2G盈利模式在这里找到了合适的落脚点。随着政府机关各部门信息化、数字化的步伐越来越快，政府购买知识服务的需求也将不断提高，因此，该办法的出台一方面是在推动转变政府职能，推广和规范政府购买服务，更好发挥市场在资源配置中的决定性作用；另一方面也为广大的数字出版企业创造了广阔的市场。

2. 数字出版消费者购买力预测

消费者购买力预测，包括消费者的收入水平预测、消费者的支出水平预测、消费者对于数字出版物的需求变化趋势预测等方面。

近几年来，我国的数字出版物的个人用户呈现出逐年增加的态势。《2021年度中国数字阅读报告》显示：2021年，我国数字阅读用户规模为5.06亿，相比2020年增长了2.49%；人均阅读量中，电子阅读11.58本，有声阅读7.08本。2021年，我国数字阅读行业整体营收规模达415.7亿元，整体增幅为18.23%，其中大众阅读为302.5亿元，专业阅读为27.7亿元，有声阅读为85.5亿元，大众阅读市场规模占比逾七成，是产业发展的主导力量。总体而言，数字化阅读整体人数呈不断增长趋势，极大地推动了全民阅读的发展。而数字出版物的机构客户，包括政府机关、企业用户和事业单位用户用于采购数字化、信息化知识服务的资金总量也呈现出整体上涨的喜人趋势，其中大部分高等院校图书馆的采购经费中，数字化产品的比例已经超过了纸质产品的比例。

（二）市场供应预测

数字出版市场供应预测，是指对在一定的时间段内，数字出版物市场所供应的数字出版产品总量及构成，以及各种具体产品供应量的变化发展趋势的预测。

科学的市场供应预测，要全面收集本企业的历史数据，对相关产品的以往品种、数量、产值、成本和收入进行系统研究和整理；要深入了解同类产品的现有生产企业的产品供应量、产品销售量、产品销售额、新技术应用情况等因素，对这些因素进行分析和统计。

一直以来，我国的数字出版整体市场供应呈现出由高速增长向中高速增长，再向高质量供给的发展趋势。在这种情况下，数字出版企业对于自己所投入的数字出版物的预测显得至关重要，投入多少，投入到哪个领域，投入哪些产品能够迎合消费者的消费偏好，这些都需要在市场供应预测报告中得到解答。

（三）市场价格预测

数字出版市场价格预测，是指对包括电子书、数据库、手机图书等在内的数字产品的未来价格水平、变化趋势以及影响因素等进行预测。

前面已经多次提过，我国数字出版物的价格水平整体偏低，例如电子书的定价是纸质图书的三分之一甚至是五分之一，而美国电子书定价是纸质图书的 50% ~ 70%，甚至有超过纸质图书定价的。我国这种价格整体偏低的定价趋势估计仍将持续一段时间。不过也有数字出版企业在提高数字出版物的价格方面已经付出了自己的努力。例如，2015年初，由人民出版社牵头，数十家出版社成立了中国数字出版联盟，联盟的主要宗旨包括遏制数字出版物价格偏低的趋势、加强数字出版产品内容与营销的合作等。

（四）产品周期预测

数字出版产品周期预测，是指预测产品市场发展水平处在何种周期，并针对产品处在推介期、成长期、成熟期、衰退期等不同的生命阶段，制定不同的应对方法，保证产品充分完成公司的使命，达到各项经济效益和社会效益目标。

产品周期预测的核心是根据产品所处阶段不同，制定相应的应对策略，或者以新技术提供产品功能，或者以内容扩充提高产品可读性，或者采取促销、降价等策略保持产品的市场占有率。

电子书产品以其功能强大、阅读便捷、能够复制粘贴等多项优势而为广大读者所青睐，但是电子书对于读者视力尤其是青少年读者的视力会造成一定的损伤，为此许多家长、老人对于电子书仍然是望而却步。而最新的技术发展表明，国内外出版界投入和研发了增强型电子书，将图片、文字、声音、音视频等多种介质融入到电子书之中，以增强与读者的互动性。应该说，这种增强型的电子书在纯文本电子书的基础上又前进了一步，使得电子书的生命周期得到了延长。

（五）市场销售预测

数字出版市场销售预测，是指对企业营销能力和营销发展趋势的预测。企业营销能力预测，是指对数字出版物整体市场中企业自身产品销售量的预测以及对单项产品的品种、定价、销售额等方面的预测。企业营销能力预测，有助于企业制定和修订企业的营销策略，有助于企业研发新产品、开拓新市场，有助于企业面向具体的市场开展针对性的营销活动。企业营销发展趋势预测，是指对数字出版产品营销各方面因素的预测，包括营销机构设置、营销人员组成、营销渠道建设、销售方式变更等。

目前我国的数字出版市场，三种类型的市场主体中，传统的报社、期刊社和出版社的营销预测能力较弱，需要在专业的营销人员配置、营销部门设立、营销方案制订、数字营销渠道建设等方面进行创新和建设；而新兴的网络企业和境外传媒出版集团在市场营销预测方面走在了数字出版市场的前列，这与他们严格的考核机制、年度盈利压力机制等是配套的，也表明他们把握市场规律和市场实践的能力较强。

（六）经济效益预测

数字出版经济效益预测，是指预测反映经济效益各项指标的变化趋势，包括数字产品销售额、利润额、利润率等方面的指标。

关于数字出版物的经济效益，目前国内市场的基本格局是：

其一，单一型数字产品盈利难度较大，类似电子书等单一型数字出版产品的经济效益很难实现较大突破，除非有悠久的品牌、庞大的用户量以及良好的美誉度等作为支撑。如，截至 2022 年 3 月，商务印书馆的《新华字典》APP 产品，历经十几次技术迭代，面向不特定的公众用户进行推广运营，已实现累计用户超过 6 000 万、日活用户超过 50 万、付费用户超过 50 万、单品种收入 2 000 多万元的卓越市场表现。

其二，集合型数字产品盈利能力稳定，B2B、B2G 的盈利模式能够在短时间内为数字出版企业打开销售市场，取得市场盈利。目前国内的网络公司、技术企业、传统新闻出版单位在数字出版市场方面取得了不错的成绩，如北大法宝、北大法意、中国知网、人民军医出版社、人民卫生出版社、社科文献出版社、法律出版社等数字出版企业。B2B、B2G 模式之所以能够较快地实现数字出版的盈亏持平乃至市场盈利，主要是由以下几个方面的因素决定的：首先，国内的政府机关、国民经济各个行业均高度重视数字化、信息化的发展趋势，包括高等院校图书馆、政府机关、科研研究所等在内的机构消费者的数字化、信息化采购经费呈现逐年增长的态势。换言之，机构消费者的购买力不断增长。其次，在特定的专业领域、职业领域，系统化、综合型的数字产品服务相对欠缺，所以一旦有相对成熟的产品，便会在机构服务市场取得较好的销售局面，例如中国知网法律数字图书馆、社科文献皮书数据库、中国法官电子图书馆等。最后，机构服务市场的市场营销模式相对简单，单笔数字产品交易金额较大，市场营销成功率较高。举例来说，面向一个省份的上百家法院客户销售一套数字图书馆，其收入可达到上百万元；而按照单本电子书的销售收入来看，就算 10 年也很难取得这样的成效。

四、数字出版市场预测的方法

市场预测方法对数字出版市场预测至关重要，没有科学合理的预测方法，市场预测报告所得出的结论便缺乏可信度，甚至会产生误导作用。市场预测的方法非常多，据权威机构统计有 200 多种，但是常用方法只有二三十种，共计分为三大类：经验判断预测法、时间序列预测法和因果分析法。

（一）经验判断预测法

经验判断预测法，也叫定性预测法，是指预测者根据历史资料和现实资料，依靠个人的知识和经验进行分析，对数字出版物市场的未来发展变化趋势做出判断。经验判断预测法对预测者的知识、经验和分析判断综合能力要求较高，由此带来的一个问题是定性预测法的主观性较强，有时会影响到预测结果的准确性，因此实践中常常结合定量预测的方法，以保证预测报告的科学性和准确性。

经验判断预测法种类较多，这里仅选取对比类推法、消费者意向判断法、销售人员意见综合法和专家意见法四种加以重点介绍。

1. 对比类推法

对比类推法，是指根据数字出版物在产品、地区、行业属性等方面的相似性，由一种数字出版物的市场情况类推另一种数字出版物的市场情况。对比类推法主要分为产品类推法、地区类推法和行业类推法三种。

（1）产品类推法。指内容、形式相似的数字出版物在市场运营规律方面也会具有一定相似性，因此可以利用这种市场运营规律的相似性，由一种已知的数字出版物的市场销量来类推另一种数字出版物的市场销量。

例如，在 2012 年左右，中国移动手机阅读基地上都市情感类的小说非常畅销，民营文化公司的网络原创情感作品出现了大卖的热潮。在这种情况下，作为传统出版单位的出版社也有部分图书是情感类小说，市场营销人员预测，这种情感小说图书经过数字化转化做成手机书，在移动阅读手机基地上的市场销量也会较好。这里就用到了产品类推法。

（2）地区类推法。指在市场开拓的过程中，对于经济、文化、社会发展程度相似的地区，推断其数字出版物的需求程度也具有一定的类似性。

地区类推法主要适用于数字出版物的前期推广阶段，并且在相似地区的政府机构客户市场中会得到较成功的运用。例如，同作为西北地区的省份，甘肃省人民检察院购置了检察官数字图书馆，便可以类推陕西省人民检察院购买数字图书馆的可能性也很大。

（3）行业类推法。主要适用于新产品开发阶段，以相近行业的相近产品的市场变化趋势，来推断新产品的发展方向和发展趋势。例如，某数字出版企业自主研发的法官电子图书馆具有较高的市场占有率，其针对政法系统的司法局所研发的司法行政电子图书馆，推断也将出现相似的市场竞争力和市场占有率。

2. 消费者意向判断法

消费者意向判断法，是指对数字出版物的目标用户进行直接或者间接的购买意向调研和购买意见调研，以预测其购买倾向和需求变化趋势。这种预测法主要适用于数字出版物市场长期发展趋势的预测。

3. 销售人员意见综合法

销售人员意见综合法，是指对数字出版物销售部员工的意见进行综合汇总，在汇总的基础上计算出平均预测值作为市场预测的主要结果。

例如，某出版社预测 2015 年度医学数字图书馆的整体收入情况。第一步，先由各个销售人员提出自己的预测结果，包括最高可能收入、最低可能收入、最可能的收入；第二步，对预测收入结果进行计算，求出每个销售人员的期望值；第三步，对各个期望值进行计算，求出预测平均值；第四步，以此预测平均值作为 2015 年度医学数字图书馆大概的收入目标。

4. 专家意见法

专家意见法，又称为"德尔菲法"，是通过对专家意见的反复征集，直到各位专家对预测目标取得相对一致的意见为止。德尔菲法由美国兰德公司于20世纪40年代首创，是定性预测方法中最重要、最有效的一种，应用范围非常广泛，可适用于产品的供求变化、市场需求、成本价格、产品销售、产品生命周期和市场占有率等各个方面。

德尔菲法的主要步骤：第一，根据预测的目标要求，列举各种需要调查了解的问题，拟定预测征询表；第二，选定若干名征询专家，让专家针对预测目标独立地提出预测判断；第三，将专家的意见汇总整理，分别反馈给各位专家，让专家根据汇总意见再次独立修改原先的预测，并提出新的预测判断。如此反复多次，直到各位专家意见比较一致。

德尔菲法主要适用于数字出版整体战略规划或者是数字出版物的整体市场销售战略等长期、重大的经营规划方面。专家的匿名性、彼此之间独立做出预测判断是德尔菲法在市场预测方面奏效的关键和核心。

（二）时间序列预测法

时间序列预测法，是指利用数字出版物市场或者数字出版企业一定时间段内的实际市场数据，按照时间顺序排成序列，运用一定的数学方法，使之向外延伸，进而预测未来的发展趋势。时间序列预测法的假设前提是数字出版市场变化按照以往的时间规律运转。

时间序列预测法分为简单平均法、移动平均法、指数平滑法、趋势外推法等，这里仅介绍一下移动平均法。移动平均法是指利用最近几个时间段数据的简单平均值来预测下一期的市场情况。

例如，某数字报纸2014年4月、5月、6月的订阅数分别是17万份、21万份、22万份，请预测7月的市场销量。

移动平均法的计算公式是预期销售数量＝各期实际销售量之和/观察期数量。套用此公式，7月的销量＝（17＋21＋22）/3＝20万份。

（三）因果分析法

因果分析法是研究变量之间相互关系的一种定量预测的方法。常用的因果分析方法有多种，这里只介绍回归分析预测法。回归分析预测法，是通过对预测对象和影响因素的统计整理和分析，找出它们之间的变化规律，将变化规律用数学模型表示出来，并利用数学模型进行预测的一种分析方法。

因此，建立变量之间有效的回归方程，是回归分析预测法的重要工作，预测结果的准确性主要取决于回归方程的科学性和有效性。例如，建立一个终端阅读电子书的销售数量与硬件价格、数字图书价格、营销渠道、广告推广、内载数字图书数量等相关性的回归方程，就可以预测硬件价格、数字图书价格、渠道、广告、内载数字图书数量对销售数量的影响程度。

回归分析预测法有多种类型，根据自变量的个数可以分为一元回归预测法、二元回归预测法和多元回归预测法。

思考题

1. 数字出版市场调研的重要性是什么？
2. 结合数字出版不同产品类型，谈谈数字出版市场调研的重点分别是什么？
3. 撰写数字出版调研报告时需要注意哪些问题？
4. 数字出版市场调研方法的适用场景有哪些？
5. 结合所学知识，谈谈如何提高数字出版市场预测能力？

参考文献

1. 王枫，费毅华. 网络调研技术与实战［M］. 北京：人民邮电出版社，2022.
2. 张西华. 市场调研与数据分析［M］. 杭州：浙江大学出版社，2019.
3. 曹秀娟. 市场调研与预测［M］. 北京：中国传媒大学出版社，2012.
4. 周蔡敏. 出版物市场调查［M］. 北京：世界图书出版公司，2013.
5. 迈克丹尼尔，盖兹. 市场调研精要［M］. 范秀成，杜建刚，译. 北京：电子工业出版社，2015.

第 10 章　数字出版运营管理

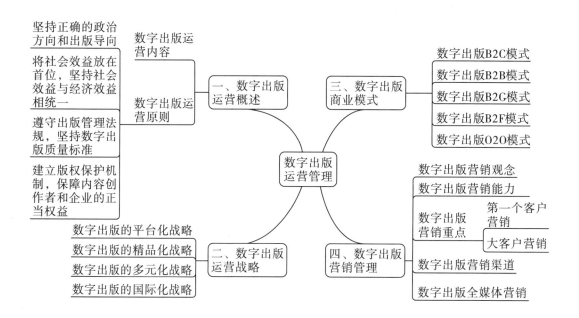

学习目的

　　了解数字出版运营管理的内容和原则,掌握数字出版的四个运营战略,熟悉数字出版的商业模式,具备数字出版的营销能力,掌握数字出版的营销重点、渠道建设和全媒体营销策略,能够结合所学知识制订数字出版营销方案。

相关链接

　　长期以来，数字出版的市场运营并没有得到出版社的重视，数字出版收益在出版社总收入中占比较小，数字出版项目在财政资金的扶持下推进。随着文化产业发展专项资金对于重大项目的扶持力度从减半到完全取消，新闻出版企业，尤其是地方新闻出版企业推进转型升级、发展数字出版成为严峻考验，数字出版的市场化经营、产业化盈利已经刻不容缓地提上了日程。

　　数字出版市场运营的开展与见效，应该以丰富的产品集群为内容依托，以多维度的营销手段为助力，以清晰而有效的盈利模式为突破口，运用机构营销、大客户营销、买赠结合等多种商业化手段，才可取得数字出版的市场化、规模化和产业化的良好效果。

第一节　数字出版运营概述

出版经营管理是指面向出版业进行的各种出版物的生产销售活动以及对这些活动的计划、组织、协调、实施和监控。[①] 数字出版运营是数字出版工作的重要内容，是指采用合适的平台和商业模式，通过计划、组织和控制对数字出版产品实施营销和管理的全过程。数字出版运营管理的目的是提高数字出版生产经营的绩效，增强数字出版企业实力和市场竞争力。

一、数字出版运营内容

数字出版运营内涵丰富，是衔接数字出版产品和数字出版收入的关键，几乎涵盖数字出版产品、技术、营销等各个环节。其中产品开发、生产制作管理、发行销售和版权运营是数字出版运营管理的重点。

（1）数字出版产品开发。数字出版产品开发是数字出版企业经营的基础，数字出版企业开发出适销对路的优质产品，是赢得读者市场、塑造品牌、形成竞争力的关键。数字出版产品类别众多，包括电子书、数字音频产品、数字视频产品、游戏动漫产品、AR/VR 产品、数据库产品、直播产品等，以及数字出版知识服务、信息服务等。出版企业要立足自己掌握的各种资源，进行市场调研，洞悉读者需求的空白点和痛点，进行产品的创意策划，选题立项，开发出优质数字出版产品和出版服务，满足读者的多样化和个性化需求，才能有效实现企业的社会效益和经济效益。

（2）数字出版的生产制作管理。数字出版的生产制作目前已形成完整的产业链和供应链。基于内容资源开发与销售的出版产业是一个完整的产业链，是由包括出版策划、编辑加工、生产与复制、出版物发行以及版权保护与贸易在内的多个产业部门共同组成的一个整体。[②] 数字出版物的生产制作需要大量上下游机构的协同才能顺利完成，作者、版权经纪人、出版工作室、应用软件开发商、硬件设备提供商等大量机构参与了数字出版产品的生产制作与发行。在数字出版产品和服务的开发过程中，信息流、资金流在产业链和供应链之中流动，数字出版企业要能够有效组织生产活动，并掌控数字出版产品

①　肖东发. 出版营销管理［M］. 北京：北京大学出版社，2008：18.
②　方卿. 出版业产业链研究［M］. 北京：高等教育出版社，2011：21.

品质，协调处理好不同参与者的关系，提高数字出版生产的效能。数字出版企业在生产中还要注意遵守格式和标准规范。如电子书出版商们根据技术、市场和阅读设备情况开发了几十种电子书格式，每种格式都有自身的特点：Adobe 公司的 PDF 格式兼容性强，适用范围广；方正公司的 CEB 格式具有中文完全高保真的特点；华康公司的 WDL 格式可以保留原有版面设计；微软的 XPS 文本结构清晰；国际数字出版论坛 EPUB 的开放标准格式；亚马逊 Kindle 的 AZW 格式是封闭的格式；书生公司的 SEP 格式支持传统纸张特性。这些技术标准和规范，能够确保数字出版产品适应不同的应用平台和销售渠道。

（3）数字出版的发行销售。发行销售是数字出版的变现环节，决定了数字出版社会效益和经济效益能否得到实现。数字出版的销售与传统出版业发行有较大差异，数字出版企业需要自建发行渠道。数字出版产品的销售渠道和销售方式多元化，可以根据现实需要灵活采取直接销售、代理销售等多种销售形式。如电子书的销售模式主要有代销制度、VIP 会员销售、馆藏 PDA 模式、付费订阅、捆绑销售、自助出版与众筹出版等。代销制是电商平台采取的主要模式，2014 年亚马逊与五大出版社达成代理协议，把电子书的定价权转让给大型出版社，电子书的价格逐年上涨。VIP 会员制和付费订阅制相似，读者按一定时间周期购买会员或订阅后就可以阅读平台上所有内容，是网络文学和阅读类应用采取的主要模式，也是最畅销的模式。馆藏 PDA、捆绑销售应用范围较窄，自助出版和众筹出版在国内还处于起步阶段。

（4）数字出版的版权运营。版权是数字出版的核心资源，数字出版企业可以将产品版权进行深度开发，获取更大收益。数字出版的版权运营的方式灵活多样，包括版权输出、IP 打造、衍生品开发、影视剧改编、游戏改编等。版权运营可以最大限度开发数字出版产品的文化价值和商业价值，延长数字出版价值链，提高数字出版企业经营效益。如在网络文学市场，优质的原创作品具有广泛的读者基础，进行影视改编后，在大众市场放大了内容的影响力，IP 迅速增值，进入文化和娱乐产业链进行深度开发，可以达到持续变现的目的，优质的 IP 可以带来巨大的收益。

二、数字出版运营原则

数字出版的运营是个复杂的系统性工程，工作上要素众多、流程繁复，经营上任务重、风险高。数字出版企业的运营管理水平和能力决定了数字出版产品和服务能否最大限度发挥出社会效益，获取合理的经济回报，实现企业的快速发展。数字出版在运营中要坚持正确的出版导向，将社会效益放在首位，遵守出版管理法规，保护版权等基本原则。

（一）坚持正确的政治方向和出版导向

出版业具有意识形态属性和文化属性，数字出版企业在经营过程中必须坚持正确的政治导向，把握好先进文化的发展方向。出版导向直接体现了出版工作的性质、宗旨以及出版工作者的政治立场。在我国，出版业是社会主义文化事业的重要组成部分，是党的意识形态工作主阵地。我国出版工作要坚持党的领导，树立正确的政治方向，坚持出版工作为人民服务、为社会主义服务的根本方针。数字出版企业要坚持和加强党的领导，坚持正确的出版导向，严格执行党和国家的出版政策和法规，把好产品和服务内容的意识形态关。出版业是文化生产与传播活动，数字出版企业要牢牢把握先进文化的发展方向，具有良好的文化追求和精神品格。

（二）将社会效益放在首位，坚持社会效益与经济效益相统一

2015 年 9 月，中共中央办公厅、国务院办公厅印发《关于推动国有文化企业把社会效益放在首位、实现社会效益和经济效益相统一的指导意见》指出，"文化企业提供精神产品，传播思想信息，担负文化传承使命，必须始终坚持把社会效益放在首位、实现社会效益和经济效益相统一"。2017 年 9 月发布的《新闻出版广播影视"十三五"发展规划》指出，"深化新闻出版广播影视改革，健全确保把社会效益放在首位、实现社会效益和经济效益相统一的体制机制"。2021 年发布的《出版业"十四五"时期发展规划》指出，"在坚持把社会效益放在首位的前提下，努力实现社会效益和经济效益双跃升、双丰收"。我国出版事业是党领导下的社会主义文化事业的重要组成部分。数字出版承担着传承文化、传播知识、传递信息、服务社会等重任。数字出版在经营管理中聚焦为广大人民群众生产和提供质优价廉的出版产品和服务，以满足人民群众的精神文化生活需求作为数字出版工作出发点和落脚点。数字出版企业不能单纯以经济效益作为经营的指标，还要考察出版产品和服务的社会效益，两者不可偏废，要坚持社会效益与经济效益相统一。

（三）遵守出版管理法规，坚持数字出版质量标准

数字出版企业要坚守出版管理规定、出版质量标准和技术标准。数字出版作为出版新业态，在设立和经营管理过程中必须严格遵守国家有关出版的法律法规。如《出版管理条例》《音像制品管理条例》《地图编制出版管理条例》《广告管理条例》《著作权法》等。数字出版还需要遵循相关的出版质量标准体系，国家在通用语言文字、标点符号用法、出版数字规范、文献格式、出版物编校、语义出版、知识服务、有声出版等领域均制定了相关的国家标准。数字出版要依据法规和标准要求，建立符合数字出版工作实际、明晰完善的产品质量标准和品控机制。数字出版生产制作需要大量的软件支持，还必须遵守《计算机软件保护条例》《计算机软件产品管理办法》《电子商务法》等。

（四）建立版权保护机制，保障内容创作者和企业的正当权益

版权确权和版权保护对于数字出版至关重要，出版内容数字化后极容易被盗版和侵权，损害内容创作者和数字出版企业的正当权益。数字作品的版权生产周期短，范围

广、形态多样。移动互联环境下知识生产传播的即时性、互动性和微型化大幅提高了版权生产的速度，大量的内容创作者每日向数字出版平台上传海量的内容资源，规模庞大的用户群提升了版权使用的频次和密度，版权确权的主体、对象以及版权交易需求激增，需要数字出版建立高效的版权登记、确权和版权保护机制。出版业版权保护机制需要多措并举。比如，利用大数据和人工智能技术，建立科学完善的版权审核机制，对上传到数字出版平台的内容产品进行预先审查；对导向不正确、编校质量低、违规与侵权作品主动进行下架处理。利用数字加密技术、数字水印、时间戳、区块链等数字版权保护技术，建立高效安全的版权登记和确权系统。数字出版企业还要与第三方机构配合，建立完善的版权交易机制。

第二节　数字出版运营战略

数字出版运营战略是数字出版企业根据企业定位、市场竞争情况，对企业经营和发展路径所做的战略规划和统筹安排，明确数字出版的经营重点，指明数字出版的发展方向，对数字出版繁荣发展具有重要指导意义。当前数字出版发展进入了深度融合和高质量发展的新阶段，平台化战略、精品化战略、多元化战略与国际化战略是数字出版运营战略的现实选择。

一、数字出版的平台化战略

目前，基于网络构建的数字化平台在社会经济生活中发挥着越来越重要的作用。平台化是数字经济时代企业和产业的组织变革和结构调整的过程。数字出版的平台化战略是指构建数字出版平台，让平台成为数字出版企业主要的生产方式和经营模式，通过平台聚集、分发数字出版内容资源与服务，通过平台向读者提供个性化服务。数字出版平台是由出版机构负责建设和运营的数字化出版平台。数字出版平台建设是近年来出版企业数字化转型的重要举措，成绩显著。出版企业加大了网络平台建设的力度，在知识服务、在线教育、学术出版、数据库以及专业应用等领域建设了大量数字出版平台，为用户提供个性化、场景化和智能化的出版服务。平台化成为数字出版企业转型发展的重要战略选择。

国内五百余家图书出版社中，大部分都开发建设了不同类型的数字化平台。这些平台成为出版企业改革经营模式、提升服务质量、开拓新市场、提高经营绩效、实现创新发展的重要途径。如人民卫生出版社开发的"人卫临床助手""人卫医药助手""人卫E教平台""中国医学教育题库"等为医务工作者学习、工作、培训提供了全方位的知识服务。人民法院出版社开发的"法信"，是中国首家深度融合法律知识服务与案例大数据服务的数字化网络平台，汇集系统、全面的法律、裁判规则、案例检索和法律文献版权资源，通过"法信大纲"和业内领先的类案检索、同案智推、智能问答大数据和人工智能引擎，为用户提供一站式精准、高效的法律专业服务。出版知识服务的繁荣推动了出版企业向服务提供商转型。

目前数字出版平台建设的主体多是新兴的互联网企业，领域集中在知识服务、在线教育、有声出版、网络文学等大众出版市场。如音频分享平台喜马拉雅，为内容创作者、用户以及第三方机构搭建了共同成长的平台，数量众多的创作者制作了海量的内容资源吸引了数以亿计用户，形成了规模庞大的音频产业生态系统。在知识服务领域，有知乎、分答、得到、36 氪、简书等平台，读者采取付费订阅或付费问答的形式获取知识和信息服务，作者可以开设专栏，回答读者提问，与用户进行交流互动。在有声出版领域，有喜马拉雅、蜻蜓 FM、荔枝 FM、懒人听书、企鹅 FM 等平台，创作者可以开设专栏，上传作品，供用户付费订阅或免费收听。在网络文学领域，有起点中文网、纵横中文网、创世中文网、云起书院、潇湘书院等平台，网络文学作者和读者可以在平台上互动：网络文学作者可以根据读者反馈调整创作思路和进度，获得读者的订阅和打赏等收益；读者可以订阅、打赏、催更、评价、分享等，与作者进行交流互动。

数字出版平台立足出版企业优质的内容资源，通过资源整合和深度加工，借助网络向用户提供专业化服务，提高知识分发的效率，取得了一定的成效，初步形成了"内容＋平台＋应用"的形态。数字出版平台在内容生产者和内容需求者之间架起了一座桥梁，实现了内容的优质供给和高效匹配，极大地提升了出版服务的能力和水平，取得了良好的经济效益和社会效益，为出版业平台化转型发展积累了丰富的经验。

二、数字出版的精品化战略

数字出版精品化发展战略是指以精品理念为统领，以精品产品（服务）为主体，以高新技术应用为支撑，以指标评价为依据，统筹国内数字出版内循环发展与双循环相互促进的发展战略。出版精品是对优质出版物的最高评价。精品力作是图书出版单位的社会立身之本和品牌根基。到底什么样的作品才能称之为"精品"，习近平总书记在文艺工作座谈会上指出，精品之所以"精"，就在于其"思想精深、艺术精湛、制作精良"。出版精品是品位高雅、品质精良、卓尔不凡的优美出版产品。精品出版物应该是包含"内容精、形式精、效果精"三个方面。出版精品具有长久的生命力，能"立得住，传得开、留得下"，经受岁月的洗礼而成就经典。从内容、制作和市场等方面概括精品出版物的特征，即具有正确的政治方向和出版导向，丰富的思想内涵和较高的知识文化价值，编校质量过硬，装帧设计精美，读者欢迎，社会效益显著，等等。精品是思想性、艺术性的有机融合，优秀内容和完美形式的和谐统一。

国家新闻出版署组织实施的"数字出版精品遴选推荐计划"里对数字出版精品的描述是"导向正确、内容优质、创新突出、双效俱佳"。数字出版精品是"导向正确、质量优良、情趣健康、有思想、有灵魂、有价值、有深度"①；还理应包含"精品规划、精品策划、先进内容、精品编校、精准传播等要素"②。由此可以看出，在政治方向、出版导向、优质内容的重要性、社会效益与经济效益统一等方面，数字出版精品化内涵要求和传统图书出版是高度一致的，这体现了数字出版对出版血脉的延续和出版责任的坚守。数字出版的精品内涵还应该包含以下特征。

其一，数字和信息技术的创新应用。数字出版的生产、复制、发行、传播、营销等环节均是数字化的。"数字信息技术和互联网思维贯穿于产品的全生命周期。"③ 数字出版精品化发展要紧跟新一代信息技术革命的步伐，把云计算、大数据、物联网、虚拟现实、人工智能、区块链、5G等新技术融合应用到数字出版创新发展之中。

其二，开放性。数字出版的内容、平台、产品、服务均可以对用户和其他机构开放，根据用户反馈进行内容调整和功能优化。内容的开放获得了海量用户创作资源，技术的开放加速了产品迭代升级，平台的开放促进了市场整合，产品的开放提升了企业创新能力。

其三，交互性。与用户的交互贯穿数字出版的始终，从项目立项调研、功能设计、内容编辑到营销传播等每个环节，数字出版都要充分考虑用户的需求和使用习惯，数字出版精品一定是建立在对用户的大量、广泛、高频的交互和深入洞察的基础之上。数字出版的交互性不仅体现在人机之间的视觉交互、听觉交互和情感交互方面，还应该包括数字出版与其他系统之间的智能交互。已经有部分数字出版企业与其他业态联合开发具有交互阅读功能的智能硬件，适用于更多不同的阅读场景。

其四，商业模式的创新。数字出版在价值创造、价值传递与价值获取等核心商业环节的创新程度决定了其能否持续繁荣发展。数字出版价值创造从价值链向价值网转移，价值传播与价值生产同步进行，价值获取方式多元化。

数字和网络信息技术赋予数字出版无限的创新可能，使得数字内容能以非常多样化的形式存在，真正实现了"一种知识来源，多种呈现方式"。麦克卢汉称"媒介即信息"，媒介和信息是传播的一体两面，互为表里，媒介的发展演变呈现出媒介嵌套和累积并进的景观。数字出版从实体产品到虚拟在线服务，从各种应用平台到数字出版生态，向着系列化、复合型、生态型数字出版演进。

数字出版精品的形式包括：数字出版精品产品、数字出版精品服务、数字出版精品平台、数字出版精品生态等。

（1）数字出版精品产品，是由出版机构策划、一次性制作完成的单体数字出版物。

---

① 张立. 2014—2015年中国数字出版产业年度报告 ［M］. 北京：中国书籍出版社，2015：25.
② 张新新，陈奎莲. 坚持出版导向，引领5G时代数字出版新变化 ［J］. 出版发行研究，2020（3）：43.
③ 张新新，陈奎莲. 数字出版特征理论研究与思考 ［J］. 中国出版，2021（2）：10.

形式包括电子书、数字报刊、电子词典、电子书包、有声读物、融媒体出版物、AR/VR 出版物、数字影像、数字教材、软件应用等。如：人民教育出版社研发的第三代人教数字教材，融教材、数字资源、学科工具、应用数据于一体，满足了信息化教学的应用和个性化学习的需求。故宫出版社推出的《迷宫·如意琳琅图谱》，引导读者在游戏式互动阅读体验中了解历史。安徽出版集团推出"《皮影中国》AR 绘本"，借助 AR 技术立体化呈现中国皮影艺术魅力。人民出版社推出党员学习平台"党员小书包"，有效推动党建工作拥抱"互联网+"。这类产品是数字出版的基础形态，结构功能简单，借助一定的电子设备阅读使用，其出版流程、商业模式与传统出版类似。

（2）数字出版精品服务，是由数字出版机构负责制作内容，向个人或组织提供的文献服务、信息服务和知识服务。具体形式包括文献数据库、数字图书馆、在线教育、知识服务项目、网络游戏、移动学习系统、数字阅读服务、测评服务系统、慕课、知识社区、在线问答等。如：人民法院出版集团建设运营的国家级法律和案例大数据融合平台"法信"，为用户提供全面、精准、高效的一站式法律知识解决方案和案例，以及大数据智推服务。"得到"致力于知识服务领域，以知识服务为中心开发了学院化音频课程、每天听本书、知识发布会、罗辑思维、"时间的朋友"跨年演讲、"知识就是力量"视频节目、"少年得到"APP、得到高研院、得到训练营、电子书等多种产品形式，为用户提供线上线下融合的多样化知识服务。数字出版精品服务针对细分市场提供专业化服务，充分满足用户个性化需求。出版本质上就是知识服务，通过对信息搜寻、组织、呈现，对知识进行连接、引导、提炼、聚合、重组，完成数字出版的知识服务。[①] 当前社会对知识服务有着旺盛的需求，数字出版企业正逐步由产品生产商向知识服务商转型，在出版精品服务方面大有可为。

（3）数字出版精品平台，是由出版机构负责平台建设、内容制作、运营管理的集成数字出版平台。出版平台是对数字出版产品和服务的升级。平台既是内容载体，又是服务渠道，其后端架构根植各种资源数据库，前端应用服务万千消费者，中端数据流提供大数据分析和智能研判，是当前数字出版转型升级和精品化建设的重点。如：上海外语教育出版社打造的"WE 外语智慧教育平台"，是集教、学、评、测、研于一体的新一代外语教育数字服务平台，为高校师生提供海量与优质的数字化教学科研资源与服务。此外，还有"科普中国""智汇三农"等精品平台。

（4）数字出版精品生态，由出版机构或者网络公司搭建平台并进行运营管理，服务于内容创作者、用户和第三方机构，平台内容来源多元化，出版机构、专业制作者、普通作者都可以在平台开设账户，上传作品；用户付费订阅；创作者根据作品在平台经营

---

① 方卿，王一鸣. 论出版的知识服务属性与出版转型路径［J］. 出版科学，2020，28（1）：25.

收益，获得分成收入。平台围绕内容、用户流量资源进行运营开发，构建出一套新的创新体系、用户社群和价值网，遵循平台经济规律，服务多边市场，其生产方式、传播渠道、商业模式已经与传统出版大相径庭，呈现出生态化发展的景象。如：音频分享平台喜马拉雅，为内容创作者、用户以及第三方机构搭建了共同成长的平台，数量众多的创作者制作了海量的内容资源，吸引了数以亿计的用户，形成了规模庞大的音频产业生态系统。此外，还有阅文集团旗下的 QQ 阅读、起点中文网等对网络文学生态的塑造。

三、数字出版的多元化战略

多元化战略是数字出版经营的重要特征和发展趋势。数字出版企业基于版权可以实现数字出版产品的多元化运营，延伸数字出版的价值链，获得更大收益。数字出版企业可以通过版权输出、IP 打造、影视剧改编、游戏改编、衍生品开发、品牌延伸、电子商务、硬件销售、广告经营等多元化方式实现数字出版产品的深度开发和价值增值。

（1）在版权贸易方面。出版企业可以通过版权贸易将作品输出到海外，或者在国外建设运营出版平台等获取收益。出版企业通过版权贸易，将作品成功输出到海外市场。如：2004 年起点中文网开始向国外出售网络小说版权，2014 年海外翻译网站 Wuxiaworld 和 Gravity Tales 建立。2018 年推文科技自主研发了全球首个网文 AI 智能翻译系统，将翻译内容一键分发至全球近 50 家海外主流数字出版平台，提高了网文出海的质量和效率。

（2）在 IP 运营方面。IP 是拥有一定基础并且有能力超越媒体平台，对影视、游戏、动漫以及周边衍生品等在内的多种形式进行多维度开发的优质版权。优质的原创作品具有广泛的读者基础，进行影视改编后，在大众市场放大了内容的影响力，其 IP 迅速增值，进入文化和娱乐产业链深度开发，可以达到持续变现的目的。优质的 IP 可以带来巨大的收益。仅 2020 年，阅文就对外授权约 200 个 IP 改编权，版权运营收入下半年达 27.3 亿元，较上半年环比增长 280%。IP 时代的网文界迅速形成了线上生产＋线下推广、数字版权＋实体版权相结合的模式，以网络小说为核心融合各类媒介资源，打造一整条多元化、泛娱乐产业链。[①] 网络文学 IP 通过与影视、出版、游戏、动漫等产业的联动，形成首尾贯通的泛娱乐产业新生态，实现产业链的增值。

（3）在影视剧、动漫、游戏改编方面。网络文学出版平台将平台作品授权给影视制作公司进行改编，拍摄制作电影、电视剧、网络大电影等。这是网络文学平台版权运营的一种形式。如：截至 2017 年 12 月，各文学网站原创作品改编的电影达 1195 部、电视

---

① 汤俏. 网络文学"IP 热"研究 [J]. 当代文坛，2018（5）：149.

剧达 1 232 部、游戏达 605 部、动漫达 712 部，出版的纸质图书 6 942 部。① 2019 年阅文集团授予第三方改编的文学作品约有 160 部，除了影视剧外，还包括动漫、游戏等多种形式。2019 年阅文集团版权运营收入同比激增 341% 至 44.2 亿元。如：《斗破苍穹》改编的系动画累计播放量超过 80 亿次，《择天记》改编电视剧累计播放量达到 304.1 亿次。这些影视和动漫改编为阅文集团带来了可观的收益。琳琅满目的作品题材，规模庞大的作品数量，持续不断的高效产出，使得网络文学成为文化和泛娱乐产业最优质的内容源头。

（4）在网络广告运营方面。广告运营收益是数字出版重要的收入方式。数字出版平台拥有规模庞大的用户群和海量内容资源，对接大量参与者，这些都可以用作广告开发资源。出版企业与广告商对接，将出版平台和内容展示页上预留的广告位信息传递给广告商的广告交易平台进行竞价售卖，程序化的广告交易模式可以针对不同的读者推送具有针对性的广告信息。数字出版能够提供的广告形式包括信息流广告、内容植入广告、品牌标签页广告、应用开屏广告、原生广告等。

四、数字出版的国际化战略

"走出去"是我国出版业转型发展的重要战略，是提升我国出版业国际影响力和竞争力的重要途径。数字出版"走出去"对于文化交流、传播中国声音、争取国际话语权具有重要作用。海外规模庞大的读者群、强劲的阅读需求孕育着巨大的发展潜力，我国数字出版在内容输出、版权贸易、动漫游戏、软件技术等方面在海外均有广阔的市场和发展空间。目前，阅文集团和起点国际把中国网络文学成功推向海外市场。截至 2019 年，我国已经输出网络文学作品超过 1 万部，网文品种达到 200 余种，海外中国网络文学用户达到 3 193.5 万，覆盖了东南亚、北美、欧洲等 40 多个国家和地区。② 网络文学从网文出海到外文原创，实现了文化内容输出到文化模式输出的提升，为其他数字出版"走出去"提供了很好的镜鉴。

数字出版"走出去"需要大量优质的作品，作品需要既能够体现我国传统文化精神，又能够与海外读者的价值观相契合，体现中国特色；以海外读者喜闻乐见的表达方式和产品形态呈现出来，才能对海外用户产生感染力和影响力。要把国内对创作者的培养、扶持、激励与约束机制应用到海外市场，培养出更多的优秀创作者，形成稳定的创作群体。海外数字出版的 IP 运营目前还处于发展初期，部分优质作品实现了版权输出，

---

① 禹建湘. 网络文学产业化的三种形态［J］. 广西师范学院学报（哲学社会科学版），2018，39（4）：11.
② 中国网络文学出海研究报告 2020 年［C］. 艾瑞咨询系列研究报告，2020（8）.

如：《庆余年》《许你万丈光芒好》授权在泰国和越南出版和改编，由《全职高手》改编的影视剧登陆美国 Netflix 平台。数字出版作品出海在解决了版权问题、翻译问题、文化差异问题之后，要积极拓宽海外分发渠道，与海外主流平台建立深度合作关系，提高读者覆盖面，加大中国数字出版作品的海外传播力度。

我国有着悠久的历史、灿烂的文化，经典名作多如繁星，要借助国家"一带一路"倡议、"丝路书香工程"和各种文化交流项目，把我国精品文化资源推广到海外市场；通过构建海外数字出版传播平台，与大型出版集团合作，加大版权输出的力度等方式，把数字出版精品源源不断地介绍给海外读者，把丰富多彩的中国故事、博大精深的中国文化带给海外读者，积极推动中华文化走出去，让世界了解中国，让中国影响世界。

第三节　数字出版商业模式

数字出版物的市场运营，需要综合采用各种盈利模式，以实现数字产品社会效益和经济效益最大化为目标，逐步实现盈亏持平、年度盈利和总盈利的经营发展目标。

数字产品的盈利模式，具体而言包括 B2C、B2B、B2G、B2F、O2O 等。实践证明，这些盈利模式分别被不同的数字产品运营商所充分运用，并在相应的数字出版业务内取得了丰厚的市场收入，甚至在一定程度上引领了整个数字出版行业的发展。

一、数字出版 B2C 模式

B2C（business to customer）模式，是指数字内容产品企业直接面向消费者销售数字内容产品和服务而进行市场经营的模式。B2C 模式主要适用于大众出版的数字产品销售。

B2C 模式要想发挥其创利创收的效果，需要具备几个条件：

首先，要有足够大的用户量作为支撑。B2C 盈利模式发挥作用的基础是有数量庞大的个人用户群，其数量需达到海量的级别；并且，这些个人用户群的忠诚度较高，愿意长期购买特定出版机构的数字产品。国内经营电子书的电商一般很难在 B2C 盈利模式方面取得突破，原因是其用户基础不够庞大。只有那些坐拥数千万甚至数亿用户的运营商，才能够将大部分用户转化成为 B2C 模式的消费者，发展成为数字出版的忠实用户。

其次，产品内容适合大众阅读。B2C 模式发挥作用的另外一个条件是产品内容要适合大众阅读，专业性数字内容、教育类数字内容很难在 B2C 领域取得良好的市场收入。如 2012 年全年某手机阅读收入可达到两三百万元，其主要的盈利产品就是十种左右的普法数字图书和几种文学小说，这就足以说明，适合大众阅读的内容才能够发挥 B2C 应有的商业功能。

最后，B2C 模式在移动互联网领域见效明显。总体而言，在互联网开展数字图书销售的厂商都没有取得较好的收入，但在移动互联网领域，中国移动手机阅读基地、中国电信手机阅读基地、中文在线、掌阅科技等运营商都取得了非常丰厚的手机书利润，当然主要原因还在于手机用户的海量基数。

二、数字出版 B2B 模式

B2B（business to business）模式，是指数字内容产品企业、事业单位面向企业销售数字内容产品和服务而进行市场经营的模式。

目前具有代表性的网站有 CNKI 中国知网营销平台、超星数字图书馆营销平台、知识产权出版社——中外专利信息服务平台、北大法宝、北大法意、LEXIS NEXIS、West LAW 等，它们主要的销售群体是以组织体形式存在的各种企业、公司、学校、图书馆等企事业单位。

B2B 模式的盈利前景非常广阔。不过，就出版机构而言，要想借用 B2B 模式开拓市场，目前面临着红海竞争的严峻态势。上述民营、境外的数字内容提供商在我国的企业用户、高校用户市场已经取得了相当高的市场占有率。出版单位作为内容提供商再想重新划分市场格局，除非有能够填补市场空白的数字产品，如之前法律出版社的法学院电子图书馆先后被全国数十所高校安装使用，就是依靠其属于蓝海产品，无人竞争的优势特征。

三、数字出版 B2G 模式

B2G（business to government）模式，是指数字内容产品企业面向政府机关用户销售数字内容产品和服务而进行市场经营的模式。

时值我国各个政府部门从上到下都在加强信息化、数字化建设的大好形势，加之数字经济、数字政府、数字素养等趋势不断加强，出版机构向政府部门推广和销售数字产品、服务的可能性非常大，短期内打开销售局面，取得市场盈利的前景良好。人民法院出版社是践行 B2G 模式的成功案例：自 2016 年人民法院出版社的"法信"大数据平台正式上线，短短的五年时间内，该出版社掌握和运用了包括大数据、人工智能、知识图谱等多项核心数字技术，其产品已全面覆盖全国 30 多个省份的 3 000 多家法院，并向公安、检察、司法行政等系统积极扩张，其用户平均保持每年 36.28% 的增长，营业收入保持平均每年 53.8% 的增长，年利润平均增长率超过 100%。

B2G 模式要发挥其作用，同样需要满足几个条件：首先，提供服务的方式必须是内网本地安装，这是由我国政府机构的信息安全和网络安全所决定的。这一条也意味着国内的出版传媒集团的产品很难打开我国政府用户市场，一则其不愿意将内容资源放置于终端用户；二则即便其持开放心态，但基于安全考虑也不敢贸然购买数字产品服务。其次，所提供的产品要具有行业应用价值。B2G 类型的产品一定要与特定行业、特定领域的政府用户的工作环节和业务流程相衔接，能够切实为政府机构及其成员提供业务工作便利和业务研究价值。最后，要建立一支能吃苦、肯奉献的销售队伍，独立开拓政府用户市场；同时也要发挥传统出版的渠道优势，尽量将传统图书销售渠道转化为数字产品销售渠道。

四、数字出版 B2F 模式

B2F（business to family）是电子商务按交易对象分类中的一种，是结合网络现有的电子商务模式 B2B、B2C、C2C 的诸多优点，并根据地方特色，综合考虑的一种电子商务升级模式。B2F 模式中，商务机构按交易对象分类，把各百姓分类于家庭这个单位之中，并以 21 世纪最为便捷的购物方式来引导消费。B2F 依靠一站式服务和高效免费的配送、安全可靠的现金交易来赢取市场位置。

B2F 模式在数字产品领域的应用主要是与家庭电视网络相结合，主要适用的产品类型是数字视听产品。例如，某出版社之前所申报的中国地质大数据知识服务平台项目，其中涉及科普影视教育平台的盈利模式，就用到了 B2F 模式："B2F，通过科普影视传媒平台，面向广大青少年，与爱奇艺、乐视网、小米电视、大麦盒子等平台合作，将我社的科普电影、幼儿创新教育网的音视频产品资源，直接推向各个家庭，直达用户终端，起到'直联直供直销'的效果。"[①]（见图 10 – 1）

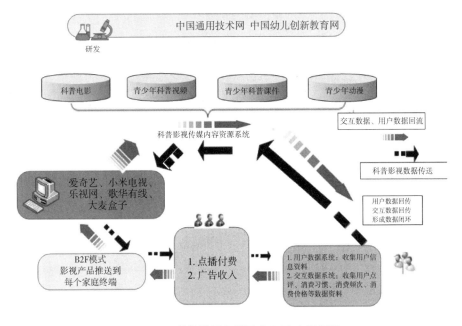

图 10 – 1　科普影视传媒平台 B2F 应用场景

① 张新新. 变革时代的数字出版 [M]. 北京：知识产权出版社，2016：249.

五、数字出版 O2O 模式

O2O 即（online to offline）模式，是指数字内容产品企业将线下的商务机会与互联网结合，采取线上付费线下享受服务或者线下付费线上享受服务的盈利模式。

O2O 模式离新闻出版业相对较远，目前还没有比较成功的案例可供解析。之前某出版社所申报的大数据平台中涉及珠宝玉石的 O2O 交易，可作为示例供读者参考。

O2O 模式主要适用于珠宝玉石在线交易平台。该平台采用 O2O 的盈利模式，联合中国观赏石协会，面向观赏石协会下属的数百家企业，采取线上付费、线下取货的方式来打开市场，取得经济效益和社会效益。该模式也适用于线下的地质模型、地图模型方面的知识服务，例如，某出版社所研发的"裸眼 3D"地图便可通过地质大数据平台，采用线上付费、线下运送的方式进行推广和销售。（见图 10-2）

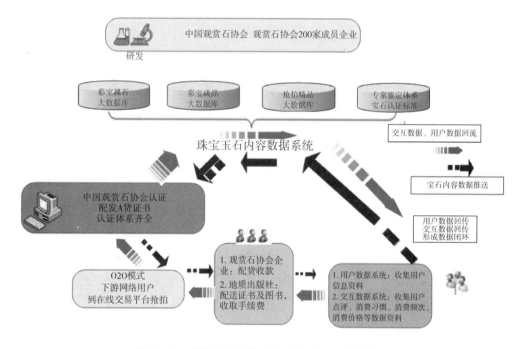

图 10-2　珠宝玉石在线交易 O2O 平台应用场景

第四节　数字出版营销管理

数字出版营销

　　市场营销是数字出版企业的重要工作，只有把数字出版产品和服务成功销售出去，才能实现出版物的市场价值，获得合理的经营收益，实现企业的快速发展。数字出版产品属于文化产品。不同于一般的商品，数字出版物的营销要树立社会效益为先的正确观念，在科学、先进的营销理论指引下，开展营销活动。数字出版企业需要加强对营销的管理：一方面需要提高销售人员的积极性和主动性，提升其专业化和职业化水平；另一方面需要运用大客户营销、机构客户营销等多元化营销方式，对销售人员采取较高规格的激励政策以促使其完成预定的销售指标，以及综合使用全媒体营销手段提高营销传播的精准程度和效率。

一、数字出版营销观念

　　市场营销，是指在适当的时间、适当的地方以适当的价格、适当的信息沟通和促销手段，向适当的消费者提供市场的产品和服务。市场营销需要先进的观念和理论指引。长期以来，随着市场环境的变化，人们对营销活动规律认识不断深入，市场营销观念经历了一系列变化；而掌握先进的市场营销观念对数字出版营销活动的科学开展具有重要的指导意义。

　　市场营销理论，经历了从4Ps到4Cs，再到4Rs的演进与升级。在20世纪中期，美国营销学学者杰罗姆·麦卡锡教授提出"产品、价格、渠道、促销"四大营销组合策略，即为4P。该理论主要从产品供给的角度出发，站在公司的立场，立足供给侧，强调提供优质的产品、优惠的价格和一系列促销措施。20世纪90年代初，美国营销专家劳特朋教授提出了与传统营销4P相对应的4C理论。它以消费者需求为导向，重新设定了市场营销组合的四个基本要素，即消费者（customer's need）、成本（cost）、便利（convenience）和沟通（communication）。该理论主要从用户需求角度出发，站在消费者的立场，立足需求侧，强调企业首先应该把满足消费者的需求置于首位；其次要在了解消费者消费能力的基础上，努力降低购买成本；然后要充分考虑消费者购买过程的便捷性；最后还应以消费者为中心，实施有效的营销沟通。

　　进入21世纪后，营销学家在4C营销理论的基础上提出了新营销理论4R。4R理论包括营销四要素：其一，关联（relevancy），即认为企业与顾客是一个共同体，建立、发展与消费者之间的长期、稳定关系是企业经营管理的核心理念和重要组成。其二，反应（reaction），在相互影响的市场中，对经营者来说最难实现的是如何站在消费者的立场及时地倾听消费者的需求，并快速反应、高度回应消费者需求。其三，关系（relationship），在企业与客户的关系发生了本质性变化的市场环境中，抢占市场的关键已转变为不断提升消费者的忠诚度、用户黏性，与顾客建立长期而稳固的关系。其四，报酬（reward），一定的合理回报是正确处理营销活动中各种矛盾的出发点和落脚点，这里的回报，包括对用户的回报，也包括对企业的短期、长期回报。4R 营销理论以关系营销为核心，注重企业和客户关系的长期互动，重在建立顾客忠诚度。它既从厂商的利益出发又兼顾消费者的需求，是一个更为实际、有效的营销制胜术。[①]

上述市场营销理论，对于我们充分调研和了解目标用户的数字产品服务需求、推进数字出版产品和服务的供给侧改革、开展数字出版物的市场预测将会产生重要的参考价值和意义。

二、数字出版营销能力

数字出版产品走向市场，走进终端用户，实现由价值到价格的跃升、由产品到商品的升级，离不开数字出版从业者的营销能力建设。"对各出版机构而言，数字出版人才是未来赢得市场、实现跨越式发展的核心竞争力"[②]，而各新闻出版企业往往对数字出版销售人才的专业能力、综合素质要求最高，因为其承担着整个数字出版企业市场化与产业化的重任。

一般而言，无论是非独立的数字出版部门抑或独立的数字出版公司都必须设置专门的市场营销部门，而市场推广和销售人员也必须是精干的人才队伍，因为这 20% 的人员需要完成整个组织体的 80% 的市场销售指标。在数字出版语境下，市场销售人员是具备完整营销能力体系的综合型素质人才，需要具备包括营销规划力、品牌建设力、产品认知力、竞品分析力和市场公关力等在内的多种综合能力（见图 10-3）。

其一，营销规划力。营销规划能力是数字出版营销负责人的首要能力，在数字出版营销能力体系中居于首要位置，这决定了数字出版产品将来能够占领多大的市场，能够征服多少用户，是否能够实现数字出版的市场化运营和产业化发展。市场营销部要制定完善的数字产品营销规划，在规划中明确产品的主要读者、用户以及产品发货的主要渠道、适销区域、适销读者和用户类型，及时有效地保障优质高效的数字出版产品供给；如《××出版社"十三五"发展规划》中明确指出，"数字新媒体出版要综合提高市场

① 李海廷. 略论百年营销思想的演进与创新 [J]. 商业研究，2006 (18)：10.
② 张新新. "十三五"的数字出版人才政策与实践研究：以政产学研一体化为视角 [J]. 出版广角，2016 (19).

销售能力"，并设置了"自然资源知识服务工程""数媒蓝海工程"等五项重点工程加以保障和配套。

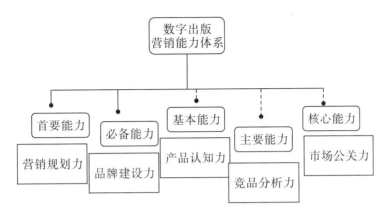

图 10 - 3　数字出版营销能力体系

其二，品牌建设力。品牌建设能力是确保数字出版产品长效销售、长线运营的品牌创建和维持能力，是成熟的数字出版销售队伍必备的素质之一，也是数字出版企业立足市场、开拓市场、持续保持市场占有率的重要能力。任何企业或部门的数字出版市场部都要以数字出版企业的品牌认同为核心，以时间、事件、人物、话题等为引导，增强品牌建设意识，提升数字出版商誉价值，充分运用互联网、移动互联网、微信、微博、终端平板等传播媒介，探索和把握海量信息时代的读者受众的认知规律，提高读者受众的接受度、认同度，最终形成数字出版企业和数字出版产品持久深刻的品牌影响力和美誉度。

其三，产品认知力。产品认知能力是做好数字出版销售的基本能力，是数字出版销售人员职业成长的前提和基础，是数字出版销售人员应该具备的首要内部能力。数字出版销售人员需认真理解和掌握本社数字产品类型、数字产品资源总量、数字产品内容价值、技术价值、理论研究价值和实务应用价值，针对不同类别的数字产品进行有区别、针对性的营销，这是市场营销和销售的基础和前提。例如，对于自然资源数字图书馆这一产品，销售人员首先需要了解其数字图书总量、数字图书功能、数字图书类别、精品图书分布、数字图书馆功能技术等相关基本信息，这些基本信息对于向客户营销、向机构推广起着至关重要的作用，是赢得用户认可、提高用户忠诚度的关键性因素。

其四，竞品分析力。竞品分析能力是数字出版销售人员说服用户甚至是说服自己的主要能力，是销售人员观察、鉴别、比较能力在产品销售过程中的重要体现，是销售人员劝服和争取"摇摆用户"的核心能力。销售人员要分析和研究竞争对手的数字产品分布状况，采取"差异化竞争"策略，做到"人无我有、人有我优、人优我精"。"人无我有"，是针对蓝海市场而言的，当销售人员从用户、市场处捕捉到哪些产品类型是市场所急需而没有产品供应商的时候，就需要将相关信息反馈给数字产品研发人员，产品研发人员要在最短的时间内完成产品设计和上线，进而投放市场；"人有我优"，是针对红海市场而言的，当市场上并不缺乏相关数字出版产品时，销售人员需要了解同质产品的优劣高下，将信息反馈给数字产品研发部，研发人员就同质性产品提出改进建议和方案，并尽快推出在内容、技术、功能、售后服务等方面超越其他竞争对手的新型数字产品；"人优我精"是指当市场上存在不止一款同类型数字出版产品且每款产品均具有一定的优势时，销售人员要全面调研、综合分析和对比各款数字出版产品的市场竞争力，从而在企业原有数字出版产品的基础上迭代推出2.0、3.0、4.0等多代版本，采用高质量发展的精品竞争策略，以明显的内容优势、技术优势、价格优势、服务优势等产品竞争力，将其他竞品远远甩在后面，最终成功实现数字出版产品的市场销售。

其五，市场公关力。市场公关能力是指在理解和运用市场销售规律的基础上，综合运用市场销售策略和技巧，成功说服用户，赢得用户信任，引导目标用户做出消费决策并进行消费的能力。市场公关能力是数字出版销售人员的关键能力和核心能力，市场公关能力也是数字出版销售人才与内容人才、技术人才相对而言的根本性、本质性能力差别所在。面对同样一个用户，推广同样的数字产品，市场公关能力显著的销售人员和能力一般的销售人员的表现往往大相径庭：前者一般能成功推销产品、实现销售，后者却往往无可奈何、无法将数字出版产品的价值转变为价格。

三、数字出版营销重点

在数字出版实践中，"第一个客户"和"大客户"是数字出版营销的重点，在数字出版产品的推广与营销过程中也起着非常重要的作用，尤其是在B2G、B2B两种商业模式的应用场景中。

（一）第一个客户营销

第一个客户营销有利于增强数字出版销售人员的职业信念，提高其销售信心，丰富其销售经验，强化其销售能力。无论对于何种数字产品，只要完成了第一个客户营销，就迈出了成功营销的第一步。在崭新的数字出版产品和服务领域，成功实现相关数字产品的销售对于整个数字出版销售队伍的积极性、主动性和能动性的保障至关重要。第一客户营销具有重要的实践价值。

首先，有利于强化销售信心。数字出版销售人员的职业信心是从一个个的销售客户的不断累积中树立和培养起来的。第一个客户营销的首要价值在于极大地增强了数字出版销售人才的信心，为其以后成功说服客户、赢得客户信任、拓展更广阔的数字出版市场奠定扎实的实践基础和心理基础。

其次，有助于验证产品质量。数字出版的高质量发展，第一要素在于高质量的产品供给。第一个客户营销成功，意味着研发的数字出版产品真正意义上步入市场，接受目标用户的检验。此时，数字出版产品，无论是在线的数字图书馆、专题知识库，还是镜像本地安装的专题知识库和数据平台，都将在内容展示、阅读体验、技术应用、检索精准度、页面响应速度等方面迎接用户的检阅和反馈。高质量的数字出版产品往往在首单客户那里得到高度认可，起到"叫好又叫座"的口碑营销效果；而匆忙上马、质量参差不齐、内容残缺不全、技术应用不稳定的产品，则容易被专业用户挑剔和批评，进而面临"差评""提前结束试用期""不再续订"等不好的营销后果。

再次，有助于落实销售制度。第一个客户营销的成功实现，还有助于将销售激励制度真正落地和兑现。《数字出版业务流程与管理规范》行业标准明确规定："出版机构应根据市场发展需要，本着'充分激励、有效约束'的原则，积极推动人才机制、项目机制和运营机制的建设和完善。"在数字出版销售的制度规范中，若干数字出版企业将数字产品销售激励机制确定为合同金额 40% 的包干式奖励。这种包干式的奖励制度包含三层意思：第一，包干，是指差旅费、销售费、个人奖励加在一起的奖励额度为合同金额的 40%；第二，销售奖励的发放需要在销售员工完成年度个人工资的销售额基础上再行发放，这是为了将激励机制和压力机制相结合，以最大限度地挖掘销售人员的销售潜力；第三，也是最重要的一点，便是对于第一个客户的销售金额是无条件地奖励发放，不受完成个人年度工资额销售任务的限制。这种做法能够确立制度的公信力，最大限度地调动销售员工的积极性、主动性和能动性，最大限度地挖掘其销售潜力和销售动力。

最后，有利于锻炼销售队伍。第一个客户营销成功的示范意义和榜样意义是巨大的，除了能给予销售人员本身以物质激励和精神激励以外，还是对整个数字出版销售人才队伍的一种促进和鼓舞。数字出版销售队伍可以在"比、学、赶、帮、超"的正向销售文化氛围中得以不断成长和进步，成为一支支撑数字出版产品变现的专业化人才队伍，成为一支实现对传统出版反哺的职业化队伍，成为一支逐步建立健全数字出版渠道系统的中坚力量。

（二）大客户营销

大客户营销，就是针对大客户的一系列营销组合。大客户是相对于一般消费者而言的，一般指的是企业客户或者渠道商，其价值相对比较大，需要一对一地进行客户管理与营销战略实施。大客户有两层含义：要么是客户范围大、数量多，要么是客户的价值大、贡献大。就数字出版的销售而言，B2B、B2G 两种模式最容易在短期内取得突破，也是实现部门年度销售指标的最好用、最常用的盈利模式；而 B2B、B2G 两种模式充分发挥其价值、贡献其销售能量的关键性步骤，便是实现第一个大客户营销。"十二五"期间，某出版社的中国法官电子图书馆遍布全国十几个省份，其销售过程中最关键的有两个步骤：第一，实现了甘肃省法院系统 113 家法院的全省性安装和使用，这是第一个大客户；第二，实现了福建省法院系统全省 95 家法院全省性安装和使用，这是第二个大客户。正是这两个大客户的成功营销，带动了中国法官电子图书馆在全国范围内如火如荼地销售和推广，也提升了该出版社数字出版的品牌，为其迈向第一批全国数字出版示范单位奠定了扎实的基础，树立了重要的里程碑。

实现数字产品大客户成功营销有若干技巧，具体如下：

第一，选择典型客户。大客户的选择要具有典型性和代表性，这种典型性和代表性要在全面调研大客户基本情况的基础上得出。典型性体现为典型区域、典型实际和典型代表等方面。而典型区域不一定是高度发达地区，典型实际也并不一定指机构用户整体素质和实力处于前列，典型代表更不一定意味着拥有良好的信息化基础和数字化背景。举例言之，法官电子图书馆的销售，在一系列主客观因素、必然性因素、偶然性因素的综合作用下，实现了第一个全省性安装在甘肃落地的指标。按照常规逻辑，第一个全省性的客户应该落户于东部发达城市，因为东部城市的法院系统数字化理念先进、信息化经费充足、数字产品需求旺盛；然而，恰恰相反，下单的第一个大客户在西部——甘肃省。

客观来看，第一个全省性客户在甘肃省法院系统实现的原因是：首先，甘肃省法院系统信息化建设的相对落后，恰恰为其购置相应的数字产品提供了足够的动力。当时甘肃省法院系统还大量购置了其他类似的数字产品。其次，相较于东部发达省份，到甘肃省推广数字产品的数字内容提供商并不多，向客户介绍和推广的被接受度很高，在这种竞争不太激烈的情况下，法官电子图书馆的成功推广率得到了提高。此外，当时甘肃省法院系统高度重视数字化法院、学习型法院建设。数字图书馆安装后不久，全国法院的信息化建设会议在甘肃省高级人民法院举行，标志着其信息化和数字化水平得到了大幅提高和迅速提升。

第二，持之以恒地重视关系营销。对大客户来讲，一个订单涉及上百万元甚至是几百万元的合同金额，因此，实现这种大客户营销需要持续地推进，不是一蹴而就的。在推进的过程中，需要更好地听取机构客户反馈的意见和建议，及时进行内容、技术和功能更新，并在销售完成以后高度重视售后服务。依靠高质量的数字产品，建立起和机构客户消费决策决定者、消费决策影响者的良好信任关系，是大客户营销的重中之重。

第三，确定消费决策影响者。无论是一般客户营销，还是大客户营销，最重要的步骤在于确定消费决策影响者或联系人。在大客户数字产品的销售过程中，除了动用熟悉的人际关系资源，一般很难直接接触到消费决策的决定人，而大客户营销大部分时间和工作都是围绕着消费决策的影响人展开。因此，无论是数字产品推荐、数字产品讲解、数字产品试用，还是产品方案提供，都主要围绕消费决策影响人而开展。就 B2G 模式而言，数字图书馆、专业数据库的消费决策影响人一般是政府机关的研究部门、咨询部门或信息化部门负责人。

第四，说服消费决策决定者。大客户营销最关键的步骤在于说服消费决策决定人，可以采取直接说服和间接说服两种办法。一般来讲，可以通过持续性地向消费决策影响人推介和宣传，继而通过消费决策影响人向决定人汇报和交流，最终说服消费决策决定人；也可以通过更加直接的渠道向消费决策决定人推介和宣传产品，但是这种方法的成功率并不高，还是要回到消费决策影响人层面进行论证和研究。

第五，推行买赠结合、衍生服务等相关手段。在进行大客户营销的过程中，因为涉及大额订单，除了常规的产品推介、产品演示以外，还需要采取赠送相关产品、增加免费服务器、随时免费上门解决技术问题、免费升级数字产品系统等方法，来增加大客户营销的成功率；当然，就传统数字出版企业而言，还可以把传统图书出版优惠、传统图书销售优惠等政策结合起来，做到联动营销、立体化销售。

四、数字出版营销渠道

对于专业出版社开展数字出版营销而言，运用特定行业、特定系统的渠道，将数字出版产品销售到特定省份，并通过内部局域网实现"省、市、县"三级覆盖式安装和部署，是典型的数字出版渠道体系建设过程；一旦实现若干省份的安装，则可以实现数字图书馆、专题知识库、专题大数据平台、AR 资源库、VR 资源库等不同产品的梯次安装、有序更新，进而实现类似于在建成的高速公路上分别跑不同的汽车的预期效果。数字产品销售渠道的建构路径，主要包含以下三种：

第一，转化型渠道。在数字出版转型升级历程中，脱胎于图书出版的数字出版业的渠道建设，首先想到的是对传统发行渠道进行转化，推动销售渠道的转型升级，推进图书发行商转型为"纸电一体"型的复合型知识服务提供商，通过提升、改造传统纸质出版的经销商，使得纸质产品销售渠道焕发生机和增添营销机会。通用的做法是：由数字出版内容提供商对既有纸质图书的经销商进行宣介、培训，在帮助他们业务转型的同时，也为出版社扩充部分销售渠道。

第二，原创型渠道。数字出版效益初显的企业往往采取独立建构的方式来进行数字出版渠道建设。国有数字出版企业一直以来致力于独立开拓、建立一支崭新的销售渠道，以政府机关、企业客户、事业单位客户、科研机构为销售重点，率先运用 B2B、B2G 等机构客户商业模式，按照数字化知识服务的解决方案进行渠道布局、渠道维系和渠道运营；继而在实现数字知识资源积累、数字出版收入增加的基础上，面向广大社会公众用户，采取 B2C 的个人商业模式，为规模更大、数量更多的社会大众提供数字化精神文化产品和服务。

第三，产品代理型渠道。产品代理型渠道一般是作为转化型渠道和原创型渠道的补充，为传统出版企业提供额外的数字出版收入和利润。越来越多的数字出版企业开始引进产品代理机制，选择国内知名数字出版商作为合作伙伴，授权其代理销售，让其成为出版社数字产品销售渠道的有益补充。因此，可在慎重分析和仔细考察的基础上，选取国内成熟优质的数字供应商，或者新兴的具备较大发展后劲的数字供应商作为合作对象，通过合作伙伴的销售能力把数字出版产品和服务不断向社会各个阶层宣传和推送。

五、数字出版全媒体营销

数字出版营销策略的理论源头可追溯到图书营销学。数字出版营销策略包含产品策略、价格策略、渠道策略、促销策略等，其中"产品策略居于中心地位"，价格策略是实现社会效益和经济效益的关键因素，渠道策略是营销体系构建的四梁八柱，促销策略是营销策略的有机组成。随着科学技术日新月异，互联网和移动互联网飞速发展，一系列现代化、数字化的营销手段越来越多地应用于数字出版业。

"在新媒体技术的影响下，社交媒体、移动媒体、搜索引擎、大数据为出版营销变革提供了新思路。"在技术应用的基础上，有学者提出了"基于数字出版平台和数据挖掘技术的推动式营销""基于搜索引擎的拉动式营销"的二分法营销，其本质上属于供给侧营销和需求侧营销。数字出版销售人员不断采取多元化的营销手段，运用立体化的销售方法。例如：在营销手段的选取上，数字出版销售人员往往综合利用文章营销、资料营销、微博营销、网站营销、图书附页营销、会议营销、论坛营销、广告营销、社群营销、大数据营销等多元化营销手段，使得广大用户能够在尽量短的时间内获取数字出版产品供给类型、价格、内容、规模等基本信息。在销售方法上，数字出版销售人员往往采用关系推广、电话销售、终端跟进、定期拜访等方式，不断提高数字出版营销的普及率和成功率。

数字出版的社会化媒体营销。社会化媒体是一种新型网络媒体形态，包括微博、微信、电商、论坛、百科、搜索引擎和各种 APP 应用等各种主要网络媒体。社会化媒体涵盖内容丰富，影响广泛，是目前信息生产、传播和消费的主要方式和场域。社会化媒体营销是指利用微博、论坛、百科、微信、在线社区、社交工具、社会化书签、自媒体和组织媒体等社会化网络平台来进行传播信息、交流互动、公共关系处理和客户关系服务维护等活动，以提升企业品牌、产品、服务的知名度、认可度，达到直接或间接营销的目的。[①] 社会化媒体类型众多，兼具媒体、工具和社交功能，具有泛在、开放、互联、参与、共享的特征，吸引了大量企业利用社会化媒体加强与受众的联系和沟通。社会化媒体营销方式解决了过往营销传播单向传达、反馈滞后、简单粗放的问题，实现了与受众的实时交互与精准触达，营销传播的效果更加明显。社会化媒体营销迅速成为网络时代数字营销的利器。社会化媒体营销的形式多样，如微博营销、论坛营销、百科营销、

---

① 邓乔茜，王丞，周志民. 社会化媒体营销研究述评［J］. 外国经济与管理，2015，37（1）：32.

事件营销、粉丝营销、邮件营销、病毒式营销、口碑营销等都是社会化媒体营销的方式。

数字出版的社群营销。随着社交工具的发展和不断完善，广大网民社群化的趋势越来越明显，"人以群分"已经成为数字营销重要的考量因素。社群营销是借助一定的网络工具把具有相同或相近的兴趣爱好、生活习惯、消费方式、需求和价值观的人群集合起来形成一个社群，并通过多种方式对社群成员进行产品、服务和品牌的推广和销售。社群具有较为稳定的结构和一致的群体意识，成员之间能够保持持续的互动。社群可以不断吸收新成员加入，也可以不断裂变成新社群。社群的价值观和规范对成员虽不具有强制性，但会产生一定的影响。社群营销利用社群的这些特点，通过各种形式积极与成员互动，在取得成员的信任后向成员推广产品和服务，针对性强，促销效果明显。各类网络社交工具和平台，提供了非常便利的构建社群的渠道，出版企业可以自由地在微信、知乎、简书、QQ、豆瓣、抖音等平台组织社群，也可以自己开发独立的社群营销工具。出版企业的产品属于文化产品，具有较强的精神产品属性，特别适合社群营销模式。目前利用社群进行图书营销较为成功的企业很多，如罗辑思维、樊登读书、十点读书、凯叔讲故事、秋叶 PPT 等。这些企业对读者市场进行调研，找出尚未被充分满足的读者细分市场，围绕读者关心的话题，精选图书，组织人员对出版物进行深度加工，做高质量的解读和鉴赏，再制作成视频、音频或图文的形式提供给读者和订阅用户，满足他们在碎片化时间内的阅读需要，受到了读者的欢迎。

数字出版的短视频营销。视频尤其是短视频是当下媒体发展的热点。随着 5G 时代的到来，VR、AR 技术的应用，视觉化的呈现方式具有内容多样、创意新颖、形象直观、感染力强的特点，对读者具有更强的冲击力和影响力，这些都使视频营销日益成为营销传播的一个重要渠道和方式。出版企业可以借助短视频平台如快手、抖音、YouTube、Tiktok、Facebook 等平台进行促销传播。如美国知名出版商哈珀·柯林斯公司不断向短视频领域拓展业务，先是在 YouTube 上分类打造了"史诗读物""第 16 放映室""哈珀青少年""哈珀少儿"四个短视频品牌社群；接着又在 Facebook 上创设了"哈珀图书""哈珀商业""哈珀学术""哈珀有声"等系列专业细分社群。哈珀·柯林斯通过创设短视频社群，使读者与作者、出版企业之间可以建立互动和关联，读者之间也能彼此交流和分享信息。[①] 国内出版企业也纷纷开通自己的短视频账号或与第三方合作进行短视频传播。如 2015 年 6 月，著名出版品牌"理想国"推出自媒体读书微视频"一千零一夜"，经过短短半年时间的发展，在线播放量接近 1 亿次，并获得广告商季度冠名。[②] 一些知名度较高的作者也开设抖音账号，制作创意视频，利用自身影响力吸引读者关注。

① 陈矩弘. 美国图书出版业短视频营销探析：以哈珀·柯林斯出版集团为例 ［J］. 出版发行研究，2019（2）：47.

② 曹丹. 读书微视频的发展与传播营销策略 ［J］. 现代出版，2016（2）：34.

这些短视频增进了读者对出版物的了解，激发了读者的阅读兴趣，为电商引流，带动了出版物的销售。

数字出版的直播营销。直播营销是通过主播在网络平台在线进行视频直播，与读者实时互动，进行销售促进的营销活动；是新兴的营销传播模式，对大众消费市场产生越来越大的影响。数字出版企业可以邀请作者、编辑、读者来进行专题直播，加深读者和作者、编辑的情感连接，调动读者在阅读和消费过程中的情感投入，有利于促进出版物销售和出版企业品牌塑造。网络直播新零售是在精准用户画像的基础上，运用大数据、人工智能等技术，快速、准确找寻消费者的痛点，有效激发目标用户的消费需求。主播通过在线讲解让受众对出版产品的内容有直观认识，并通过弹幕评论等形式快速了解受众的需求，这种互动形成两者之间的强关系，不仅直接推动出版物的销售，还能让受众对作者、编辑、出版单位及与出版产品相关的其他信息有一定的了解，加强用户黏性。

出版物网络直播新零售的模式，应从名人直播、网红直播向专业直播、专家直播转变。通过网红直播、明星直播进行图书销售的盈利空间非常有限，并且过于依赖网红效应。出版共同体应该适时打造出版界的专业"网红"，以专业的视角、职业化的术语、科学的态度去宣讲和推介出版物，发掘和引导消费者的精神文化消费需求，带动理性驱动下的出版经济。出版网红包括出版网红主播、网红编辑、网红图书、网红文创产品等。网红主播为出版社聚集人气；网红编辑扩大出版社以及图书的影响力；网红图书促进图书销量；网红文创产品传递出版社人文观，为出版社经济开源。[①] 出版单位与其寻找下一个大众网红来制造营销"神话"，不如在现有出版人才中孵化专业出版网红，打造专业出版网红梯队，让真正从事出版的人来进行网络直播售书，这样更有利于出版行业的可持续发展。

思考题

1. 简述数字出版运营的原则。
2. 简述数字出版的精品化战略。
3. 结合案例阐述数字出版的商业模式。
4. 数字出版营销人员应掌握哪些能力。
5. 结合所学知识，谈谈数字出版营销的理念、能力、重点和渠道建设。

---

① 安虹谕. 探究出版直播营销的可能性与前景 [J]. 科技传播，2019，11（20）：64.

参考文献

1．肖东发．出版营销管理［M］．北京：北京大学出版社，2008．

2．方卿．出版业产业链研究［M］．北京：高等教育出版社，2011．

3．张立．2014—2015 年中国数字出版产业年度报告［M］．北京：中国书籍出版社，2015．

4．张新新，陈奎莲．坚持出版导向，引领 5G 时代数字出版新变化［J］．出版发行研究，2020（3）．

5．张新新，陈奎莲．数字出版特征理论研究与思考［J］．中国出版，2021（2）．

6．杜方伟，张新新．数字出版精品化发展战略的结构视域与行动框架［J］．出版发行研究，2021（11）．

7．王嘉昀，余清楚．出版精品化战略的构成、沿革和趋势分析［J］．出版广角，2022（5）．

8．方卿，王一鸣．论出版的知识服务属性与出版转型路径［J］．出版科学，2020，28（1）．

9．汤俏．网络文学"IP 热"研究［J］．当代文坛，2018（5）．

10．禹建湘．网络文学产业化的三种形态［J］．广西师范学院学报（哲学社会科学版），2018，39（4）．

11．中国网络文学出海研究报告 2020 年［C］．艾瑞咨询系列研究报告，2020（8）．

12．邓乔茜，王丞，周志民．社会化媒体营销研究述评［J］．外国经济与管理，2015，37（1）．

13．陈矩弘．美国图书出版业短视频营销探析：以哈珀·柯林斯出版集团为例［J］．出版发行研究，2019（2）．

14．曹丹．读书微视频的发展与传播营销策略［J］．现代出版，2016（2）．

15．安虹谕．探究出版直播营销的可能性与前景［J］．科技传播，2019，11（20）．

数字出版项目

第 11 章　数字出版项目

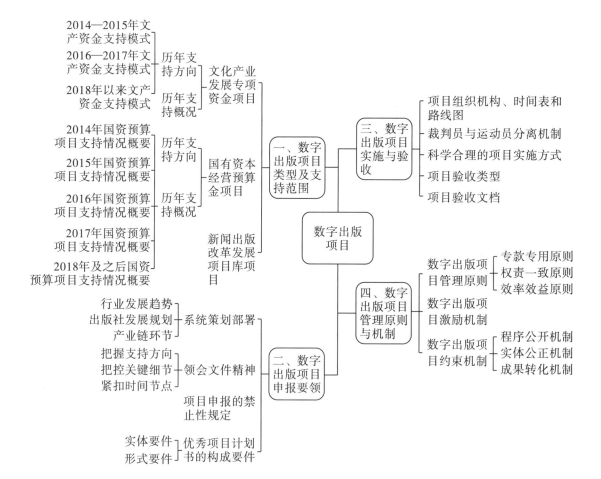

学习目的

了解文化产业发展专项资金项目和国有资本经营预算金项目的历年支持方向和支持概况，理解数字出版项目申报要领，掌握数字出版项目实施与验收知识，掌握数字出版项目管理原则与机制。

相关链接

随着新闻出版转型升级，中宣部、财政部、国家新闻出版广电总局、国家新闻出版署等有关主管部门给予了大量的财政项目和政策支持。因此，财政项目的策划、申报、实施、验收和管理也构成了新常态下数字出版从业者的主要工作内容之一，成为中国特色数字出版的重要组成部分。

在国家级宏观调控政策方面，以项目政策的来源和归口为分类标准，数字出版项目主要可以分为新闻出版改革发展项目库项目、"原动力"中国原创动漫出版扶持计划项目、经典中国国际出版工程、丝路书香工程、中华学术外译工程、文化产业发展专项资金项目、国有资本经营预算金项目等，其中文化产业发展专项资金项目、国有资本经营预算金项目在整个数字出版起步、发展、壮大以及繁荣的过程中起到了至关重要的作用。在地方性文化产业政策调控方面，各省市财政部门、宣传部门也都每年陆续给予相应的文产资金和政策支持。据不完全统计，新闻出版业每年从文化产业发展专项资金、国有资本经营预算金等文化产业支持项目中所获得的支持比例高达30%。

第一节　数字出版项目类型及支持范围

数字出版的项目类型除了财政部、国家新闻出版广电总局所发布的项目，还包括科技部等有关部门所发布的文化科技与现代服务业国家重点研发计划等项目；但是数字出版部门、公司所申报实施的项目主要包括新闻出版改革发展项目库项目、文化产业发展专项资金项目和国有资本经营预算金项目。

一、文化产业发展专项资金项目

为贯彻落实中共中央关于文化改革发展的战略部署，加快推动文化产业成为国民经济支柱性产业，财政部每年会发布当年度的文化产业发展专项资金的通知。文化产业发展专项资金（简称"文产资金"）是中央层面支持文化产业发展的专项资金，由财政部文资办每年进行发布、评审、公示和公布。

根据《文化产业发展专项资金管理暂行办法》的规定，文化产业发展专项资金由中央财政安排，专项用于提高文化产业整体实力，促进经济发展方式转变和结构战略性调整，推动文化产业跨越式发展。专项资金的管理和使用应当体现国家文化发展战略和规划，符合国家宏观经济政策、文化产业政策、区域发展政策及公共财政基本要求，坚持公开、公正、公平的原则，确保专项资金的规范、安全和高效使用。

根据《文化产业发展专项资金管理办法》的规定，文产专项由中央财政预算安排，用于支持文化产业发展，健全现代文化产业体系和市场体系，创新生产经营机制，维护国家文化安全，提高文化产业整体实力，推动文化产业高质量发展。根据预算管理规定，文产专项资金分别列入中央本级支出和地方转移支付。

文化产业以生产和提供精神产品为主要活动，以满足人们的文化需要作为目标，是文化意义本身的创作与销售，狭义上包括文学艺术创作、音乐创作、摄影、舞蹈、工业设计与建筑设计。根据国家统计局发布的《文化及相关产业分类（2018）》的分类标准，我国文化产业及其相关产业主要分为：第一，文化核心领域，即以文化为核心内容，为直接满足人们的精神需要而进行的创作、制造、传播、展示等文化产品（包括货物和服务）的生产活动。具体包括新闻信息服务、内容创作生产、创意设计服务、文化传播渠道、文化投资运营和文化娱乐休闲服务等活动。第二，文化相关领域，包括为实现文化产品的生产活动所需的文化辅助生产和中介服务、文化装备生产和文化消费终端生产

（包括制造和销售）等活动。通过审阅历年的文产资金的通知文件可以看出，上述文化产业类型就是每年的文产资金所主要支持的范围。

（一）历年支持方向

2014—2018 年，国家级文化产业发展专项资金先后经历了"项目制""市场化配置资源＋重大项目制"、"中央本级＋地方重大项目制"等几个发展阶段，也是我国数字出版的财政治理水平不断提升的历程，每个阶段都有其特定的时代背景和意义。

1. 2014—2015 年文产资金支持模式

2014 年文产通知的支持方向为九个方面：①继续支持推进文化体制改革、培育骨干文化企业、构建现代文化产业体系、促进金融资本和文化资源对接、推进文化科技创新和文化传播体系建设、推动文化企业"走出去"等六大方向。②巩固文化金融扶持计划。③扩大实体书店扶持试点范围。④实施环保印刷设备升级改造工程。⑤开展新闻出版业数字化转型升级。⑥推动电影产业发展。⑦促进文化创意和设计服务与相关产业融合。⑧加快特色文化产业发展。⑨推动对外文化贸易发展。

2015 年度文产通知的支持方向为八个方面：①巩固文化金融扶持计划。②继续扶持实体书店发展。③开展新闻出版业数字化转型升级。④加快推动影视产业发展。⑤促进文化创意和设计服务与相关产业融合。⑥支持特色文化产业发展。⑦推动对外文化贸易发展。⑧推动传统媒体和新兴媒体融合发展。

通过 2014—2015 年文化产业专项资金支持方向的对比，我们可以看出，2015 年文产支持方向相较于 2014 年度有以下"删""调""增"三个特点。

第一，"删"——取消了第一条关于继续支持文化体制改革、培育骨干文化企业等六大方向的提法；

第二，"调"——将"环保印刷设备升级改造"调整到"新闻出版业数字化转型升级"的条文里，不再作为单独的一条加以重点强调；

第三，"增"——增加了关于媒体融合发展的支持方向。如：推动传统媒体和新兴媒体融合发展。支持传统媒体运用已有技术成果，开展全媒体、大数据应用、视听新媒体、音视频集成播控等平台建设；支持传统媒体发挥内容资源优势，创新文化产品和服务，培育核心竞争力；支持传统媒体与新兴媒体在内容、渠道、平台、经营、管理等方面的深度融合，拓展传播渠道与影响力。[①]

针对上述支持方向的变化，出版机构可适度调整自己的申报方向。例如，2015 年度申报媒体融合发展方向的项目，如果在形式要件、实体要件都符合优秀项目的标准，那么其获批的可能性会更大，同时其获批的资金支持量相应也会更大；相反，如果还在印刷环保领域重点申报项目，可能会受到文产项目"优中选优"的限制，获批的可能性较

---

① 关于申报 2015 年度文化产业发展专项资金的通知（财办文资〔2015〕2 号）

小，或者获批的资金量相对较少。

从 2015 年文产项目公示的 800 多个项目来看，仅仅申报媒体融合领域的与"大数据"相关的项目就获批了 17 个，如大数据应用模式下新华书店数字化转型升级改造工程、涉台影音大数据及云服务共享平台、审计数字出版大数据应用知识库建设项目、影视文化内容制作行业的大数据决策辅助平台、昌荣 ATD 大数据广告服务平台（昌荣 ATD 广告营销智能化平台）、基于消费行为大数据的广告精准投放系统、基于云技术的全平台化游戏大数据分析系统、福建省有线电视大数据应用中心项目、中国地质专业资源知识服务大数据平台等。仔细分析可以看出，这些项目分布于新闻出版、广播电视、游戏广告等各个领域，都特色鲜明地体现了大数据对于文化产业各个领域的决策辅助、数据分析等价值和作用。

2. 2016—2017 年文产资金支持模式

在"十三五"开局之年，2016 年文化产业发展专项资金进行了重大改革，改革的主要方向是增加了"市场化配置资源"部分，主要用于文投集团和基金方面的支持，2016 年累计拨付 14 亿元。同时，仍然保留了"项目补贴"的方式，并将获得支持的财政项目界定为"重大项目"。根据财政部有关文件，重大项目部分是指围绕党中央、国务院重大决策部署开展的巩固文化金融扶持计划、支持特色文化产业发展、促进文化创意和设计服务与相关产业融合、加快推动影视产业发展、推动广电网络资源整合和转型升级、继续扶持实体书店发展、推动传统媒体和新兴媒体融合发展和推动对外文化贸易等八个重大项目，着力提高财政推动文化领域供给侧改革贡献度。根据财政部公开的数据，2016 年重大项目部分支持的金额为 223 413 万元，支持项目数量较以前没有太大变化，但是支持金额较前几年减少了近乎一半，平均每个项目的支持额度不足 300 万元。

2016 年文化产业发展专项资金的最大亮点在于支持范围中新增了"市场化配置资源部分"。市场化配置资源部分是指为落实《国务院关于改革和完善中央对地方转移支付制度的意见》有关要求，引入市场化运作模式，培育、遴选一批中央、地方和市场的优秀文化产业基金，支持重点省级国有文投集团加大债权投资力度，切实发挥财政资金引导和杠杆作用，积极撬动社会资本支持文化产业发展。市场化配置资源主要包括两个方向，其一是优秀文化产业基金，其二是省级文投集团。

2016 年文产资金改革实行"市场化配置 + 重大项目"双驱动机制，具有三个重要特点，做到了"三个首次"。一是立足理顺政府与市场关系，首次大幅引入市场化运作机制，将"有形的手"与"无形的手"相结合。二是围绕党中央、国务院重大决策部署，首次取消一般扶持项目，仅支持重大项目。其中 28.6 亿元全部投入重大项目，聚焦媒体融合、文化创意、影视产业、实体书店等 8 个方面，着力提高财政推动文化领域供给侧改革贡献度。三是与宣传文化部门统筹谋划、共同实施，首次建立牵头部门负责制。①

2016 年文产资金分布情况见表 11 – 1。

表 11 – 1　2016 年文产资金分布情况

单位：万元②

序号	地区	市场化配置资源部分	重大项目部分	总计
1	北京	55,000	16,930	71,930
2	天津		4,795	4,795
3	河北	5,000	6,210	11,210
4	山西		3,430	3,430
5	内蒙古		4,590	4,590
6	辽宁	5,000	5,660	10,660
7	大连		4,065	4,065
8	吉林		1,952	1,952
9	黑龙江		4,825	4,825
10	上海		4,989	4,989
11	江苏	10,000	10,635	20,635
12	浙江		15,400	15,400
13	宁波		2,285	2,285
14	安徽		10,235	10,235
15	福建	10,000	7,585	17,585
16	厦门		2,080	2,080
17	江西		7,810	7,810
18	山东	10,000	7,194	17,194
19	青岛		2,767	2,767
20	河南		7,780	7,780
21	湖北		6,160	6,160

　① 财政部. 财政部下达 44.2 亿元文化产业发展专项资金［EB/OL］.［2016 – 08 – 05］. http://whs. mof. gov. cn/pdlb/gzdt/201608/t20160805_2376596. html.

　② 财政部. 财政部关于下达 2016 年文化产业发展专项资金的通知［EB/OL］.［2016 – 07 – 29］. http://jkw. mof. gov. cn/zxzyzf/whcy/201907/t20190715_3300400. htm.

续上表

序号	地区	市场化配置资源部分	重大项目部分	总计
22	湖南	10,000	9,880	19,880
23	广东	5,000	4,580	9,580
24	深圳	5,000	7,393	12,393
25	广西		4,420	4,420
26	海南		469	469
27	重庆		5,500	5,500
28	四川	10,000	9,339	19,339
29	贵州	10,000	3,760	13,760
30	云南		8,515	8,515
31	西藏		4,690	4,690
32	陕西	6,000	8,020	14,020
33	甘肃		6,740	6,740
34	青海		2,890	2,890
35	宁夏		2,800	2,800
36	新疆		7,040	7,040
合计		141,000	223,413	364,413

2017 年文产资金支持类别，仍然包括重大项目和市场化配置资源两个大的部分，和 2016 年基本相同。（见表 11 - 2、表 11 - 3）2017 年的不同之处在于：支持的方向为 10 个，相对于 2016 年，文产资金增加了中华优秀传统文化、体育健身休闲 2 个方向，分别由中宣部和国家体育总局牵头负责；获批的文产项目数量相对于 2016 年更多，同时每个项目仍然保持平均 300 万元左右的拨付额度。

2017 年文产资金所支持的重大项目包括：

（1）支持中华优秀传统文化传承发展，由中宣部牵头负责。

（2）实施文化金融扶持计划，由文化部牵头负责。

（3）支持特色文化产业发展，由文化部牵头负责。

（4）促进文化创意和设计服务与相关产业融合发展，由文化部牵头负责。

（5）推动影视产业发展，由国家新闻出版广电总局牵头负责，其中重点影视项目由中宣部负责。

（6）推动广电网络资源整合和智能化建设，由国家新闻出版广电总局牵头负责。

（7）扶持实体书店发展，由国家新闻出版广电总局牵头负责。

（8）推动传统媒体和新兴媒体融合发展，由国家新闻出版广电总局牵头负责，其中报刊台网媒体建设由中宣部负责。

（9）推动对外文化贸易发展，由商务部牵头负责。

（10）支持体育健身休闲产业发展，由国家体育总局牵头负责。[①]

表 11 - 2　2017 年文化产业发展专项资金（重大项目方面）转移支付汇总表[②]

序号	地区	支持金额/万元
1	北京	14,868
2	天津	3,140
3	河北	4,290
4	山西	3,508
5	内蒙古	4,310
6	辽宁	3,710
7	大连	2,039
8	吉林	2,460
9	黑龙江	4,705
10	上海	10,162
11	江苏	10,221
12	浙江	11,117
13	宁波	2,668
14	安徽	9,887
15	福建	4,180
16	厦门	3,950
17	江西	6,172
18	山东	5,691
19	青岛	749

[①②] 财政部. 关于申报 2017 年度文化产业发展专项资金的通知［EB/OL］.［2017 - 04 - 25］. http://jkw. mof. gov. cn/zhengcefabu/201907/t20190715_3300253. htm.

续上表

序号	地区	支持金额/万元
20	河南	5,113
21	湖北	6,985
22	湖南	8,149
23	广东	5,375
24	深圳	6,054
25	广西	4,595
26	海南	2,155
27	重庆	2,690
28	四川	6,388
29	贵州	2,405
30	云南	8,181
31	西藏	1,041
32	陕西	5,340
33	甘肃	4,480
34	青海	2,620
35	宁夏	2,690
36	新疆	4,500
合计		186,588

表 11-3　2017 年文化产业发展专项资金转移支付（市场化配置方面）汇总表①

序号	地区	市场化配置方面/万元
1	北京	15,000
2	天津	4,000
3	河北	8,000
4	山西	4,000

---

① 财政部. 财文〔2017〕88 号.

续上表

序号	地区	市场化配置方面/万元
5	内蒙古	14,000
6	辽宁	8,000
7	黑龙江	8,000
8	江苏	26,000
9	山东	10,000
10	河南	8,000
11	湖南	3,000
12	广东	10,000
13	云南	4,000
14	陕西	12,000
15	甘肃	5,000
合计		139,000

3. 2018 年以来文产资金支持模式

2018 年文产资金的政策又是一个重要拐点，相对于 2014—2017 年的文产政策而言，有以下几方面的特点：

第一，在重大项目方面，以两个文件的形式下发政策，分别是：财办文〔2017〕50号《关于申报 2018 年度文化产业发展专项资金（重大项目方面）》以及财办文〔2018〕13 号《财政部办公厅　中宣部办公厅　商务部办公厅关于申报 2018 年度文化产业发展专项资金（重大项目方面）转移支付项目的通知》。相比而言，以前年度的中央文化产业发展资金政策都是以一个文件的形式下发，而 2018 年度截至 5 月底，在重大项目扶持方面就已经下发了两个文件。

第二，首次区分中央本级重大项目和地方性重大项目。两个文件对重大项目的支持方向有显著区别：中央本级项目的支持方向为 9 个，在 2017 年文产资金的基础上，删减了"实施文化金融扶持计划，由文化部牵头负责"的内容。而地方性重大项目的支持方向则包含两个方面："其一，推动影视产业发展（中宣部牵头负责）。重点支持用于增强文化自信、保障国家文化安全的重大革命历史题材，反映改革开放和中国特色社会主义伟大实践取得重大成就和宏伟业绩题材的重点影视剧。其二，推动对外文化贸易发展（商务部牵头负责）。鼓励和支持我国文化企业参与国际竞争，扩大文化服务出口，推动中华文化走出去。对列入《2017—2018 年度国家文化出口重点企业目录》且在 2017 年具有较好文化服务出口业绩的地方文化企业，根据 2017 年度文化服务出口额按比例予以奖励。"①

第三，在地方性重大项目扶持方面，强化对增强文化自信、保障国家文化安全、推动中华文化走出去的支持，而对于以往年度的地方新闻出版企业的"转型升级""媒体融合"等部分的支持方向则明确予以取消。这意味着，连续多年获得财政项目扶持的新闻出版企业，在转型升级、媒体融合等领域，需要真正发挥企业自身的主动性、能动性和积极性，向着市场化运营和产业化发展的方向努力，向着自我造血机制形成的方向前进。

第四，对文化产业宏观调控的精准性、细分性以及绩效要求有明显提升。2018 年文产资金首次对重大项目和市场化配置资源部分分别发文，首次区分了中央本级和地方重大项目，体现了宏观调控的精准性和细分性。同时，对所申报的重大项目，在经济效益、社会效益、公益指标等方面做出了严格的要求。仅以"传统媒体和新兴媒体融合发展"类项目的指标来看，文产资金设置了总体目标和三级效益指标，而且一级效益指标包括产出指标、效益指标和满意度指标。其中，产出指标包括数量指标、质量指标和时效指标，效益指标包括社会效益、经济效益、生态效益指标和可持续影响指标。

2019 年的文化产业资金支持方向调整为两个："一是推动影视产业发展，采取对重点影视项目直接补助方式，项目征集、遴选、评审工作由中央宣传部牵头负责；二是推动对外文化贸易发展，采取对文化服务出口后奖励方式，项目征集、遴选、评审工作由商务部牵头负责。"2019 年中央文化企业国资预算的申报指南，"仍然延续'规划制'＋'绩效制'的方式，按照'退后一步，站高一层'的原则，继续在落实国家重点文化战略、文化领域供给侧改革和文化领域国有资本布局结构三个方向给予重点支持"②。所不同的是，2019 年 6 月，中央文化企业国资预算陆续拨付至各企业，资金拨付更鲜明地体现了"扶优扶强、注重示范"的特点：部分市场化程度高、产业化规模初显的企业所得到的支持资金更多，国资预算的注入更有利于其做大做强，推进数字出版的产业化发展，进而更好地体现国资预算资金的示范撬动效应。

2020 年 10 月，中共中央宣传部发布有关文件，对 2021 年度文化产业发展专项资金推动影视产业发展项目拟支持的 29 个项目进行了公示；同月，财政部提前下达了 2021 年文化产业发展专项资金（重大项目方面）预算，山西、内蒙古、安徽、重庆、宁波等

① 财政部. 财政部办公厅 中宣部办公厅 商务部办公厅关于申报 2018 年度文化产业发展专项资金（重大项目方面）转移支付项目的通知［EB/OL］.［2018－03－27］. http：//whs. mof. gov. cn/pdlb/zcfb/201804/t20180402_2858236. html.

② 张新新. 吉光片羽：人工智能时代的出版转型［M］. 北京：清华大学出版社，2019：200－203.

7 省市累计获批 4000 万元支持。① 陕西、贵州等省份也发布了相应的文化产业发展专项资金支持项目。北京市启动了宣传文化引导基金 2020 年度一般项目，电影、出版类拟资助项目"全国中医药行业规划教材教学资源库""自然资源 AR 数字图书馆""中国历史文献总库·红色文献专题数据库"等 44 个优秀网络出版项目获得资助，"冬奥会冰上项目知识普及介绍片"等 17 个优秀音像电子出版项目获得资助。此外，还有"青春绽放在军营"等 7 个优秀网络出版项目获得奖励。

文化产业专项资金的"市场化""绩效性"改革，对数字出版共同体最大的启发在于：数字出版企业不能总是本着"等、靠、要"的心态，不能只是依靠财政扶持来维持生存，而应该及早地根据市场规律，发挥市场在配置资源中的决定性作用，自负盈亏、自主经营，真正埋头研究市场，真正扎根于市场，快速形成自我造血机制，在市场中锻炼和造就经营发展的本领。

（二）历年支持概况

2014 年，财政部下达文化产业发展专项资金 50 亿元，比 2013 年增加 4.2%；共支持项目 800 个（其中中央 191 个，地方 609 个），与 2013 年基本持平。据财政部文资办相关人士介绍，这是为贯彻落实中共中央关于文化改革发展的战略部署，也是加快推动文化产业成为国民经济支柱性产业的重要举措。

2014 年专项资金管理工作有三个突出特点：一是充分借助行业主管部门力量。二是积极发挥专家评审作用。在中宣部、文化部、国家新闻出版广电总局、商务部等推荐的基础上，大幅扩大专家库规模，专家库总人数由 54 人增加至 152 人，涵盖专业领域更广，人员结构更合理，特别是新增了大量金融领域、新兴文化产业领域的专家，以适应专项资金申报项目日趋复杂化、多样化的需要，同时也确保了项目评审的公平公正。三是全面引入社会监督机制。社会监督力量，是符合新《预算法》精神的有益尝试。②

2015 年 9 月底，财政部下达 2015 年度文化产业发展专项资金 50 亿元，支持项目 850 个，较 2014 年增长 6.25%。为使专项资金分配更加科学、合理、规范，2015 年重点做了以下改进：一是继续优化资金投向；二是积极创新管理模式；三是全面引入第三方监督机制。截至 2015 年底，文化产业发展专项资金已累计安排 242 亿元，支持项目4 100 多个，有力地支持了文化体制改革和文化产业发展，对推动全国文化领域结构调整、合理配置文化资源、优化产业发展整体布局发挥了重要作用。③

2016 年文化产业发展专项资金下达 44.2 亿元，支持项目 944 个，其中 2016 年文化

---

① 财政部. 关于提前下达 2021 年文化产业发展专项资金（重大项目方面）预算的通知［EB/OL］.［2020 - 11 - 06］. http://www.mof.gov.cn/gp/xxgkml/kjs/202012/t20201202_3632065.htm.

② 杨亮. 财政部下达 50 亿元文化产业发展专项资金［N］. 光明日报，2014 - 11 - 14.

③ 财政部. 财政部下达 50 亿文化产业发展资金比上年增 4.2%［EB/OL］.［2015 - 09 - 30］. http://money.163.com/15/0930/15/B4P6H18B00252G50.html.

产业发展专项资金支持市场化配置资源部分的金额为 14.1 亿元。共有北京、河北、江苏、贵州等 12 个省市获得了市场化配置资源部分的支持，最少的省市获得的支持为 5 000 万元，而最多的省市则拿到了 55 000 万元的支持。28.6 亿元投入重大项目，聚焦媒体融合、文化创意、影视产业、实体书店等 8 个方面，着力提高财政推动文化领域供给侧改革贡献度。[①]

2017 年文化产业发展专项资金在重大项目方面投入 186 588 万元，市场化配置方面投入 139 000 万元，总计约 32.56 亿元。其中重大项目获得支持总数在 1 亿元以上的有 4 个省市，分别为北京 1.5 亿元、上海 1.0 亿元、江苏 1.0 亿元、浙江 1.1 亿元。在市场化配置方面，共有 15 个省、市获得支持，支持资金超过 1 亿元的省、市有北京 1.5 亿元、内蒙古 1.4 亿元、江苏 2.6 亿元、广东 1 亿元、陕西 1.2 亿元。

二、国有资本经营预算金项目

国有资本经营预算（简称"国资预算"），是国家以所有者身份对国有资本实行存量调整和增量分配而发生的各项收支预算，是政府预算的重要组成部分。在文化产业领域，财政部文资办面向 100 多家中央文化企业，每年定期发布关于申报国有经营预算金项目的通知，并组织答辩、专家评审，最终确定入选的项目和支持的比例。

（一）历年支持方向

除了支持一般性项目以外，2013—2015 年，财政部文资办在国资预算项目中专门确定了为期三年的重点支持领域，按照"层层落实、压茬推进、扶优扶强"的原则，连续三年分别就数字化转型升级、特色资源库、数字内容运营平台三个领域给予了符合条件的出版机构以重点支持。

2013 年，出版业基建数字化元年，所启动的央企数字化转型升级项目，主要解决了中央文化企业的数字化软硬件配置问题，为符合条件的出版单位配置了转型升级的相关硬件，同时在数字化加工软件、内容资源管理系统、协同编辑软件和内容发布平台等软件领域给予了资金支持。通过项目开展，从生产流程改造、产品表现形式两个方面推动全面、完整的数字化转型升级。项目实现了预期的两大目标：一是对传统的出版流程进行数字化改造的软件及系统，推动出版流程的完整性建设；二是对多种属性的内容资源进行关联、复合应用的软件及系统，推动出版产品表现形式的完整性建设。[②]

---

① 财政部. 财政部下达 44.2 亿元文化产业发展专项资金［EB/OL］.［2016 - 08 - 05］. http://whs.mof.gov.cn/pdlb/gzdt/201608/t20160805_2376596.html.

② 中国新闻出版报. 总局发文助推文化央企数字化转型升级［EB/OL］.［2013 - 11 - 06］. http://wzb.mof.gov.cn/pdlb/mtxx/201311/t20131106_1007841.html.

2014 年，出版业资源数字化元年，所启动的中央文化企业特色资源库项目，是在央企技改项目的基础上，致力于传统出版企业实现存量资源转化、在制资源建设、增强资源发掘三项任务，通过资源建设，推动出版社实现特定行业、特定领域的资源库、产品库的建立和健全。通过特色资源库项目，传统出版单位实现了包含文字、图片、视听、游戏、动漫等全部知识素材在内的全媒体资源库的建立和完善，为市场化运营和规模化发展奠定了扎实的内容基础。

2015 年，出版业平台数字化元年，所启动的数字内容运营平台项目，是财政部文资办在技改项目、资源库项目的基础上，再次发力推动出版社完成数字出版市场化"最后一公里"的任务。数字内容运营平台项目主要从数字产品和运营平台两个维度，支持传统出版机构建设特定行业领域的数字图书馆、专业数据库、知识库等代表性的数字产品。财政部文资办同时重点支持出版机构就特定行业开展行业级的数字运营平台建设，支持出版社将大数据、云计算等各项技术应用于数字产品运营的精准投送、精准营销、决策辅助等环节。

2016 年没有确定具体的支持方向，围绕的重点支持方向仍然是转型升级、媒体融合等。

2017 年国资预算出现重大变化，由以前的"项目制"改为"规划制"，支持中央文化企业三年发展规划，同时对社会效益、经济效益等效益指标提出更高的要求。支持方向主要包括三个方面：落实国家重点文化发展战略、推进文化领域供给侧结构性改革，以及调整文化领域国有资本布局结构。

2018 年国资预算支持方向包含三个方面：一是落实国家重点文化发展战略。支持中央文化企业把社会效益放在首位，实现社会效益和经济效益相统一。支持有条件的企业做大做强，组建成立股份公司或集团公司。支持"专、精、特、新"中小中央文化企业发展。二是推进文化领域供给侧结构性改革，支持企业自主创新，推动文化企业高质量发展。三是调整文化领域国有资本布局结构。支持文化与资本衔接，支持企业并购重组，支持中华文化走出去。在具体的文化与科技融合方面，人工智能 + 文化产业、区块链 + 文化产业、高端智库建设等新技术、新业态、新模式不断融入项目之中，科技的发展对新闻出版业转型升级的赋能比例、赋能程度越来越高。

根据 2019 年 9 月《财政部办公厅关于编制 2020 年中央文化企业国有资本经营预算的通知》文件，2020 年中央文化企业国资预算的通知相对于之前三年的文件有较大的变化：

其一，申请文件通过中央文化企业国有资产监督管理平台进行发布，并通过纸质文件下发；没有在网络平台公开发布。这是自推进新闻出版业转型升级以来，在中央文化企业国资预算资金的申报历史上，首次采用该种通知方式。其二，支持重点调整幅度较大。相对于 2017—2019 年的国资预算通知，2020 年的"支持重点"存在着"变与不变"的显著特点。其中："落实国家重点文化发展战略、推进文化领域供给侧结构性改革、调整文化领域国有资本布局结构"沿袭了前三年的支持方向。变化的部分包括：①"落实国家重点文化发展战略"部分，新增了"发展骨干中央文化企业，推动产业关联度高、业务相近的国有文化企业联合重组，推动跨所有制并购重组，促进产业结构优化升级，提高规模化集约化专业化水平。推动全国有线电视网络整合和智能化建设，建立互联互通、安全可控的全国性数字化文化传播渠道。"②"推进文化领域供给侧结构性改革"部分，变化最大的是鲜明地体现了数字出版发展由初级阶段向高级阶段过渡的特点——由转型升级上升到融合发展，由融合发展升级到深度融合，即"支持中央文化企业整合优质文化资源、平台和内容，推进传统媒体和新兴媒体深度融合，支持运用新技术、新机制、新模式，加快融合发展步伐"。因"转型升级"的历史使命已经阶段性完成，"中央文化企业数字化转型升级"的表述不再出现，修改为"中央文化企业整合优质文化资源、平台和内容"；推动传统媒体和新兴媒体"融合发展"调整为"深度融合"；新增了"支持运用新技术、新机制、新模式，加快融合发展步伐"的表述，强化5G技术、区块链、人工智能等新技术赋能出版的趋势，突出项目、科研、人才、运营等新机制助力融合的重要性，隐含着数字出版公司制发展模式对传统的部门制发展模式的扬弃与超越。③"调整文化领域国有资本布局结构"部分，首次强调文化与科技、旅游、农业、制造业、建筑业等国民经济其他产业的融合发展，体现了文化对经济社会发展的辐射力、助推力和影响力，同时，对中央文化企业的国际传播能力、中华文化的国际话语权有进一步强化的表述。

2020年7月，《财政部办公厅关于编制2021年中央文化企业国有资本经营预算的通知》下发。根据该文件，相较往年，其最大的变化是，支持重点除包括"落实国家重点文化发展战略、推进文化领域供给侧结构性改革、调整文化领域国有资本布局结构"，新增了一个方向——"推动国家文化大数据体系建设"。支持中央文化企业将已建成数据库同"中国文化遗产标本库、中华民族文化基因库、中华文化素材库"对接，巩固和提升数字化转型升级成果，结合国家复合出版系统工程推广工作，创建数字化文化生产线，开发文化大数据，创作生产适应现代化网络传播的文化体验产品。由此，中央文化企业数年来推进数字化转型升级所研发的大量知识服务平台、数据库平台，在运营模式、价值实现的出口方面又多了一个——与国家文化大数据体系工程相结合、相融合，并且该支持方向也体现了数字技术赋能出版、赋能文化产业的最新政策红利：作为人工智能两大基石的大数据技术，由大数据作用于出版到大数据赋能文化产业，由之前的新闻出版大数据工程上升到国家文化大数据体系建设的高度，进而使得数字出版的高级阶段——智能出版获得了又一次的发展战略机遇。

（二）历年支持概况

1. 2014 年国资预算项目支持情况概要

2014 年底，中央财政下达 2014 年中央文化企业国有资本经营预算资金 10 亿元，共支持 72 家由财政部代表国务院履行出资人职责的中央文化企业实施的 118 个项目。资金重点支持三个方向：一是支持中央文化企业兼并重组；二是支持中央文化企业开展转型升级、数字资源库、文化与科技融合等项目建设；三是支持具有竞争优势、品牌优势和经营管理能力的中央文化企业开展文化走出去业务。

2011—2014 年，中央财政已累计安排国有资本经营预算资金 30.6 亿元，切实发挥了财政资金的引导和撬动作用，有力扶持和推动了中央文化企业的转型升级、融合发展和文化走出去。[①]

2. 2015 年国资预算项目支持情况概要

2015 年度，中央财政下达国有资本经营预算资金 7.31 亿元，支持 67 家财政部代表国务院履行出资人职责的中央文化企业实施的 96 个项目。资金重点支持三个方向：一是支持中央文化企业按照优势互补、资源组合的原则，合并组建新企业或集团公司，作为兼并主体通过购买、直接入股等方式取得其他文化企业所有权或控股权。二是支持中央文化企业集聚跨部门、跨地区、跨所有制的数字内容资源实施行业及数字运营平台建设，开设具有典型示范效应的网络传播与运营服务平台。三是支持具有竞争优势、品牌优势和经营管理能力的中央文化企业与国外有实力的文化机构进行项目合作，建设文化产品国际营销网络，推动文化产品和服务出口，开拓国际市场。[②]

2011—2015 年，中央财政已累计安排国有资本经营预算资金 37.91 亿元，切实发挥财政资金杠杆作用，助力中央文化企业改革发展，推动中央文化企业做大做强，从而促进文化产业全面振兴。

3. 2016 年国资预算项目支持情况概要[③]

2016 年国资预算的支持没有延续 2013—2015 年的"技改、特色资源库、行业及运营平台"的专项支持道路，而是按照企业自主申报，根据实际情况给予中央文化企业以项目支持。支持重点虽较前三年有所调整，但仍将传统产业转型升级作为重要的支持方向之一。

2016 年，中央财政安排国有资本经营预算资金 11.53 亿元，支持 54 户中央文化企

---

①　中国证券网. 中央财政安排 10 亿支持 72 家中央文化企业发展［EB/OL］.［2014 – 12 – 03］. http://news. cnstock. com/news/sns_bwkx/201412/3278810. htm.

②　财政部. 中央财政安排 7. 31 亿元国有资本经营预算支持中央文化企业发展［EB/OL］.［2015 – 11 – 18］. http://whs.mof. gov. cn/pdlb/gzdt/201511/t20151118_1568452. html.

③　财政部. 中央财政安排 11. 53 亿元资金支持中央文化企业发展［EB/OL］.［2016 – 09 – 02］. http://whs. mof. gov. cn/pdlb/gzdt/201609/t20160902_2410280. html.

业联合重组和促进传统产业转型升级，重点包括：一是打破部门区域限制，推动中央文化企业联合重组，合并组建新的中央文化企业或集团公司，作为兼并主体通过购买、直接入股等方式取得其他文化企业所有权或控股权，加快公司制、股份制改造。二是推动出版发行、影视制作、文艺演出等传统产业转型升级，催生新兴文化业态，实现传统出版和新兴出版在内容、技术应用、平台终端等方面共享融通，进行拥有自主知识产权、有利于产业结构调整或升级的关键技术研发，与新兴媒体融合发展。三是引导中央文化企业"走出去"，通过新设、并购等方式在境外设立文化企业，参与联合经营，建设文化产品国际营销网络，推动文化产品和服务出口。

4. 2017 年国资预算项目支持情况概要

国资预算支持的最大改革在于 2017 年，改革的核心在于：由之前的"项目制"改为"规划制"，由注重单体项目完成质量向注重企业实际经营绩效方向进行转变。

改革的背景是：经过调研，发现部分项目存在落实情况不到位、进度执行缓慢等问题，调整较多，存在项目经费不能用于其他方面支出等问题。基于全方面考虑，改革势在必行。

此次改革的总体指导思想是：项目管理的注入方式由直接分配改为间接分配，做到：支持有重点，发展有规划，执行有监管，绩效有反馈。

改革之后，主要的亮点在于：①事前专家评审与事后评估相结合；②执行预算方式进行改革，可以根据市场及规划进行调整，只要不偏离报备的整体规划；③加强绩效管理和决算方式管理。

具体而言，2017 年国有资本金支持调整了方向，由以前的支持中央文化企业申报项目改为"引导中央文化企业科学制定发展战略，支持中央文化企业做好三年规划"。

《关于做好 2017 年中央文化企业国有资本经营预算支出管理工作的通知》的"支持重点"部分指出：贯彻落实中共中央办公厅、国务院办公厅《印发〈关于推动国有文化企业把社会效益放在首位、实现社会效益和经济效益相统一的指导意见〉的通知》《关于印发〈国家"十三五"时期文化发展改革规划纲要〉的通知》等文件精神，国有资本金注入支持重点主要包括：

（1）落实国家重点文化发展战略。支持中央文化企业把社会效益放在首位，实现社会效益和经济效益相统一。支持企业公司制、股份制改造，组建成立集团公司，壮大企业整体实力和竞争力。支持"专、精、特、新"中小中央文化企业发展。解决中央文化企业改革历史遗留问题。

（2）推进文化领域供给侧结构性改革。推动传统媒体与新兴媒体融合发展，促进中央文化企业数字化转型升级。支持文化科技创新，整合广电网络资源，建设知名文化品牌，提升版权资源价值。加大"文化＋"创新力度，推动文化与旅游、体育等紧密融合，弘扬中华优秀传统文化，培育新型文化业态。

（3）调整文化领域国有资本布局结构。以资本为纽带，支持中央文化企业跨地区跨行业跨所有制并购重组。支持文化资源与金融资本、社会资本有效对接，整合优质文化资源、平台和内容。支持中华文化走出去，扩大对外文化贸易和文化投资，打造外向型骨干中央文化企业。

在"绩效管理与决算"中指出："（一）绩效管理。加强对中央文化企业国资预算绩效管理。企业在申请国资预算时，要紧密结合国资预算内容，设置预算绩效目标及指标，做到指向明确、细化量化、合理可行。执行中，企业要对照预算绩效目标，加强绩效执行监控；年度终了后，开展绩效自评。财政部要对中央文化企业国资预算定期组织开展重点绩效评价，绩效评价结果要作为改进管理、完善政策和以后年度预算的依据。"

应该说，经过改革之后的国资预算支持方式和考核方式，充分体现了宏观调控的特点，大大激活了新闻出版企业的积极性和主动性，使得新闻出版企业能够按照自身发展实际情况和行业整体发展态势对具体规划的执行作出灵活调整，充分尊重了市场规律在经济运行过程和事物中的作用，进一步推动了政府调控这只"有形的手"和市场规律这只"无形的手"相互融合和促进。

5. 2018 年及之后国资预算项目支持情况概要

2018 年国资预算支持总额保持上涨态势，中央财政向中央文化企业注资 15 亿元，比 2017 年增长 25%。[①] 2018 年国资预算支持的力度更大、额度更高，真正体现了扶持做优做强做大的调控原则。在具体的文化与科技融合方面，人工智能＋文化产业、区块链＋文化产业、高端智库建设等新技术、新业态、新模式不断融入项目之中，科技的发展对新闻出版业转型升级的要求越来越高。

2018 年以后的支持数额没有公开发布。

三、新闻出版改革发展项目库项目

为深入贯彻落实中共中央、国务院推动文化产业发展相关政策文件精神，有效实施项目带动战略，推动新闻出版业大发展大繁荣，国家新闻出版广电总局已连续多年开展了新闻出版改革发展项目库的申报和评审工作。新闻出版改革发展项目库是各个出版社关于新闻出版业改革和发展最新思路、最新规划、最新布局的集中体现，在整体上反映了我国新闻出版业发展的最新趋势和下一步的发展走向。

2014 年度新闻出版改革发展项目库最终确定入库项目 323 个。截至 2013 年年底，超过 1/3 的入库项目获得中央和地方各类资金资助。除获得中央和地方的文化产业发展

---

① 财政部. 财政部向中央文化企业注资 15 亿元　推动企业做强做优做大 [EB/OL]. [2018 - 11 - 27]. http://whs.mof.gov.cn/pdlb/gzdt/201811/t20181127_3077013.html.

专项资金外，这些项目还得到中央文化企业国有资本经营预算资金、宣传文化发展专项资金、国家出版基金、走出去专项资金、民族文字出版专项资金、东风工程等多方面、多渠道的资助和支持。这些项目的实施大力推动了新闻出版业从传统出版向数字化转型，从传统印刷向绿色印刷、数字印刷转型，从传统的内容提供逐步向知识服务转型。[①]

在数字出版层面，近几年，新闻出版改革发展项目库为文化产业发展专项资金、国资预算金提供了大量的优质项目，改革项目库入选的重点项目获批文产资金、国资预算金项目的可能性大大提高。这一方面体现了新闻出版改革项目库本身所选择的项目具备很高的质量，代表着新闻出版业转型升级的最新探索，代表着出版融合发展的最新尝试，同时也如实反映了各新闻出版单位的业务现状和规划；另一方面体现出政府主管部门在新闻出版业调控方面的良性衔接与互动，共同推动出版业，尤其是数字出版向着规模化、产业化、融合化的方向发展和迈进。值得关注的是，2018 年文产资金取消了对新闻出版方向的支持，这也意味着大量的新闻出版改革发展项目库的出库资金来源问题将会日益凸显。

---

① 涂桂林. 新闻出版改革发展项目库 323 个项目入选 [EB/OL]. [2014 - 08 - 04]. http://media. people. com. cn/n/2014/0804/c192372 - 25400081. html.

第二节　数字出版项目申报要领

数字出版项目的申报已经成为数字出版人的主要工作之一，一旦相关文件的通知下发，数字出版部门或者公司就开始为期一两个月的项目撰写工作。出版机构所申报的财政项目要根据企业自身的发展战略，充分考虑市场的实际状况，逐年申报以形成项目体系，在战略、内容、技术、运营等各方面借助财政资金的支持实现全方位、立体化、多层次的转型升级，而不能仅仅是等到文件通知下发后再"临时抱佛脚"。

一、系统策划部署

数字出版项目的申报要遵循"系统策划、统筹部署"的原则，并且各个项目之间要建立起鲜明的逻辑关系，要呈现出良性互动、梯次推进、目标一致的特点；不能东一个项目、西一个项目，项目之间不能杂乱无章，不能没有交集。总体而言，出版机构项目申报的统筹性要参考以下几个方面的要素：

（一）行业发展趋势

申报数字出版项目首先要确保所申报的项目符合行业发展趋势，符合互联网时代、移动互联时代的传播规律。如前所述，数字出版的发展经历了数字化、碎片化、数据化和智能化四个发展阶段，按照这四个阶段的理论，则：在 2010 年左右，出版单位申报与数字图书馆平台、数字出版中心平台类似的项目获批的可能性较大，因为那时各社数字出版处于起步阶段，需要最基础、最初级阶段的项目来助力发展；到 2014 年，如果出版社还申报类似数字图书馆、中心平台的项目，则不被支持的可能性较大，因为数字出版已经步入了碎片化的发展阶段，专业性的数据库、图片库、数字视听库等项目才是支持的方向和重点；而在 2015—2016 年，步入数据化发展阶段的数字出版业，出版单位则需要考虑构建以知识体系为核心的项目，以大数据、云计算等技术为支撑的项目，确保所申报的项目与融合发展的时代趋势相一致，而不是落后于时代趋势；其后，大量的以 5G 技术、区块链、人工智能等技术与内容资源深度融合的产品、模式成为行业发展趋势。

（二）出版社发展规划

数字出版实践存在着"为报项目而报项目"的心态和做法，这种做法不值得提倡，也不会得到财政资金的支持。申报项目要从出版社的实际情况出发，与出版社特定时期内的发展规划相一致，不能够因紧跟潮流而忽略了出版社的发展目标和发展阶段。例如，法律出版社在2012—2014年，围绕着中国法律数据中心建设，先后申报了数字化转型升级、中国法律数据中心知识库建设、中国法律数据中心分销平台建设等一系列项目；围绕着法律知识服务的开展，在互联网知识服务领域申报了综合型法律知识服务平台、中国法律英文知识服务平台项目，在移动互联网领域申报了手机律师项目。总体来看，法律出版社所申报的项目，中心明确、层次鲜明、角度各异，都是按照产品、技术、营销的产业链环节来加以配置，最终服务于中国法律数据中心和中国法律知识服务这两个最高目标。

（三）产业链环节

数字出版项目的申报还要服务于数字出版产业链的建立、健全、贯穿和畅通，每一个项目都要着力于解决数字出版产业链某一环节的主要问题，通过几个项目要能够实现数字出版从资源建设、技术供应、产品研发到市场运营的全流程目标。在产业链贯通方面，2013—2015年连续三年的国资预算项目就是个很好的例证：2013年，国资预算重点支持技术改造，解决出版社数字出版的软硬件配备问题；2014年重点支持特色资源库建设，解决出版社数字出版的资源建设和产品研发问题；2015年重点支持数字内容运营平台，解决出版社数字出版的市场营销问题。

二、领会文件精神

在确保所申报的项目属于系统策划、统筹安排的情况下，便步入项目撰写、申报的实质性工作阶段。在这一阶段，需要重点吃透所发布的文件精神，确保项目书与文件的支持方向相一致，确保项目书不能出现关键性细节错误，确保项目申报过程要牢牢把握住时间节点，不致出现逾期申报的悲剧性后果。

（一）把握支持方向

无论是文化产业发展专项资金项目，还是国有资本经营预算金项目，都会在文件通知里列出年度重点支持方向。这些重点支持方向可谓惜墨如金，每一句话甚至每一个词都会成为申报企业申报项目的线索和要点。仅以2015年文化产业发展专项资金的第八个支持方向加以分析：

"（八）推动传统媒体和新兴媒体融合发展。支持传统媒体运用已有技术成果，开展全媒体、大数据应用、视听新媒体、音视频集成播控等平台建设；支持传统媒体发挥内容资源优势，创新文化产品和服务，培育核心竞争力；支持传统媒体与新兴媒体在内容、渠道、平台、经营、管理等方面的深度融合，拓展传播渠道与影响力。"

这短短的一段话便揭示出多层次含义：首先，媒体融合发展上升到国家战略层面以后，必然会得到各个方面政策资金的重点支持，2015 年文产资金便是支持媒体融合的政策体现之一；同时，作为八个支持方向之一，媒体融合的支持资金总量相对而言会偏高。其次，对申报企业而言，该段文字提示出了为数众多的申报选择，包括全媒体平台、大数据应用平台、视听新媒体平台、音视频集成播控平台等；同时包括支持创新文化产品、创新文化服务，以及支持内容融合、渠道融合、平台融合、经营融合、管理融合等方面文产项目。最后，对申报企业而言，该支持方向要求申报企业要运用已有的技术成果，要发挥内容资源优势，要培育核心竞争力，拓展传播渠道和影响力。这些含义和精神都需要在项目书中得以体现。

（二）把控关键细节

在财政项目的申报过程中，许多出版社的项目没有成功申报，其原因不在于项目本身不行，而在于忽略了许多关键性的细节，进而导致该项目申报中止。这些细节大致如下：

其一，早期阶段的国资预算项目，所申报的资金额度超过项目额度的 30%。国资预算项目的配比是财政资金/自筹资金≤3/7，这是一条硬性规定。如果项目书出现申请财政资金额度超过项目总投入的 30%，则该项目在形式审查环节即被淘汰。

其二，文产资金项目，企业申请项目补助的，原则上只能申报一个项目，申请金额一般不超过企业上年末经审计净资产额的 30%；企业集团最多可同时申报两个项目，合计申请金额不得超过企业集团上年末经审计合并净资产或母公司净资产的 20%。一旦超过上述 30%、20% 的限制，则该项目同样在形式审查环节被淘汰。对于中小型出版机构而言，尤其需要注意这种限制，不能为了贪多求大，而忽略了企业自身的项目承担能力。

其三，文产资金项目，项目的初审工作一定要认真开展，并且要出具项目初审报告，项目初审报告要加盖主管部门的公章，而不能是主管部门的内设机构公章。

其四，在规定的时间内，同时完成纸质文件的申报和网络填报工作。有的出版单位只关注到纸质文件申报工作，而忽略了网络填报工作的按时完成，这种情况尤其需要注意。

（三）紧扣时间节点

在数字出版项目申报中，因为没能把握住时间节点，而导致项目没能申报成功的案例举不胜举，年年都有发生。这种情况的出现，只能用遗憾来形容。具体来讲，包括以下几种情况：其一，到了规定的时间，因项目书未能盖到主管部门公章，而无法按时申报；其二，出版机构没有认真研读文件，本该加盖主管部门公章，却加盖主管部门内设机构的公章，因为不符合文件要求而无法进行申报。

三、项目申报的禁止性规定

在出版机构中，相当一部分出版社存在着"重申报，轻实施"的情形，即出版社非常重视项目的申报工作，每年的项目都认真组织申报，积极争取资金支持；而一旦资金下拨，却迟迟不实施，甚至资金下拨一两年后，项目尚未进入实施阶段。如果存在这种情况，出版社再次申请项目支持时，将会受到严重影响。

《新闻出版改革发展项目库 2016 年度项目申报指南》文件明确规定了几种情形不得再次申报新闻出版改革发展项目：

第一，中途退出尚在进行的入库项目的单位；

第二，承担的入库项目中存在 2 年内没有启动或超过完成时限 3 年尚未结项的单位；

第三，在入库项目调查中发现重大问题的单位；

第四，因违规被取消申报资格和其他不能保证履行规定义务的单位。

后续出台的文产资金项目、国资预算项目文件中，分别明文规定企业申报项目的禁止性规定，以便督促各出版机构认真实施项目，确保项目申报的科学性、规范性和严肃性。

四、优秀项目计划书的构成要件

财政项目的入选一定是按照"优中选优"的原则，所入选的项目大多具备示范性、创新性、可操作性、市场前景广阔、产业化可能性大等特点。从申报企业的角度来讲，优秀的项目计划书一定符合实体、形式两方面的要件。

（一）实体要件

实体要件，是指项目计划书所反映的项目本身必须具备若干优秀要素，这些要素能够打动评审专家，能够打动财政资金主管部门，进而能够入选当年度的财政项目。

第一，项目必须具有示范性。项目要能够发挥引导示范效果，起到以小带大、以点带面的作用；项目能够成为行业标杆；项目能够充分挖掘行业应用价值，为所属行业发展切实做出贡献，能够直接或间接地促进行业发展。

第二，项目必须具有可行性。项目的目标设定必须科学合理，与企业自身的项目承担能力相适应；项目必须具备资源、人才、标准、资金、基础软硬件等方面的基础，这些基础能够支撑项目的开展；项目在内容、技术、渠道等各方面都必须是可行的，具有项目实施的现实可能性。

第三，项目必须具有创新性。项目的创新性可以体现在资源整合的创新、产品研发的创新、高新技术的应用、盈利模式的新颖等各个方面，只有具有开创、新颖性的项目才有入选的可能。

第四，项目必须具备良好的市场前景。数字出版项目，无论文产项目，还是国资项目，其所追求的都是数字出版的产业化，公益性项目不是财政项目支持的重点和主流。因此，出版社所申报的项目一定要具备清晰的盈利模式，要能够切实为出版单位带来规模化的盈利和收入，要能够占有广阔的目标用户市场，真正将项目成果转化为促进转型、推动升级的文化生产力。

（二）形式要件

在形式要件方面，出版单位所申报的项目计划书，需要具备以下几个方面特点：

首先，项目概况部分一定要凝练和精准，能够用最精准的语言准确揭示项目的内容、目标、创新性和可行性。

其次，项目主体部分要采取图文并茂的方式，文字表述要清晰，关键部分要用图表加以说明，例如项目的整体框架图、项目的应用场景图均需要借助图表加以表达。

最后，项目的资金测算部分一定要符合市场平均报价，或者是符合现有的行业价格标准体系。

第三节　数字出版项目实施与验收

经过多年的财政项目申报与实施，整合了众多出版机构关于财政项目的实施、管理与验收经验，特尝试提出以下数字出版项目的解决方案，其中许多解决方案已被列入行业标准《数字出版业务流程与管理规范》，仅供参考。

一、项目组织机构、时间表和路线图

财政项目获批后，要成立项目领导小组，项目领导小组主要负责对项目方向、项目内容、项目进度、项目成果转化进行宏观把控，确保项目在整体上符合预期目标。

要成立项目分项工作组（或曰子项工作组），例如设备组、资源组、产品组、软件组、平台组、运营组等。分项工作组的任务是具体实施项目各项内容，确保项目保质保量完成。

要在第一时间制订项目实施方案，项目实施方案主要解决的是项目申报之初与获批后的时间差而出现的情况变化问题，包括新技术、新业态的出现，出版行业整体发展态势变化，出版机构本身的发展规划出现调整等。项目实施方案要经过专家论证，同时报送主管部门备案。经过论证、备案后的实施方案将来可作为项目最终验收的依据。

实施方案确定后，要制定项目实施的时间表和路线图，在规定的时间内完成规定的项目指标。只有这样，才能够确保项目按照进度、保证质量地加以完成，避免项目"久拖不验"的情况出现。

二、裁判员与运动员分离机制

项目的实施过程，要确立裁判员和运动员分离的机制。项目实施部门不能既做运动员，又做裁判员，要在项目监督管理部门的监督下完成项目各项指标。

具体而言，项目实施过程中，需要参与的部门主要包括项目实施部门、项目管理部门、竞标监督小组、财务部门等。只有在阳光下实施和运行项目，才可以一方面确保项目实体质量达标，另一方面确保项目程序公正。

三、科学合理的项目实施方式

数字出版项目实施，是数字出版项目申报的延续，是数字出版项目验收的前置阶段，也是数字出版项目预期目标实现的关键性环节。出版社在项目的实施过程中还有一些需要完善的地方，还有一些特别需要注意之处。

项目实施过程中，可以根据项目分项、子项金额的大小，按照国家招投标法的相关规定，采用公开招标、邀请投标、竞争性谈判、单一来源采购、民主集中决策等多种方式加以实施。

实践操作中，出版机构采用公开招投标的额度一般在 100 万~200 万元之间；100 万元以下，可以根据情况进行邀标、竞争性谈判或者单一来源采购；30 万元以下，甚至可以根据项目需要，采用竞争性磋商或者市场比价的方式实施。

四、项目验收类型

在项目实施达到一定进度时，出版机构可以根据实际情况，分别安排项目的分项验收、子项验收、中期验收、预验收和最终验收。

分项验收、子项验收一般是在项目的分项、子项达到验收标准时针对该分项或子项进行验收，例如对资源加工的验收、对平台建设的验收、对硬件设备采购的验收等。

预验收，一般是邀请相关专家，在项目正式验收之前对项目实施情况、资料档案、绩效报告等进行预先把关，进而为项目的正式验收做铺垫和准备。

项目最终验收要做到各分项、子项都达到预期的项目目标，达到内容翔实、形式合规、财务符合专款专用的要求，同时要做到项目文档全面、准确和充分。

五、项目验收文档

项目验收文档是项目验收最终是否能够顺利通过的最重要因素，也是以后该项目进行检查、抽查和审计的最重要档案，同时是项目存档的最主要资料。在实践操作过程中，有许多新闻出版机构项目验收不通过的重大原因便是文档不全，以至于专家无法对该项目的整体实施情况作出客观、全面、科学的评判。

数字出版项目正式验收，需要准备项目申报书、项目实施方案、项目过程文档、项目管理文档、项目绩效报告等五大部分文档，具体每个部分的内容见表 11-4。

表 11 - 4　数字出版财政项目验收材料清单

一、项目申报计划书

二、项目实施方案

根据财政批复的金额，用于调整项目书实施内容，作为最终验收依据。

三、项目过程文档

1. 招投标文档。

2. 财务票据文档。

3. 决策过程文档。

OA 纪要、调整记录、领导审批单等。

4. 项目技术文档。

需要规格说明书、详细设计说明书、用户测试报告、用户使用手册、项目开发周志（月志）、项目会议纪要等。

四、项目管理文档

1. 项目管理制度。

2. 项目人员配置。

管理组、内容组、技组、运维组等。

3. 项目进度表。

项目整体进度，细化到季度或者月度。

五、项目绩效报告

1. 项目成果交付物。

项目产生的资源数量、产品规模、技术平台、硬件购置、项目收入、行业奖项等。

2. 项目绩效分析。

与原有设定目标的比对，项目实施方案所确定的几个目标，最终项目是否都实现，进行比对说明。

3. 项目创新性成果。

项目的亮点和创新点，对企业、行业产生哪些推动和助推作用。

4. 项目后期推广运营方案。

项目成果如何转化，将会开拓哪些渠道，大致会产生什么样的经济效益和社会效益。

第四节　数字出版项目管理原则与机制

数字出版项目管理，作为数字出版管理的有机组成部分，要遵循专款专用、权责一致和效率效益的原则。物质激励、精神激励和综合激励作为数字出版项目管理的激励机制，是从正向视角保障数字出版项目程序公开、实体公正的重要推动力；程序公开机制、实体公正机制，在形式层面对数字出版项目的保质保量完成起到了制度保障的作用；成果转化机制，则在管理、产品、技术、销售、人才、制度等层面对数字出版项目实施整体进程的回溯、评估和最终定性。

数字出版管理，主要涉及规划管理、项目管理和团队管理。在众多数字出版管理领域，项目管理无疑是过去、当下和未来数字出版管理的重要组成和核心范畴。作为数字出版工作内容的主体部分之一，数字出版项目管理贯穿于项目的规划、策划、申报、实施、验收、审计、成果转化等全过程，影响或决定着数字出版的产品研发、技术应用、市场销售、人才培养等产业链各环节。

"我国数字出版及其项目管理相关法规制度还存在一些缺陷，严重制约和影响了数字出版项目的建设完成。"[①]　"向管理要效益"，数字出版项目管理涵盖面广，涉及领域宽泛。广义地讲，一切围绕数字出版项目的人、财、物的管理，都属于数字出版项目管理的范畴。数字出版项目管理的核心在于如何通过管理提高效益，在当前的语境下，准确的表达是在适当约束的基础上有效调动项目负责人、参与者的积极性，通过物质激励、精神激励手段，充分挖掘数字出版人的能动性和创造性，保质保量完成项目各项指标，进而为数字出版提质增效，为打造数字出版新的经济增长点预期目标打下牢固的人力资源基础。

自"十二五"时期，党和政府主管部门实施文化产业专项发展资金和国有资本经营预算金大力扶持文化产业发展以来，累计批复的数字出版项目超过 6 000 项，支持资金多达数百亿元。其中，支持新闻出版业转型升级、融合发展等数字出版类项目占比超过一半。2018 年 2 月 1 日正式实施的行业标准《数字出版业务流程与管理规范》，第一次在行业标准层面上对企业开展数字出版的顶层设计、业务规划、团队管理、项目管理等流程进行了全面、系统的规定，这也成为新时代我国新闻出版企业推进转型升级、发展

---

① 沈水荣. 数字出版项目成败揭秘：谈谈相关法规制度若干缺陷及其正确执行问题［J］. 现代出版，2014（5）：11.

数字出版的重要纲领性文件。2019 年 10 月，国家新闻出版署公布了 95 个数字出版精品项目，这些精品项目的共通性特点是："类别丰富、内容优质、创新突出，代表了阶段性出版业融合发展水平，为新闻出版业树立了标杆，提供了示范。"① 实践中，主管部门陆续推出的精品战略举措主要包括数字出版精品遴选推荐计划、"主题突出、质量上乘"的出版融合发展精品体系、有声读物精品出版工程、中华民族音乐传承出版工程精品出版项目等。这些数字出版精品项目的遴选、推荐和公布，也是首次对数字出版项目的集中检阅和展示。

数字出版项目的优秀、良好或者合格与否，主要取决于项目管理原则、项目激励机制以及项目约束机制的运用成功与否。数字出版项目管理原则的确立与坚守，是确保项目实施不违规、不逾矩的准绳；数字出版项目激励机制的制定与执行，是从正向视角推进项目保质保量实施的动力；数字出版项目约束机制的树立与遵守，是从监督视角促进项目实施程序公开、实体公正以及成果及时转化的重要保障。

一、数字出版项目管理原则（见图 11 - 1）

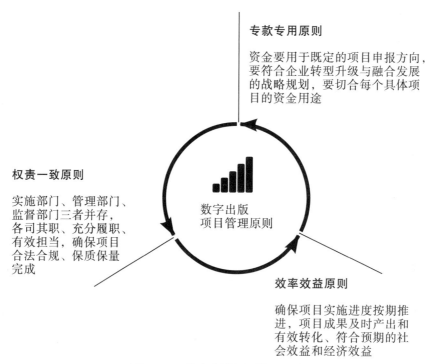

图 11 - 1　数字出版项目管理原则

---

① 新华网. 2019 年度遴选推荐数字出版精品项目揭晓［EB/OL］.［2019 - 10 - 22］. http://www.xinhuanet.com/politics/2019 - 10/22/c_1125136476. htm.

　　众所周知，"统筹规划、专款专用、单独核算"是财政专项资金管理和使用的基本准则，而这之中，"专款专用"又属于基本准则中的"基石"原则，与专项资金设立的初衷、目的紧密相关。

　　数字出版项目实施的首要原则在于专款专用。

（一）专款专用原则

　　专款专用原则，是指数字出版项目获批的资金要用于既定的项目申报方向，要符合企业转型升级与融合发展的战略规划，要切合每个具体项目的资金用途。获批的数字出版项目，无论是文产项目还是国资预算项目，所获得的财政资金，都必须足额、如数用在项目本身，用在项目的资源建设、技术购置、产品研发、渠道构建或是成果推广等方面，确保项目的专款专用，以及项目能够保质保量地完成。

　　曾经有的出版社由于项目开展不及时，便将项目的整体或部分资金拿去做理财；有的出版社将用于项目建设的资金，用于补贴纸书出版；也有的出版社按照"大项目、小成果"的方式操作项目，在项目的实施过程中偷工减料；还有的出版社甚至将项目资金违规用于发放工资或劳务；等等。这些做法都违反了项目的专款专用原则，一旦被发现，轻则进入财政项目黑名单，再也难以获批相关项目；重则触犯法律规定，要承担相应的法律责任。

（二）权责一致原则

　　数字出版项目的管理要遵循权责一致的原则，或曰"裁判员与运动员分离原则"，即项目的实施部门、管理部门、监督部门三者并存，各司其职、充分履职、有效担当，确保项目合法合规、保质保量地完成和落地。

　　一般而言，数字出版项目的实施部门由项目领导小组、数字出版内设机构或独立法人实体组成。项目领导小组一般由出版企业分管数字出版、财务和信息化的领导组成，承担数字出版职能职责的法人实体或内设机构是数字出版项目的主要实施部门，其承担着项目的规划、策划、申报、实施、验收、成果转化等项目主体工作。项目实施部门是数字出版项目的主要操盘手，是数字出版项目策划申报与实施的主体，是数字出版项目成果转化的中坚力量。针对项目实施，有人提出"项目管理编辑"这一新型的工作角色，指出："时代要求项目管理编辑应为复合型专业人才，要做到工作目标清晰，责任明确，工作强调计划性，过程的控制，项目管理的系统性、全面性和综合性，以及工作的协同性。"[①] 作为项目实施部门的主体工作内容，有人提出，项目申报要"把握文化产业政策、契合单位的发展战略定位、有利于企业发展壮大、与主营业务密切相关、有一定的实施基础"[②] 等观点。项目实施部门在各出版企业的话语权应该逐步提高，因其充

[①] 申蕾. 浅谈数字出版环境下的项目管理编辑的职责和素质 [J]. 中国编辑，2018（4）：69.
[②] 刘爱芳. 传统出版单位数字出版项目策划与申报 [J]. 科技与出版，2016（2）：79 – 80.

当着新闻出版业转型升级、融合发展的先锋队和排头兵的角色，是传统出版与新兴出版融合发展的主要推动力量和核心战斗力所在。

大部分出版企业同时设置项目管理办公室作为项目管理部门，往往将项目管理部门内置于办公室或总编室。项目管理部门究竟管什么，往往成为数字出版业务实践中的重点、难点和争议焦点。事实上，项目管理部门应着眼于项目宏观管理，从整体、宏观的角度推进项目的实施进程，定期要求项目实施部门提交项目实施的阶段性成果，配合并友善地提醒数字出版部门项目实施的进度和质量。做到既不越位，也不缺位，这是项目管理部门的准确定位。实践中存在的错误做法是，项目管理部门本位主义观点作祟，以对立面的姿态面对项目实施部门，以指责、批评、防范的心理来看待项目实施部门；或者是越俎代庖，过多参与到项目实施进程中，以外行的身份试图从事内行的工作。这种错误定位的后果是，造成了大量的内耗，人为增设很多不必要的时间、资源交流成本，主观上造成了新闻出版企业转型升级进程、数字出版提质增效的拖延和落后。

项目监督部门一般由财务部门、审计部门、招投标管理部门等组成。项目监督部门的工作重心应在于监督数字出版项目的程序合理合规、实体不违规不逾矩。项目监督可以采取事前监督、事中监督和事后监督结合的方式，其中：事前监督侧重程序和进度的提醒；事中监督关注项目实施的质量和效益；事后监督重心在于查缺补漏，对项目实施到验收的整个流程进行系统梳理和检查，确保整个项目的程序和实体公正。项目监督的集中点可放在项目实施方式上，关注项目是采用公开招投标、邀请招投标、竞争性谈判、竞争性磋商、单一来源采购还是民主集中决策等方式；程序正义是确保实体公正的制度保障和程序保证。财务部门主要负责项目所涉财务程序的合法合规，纪检监察部门主要负责项目实施过程的廉政风险点的预判和把控，招投标管理部门主要负责项目招投标程序的合规性审核，审计部门主要负责子项目、整体项目的审计事宜。

（三）效率效益原则

效率效益原则，是指数字出版项目的管理，要确保项目实施进度按期推进，确保项目成果及时产出，确保项目成果转化及时有效、符合预期的社会效益和经济效益。效率原则是对速度的要求，效益原则是对质量的要求，而速度与质量的有机统一则是效率效益原则所追求的初衷和归宿。

这些年，出版社所申报的项目之中，只有 2013 年度的 50 多家央企数字化转型升级项目做到了按期结项，其他项目多少都有延期的现象。央企数字化转型升级项目，由国家新闻出版广电总局数字出版司负责主持标准的统一制定，统筹把握六项软件的统一安装和部署，最终在 2013 年底、2014 年初基本实现了所有出版单位的项目验收工作。少部分企业直到 2014—2015 年，其项目还没有实施完成，这与数字出版项目管理的效率原则是严重违背的。

一般来讲，项目的拖延、迟滞由几个方面原因造成：有的出版单位，一旦财政项目批复，决策层便想着将项目资金用作其他用途，不是完全按照项目预期目标去实施；有的出版单位，本身不具备实施项目的人力、财力和物力资源，因此项目获批后一两年内迟迟开展不了；还有的出版单位，项目获批后，会考虑想办法将项目资金向关联企业、控股子公司转移；等等。这些情况都会导致项目的延期，甚至延迟数年不得结项。

　　数字出版项目管理的效益原则集中体现于项目成果的产出和转化，这是转型升级之后，提质增效的必然要求和题中之义。数字出版项目成果，主要包括几种类型：一系列数字出版制度体系的建立健全，全方位数字出版产品矩阵的形成，一批高新技术应用于出版业态，一拨数字出版高端复合人才的培养与孵化，数字出版收入和利润比的量化和提高。2019 年 12 月 26 日，全国财政工作会议报告指出："要做好预算绩效管理工作，将绩效理念体现到预算管理的全过程，提高财政基础管理水平，确保内涵式财政政策提质增效和更可持续。"[1] 近年来数字出版项目的主要资金来源一是文化产业发展专项资金，二是中央文化企业国有资本经营预算金。无论是哪种资金类型，对提质增效的要求都呈现出越来越严格、越来越迫切的特点。这一点可从 2017 年中央文化企业国有资本经营预算金由"项目制"改为"规划制 + 绩效制"的改革举措察觉和洞悉。

二、数字出版项目激励机制

　　早在 2017 年 12 月，数字出版项目激励机制就被明确写入了《数字出版业务流程与管理规范》的行业标准。项目激励机制可分为物质激励、精神激励和综合激励三种类型。其中：物质激励，是指对参与项目规划、策划、申报、实施、验收、审计等各环节的人员给予一定的物质性奖励的激励机制；精神激励，是指对参与数字出版各环节的主要贡献者给予表彰、表扬或晋升等方面的激励机制；综合激励，是指对数字出版项目的主要贡献者既给予物质奖励又给予精神奖励的机制。（见图 11 - 2）

　　项目激励的主体是数字出版项目贡献者和参与者；项目激励的客体是多种资源来源、多渠道申请、获批的数字出版项目。项目激励的主要内容是在申报项目获得立项资助后，对项目团队在策划申报、实施验收、绩效审计等阶段所付出的劳动和工作给予物质性和精神性奖励。

---

　　[1]　韩路. 刘昆：2020 年积极财政政策大力提质增效　扎实做好 5 项重点 8 个方面财政工作［EB/OL］.［2019 - 12 - 30］. http://www.mof.gov.cn/zhengwuxinxi/caijingshidian/cjzylm/201912/t20191230_3452019. htm.

数字出版项目贡献者
和参与者

🕐 **物质激励**
项目负责人依据企业财政
项目奖励制度，按照分阶
段、按比例、后置性、效
率优先、兼顾公平的原则，
拟定各阶段奖励分配方案

🕐 **精神激励**
采取给予表彰、表扬和职
务晋升等方式，通过荣誉
的设定、颁发和授予实现

🕐 **综合激励**
兼采物质激励和精神激
励方式

图 11-2　数字出版项目奖励机制

数字出版项目的物质激励，由项目总负责人依据所属企业的财政项目奖励制度，按照分阶段、按比例、后置性、效率优先、兼顾公平的原则，拟定各阶段奖励分配方案。"分配方案包括奖励依据、奖励比例、具体奖励人员及金额、奖励金额发放方式等。奖励额度视新项目申请成功的复杂程度、重要性及资金额度综合确定。"[①] 值得注意的是，数字出版项目奖励资金由申报企业从自有资金列支，不得从数字出版项目获批金额本身列支，否则属于违规违纪行为。在实践中，多家出版社均给予了数字出版团队以项目奖励，并按照项目奖励管理办法严格执行和落实。数字出版项目管理的精神激励机制，主要是采取给予表彰、表扬和职务晋升等方式，通过荣誉的设定、颁发和授予来实现。自推进新闻出版业转型升级以来，多位数字出版主任提升为副社长、副总编辑便是最好的例证。数字出版项目管理的综合激励机制，则是兼采物质激励和精神激励的方式，或者是以物质激励为主、精神激励为辅，或者是以精神激励为主、物质激励为辅，对数字出版项目团队给予肯定和认可。前文所述，国家新闻出版署的数字出版精品项目遴选和表彰，就属于综合激励的体现形式。

三、数字出版项目约束机制

激励机制和约束机制，如同一枚硬币的两面，共同承担着推动项目实施、确保项目

---

① 全国新闻出版标准化技术委员会. 数字出版业务流程与管理规范：CY/T 158—2017 ［S］.

完成的任务和使命。数字出版项目管理的约束机制，主要包括程序公开、实体公正和成果转化三种。（见图 11－3）程序公开是实体工程在形式上的约束机制，成果产出与转化则是实体在实质上的约束机制，是对数字出版项目整体回溯与评估的最终指标。

图 11－3　数字出版项目管理的约束机制

（一）程序公开机制

项目实施过程最重要的原则莫过于确保项目实施程序的公平、公开和公正，确保项目主体工作能够完全符合项目预期目标，确保项目不出现偷工减料、挂羊头卖狗肉的现象。

具体而言，在项目实施程序中要做到以下几方面工作，以确保项目公正：

第一，项目的实施要坚持以公开招投标为原则。数字出版项目资金均属于财政资金，财政资金的使用以公开招投标为原则，以邀请招投标为例外，尤其是涉及 200 万元以上金额的标的，更需要严格按照招投标程序进行。需知"阳光是最好的防腐剂，公开是对权力最好的监督"。对于 200 万元以下，可以不采取公开招投标的项目，也要做到充分的公开，在企业内部公开、面向社会公开。然而，在现实情况中，有的出版单位因为内部情况导致项目一再延期，为了尽快结项，便铤而走险，对于大额项目直接采取邀请招投标的方法来加以实施；也有的出版单位，为了规避公开招投标导致的不确定性出现，同样采取化整为零、邀请招投标的方式来实施大额项目。

第二，项目的实施要处理好关联关系。许多出版单位都有关于数字出版或者信息技术方面的子公司，这些子公司的经营状况往往不是很好。一旦获批了财政项目，出版单位内部便会有人想着如何把财政资金变相转移到子公司去花费，于是结合邀请招投标的手段，让内部公司中标，甚至有的出版单位未经任何程序，直接将财政项目资金划拨到子公司，安排子公司从事项目的相关工作。即便对于由出版社控股的子公司，也要严格按照招投标的程序，进行公开招投标，由未经谋面的专家进行评审。在经过评审之后，遵循专家组的意见，由专家组确定该子公司是否能够中标；而不能贸然采用邀标的手段刻意安排关联公司中标，更不能未经任何程序直接将项目交由关联企业实施。

第三，组建高质量项目团队，引进监理机制。要保证财政项目的按期实施、如期验收，最重要的莫过于组建高水平的项目团队，在项目领导小组的统一安排下，分别组建项目资源建设组、项目产品开发组、项目技术实施组和项目市场运营组。各项目小组需要通力配合，保证项目实施的每个环节都按照项目实施规划进行。只有每个环节都保质保量，项目才会按时完工。

同时，鉴于出版单位在项目实施过程中，在软硬件实施方面存在着信息不对称的情况，实践中有的出版社已经启动项目监理或者项目监督机制。实施主体单位开出一定的费用，聘请第三方技术企业，负责项目实施过程的监督，以确保所采购的硬件符合标准，所加工的数据资源符合系统要求，所研发的技术系统能够满足出版单位的应用实际。

（二）实体公正机制

在项目实体要件方面，一定要确保项目质量，严格按照项目计划书所确定的资源建设的数量、技术应用的状况、硬件购置的规模、产品研发的总量、渠道构建的效果来加以实施；不能够因为项目批复资金较少而对项目偷工减料，缩减项目目标；也不能挤占、挪用项目资金，而使得项目无法保质保量完成。

为确保实体公正的实现，要引入项目监理机制。项目监理机制，是指在数字出版项目实施过程中，通过引入第三方进行独立、客观、公正地监督和把控，确保项目实施的实体质量和进程。鉴于出版单位在项目实施过程中，在软硬件实施方面存在着信息不对称的情况，实践中有的出版社已经启动项目监理或者项目监督机制。实施主体单位开出一定的费用，聘请第三方技术企业，负责项目实施过程的监督，以确保所采购的硬件符合标准，所加工的数据资源符合系统要求，所研发的技术系统能够满足出版单位的应用实际。

（三）成果转化机制

项目成果转化机制，是指数字出版项目在实施过程中或者实施完成后，能够在产品、技术、销售、人才、制度、管理等方面产生成果。数字出版项目成果转化机制，要求成果要可量化，有明确的数据作为支撑；要求成果要清晰，具体明确究竟产生了哪些产品成果、技术成果、销售业绩、制度成果、管理经验、人才培育成果等；要求成果要能够转化为实实在在的生产力，能够提高生产效率，而不是做表面文章，验收过程搞得轰轰烈烈，验收之后空空如也。成果转化能力的强与弱，其背后的实质性因素，是数字出版团队、数字出版负责人的商业素养和商业化能力的大与小。牢牢把握意识形态阵地话语权，持之以恒地打磨项目产品、开拓市场渠道、实现市场销售收入，这构成了当下阶段数字出版从业者的全部工作主旨和重要时代使命。

平心而论，通过验收的出版单位大部分数字出版项目，其预期的社会效益和经济效益的实现情况不容乐观。有的出版社项目验收工作开展得非常漂亮，验收文件多达数百万字，财务、业务、技术等各环节的项目档案非常齐全，验收程序非常正规，验收的社会影响力很大，但是验收过后，该项目便如泥牛入海，再无踪影。

数字出版项目不能为了验收而验收，项目验收后，要继续开展对项目的评估工作：项目申报之初所制定的项目经济效益如何？社会效益如何？在项目实施完毕后几年内实现项目盈亏持平？几年内完成项目达产目标？如果以这样的标准来评估我们的项目，以经济效益、产业化指标来验收我们的项目，估计能够通过验收的出版企业寥寥无几。

无论如何，项目验收不是作秀，一定要注重项目的成果转化。我们所实施和验收的每个财政项目，最终都要转化为生产力，转化为出版社新的经济增长点。只有这样，才能够充分体现财政资金的示范作用、杠杆作用和撬动作用。

最后，无论是企业主管部门还是政府主管部门，在项目策划、申报、实施、验收、审计环节之后，都要再增设项目后期评估环节。项目评估主要是核查项目验收之后，是否真正实现了预期的效益目标；是否真正如项目计划书所言，逐年实现了规定的经营收入指标；是否实现了规划的社会效益目标。

严格执行专款专用、权责一致、效率效益的原则推进数字出版项目实施，积极采用物质激励、精神激励和综合激励的措施，同时对数字出版项目的实施进行程序公开、实体公正、成果转化机制的约束，方能真正实现数字出版项目的预期社会效益和经济效益目标现，才能真正将数字出版项目做成精品，才能真正发挥宏观调控的财政杠杆在助力新闻出版业转型升级和深度融合方面的提质增效的杠杆和示范作用。

思考题

1. 2013—2015 年国资预算项目支持的主要特征有哪些？

2. 数字出版项目申报要领包括什么？

3. 数字出版项目实施与验收需要注意哪些地方？

4. 数字出版项目管理需遵循哪些原则，以及数字出版项目有哪些激励约束机制？

参考文献

1. 张新新. 吉光片羽：人工智能时代的出版转型 ［M］. 北京：清华大学出版社，2019.

2. 沈水荣. 数字出版项目成败揭秘：谈谈相关法规制度若干缺陷及其正确执行问题 ［J］. 现代出版，2014（5）.

3. 申蔷. 浅谈数字出版环境下的项目管理编辑的职责和素质 ［J］. 中国编辑，2008（4）.

4. 全国新闻出版标准化技术委员会. 数字出版业务流程与管理规范：CY/T 158—2017 ［S］.

5. 张新新. 数字出版项目管理原则与机制分析 ［J］. 科技与出版，2020（2）.

第 12 章　数字出版标准

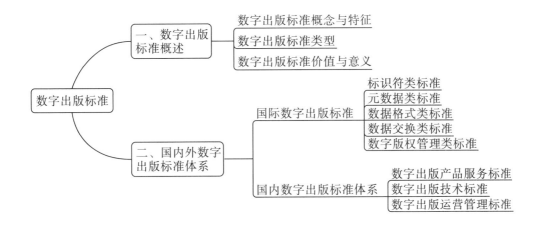

　　掌握数字出版标准的概念、特征与类型，理解数字出版标准的价值与意义，了解国际数字出版标准，掌握国内数字出版标准体系构成。

第一节　数字出版标准概述

我国数字出版的发展过程，也是数字出版标准化工作不断推进的过程，是一系列数字出版标准研制、发布、宣贯和落地的过程。由此，对数字出版标准的学习和研究，是中国特色数字出版学的重要内容之一。

一、数字出版标准概念与特征

数字出版标准化，是指为了在既定范围内获得最佳秩序，促进共同效益，对数字出版现实问题或潜在问题确立共同使用和重复使用的条款以及编制、发布和应用文件的活动。数字出版标准，是指通过标准化活动，按照规定的程序经协商一致制定，为数字出版各种活动或其结果提供规则、指南或特性，供共同使用和重复使用的文件。

数字出版标准既具有标准的一般性特征，也具有专属于数字出版的特殊性特征。具体而言，数字出版标准的主要特征如下：

其一，以数字出版为标准化对象。以数字出版的特定主题为标准化对象，以一组相关的数字出版标准化对象为数字出版标准化领域，以数字出版这个客观存在为标准化本体。数字出版标准以数字出版的特定主题，如数字出版产品、数字出版流程、数字出版管理、知识服务、数字出版人才等为标准化对象；一组相关的数字出版标准化对象构成了数字出版标准化领域，如知识服务之中的知识资源建设、知识关联、知识计算、知识资源应用等；而所有的数字出版标准化领域则构成了数字出版标准化的本体，即数字出版标准化这个整体客观存在。数字出版标准化可采用"产品、过程或服务"这一表述来从广义上囊括标准化对象，亦可等同地理解为包括如数字出版材料、原件、设备、系统、接口、协议、程序、功能、方法或活动等；[1] 同时，数字出版标准化可以限定在任何对象的特定方面，如数字出版产品的 AR 出版物、VR 出版物或数字出版流程、数字出版人才等。

其二，科学性。数字出版标准以数字出版科学、技术和经验的综合成果为基础。数字出版标准宜反映一定时期内的最新数字出版技术水平，即基于数字出版领域的科学、

---

[1]　全国标准化原理与方法标准化技术委员会. 标准化工作指南 第 1 部分：标准化和相关活动的通用术语：GB/T 20000.1—2014 [S].

技术和经验综合成果的产品、过程或服务相应技术能力所达到的高度。数字出版基础标准、术语标准等应吸收数字出版科学最新研究成果，尤其是基础理论研究成果，以确保标准的科学性、通用性以及合理性。数字出版技术标准须包含大多数代表性专家公认的最新技术水平的技术条款，以作为公认的技术规则。数字出版产品、过程或服务类标准，同时要吸收最新的数字出版实践经验，以确保标准的指导性、可复制性以及可操作性。正是因为以数字出版科学、技术和经验成果为基础，数字出版标准的科学性、合理性、指导性、时效性才能够从根本上得到保证，进而发挥应有的秩序和效率价值。

其三，层次性。数字出版标准呈现出较为清晰的层次性特征，可具体分为国际标准、国家标准、区域标准、地方标准、行业标准、团体标准、企业标准等。数字出版国际标准，是指由国际标准化组织或国际标准组织通过并公开发布的数字出版相关标准。数字出版国家标准，是指由我国国家标准机构通过并公开发布的数字出版相关标准。数字出版区域标准，是指由区域标准化组织或区域标准组织通过并公开发布的数字出版相关标准。数字出版行业标准，是指由行业机构通过并公开发布的数字出版相关标准。数字出版地方标准，是指由我国某个地区通过并公开发布的数字出版相关标准。数字出版企业标准，是指由企业通过并供该企业使用的数字出版相关标准。数字出版团体标准，是指由依法成立的社会团体为满足市场和创新需要，协调相关市场主体通过并在团体内使用的标准。根据"国标更强，行标更专，团标更活，企标更高"的标准化原则，数字出版国家标准、行业标准、团体标准、企业标准的侧重点不同。如：国家标准要求更强，可以与国际标准或与其他国家的数字出版国家标准并跑，甚至领跑其他国家的标准或国际标准；行业标准侧重专业化，体现数字出版行业性特征、专业性特征、专属性特征，能够有效区隔数字出版行业与其他行业；团体标准更加灵活，建立在数字出版一定团体范围共识和行动的基础之上，旨在在数字出版一定的范围内获得最佳秩序，促进共同效益，使团体能够共同或重复使用该标准以解决现实或潜在问题；企业标准要求更高，是指所制定的数字出版企业标准水平更高，能够反映数字出版机理规律，代表最前沿技术水平、最新成功经验或最新数字出版模式路径等。

其四，权威性。数字出版标准的批准发布主体具有很高的权威性，尤其是国家标准和行业标准。数字出版国家标准的发布机构为国务院标准化行政主管部门——国家市场监督管理总局、国家标准化管理委员会。数字出版行业标准的批准发布机构为出版业行政主管部门——国家新闻出版署，可由全国新闻出版标准化技术委员会、全国新闻出版信息标准化技术委员会、全国出版物发行标准化技术委员会、全国印刷标准化技术委员会、全国版权标准化技术委员会根据标准化具体对象的不同进行行业标准的归口提案。

二、数字出版标准类型

根据常见的分类方法，标准大致可分为基础标准、术语标准、符号标准、分类标准、试验标准、规范标准、规程标准、指南标准、产品标准、过程标准、服务标准、接口标准、数据待定标准等。从目前数字出版已有的国家标准、行业标准和企业标准来看，数字出版基础标准、术语标准、指南标准、产品标准、规范标准、服务标准等，均是常见的标准类型，主要出现在国标、行标和企标之中。

数字出版基础类标准，是指在数字出版领域具有广泛的适用范围或者包含数字出版特定领域通用条款的标准，前者如行业标准《数字出版业务流程与管理规范》，后者如各种数字出版标准体系中的"标准体系表"。实践中，数字出版基础标准，一方面可直接加以应用，指导数字出版活动的开展，例如专业数字内容资源知识服务模式试点工作项目标准的《知识服务标准体系表》、国家数字符合出版系统工程标准的《工程标准体系表》《出版融合发展人才建设标准体系表》等；另一方面也构成了其他标准的基础，是相同领域的数字出版具体标准的源头和依据。如前述《知识服务标准体系表》规定了知识服务试点项目标准的知识资源建设与服务工作指南、基础术语、知识资源通用类型、知识关联通用规则、主题分类词表描述与建设规范、知识元描述通用规范、知识应用单元描述通用规范等7项标准规范，同时还规定了数量更多的中、低优先级标准规范。值得注意的是，数字出版基础标准的身份是相对的，在不同的语境中可以相互转化。如前述《基础术语》标准，在知识服务试点项目标准体系中属于术语标准（见图12-1），但是相对于后续的新闻出版知识服务具体领域的术语标准而言又属于基础标准。

数字出版术语类标准，是指在数字出版领域或数字出版学科中使用的概念指称及其定义的标准。作为飞速发展的产业，数字出版源源不断地产生各种新技术、新业态和新模式，由此，其术语构成也处于剧烈变化期，不断地丰富和完善，直至形成最终相对稳定、成熟的术语体系。近年来数字出版术语在标准中的体现为：一方面，独立的数字出版术语标准不断出现，规定着数字出版细分领域的概念和定义，如《新闻出版知识服务知识资源建设与服务基础术语》《国家数字复合出版系统工程标准 工程术语》等。另一方面，在数字出版标准中，经常也会出现数字出版术语条款，以反映数字出版的新技术、新业态和新模式。如：《出版物 AR 技术应用规范》行业标准所规定的术语 3.1 AR 出版物，是指应用三维（3D）模型等数字媒体与印刷图文及图文中的坐标点、空间位置等信息关联，满足用户增强现实体验需求的报纸、期刊、图书、网络出版物等；《出版物 VR 技术应用要求》术语 3.2 所规定的 VR 出版物，是指应用 VR 技术以满足用户在数字化环境身临其境感受和体验需求的出版物。数字出版术语类标准，对推动数字出版核

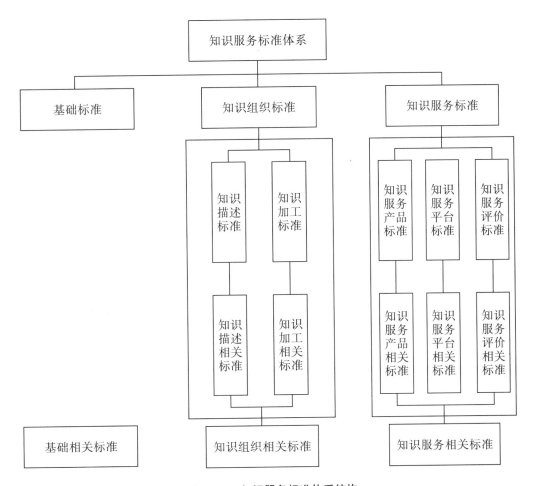

图 12－1　知识服务标准体系结构

心知识的概念化和范畴化，及时将新技术、新业态和新模式中的成型知识点进行固化和凝练，推动数字出版学科范畴完善和学科范式创新具有不可或缺的意义和价值。

　　值得注意的是，数字出版术语标准通常包含术语及其定义，有时还会附有相关的注释、示例或示意图等。如《中国标准关联标识符（ISLI）》术语 2.1 实体：能够被唯一标识的对象。注 1：实体包括实物、内容的电子表现形式、抽象事物（如时间、地点）、参与方（自然人及法人）以及任何可以被唯一标识的对象。注 2：实体中某个已界定的片段本身也是一个实体。

　　数字出版指南类标准，是指以适当的背景知识给出数字出版主题或业态一般性、原则性、方向性的信息、指导或建议的标准。数字出版指南类标准并不推荐具体做法，而是给出基本条件、基本流程、基本形态等。其中，基本条件，是指提供关于数字出版主题的基本人力、财力、物力和智力条件等；基本流程，是指提供开展数字出版某一主题活动的基础性步骤和程序等；基本形态，是指提供数字出版主题某些方面的基本产品形态或业务形态等。如国家标准《新闻出版知识服务　知识资源建设与服务工作指南》确立了知识服务的基本条件为知识服务领导小组、知识服务实施团队、知识产品条件、技术应用条件、市场运营条件；知识服务基本环节包括知识服务模式策划、知识服务模式确定、知识资源发布、知识服务的运营与维护，以及评估与反馈；建议知识服务的基本形态有基础性知识服务、知识库服务、大数据平台知识服务、在线课程服务、知识服务解决方案，以及智能知识服务。数字出版指南类标准与数字出版业务直接相关，能够为数字出版经营管理实践提供指导性强、实践性强、可操作性价值突出的指导和建议，因此，在数字出版实践中也受到广泛关注。

数字出版规范类标准，是指规定数字出版产品、过程或数字出版服务需要满足的要求以及用于判定该要求是否得到满足的证实方法的标准。如：行业标准《数字出版业务流程与管理规范》中规定了数字出版规划管理需要满足以下要求：优化数字出版顶层设计，创新体制机制，确定合理发展模式，完善规章制度，建立健全标准体系；同时，对数字出版项目管理、团队管理须满足的要求以及证实方法等做了相应的规定。行业标准《出版物 AR 技术应用规范》则对 AR 出版物的出版与制作要求、关联文件管理要求、数字媒体管理要求、AR 出版物质量管理要求以及标识的管理与适用要求进行了规定。上述《国家数字复合出版系统工程标准》规定了资源标识应用规范、名称标识应用规范、版权资产数据管理规范、数据存储与备份规范、跨媒体数据链接规范、蒙古文出版产品版式规范、壮文出版产品版式规范、数字出版产品质量评价规范等 20 项数字出版规范类标准。

数字出版规范类标准，具体又可分为数字出版产品规范标准、数字出版服务规范标准，以及数字出版过程规范标准。数字出版产品规范标准，是指规定数字出版产品需要满足的要求以保证其适应性的标准。产品标准除了包括适用性要求，也包括以应用的方式，如术语、包装等方面的要求，以及印刷工艺等工艺方面的要求。数字出版服务规范标准，是指规定数字出版服务需要满足的要求以保证其适用性的标准。数字出版过程标准，是指规定数字出版过程需要满足的要求以保证其适用性的标准。

对数字出版产品、数字出版过程或数字出版服务等标准化对象进行标准化，典型做法之一就是规定这些标准化对象需要满足的要求。如果有必要判定声称符合这些标准的数字出版活动及结果是否满足了这些要求，就要在标准中描述对应的证实方法。由此，数字出版规范标准的功能在于通过可证实的"要求"对标准化对象进行"规定"，其必备要素是"要求"和"证实方法"，这两个要素是数字出版规范标准与其他类型标准差异化的显著特征。

三、数字出版标准价值与意义

数字出版标准主要解决数字出版发展的秩序和效率问题，通过对技术赋能的基础设施、赋能元素、动力机制、应用场景和产品服务等现实或潜在问题制定规范，强制或引导出版业遵循贯彻，获得技术赋能出版业高质量发展的高效率和一致性的效果。数字出版标准固化了出版业高质量发展的通用性、普适性的技术解决方案，凝结了数字出版产业成功做法经验以及最新的科学研究理论和技术应用成果。一方面，既是成功呈现技术跨越、高质量发展的出版企业经验总结；另一方面，也为尚未进行技术跨越或是依然在探索高质量发展的数字出版企业提供了可资借鉴的模式、路径和策略。

标准层的秩序价值体现在，所制定的数字技术赋能标准规范体系对出版业、出版团体或出版企业具有约束力：强制性标准具有刚性约束力，是出版主体从事技术赋能出版发展活动必须遵循的规范或条款；推荐性标准具有柔性约束力，出版主体一经接受并采用，就成为必须遵守的技术依据，或者体现为出版主体不接受该标准规范，以致其技术赋能活动的程序、成效等大打折扣，从而降低技术赋能效率。

标准层的效率价值体现在，标准化活动及其成果能够帮助出版主体进行新产品的规模化、模块化、高效率研发，提供技术赋能活动的内容质量、技术质量、载体质量等各方面的质量保障，帮助出版主体及时识别、发现和化解技术赋能风险，从而降低技术创新成本，减少技术赋能阻碍，缩短出版业数字技术基础研究和商业应用之间的距离，提升出版业高质量发展数字技术赋能活动的效果和能力。

在实践中，数字出版标准对数字出版活动的理论和实践意义主要包括：

首先，健全数字出版概念体系，丰富数字出版基本理论。数字出版标准的大量推出，往往是反映数字出版新业态、新技术、新模式的最新发展成果，凝结着最新的数字出版概念，并基于新概念总结数字出版业务、流程与技术应用经验，在基本条件、方法、流程和形态等方面给予企业、团体或产业以示范和借鉴。如出版机构知识服务、AR出版物、VR 出版物、知识关联、知识计算、数字出版产品等概念，在国家标准、行业标准或工程标准中都有所体现，这种概念界定和提出早于出版学术研究，为数字出版范畴提炼和理论建构奠定了学理基础。

其次，锻炼出版企业的标准化队伍，提升出版人的数字出版理论素养。多年的数字出版标准化工作，以及对于数字出版产品、技术、服务等主题基本流程、基本条件、基本形态的总结和提炼，一方面为出版企业开展数字出版活动提供了依据和准绳，使得数字出版业务有章可循、有据可依；另一方面推动和促进了一批新闻出版标准化人才的成长，锻造和提升了一支数字出版自身孕育和成长起来的标准化队伍。

再次，借鉴和吸收了其他学科和领域的成熟经验做法，同时开创性地融合了新闻出版界知识服务的新技术、新业务和新业态。图书情报界、计算机技术等领域关于信息、数据、知识、数字技术等基本范畴大多被数字出版标准体系所吸收，而那些晦涩、繁杂的专业性观点则较少被采纳；同时，新闻出版界正在开展的数字图书、知识库、专题数据库、MOOC 课程、SPOC 课程、纸数融合等数字出版新业态多数都被囊括在标准体系中。

最后，梳理了数字出版一系列基本经验、基本方法、基本流程和基本形态。在基本经验方面，数字出版的规划制定、产品研发、技术应用、人才培养、项目管理等基本经验和成功做法被适时反映和内化于数字出版标准之中；在基本方法方面，数字出版业务开展的步骤、程序、工具和手段等方法论层面的内容，在数字出版标准体系中或多或少有所涵括；在基本流程方面，AR 出版物的生产与制作流程、VR 出版物的制作生产流程、知识资源建设与知识服务基本流程等数字出版主题工作的流程被以标准的形式概括、固化、宣贯和遵循；在基本形态方面，数字出版日新月异的新业态往往反映在标准体系之中，反映着数字技术与出版业务融合的结果，体现出数字技术赋能出版产业的创新实践，例如，MOOC 是典型的扩展性知识服务形态，而 SPOC 则是较为新兴的定制化知识服务形态。

第二节　国内外数字出版标准体系

国际数字出版标准体系主要包含标识符类标准、元数据类标准、数据格式类标准、数据交换类标准以及数字版权管理标准等；而国内数字出版标准体系则更多体现于数字出版技术、业态、模式等，包括数字出版基础标准、术语标准、规范标准、指南标准等。

一、国际数字出版标准

国际数字出版起步较早，行业标准也随之得到了发展，如标识符类标准、元数据类标准、数据格式类标准、数据交换类标准、数字版权管理标准等都形成了一定体系，并在全球范围内广泛应用。

（一）标识符类标准

标识符类标准的主要功能是为出版物或者内容资源提供唯一的标识，如 ISBN 标识图书、ISSN 标识期刊、ISMN 标识乐谱出版物、ISRC 标识录音制品、ISAN 标识音像作品。在名称标识上，ISNI 标识数字环境下各种媒体内容的创作、生产、管理和发行主体的公开身份；在作品标识上，ISTC 标识标准文本作品，ISWC 标识音乐作品；在数字资源标识上，DOI 标识数字资源。而所有这些资源之间的关联，均可由 ISLI 标识。在数字出版环境中，图书或电子出版物的订货、销售、交易和管理都离不开唯一标识。唯一标识保证了用户在越来越多的内容产品中快速、准确地找到所需的内容产品。[①]

ISLI（International Standard Link Identifier，国际标准关联标识符）由 ISO（国际标准化组织）制定和维护，于 2015 年 5 月 15 日正式发布。《中国标准关联标识符（ISLI）》（GB/T 32867—2016）是标识信息与文献领域中实体之间关联的全球通用标识符，是我国主导制定的第一项国际标识符，也将是构建互联网社会新一轮管理体系时最底层的技术支撑。ISLI 国际标准是基于中国的"'MPR 出版物'系列国家标准"提出的。

ISLI 旨在解决数字时代特别是互联网环境下的信息内容资源管理难题，实现资源有效管控和价值增值。ISLI 标准及其技术系统是传统出版单位实现融合发展、开展基于内容的全媒体融合出版不可或缺的支撑。这种支撑不仅表现在出版手段上，也表现在出版

---

① 孙广芝，邢立强，张保玉. 数字出版元数据基础［M］. 北京：电子工业出版社，2013：15.

产品形态上，以帮助传统出版企业顺应互联网传播移动化、社交化、视频化的趋势，同时进行全媒体融合出版，实现产品创新，以满足多维用户需求。[①]

（二）元数据类标准

元数据是描述数据的数据。在不同领域内，元数据有不同的定义和应用。元数据标准化可以使用户方便、快捷地查找到相关资源。数字出版业根据需要建立了一系列元数据类标准，实现数据共享和交易。数字出版物元数据标准对作者、出版日期、题目、内容、参考文献等术语用标准元数据进行描述，使其在交流传送过程中畅通无阻。元数据在一定程度上满足了数字出版物出版、传送、交易的要求。目前元数据标准有很多种，其中比较著名的有 MARC（Machine-Readable Cataloging）、ISO 15836：2003《信息与文献 都柏林核心元素集》等。

MARC 格式是用于描述、存储、交换、控制和检索的一套机读书目数据标准，设计于 20 世纪 60 年代，是发展历史最悠久、最成熟的元数据格式。MARC 是以代码形式和特定结构记录书目信息，能够被计算机识别、存储、编辑和输出的目录形式。各国根据《国际机读目录格式》（*Universal MARC Format*，*UNIMARC*）编制适合本国使用的 MARC，再将其转换成 UNIMARC，实现国际机读目录数据共享。目前我国采用的《中国机读目录格式》（*China MARC Format*，*CNMARC*）获得很大发展，成为出版领域重要的元数据标准。Dublin Core 是元数据的一个标准集——"都柏林核心元素集"的简称，是为网上资源的辨识、检索而制定的。DC 元数据充分吸纳图书情报界分类、编目、文摘等经验，是在利用计算机、网络的自动搜索、标引、索引、检索等研究成果的基础上发展起来的。其最大特点是元素结构化、有层次地支持字段检索，提供对特定资源足够全面的描述，使用户不用真正链接到检索资源本身就能对资源有较为全面的了解。2010年，我国对该国际标准修改采用后发布实施了《信息与文献 都柏林核心元素集》（GB/T 25100—2010），在出版领域得到了采用和推广。

（三）数据格式类标准

目前国际主流的阅读格式标准有 PDF、EPUB 等。PDF（portable document format，便携式文档格式）是 Adobe 公司用与应用程序、操作系统、硬件无关的方式进行文件交换所发展出的文件格式。也就是说，PDF 文件在 Windows、Unix、Mac OS 等操作系统中都是通用的。这一特点使它成为在互联网上进行电子文档发行和数字化信息传播的理想文档格式。越来越多的电子图书、产品说明、公司文告、网络资料、电子邮件都使用 PDF 格式文件。

EPUB（electronic publication）是基于 XML 和 Web 协议的电子书格式标准，它允许

---

① 左美丽. ISLI 在出版领域的应用综述［J］. 出版参考，2016（8）：9.

数字图书和出版物实现跨平台和跨系统的兼容，目前已经成为数字出版产业的关键标准。[①] 2011 年 10 月，国际数字出版论坛（The International Digital Publishing Forum，IDPF）宣布完成了 EPUB 3.0 版本的制定，主要包括 EPUB 3.0 Overview、Publicating 3.0、Content Documents 3.0、OCF 3.0 及 Media Overlays 3.0 等文件。之后，IDPF 于 2013 年在此基础上进行了小幅修订，直至 2017 年将 EPUB 3.1 版本批准为标准推荐规范。EPUB 3.1 标准中新增加了 W3C 万维网联盟公布的 WOFF 2.0 字体格式和起源于苹果 Macintosh 的 SNFT 字体格式作为核心媒体类型。同时，EUPB 3.1 动态地将 HTML 5 和 SVG 的最新推荐版本作为使用标准，放弃了 EPUB 3.0.1 版本中只针对 HTML 5.0 和 SVG 1.1 的过时参考。[②] EPUB 标准作为一种数字出版形式，因其独有的特性与优势，在数字图书转换出版、分发销售等方面有着广泛应用。EPUB 3.1 是近几年 EPUB 标准的一次较大更新，将在今后一段时间逐步成为数字出版标准的生力军。

（四）数据交换类标准

数据交换类标准中比较典型的有 3 种：OAI、ONIX 和 OpenURL。"开放仓储元数据撷取战略协议"（Open Archives Initiative Protocol for Metadata Harvesting，OAI），简称"元数据获取协议"，是一种独立于应用的、能够提高万维网资源共享范围和能力的互操作协议标准。

OAI 旨在提供简单、易实现的方法来完成各种元数据之间的互操作。相比于其他专业协议，它虽然在功能上不够完善，但最大的特点是易操作和低成本。

在线信息交换标准（Online Information Exchange，ONIX）是一种以电子形式获取、传输出版物产品信息的国际标准，是用于图书、连续出版物以及各种电子出版物信息的基础标准和贸易标准。该标准旨在向图书批发商、零售商、网络书商及产业链的所有参与者提供统一的图书产品信息格式，解决行业各机构间多种数据格式并存给信息交换带来的困扰，以在线信息交换的方式满足和丰富图书出版发行行业在互联网时代的需要。[③] ONIX 包含电子出版物创建、发布、注册以及出版发行过程中的知识产权保护信息，并为出版物提供详细的元数据描述，包括书目细节、书刊各种交付形式的价格信息，以及出版物渠道信息等。在为电子图书信息提供传输模式的基础上，ONIX 还将覆盖音视频等各类电子媒体知识产品，以适应数字出版领域的交易需求。为了使 ONIX 更好地为我国出版发行行业所用，2013 年 6 月 14 日《中国出版物在线信息交换》国家标准（GB/T 30330—2013）正式颁布。

开放链接标准（Open Uniform Resource Locators，OpenURL）是信息资源与查询服务

---

① 徐丽芳，刘锦宏，丛挺. 数字出版概论 [M]. 北京：电子工业出版社，2013：299.

② 迟亮. EPUB 3.1 数字出版技术研究 [J]. 电脑知识与技术，2018，14（19）：239.

③ 孙广芝，邢立强，张保玉. 数字出版元数据基础 [M]. 北京：电子工业出版社，2013：227.

之间的通信协议标准，提供在信息服务者之间传递元数据的格式，目的是将文献资源的提供者与链接服务的提供者相分离，实现同时对不同机构的多个数据库或信息资源进行统一检索。① OpenURL 是构建开放式数字图书馆的关键组成部分之一，用以解决不同数字资源系统的互操作、资源整合以及二次文献数据库到原文服务的动态链接等问题。

（五）数字版权管理类标准

数字权利管理（Digital Rights Management，DRM）是以一系列软硬件技术，实现对数字内容的保护，其技术的价值逐渐凸显，主要应用于电子书、电子文件、音频与视频流媒体、图形图像、移动多媒体等方面。国内外均已开发出一系列较为成熟的 DRM 软件产品或构件，对其进行标准化的呼声也越来越高。目前国际上制定标准的组织包括 ISMA、OMA、Coral 联盟等。国际流媒体联盟（Internet Steaming Media Alliance，ISMA）制定的 ISMACrypt 1.1 标准，主要定义了对 ISMA 流媒体加解密的标准。开放移动联盟（Open Mobile Architecture，OMA）的目标在于建立一个基于 IP 协议、独立于具体网络及内容的标准化、互操作的移动网络 DRM 方案，② 制定了 OMA DRM 2.0 标准，其技术标准主要包括 DRM 系统、数字内容封装和版权描述三大部分。OMA 的 DRM 标准是目前最成熟、参与者最多、影响力最大的标准。该标准是针对 3G 业务设计的。而 Coral 是由消费电子、IT 机构、服务提供商组成的开放、国际化的跨行业联盟。Coral 联盟的目标是为消费电子设备和服务中采用的各种 DRM 技术提供自愿、开放的互操作性标准。严格意义上来说，它并不是一种 DRM 方案，而是协调和统一各种 DRM 方案和系统。③

二、国内数字出版标准体系

为了加快数字出版产业的发展，近年来我国数字出版标准建设全面推进，陆续研制出台了多项数字出版物标准，包括手机出版标准、电子书标准、MPR 出版物标准、数字期刊标准以及"数字出版内容卫星传输规范"系列标准等。此外，通过数字阅读终端标准和数字教育出版等相关标准的发布，可以看出目前我国数字出版标准涉足数字出版各细分领域及产业链各环节。这标志着我国数字出版体系的族群化建设进一步加强，数字出版的规范化程度不断加深。

（一）数字出版产品服务标准

数字出版产品服务标准体系，是由各种类型的数字出版产品或服务标准所构成的有机统一整体。产品服务标准构成了数字出版标准体系的主体内容，在产品和服务层面刻

---

① 徐丽芳，刘锦宏，丛挺. 数字出版概论［M］. 北京：电子工业出版社，2013：285.
② 张文俊，倪受春，许春明. 数字新媒体版权管理［M］. 上海：复旦大学出版社，2014：128.
③ 张文俊，倪受春，许春明. 数字新媒体版权管理［M］. 上海：复旦大学出版社，2014：131.

画了我国数字出版发展的历程和成果。

　　2011 年是我国数字出版标准的建设年。当年 7 月，国家新闻出版总署信息中心（全国新闻出版信息标准化技术委员会）牵头，开始"数字出版标准体系研究"项目。此项目分为电子图书、数字报纸、数字期刊、网络原创文学、网络教育出版物、网络动漫、数据库出版、手机出版、数字音乐、网络地图等 10 个分领域。其中，《电子书内容标准体系表》（CY/Z25—2013）、《电子书内容术语》（CY/T 96—2013）、《电子图书元数据》（CY/T 97—2013）和《电子书内容格式基本要求》（CY/T 98—2013）4 项标准于 2013 年 11 月正式实施，其余 8 项标准于 2015 年 1 月发布实施；电子书技术标准方面共有 4 个部分，其中《信息技术 电子书 第 1 部分：设备通用规范》（GB/T18787.1—2015）、《信息技术 电子书 第 3 部分：元数据》（GB/T 18787.3—2015）和《信息技术 电子书 第 4 部分：标识》（GB/T 18787.4—2015）3 项标准已于 2015 年 12 月 31 日正式发布，并于 2017 年 1 月 1 日正式实施。

　　值得一提的是，我国在多媒体印刷读物（Multimedia Print Reader，MPR 出版物）标准研制方面取得重大突破。MPR 出版物标准（GB/T 27937—2011）将纸质出版物与多媒体音视频内容文件进行了关联，为推动传统出版与数字出版的融合发展起到了积极的作用。该标准于 2011 年 12 月发布，于 2012 年 3 月 1 日正式实施，包括 MPR 码编码规则、MPR 码符号规范、通用制作规范、MPR 码符号印刷质量要求及检验方法、基本管理规范五个部分。2011 年 4 月，国际标准化组织（ISO）正式批准了《国际标准文档关联编码（ISDL）》国际标准的立项，这是在自主知识产权的多媒体印刷读物技术基础上，首个由我国申请立项的国际出版领域的标准。

　　2016 年 7 月，国家新闻出版广电总局发布了《数字期刊术语》（CY/T 149—2016）、《数字期刊分类与代码》（CY/T 150—2016）、《数字期刊核心业务流程规范》（CY/T 151—2016）、《数字期刊产品服务规范》（CY/T 152—2016）、《数字期刊内容质量管理规范》（CY/T 153—2016）等 5 项数字期刊标准，主要涉及术语、分类与代码、核心业务流程、质量管理等。同年，《数字出版内容卫星传输规范》系列标准颁布，对利用卫星手段传输数字出版内容的技术方式提出了详尽的要求。该系列标准共分为 5 个部分，分别是《数字出版内容卫星传输规范　第 1 部分：信息采集》（CY/T 145.1—2016）、《数字出版内容卫星传输规范　第 2 部分：数据导航》（CY/T 145.2—2016）、《数字出版内容卫星传输规范　第 3 部分：数据传输》（CY/T 145.3—2016）、《数字出版内容卫星传输规范　第 4 部分：数据接收》（CY/T 145.4—2016）以及《数字出版内容卫星传输规范　第 5 部分：信息回传》（CY/T 145.5—2016）。该标准的研制能够有效打通上下游产业链瓶颈，理顺内容提供商、内容集成商、终端制造商、发行运营商之间的产业合作关系，创造新型高效、安全、价格低廉的数字出版传播渠道，加快我国信息产业发展。①

2016 年，《国家数字复合出版系统工程标准》批准发布，其中涉及复合出版的产品标准主要包括《出版产品版式规范》以及蒙古文、傣文、彝文、朝鲜文等出版产品版式规范，包括数字内容资源评估规范、数字出版产品封装规范、数字出版产品质量评价规范等十几项产品标准。2019 年 7 月，国家新闻出版署批准发布了 14 项行业标准，其中有 10 项行业标准属于数字出版行标，涉及数字图书、报纸新媒体、数字阅读和有声读物等，具体包括：《报纸新媒体内容传播量统计》《数字图书阅读量统计》《专业内容数字阅读技术》4 项标准——标准体系表、阅读功能与标签、产品封装、多窗口数据通讯，《有声读物》3 项标准——录音制作、发布平台、质量要求与评测等。

（二）数字出版技术标准

2017 年以后，"新闻出版知识服务"系列 7 项国家标准、《出版物 AR 技术应用规范》、《出版物 VR 技术应用要求》等行业标准的出台，分别对出版机构知识服务、AR 出版物、VR 出版物的生产制作流程与管理的基本条件、基本环节与基本形态进行了规范和指导。贵州出版集团《新闻出版大数据应用》之内容、技术、管理、运维标准体系得以建立，林业、海洋、农业、交通等出版领域的知识服务等企业标准体系已基本建成。

数字出版技术标准所揭示的数字技术原理以及在出版业等应用场景，主要包括：

出版物 AR 技术应用，把握住"3D 模型库、AR 编辑器、输出展示系统"这三个关键的环节，便可从整体上把握 AR 出版物等的研发制作流程，也可从总体上把握 AR 出版物的用户体验。3D 模型库解决的是三维模型研发问题，是增强现实的基础和源头；AR 编辑器解决的是知识点和三维模型的匹配、关联问题，是增强现实出版的纽带和桥梁；而输出展示系统，解决的则是用户体验问题，能否取得顺畅、流利、友好、如现实一般的用户体验感，其关键和落地环节就是输出展示系统。

出版业大数据技术应用标准，确立了出版业的数据采集、数据存储、数据加工、数据计算、数据建模、数据图谱、数据服务等大数据基本流程和环节，对各阶段的出版数据建设都提出了严格、创新的要求。需要重视出版内容数据、用户数据和交互数据，其中：①内容数据是出版业存量最丰富、增长最迅速的数据，也是价值最大、最持久的数据。②高度重视、积极转化用户数据。大数据时代之前，出版业的用户数据更多体现为机构用户数据，而对于哪位读者购买了图书，也就是作为个人用户数据的读者数据，基本上是无法获知的；这一点，恰恰是需要高度重视并及时通过"一书一码""二维码增值知识服务"等方式来获取、积累和转化的。③加快建设、深挖广用交互数据。出版业

---

① 兰舟.《数字出版内容卫星传输规范》行业标准研制工作启动［J］. 出版发行研究，2013（10）：92.

的交互数据，在前数字出版时代几乎为零，所出版的图书在销售以后几乎很难再从读者那里获得反馈和评价，从数据流的角度看，属于单向流动；而出版大数据的建设，则需要加快建设和积累交互数据，通过对交互数据的采集、分析和统计，进而用于改进选题策划、内容供给和营销方案，最终形成闭环的、双向的数据流。

在《知识资源建设与服务工作指南》的国家标准中，起草组规定了"电子书、数字图书馆、数字期刊、数字报纸"等基础性知识服务，规定了知识库、MOOCs、SPOCs、知识服务解决方案等典型的知识服务形态并在最后一条提出了智能知识服务："以人工智能技术为依托，借助大数据开展知识体系构建、知识计算、知识图谱构建，开展机器撰稿、新闻推荐、智能选题策划、智能审校、智能印刷、智能发行、智能机器人等服务方式"。智能知识服务的发展趋势，"将重点围绕突破知识计算引擎和知识服务关键共性技术而展开"，将从单一领域的知识库向多源、多学科、多模态的综合型知识库演进，以自主化、自动化、智能化为典型特征的"智能仓储机器人、智能教育机器人、知识服务机器人、智能销售机器人"将会不断涌现并大放异彩。

（三）数字出版运营管理标准

《数字出版业务流程与管理规范》《出版融合发展人才标准体系表》等标准确立了开展数字出版业务以及多维管理的规范。

数字出版业务流程主要包括产品策划、资源组织、产品设计、内容审校、产品加工、产品发布、运营维护和售后服务等八个环节。数字出版管理，主要涉及规划管理、项目管理和团队管理。其中，规划管理主要是指顶层设计、发展模式、规章制度建设、标准体系的建立和完善。数字出版的项目管理，涉及数字出版项目策划、申报、实施、验收、审计的全流程。数字出版团队主要由策划人员、内容管理人员、设计人员、审校人员、加工人员、发布人员、运维人员、售后人员所构成。

此外，数字出版阅读终端标准、数字教育护板标准也渐成体系，取得了较为丰硕的成果。

在数字阅读终端标准方面，移动阅读逐渐成为大趋势，人们随时随地使用手机、平板电脑、电子阅读器等终端进行阅读，但是其终端呈现格式却纷繁杂乱。为满足不同终端的阅读需求，出版社需要生成多种格式的电子书或其他数字内容，读者也需要在使用不同屏幕阅读时安装不同的阅读器，甚至需要转换文件类型，非常不便。为改变这一现状，国家新闻出版总署早在 2011 年就已着手制定一系列行业和国家标准。2013 年 2 月，我国《数字阅读终端内容呈现格式》行业标准正式发布，北大方正集团数字出版技术国家重点实验室的 CEBX（Common e-Document of Blending XML，即"基于混合 XML 的公共电子文档"）技术成为数字阅读呈现格式制作和阅读的行业标准，这项具有自主知识产权的技术终结了阅读行业乱象。CEBX 技术的发布填补了我国在数字出版领域版式技术的空白，为解决行业标准的难题提供了值得信赖的技术方案。这一标准目前主要应用在出版社、报社等出版机构，保证了出版机构"一次制作+一次发布"就实现"多终端应用"。目前全国 90% 以上的出版社在出版电子书时已采用 CEBX 格式。[①]

在数字教育出版相关标准方面，2015 年 1 月，国内首个关于数字教材的新闻出版行业标准《中小学数字教材加工规范》（CY/T 125—2015）由国家新闻出版广电总局发布。该标准将中小学数字教材定义为"以经国家教育行政部门审定通过的国家课程教科书为内容基础，并包含相关辅助资源、工具的，用于教学活动的电子图书"。《中小学数字教材加工规范》对数字教材的组成、技术要求、功能要求进行了规范，为我国中小学数字教材的设计开发提供指导。2017 年 11 月，国家新闻出版广电总局发布了"关于批准发布《数字出版业务流程与管理规范》等 10 项行业标准的通知"。其中《CY/T 161—2017 中小学数字教材出版基本流程规范》《CY/T 163—2017 中小学数字工具书功能要求》《CY/T 164—2017 中小学数字教材元数据》《CY/T 165—2017 中小学数字教材质量要求与检测方法》等 4 项标准由人教数字教育研究院组织研制并起草，自 2018 年 2 月 1 日起实施。这不仅对数字教材和电子课本进行明确定位，而且对中小学数字出版物进行了清晰的行业归属划分。《CY/T 164—2017 中小学数字教材元数据》是以数字教材的出版属性为主研制的，该标准以国内首个关于数字教材的行业标准《中小学数字教材加工规范》所定义的数字教材为描述对象，规定了中小学数字教材元数据的元素及其属性，适用于中小学数字教材的开发、应用和管理。[②]

截至目前，基于数字技术赋能的出版业高质量发展标准体系已经基本建成，覆盖了技术赋能模型驱动层的主要内容，提供了技术赋能出版高质量发展的全流程标准化解决方案，并获得了出版业和社会公众的较高评价。在知识服务赋能方面，《新闻出版 知识服务 知识资源建设与服务工作指南》等 7 项国家标准已于 2020 年 7 月 1 日起正式实施，并获得了国家新闻出版署 2021 年度"出版业标准创新成果奖"。知识服务系列国家标准涵盖了基础术语、知识体系、知识关联、知识元和知识应用单元以及知识服务工作指南等，为文化产业运用知识服务技术赋能出版业高质量发展提供了全过程的指引和规范。在增强型赋能方面，《出版物 AR 技术应用规范》行业标准规定了"3D 模型、AR 编辑器、输出展示系统"等增强现实技术赋能出版高质量发展的关键性条款。在仿真型赋能方面，《出版物 VR 技术应用要求》行业标准（在研）规定了"数字化虚拟环境、VR 编辑器、沉浸体验系统"等虚拟仿真技术赋能出版高质量发展的核心技术环节。在链式赋能方面，《区块链技术在版权保护中的应用技术要求——文学、图片作品》等系列区块链技术赋能出版的行业标准体系也已初步形成，为链式型赋能出版业高质量发展提供了规范和指南。此外，2013—2015 年，新闻出版业数字化转型升级期间还带动制定

---

① 新浪资讯. 行业标准《数字阅读终端内容呈现格式》解析［EB/OL］.［2013 - 04 - 16］. http://cs.sina.com.cn/minisite/news/20130416l006.html.

② 钟岑岑. 中小学数字教材元数据模型构建研究［J］. 出版科学，2022，30（2）：84.

了 216 项企业标准，这些企业标准大多为技术赋能型标准，有效地指导了出版单位进行数字化转型升级和提质增效。

相信在不久的将来，随着技术赋能出版业的宽度、厚度、高度和深度不断提升，随着人们对数字技术赋能出版发展规律认知的逐步深化，新闻出版业技术赋能型标准规范体系——数字出版标准体系将会呈现爆发式、矩阵式增长，国家标准、行业标准、团体标准、项目标准、企业标准将呈现出互为补充、互为融通、协同赋能的发展态势，最终逐步建构起全面创新为内核、技术赋能为引领的涵盖基础层、元素层、驱动层、应用层等在内的全方位、立体化、多层次、全媒体、全流程的数字出版高质量发展标准体系。

思考题

1. 简述数字出版标准的概念与特征。
2. 数字出版标准有哪些类型？
3. 数字出版标准的价值和意义是什么？
4. 论述国内数字出版标准体系的构成。

参考文献

1. 张新新. 吉光片羽：人工智能时代的出版转型［M］. 北京：清华大学出版社，2019.

2. 全国新闻出版标准化技术委员会. 数字出版业务流程与管理规范：CY/T 158—2017［S］.

3. 张新新. 数字出版调控与市场的二元互动："十三五"时期数字出版述评与盘点［J］. 科技与出版，2020（9）.

4. 徐丽芳. 数字出版概论［M］. 北京：电子工业出版社，2013.

5. 魏玉山. 出版业知识服务转型之路：知识服务国家标准解读［M］. 北京：社会科学文献出版社，2021.

第 13 章　数字出版人才

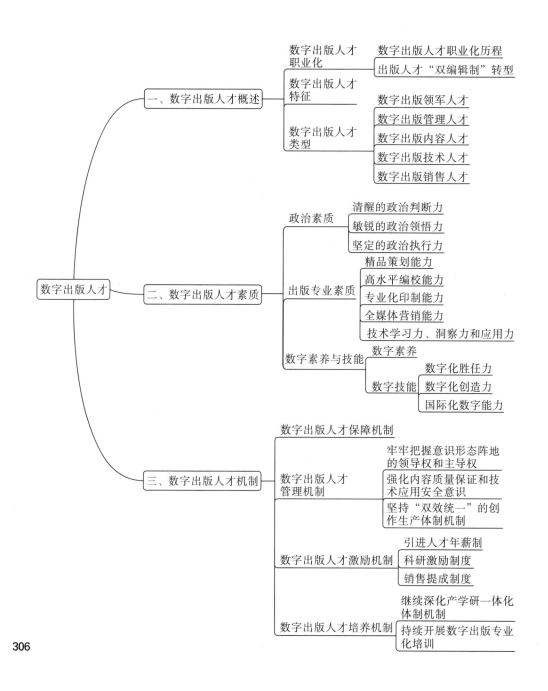

学习目的

　　了解数字出版人才职业化历程，了解数字出版人才的特征与类型，掌握数字出版人才的政治素质、出版专业素质以及数字素养技能，掌握数字出版人才保障机制、人才管理机制、人才激励机制与人才培养机制。

相关链接

　　数字出版的人才建设，是当下数字出版产业发展的重中之重。经过数年的发展，数字出版界已经培养出了一批在政府项目、产品研发、市场运营等方面均可独当一面的专业人才，形成了领军人才驱动发展的态势。但是，数字出版主任以上的人才序列，缺乏战略型、领军型人才，数字出版主任以下的人才序列，投资人才、内容人才、技术人才、销售人才的脱颖而出尚需时日，还需要加快培养和建设。数字出版队伍建设的好坏，关系到数字出版业务能否顺利开展，关系到数字出版能否产生应有的效益，关系到两种出版业态格局能否重整与融合，进而最终关系到出版业能否成功转型升级。

　　数字出版人力资源建设是一项系统工程，领军人才、管理人才、内容人才、技术人才、销售人才、资本人才等共同构成了数字出版人才体系；数字出版人才的培养、使用、擢升、评价、认可、交流机制对于行业健康有序发展至关重要；北京市新闻出版政府主管部门首开全国先河，创设了数字编辑职称制度，形成了"三横三纵"的完整职称体系；全国出版职称序列也设置了数字副编审、数字编审制度，为数字出版人才的成长、培养、评价与交流提供了可量化的指标。

第一节　数字出版人才概述

数字出版人才队伍的建设，关系到数字出版业务能否顺利开展，关系到数字出版能否产生应有的效益，关系到两种出版业态格局的重整与融合，进而最终关系到出版业的转型升级。

目前所见的关于数字出版人才的定位、要求的政府文件中，较为全面进行规定的有2022年4月印发的《关于推动出版深度融合发展的实施意见》，其围绕建强出版融合发展人才队伍，对出版融合发展人才的理论素养、能力要求、人才类型、培养途径、激励措施等方面做出了系统、全面、深刻的阐释。该意见指出，要夯实人才培养基础，发挥高校人才培养重要作用，加强融合发展理论与实践人才培养；通过专门的培训班、研修班，重点围绕融合发展新趋势、新理念、新技能，着力培养"一专多能"的出版融合发展人才；实施出版融合发展优秀人才的遴选培养计划，打造"思想政治素质""创新创造能力""引领发展表现"三位一体的出版融合发展人才；实施专项培养计划，在策划、内容、技术、运营等方面培养骨干人才、青年英才、业务新秀等不同层次的出版融合发展人才。

数字出版业繁荣发展需要一大批高素质的复合型出版人才。所谓复合型人才，应该是在某一个具体的方面要能出类拔萃、卓尔不群，同时在相关方面都有一定能力的人才。复合型人才应不仅在专业技能方面有突出的经验，还具备较高的相关技能。数字出版领域的复合型人才，指的是具备较高思想政治素质、数字素养与技能以及出版专业能力三位一体的能力，熟悉或精通传统出版流程和数字技术及经营管理的人才。

一、数字出版人才职业化

数字出版人才职业化，是指数字出版从业者工作状态的标准化、规范化和制度化，职业化要求数字出版人能够完成并胜任出版转型升级、媒体融合发展的职责和使命。

（一）数字出版人才职业化历程

数字出版人才职业化包含两个层面：

第一，数字出版人才的专业技术职务的确定性，即明确数字出版部门主任、内容编辑、技术编辑、运维编辑等职务属性和职务内容。2013年，新闻出版广电总局进行了全国范围内的第一次数字出版负责人培训，这次培训在业界也被称为数字出版主任的"黄埔一期"，对于明确数字出版主任职务、促进数字出版行业交流具有至关重要、不可替代的价值和意义；而各出版机构的数字出版编辑，也大都按照产业链的配置，分别担任内容制作、技术应用、运营维护和项目管理等角色。

第二，数字出版人才的专业技术资格的法定化，也就是在政府主管部门层面以法定化、公开性的政策文件确认数字出版从业者专业技术职务任职资格，通俗地说就是职称的确立和实施。数字出版人才的职业化经历了数字出版从业者数量增加、主任编辑话语权提升、人才队伍梯次培养等阶段；而这些阶段中，数字编辑职称的确立和实施，无疑是一个最具标志性的里程碑。数字编辑职称在北京市新闻出版广电局的统筹部署、人事部门相关负责人的大力推动下，历经四年、数次修订教材，终于在 2016 年得以确立和实施。

北京市首开数字编辑职称的先河，这也是全国第一次为数字出版从业者量身定制的职称考试，标志着广大数字传播产业的编辑们将首次拥有权威的身份认证。2016 年 1 月初，北京市人力资源和社会保障局与北京市新闻出版广电局联合出台了《北京市新闻系列（数字编辑）专业技术资格评价试行办法》，并正式启动了数字新闻、数字出版、数字视听等数字编辑专业领域职称评价工作。2016 年 3 月初，北京市完成了首次数字编辑初级（助理级）、中级职称评审报名审核工作，并于 2016 年 5 月 14 日进行了第一次初级（助理级）、中级专业技术资格考试，于 2016 年 6 月开展了首次数字编辑副高、正高职称评审工作，于 2017 年 9 月开展了第二次数字编辑副高、正高职称的评审工作。2017 年 6 月，国家新闻出版广电总局在出版专业职称评审的通知中，也将数字副编审、数字编审正式纳入了职称评审范围。北京市为全国数字出版从业者带来了政策利好和职业福音，创新性地安排了主任编辑的职称称谓，首次实现了数字编辑职务与职称相匹配，在全国范围内第一次为数字出版从业者提供了权威的身份认证和评价指标体系。

数字编辑职称首创了"三横三纵"的职称体系："三横"指的是数字新闻、数字出版、数字视听，这三个领域构成了数字传播产业的主体和核心；"三纵"指的是内容、技术、运维，这三个方面贯穿了数字传播产业链的全部环节。"三横三纵"体系共计确立了数字编辑职称的九个细分方向——数字新闻内容编辑、数字出版内容编辑、数字视听内容编辑，数字新闻技术编辑、数字出版技术编辑、数字视听技术编辑，数字新闻运维编辑、数字出版运维编辑、数字视听运维编辑。"三横三纵"职称体系首次对我国数字传播产业的主体领域、产业链环节进行了梳理和概括，也是第一次以官方的身份认可了数字传播从业者的具体工作构成和业务环节。

数字出版人才的职业化历程先后经历了专业技术职务的确定化和专业技术资格的法定化过程，该过程与数字出版业务的部门制、公司制等发展模式紧密相关。数字编辑职称制度的确立和实施，则完成了数字出版人才职业化历程的最重要步骤，在全国范围内率先实现了数字出版从业者的职务与职级相统一，开创性地设置了"三横三纵"的支撑体系，创新性地树立了助理编辑、编辑、主任编辑、高级编辑四级职称级别。此举极大地提高了数字出版从业者的积极性，增强了从业者的信心，有利于整个数字出版行业健康、快速、科学地发展，也为传统媒体和新兴媒体融合发展提供了制度支撑和政策保障。

数字编辑专业技术资格的出台，恰恰是"互联网＋"的时代要求，是互联网时代信息内容产业对数字出版从业者职业资格和执业能力的一种评价方式和认可方式。从数字编辑职称教材的内容来看，专业技术资格的考核内容和评价方式与传统出版职业资格迥然不同：数字编辑需要把握互联网传播的规律和特点，需要理解大数据、云计算、语义分析等诸多高新技术，需要以更专业的水准、更严格的要求来开展数字传播工作。

（二）出版人才"双编辑制"转型

步入新时代以来，数字出版的发展阶段已经由转型升级的初级阶段，步入融合发展甚至是深度融合的高级阶段，伴随高级阶段而生的是融合出版这一新业态。融合出版语境中，"编辑是具有创新意识与工匠精神的人。在传播技术和媒介技术的推动下，媒介形态日益改变，原来的单一形态转换为以互联网为中心的整合形态，这个变化使传统编辑难以适应，但变化的时代更加需要编辑成为具有创新意识和工匠精神的人"[1]。融合出版必然要求编辑理念、实践和制度做出相应的调整和变化。

融合出版时代的编辑，作为图书编辑，需要具备图书编辑的创意策划、审校营销能力，同时也需要具备数字编辑的项目管理、高新技术应用、线上选题发现、多形态产品设计等能力。有一线图书编辑作者将这些能力精炼为"创新能力、信息整合分析能力、用户思维能力、合作沟通能力、高效吸收转化能力"[2]。其中，创新能力与创意策划相通，信息整合分析能力、用户思维能力、合作沟通能力与选题发现能力相近，高效吸收转化能力与高新技术应用能力类似。作为数字编辑，也需要在数字化产品制作、运营的同时，从版权源头考虑策划数字化单品种效益高的图书产品，需要在图书编辑策划之初，"切实解决'顶层设计、AR技术、大数据技术、知识服务'等行业发展的当务之急"[3]，协助制作二维码出版物、AR出版物等多种出版产品形态。

图书编辑和数字编辑的互动与互补，促使"双编辑"角色的出现与融合。"双编辑制"是指，图书策划编辑在具有原有的选题策划、内容审校、传播营销能力的基础上，具备两种策划理念、掌握两种编辑能力、把握两套出版流程、适用两种考核机制、着眼两个出版业态的编辑制度。"双编辑制"要求策划编辑融两种理念于一身，集两种能力于一体，以便更好地适应出版业发展的现状与未来。新时代出版业的发展，要求每一位

① 吴平. 媒介融合背景下的理性思考：编辑是什么——2016年编辑学研究回顾［J］. 出版科学，2017（2）：42.
② 祝萍. 全媒体时代图书编辑的必备意识和能力探讨［J］. 科技传播，2019（12）：167.
③ 张新新. 数字出版高端智库建构综述［J］. 科技与出版，2017（1）：17.

编辑都具有图书产品策划和数字出版产品策划两种策划创意、两种策划理念；要求策划编辑将两种编辑能力合为一体，每位编辑自我塑造图书编辑和数字编辑两种角色；要求策划编辑既能够熟练掌握传统出版的编校印发流程，也能够理解运用数字出版的策划、项目、开发、技术应用、成果转化、市场营销的流程；要求策划编辑能够实现图书出版考核机制所要求的码洋、实洋、收入、利润等考核指标，也能够满足数字出版考核机制所包括的规划调控、财政调控、税收调控、数字出版产品、数字出版技术、数字出版运维等考核要求；既能够面向传统出版业态，致力于提高选题质量，按照精品选题、精编质量、精准营销的要求改造优化传统出版动能，也能够面向新兴出版业态，矢志于新兴出版提质增效，根据内容研发、技术应用、数字营销、精品项目的标准培育壮大数字出版新动能。

"双编辑制"出现的必要性在于：

其一，技术日新月异地更新与迭代，推动着每位编辑自觉提升高新技术的学习、领悟和运用能力成为一种必要。科学技术是第一生产力。新时代的图书编辑，要提高技术学习能力，迅速把握日新月异的技术发展态势，高度重视技术赋能的作用，不断将人工智能、增强现实、大数据、5G 移动通信技术等高新技术应用于传统出版业，理解技术发展脉络、探索技术应用原理和应用场景，进而提高出版产品的技术含金量、友好体验度和用户忠诚度。

其二，社会发展步入新时代，促使着编辑快速适应"光与电""数与网"的生产方式。传统出版与新兴出版融合发展的趋势，促使图书编辑提高政治站位，高度重视图书产品的意识形态属性、文化属性和产业属性；发扬工匠精神，多策划和出版精品力作。策划编辑不仅要把握纸质图书内容的导向和质量，而且要牢牢坚守互联网领域的意识形态领导权。精品力作不仅仅是指高质量的图书产品，而且包含高质量的数字出版产品。数字图书馆、专题知识库、大数据知识服务平台、MOOC、SPOC 等新兴数字出版产品的高质量供给，是编辑以其实际行动不断满足人民日益增长的美好精神文化生活需要的重要途径。

其三，数字出版发展至深度融合阶段，驱使着编辑主动变革思维方式、工作方式和商务模式，自主根据"一版权多创意""一创意多开发""一产品多形态""一形态多渠道"的理念去开展策划和出版工作成为一种必要。比如，一种版权素材往往可引发多种策划创意，一种策划创意可进行多维度开发，一种产品可以表现为多种形态，一种产品形态可以通过多个渠道进行传播和推广。传统编辑和数字编辑创意理念的相互借鉴、策划能力的取长补短、业务实践的交相融合，将成为编辑成长和培养的主流方向和必然趋势。同一个版权，其纸质图书产品和数字出版产品的效益，将同时被作者和策划编辑所共享，由此呼吁和推动传统出版与数字出版一体化的绩效考核机制诞生。

二、数字出版人才特征

其一，要谙熟传统出版流程和环节。能够理解传统出版编校印发各环节的作业特点，能够思考和探寻传统出版环节的技巧和规律。

其二，要具备数字技术思维。能够认知、理解和掌握大数据、人工智能、5G 技术、区块链等高新技术的技术原理，能够积极探索和找寻上述高新技术在出版业的应用场景。

其三，要做到理论和实践兼备。一方面积极学习和把握出版、数字出版的理论知识，另一方面能够在数字出版的产品、技术、营销、项目、管理等领域驾轻就熟，具有丰富的实践经验。

其四，要拥有出版相关专业的知识背景。例如，专业出版领域，除了通晓出版知识和理论，还要掌握和理解专业知识，如法律出版领域的法律知识背景、医学出版领域的医学出版背景等。

其五，要具备国际化视野。立足全球视野，能够把握和跟踪国际数字出版领域的前瞻理论和前沿实践，结合中国特色数字出版的实际情况，将自身打造成为现代化、国际化的数字出版人才。

三、数字出版人才类型

数字出版人才队伍大致包括领军人才、管理人才、内容人才、资本运作人才、技术人才和销售人才等。而这几类人才，都必须具备复合型特征，需要横跨传统出版与数字出版两大领域，既要对传统出版熟悉，也要了解新技术、新产品和新的传播方式。

（一）数字出版领军人才

数字出版的领军人才，是引领整个行业发展、推动行业前进的关键性力量，对内能够充分整合传统出版资源、引进行业信息资源、协调出版社各部门、为出版社领导层布局数字出版出谋划策和提供智力支持；对外能够充分争取行业支持、把握政策方向、与主管部门沟通协调、推进行业人才体系建设和业务水平提高。

数字出版的领军人才在转型时期尤其难得，他们往往是充分汲取了传统出版的营养，而又自主学习和掌握了新技术、新业务、新业态的高素质、融合性的从业者。领军人才精通或者掌握数字产品研发、数字技术应用、数字人才布局、数字出版运营、行业智力支持等方面，他们往往既拥有丰富的数字出版理论知识，又具有足够的数字出版业务实践经验。

（二）数字出版管理人才

数字出版的管理人才，是整个数字出版业务的掌舵者，必须站在协调两种出版关系的高度，立足国际、国内两个视野，统筹出版社内部传统与数字业务的大局，从出版社的未来、从编辑的职业出路角度来制定本社数字出版战略。这样，才能确保出版社的数字业务在健康、持续、稳定发展的轨道上前行，才能确保出版社在未来的竞争格局中立于不败之地，才能为社属员工的长期发展、职业规划开辟新的道路。

以某社为例，社领导、中层领导具备前瞻而又务实的理念，在对待数字出版的问题上不回避、不排斥，采取积极而又稳健的措施来应对出版业格局调整。该社在 2015 年上半年短短的半年时间内，便在出版社领导层的统一决策和部署下，完成了数字出版分社的建制和初步发展，通过了数字出版公司——数媒科技文化公司的设立决议，为数字出版的后续发展奠定了扎实的人才基础和组织机构基础。

在数字出版的组织架构中，管理人才对应的是数字出版部的部门主任或者数字出版公司的总经理级别，需要对出版社数字出版的年度工作目标、季度工作目标负全责，需要统筹整个数字产品研发、数字技术应用和数字市场运营产业链全部环节。

（三）数字出版内容人才

数字出版内容人才，是出版社数字出版战略的执行者，是出版社数字出版职能的落实者，是具体数字出版业务的实施者。数字出版内容人才，同样需要对一个出版社的产品结构较为熟悉，需要对本社的传统图书所可能产生的数字出版效益了然于胸，需要对市场上与数字图书相关的新技术、新产品进行一定的调研，并结合自身业务，对本社数字出版的具体开展提出合理、务实的建议。

在数字出版的组织架构中，骨干型的内容人才对应的是数字资源建设和数字产品研发的各部门总监或主管，包括但不限于数字图书馆部主管、数据库部主管、网络出版部主管、手机阅读部主管、终端阅读出版部主管等。

随着"互联网＋"理念对内容产业的影响不断加深，数字出版所需要的骨干型内容人才，越来越向着"产品经理"的方向演进。数字出版部门/企业所需要的内容总监或者产品总监，往往要具备产品策划能力、资源调度能力、资源加工控制能力、产品封装能力、产品检测能力等有关数字产品的全方位能力，也就是说，可以独立自主地带领团队研发出适销对路的数字出版产品。

（四）数字出版技术人才

数字出版的技术人才，是整个数字出版业务的关键角色，技术的落后或者先进，将直接影响合作方的意向、影响数字产品的销售，进而影响数字业务的发展。数字出版技术人才团队可以通过外部引进、内部培养、股权收购等多种方式加以组建。

技术人才，一方面需要在计算机技术方面有丰富的知识和实践经验，另一方面需要熟练掌握出版相关的专业技术。例如电子书的 B2B、B2C 技术，又如大数据、区块链技术等。同时，该技术人才还需要具有稳定性特征，这样才能确保出版社网站建设、数据库建设和电子书建设的长久、稳步发展。最后，从行业的角度来看，技术人才的年龄不宜太大，国内外经验表明，一个优秀的技术人才的最佳发展期是 30 岁以前，处于这个年龄段的技术人才具有最多的开发灵感和研发创意。数字出版的技术人才，在业务实践中一般对其能力的要求高过对学历的要求：不论其学历高低，只要能解决实际技术问题，便要不拘一格地聘用和使用。

数字出版技术团队的打造，除了内在培养以外，还有一种路径就是通过收购技术企业。收购高新技术企业能够促使数字出版业务在短期内拥有一支完全覆盖首席技术官、架构师、高级工程师、开发人员、UI 设计人员等在内的全套技术团队，进一步推动出版机构数字出版在原有的资源优势、产品优势、渠道优势的基础上实现"技术嫁接"，使得数字出版产生"内容＋技术"如虎添翼的发展效果。

（五）数字出版销售人才

数字出版的销售人才，是最难取得的，他们的业务开展得是否顺利，最终决定了数字出版是否有出路，他们承担着整个公司的主要盈利任务。可以说，数字出版的销售工作，比传统图书的销售要更难开展。

首先，数字出版的销售工作，是一项全新的工作，没有现成的路可走，需要在艰难的信息消费市场中披荆斩棘杀出一条路。从长远来讲，数字出版的销售人员，要在充分运用出版社品牌商誉的基础上，建立起一个庞大的、全新的、涵盖特定领域职业共同体的数字产品用户群。

其次，销售人员所负责的订单少则几万元，多则几十上百万元。面对这样大的数额，任何一个单位都会慎重做出决定，这就需要数字出版的销售人员深刻认识本社数字产品的长处，将出版社数字产品的优势最大限度呈现，尽量回避或者弥补本社数字产品的不足，以促使对方做出消费决策。

最后，数字出版的销售员工面对的客户都是特定行业、职业的消费决策人，对其社会交往技巧和业务开拓能力要求都非常高。公司对数字出版业务的销售员工的能力要求是多方面的，如：既要熟悉本社传统图书的优势，又要了解本社电子书的长处；既要说服对方接受本社产品的内容优势，也要让对方了解本社产品的技术优势；既要以产品说话，也要充分运用自己的人脉资源；既要借助出版社的传统作者资源来实现销售，更要不断拓展新的客户、新的消费团体。

在数字出版语境下，数字出版销售人才，是具备完整营销能力体系的综合型素质人才，需要具备包括营销规划力、品牌建设力、产品认知力、竞品分析力和市场公关力等多种综合能力。

第二节　数字出版人才素质

人才是衡量一个国家综合国力的重要指标。数字出版的繁荣发展需要加强出版人才建设，需要"深入开展马克思主义新闻出版观教育，推进增强'四力'教育实践工作，发挥文化名家暨'四个一批'人才、宣传思想文化青年英才等高层次人才工程作用，培养造就一批出版领军人物和出版家"。推动新时代出版工作高质量发展，要坚持党管人才原则，健全完善出版人才能力培养体系，以增强脚力、眼力、脑力、笔力的"四力"要求，加强出版人才思想政治能

数字编辑人才

力，提升政治判断力、政治领悟力和政治执行力，打造一支"政治过硬、本领高强、求实创新、能打胜仗"的出版人才队伍，形成新时代出版人才资源的核心竞争优势。

立足新时代，作为宣传思想阵地重要守护者的数字出版人，要不断掌握新知识，开阔新视野，注重知识更新，注重创新驱动。首先，数字出版人要强化政治判断力、领悟力、执行力等政治素质；其次，需具备纯熟的出版专业能力，在策划、编辑、校对、印制、发行等业务环节方面拥有专业化、精益求精的能力和素质；最后，还需具有数字意识、计算思维，持续增强数字适应力、胜任力和创造力，不断掌握数字技术原理、不断探索数字技术应用场景，以终身学习的态度持续强化政治素养、数字素养等。

一、政治素质

政治素质是中国特色社会主义出版人才队伍的必备特质之一，是编辑出版队伍"政治过硬"的必然要求。加强出版人才的思想政治能力，就是以中国特色的马克思主义出版观作为出版工作的"定盘星"[①]。马克思主义出版观作为出版队伍打牢思想底线、增强把关能力的理论指南，要求出版工作者不断提高政治判断力、政治领悟力、政治执行力。马克思主义出版观中国化是以"两个共同思想基础"为出版工作的政治方向，党性原则是出版工作的根本原则，"二为"方向是出版工作的基本方针，以人民为中心是出版工作的出发点和落脚点，社会效益首位是出版工作的基本遵循，弘扬主旋律是出版工

---

① 张养志. 新时代马克思主义出版观中国化的新论述［J］. 科技与出版，2021（10）：17.

作的崇高使命，讲好中国故事是出版工作的国家担当①。数字出版人才的政治素养具体体现为清醒的政治判断力、敏锐的政治领悟力和坚定的政治执行力等方面。

（一）清醒的政治判断力

数字出版作为党的宣传文化工作的重要组成部分，无论是出版调节活动还是出版治理活动，都要始终坚持正确的政治方向，坚持社会主义核心价值观、主流价值观的价值取向，坚持以人民为中心的创作导向和出版导向，坚持弘扬主旋律、传播正能量的内容导向，坚持走中国特色社会主义文化发展道路、出版发展道路。

数字出版事业事关社会文化思想导向，是党舆论工作的重要阵地，要牢牢把握意识形态阵地领导权和主导权。判断力是出版人才思想政治能力的底线。出版人才能力体系建设要坚持以习近平新时代中国特色社会主义思想为指导，以马克思主义出版观为基本要求，坚持马克思主义意识形态领域指导地位的根本制度，牢牢把握意识形态阵地的领导权和主导权，强化内容质量保证和技术应用安全意识，践行社会主义核心价值观和守护意识形态安全的判断力，引导人们遵循正确的价值导向，提升人们的数字素养，谨防资本、技术绑架舆论、绑架内容的风险，结合出版工作实践，坚守意识形态安全、文化安全和网络安全，在源头上为出版事业、出版产业高质量发展筑牢底线，提供安全支撑。

（二）敏锐的政治领悟力

习近平总书记指出，必须对党中央精神深入学习、融会贯通，坚持用党中央精神分析形势、推动工作，始终同党中央保持一致。近年来，党中央、国务院提出了一系列有关文化、出版的新理念、新战略和新举措。从媒体融合战略到媒体深度融合战略，从文化产业数字化转型到文化产业数字化战略，从网信战略、文化科技融合战略到精品化战略等，都彰显出对中国特色社会主义文化发展规律、出版发展规律认知的逐步深化过程；而《关于加强和改进出版工作的意见》（2018）则更是从中央全面深化改革委员会的高度，围绕出版工作、聚焦出版工作，为新时代出版工作的加强和改进指明了方向，提出了新的更高要求。

领悟这些战略部署的精神，真正领悟中央政策文件的精神，是高质量出版人才政治能力的重要组成部分，也是出版人才作为宣传文化队伍中的一员政治素质过硬的重要标志之一。对"为什么要融合、如何融合、如何深度融合、融合从'相加'到'相融'再到'深融'""何为文化产业数字化战略，如何发展新型文化企业、新型文化业态、新型文化消费模式"等问题的思考和领悟，以及思考领悟是否准确，都将直接影响和关涉对这些重大决策部署的执行质量和执行效率。政治领悟力体现了出版人才在业务实践中

---

① 张养志. 新时代马克思主义出版观中国化的新论述［J］. 科技与出版，2021（10）：19.

的政治素质和理论自觉。高质量出版人才不断提高政治领悟力，也是贯彻落实党中央关于出版工作重大决策部署的题中应有之义，是巩固意识形态和宣传文化阵地的必然选择，是意识形态属性作为新时代我国文化产业本质属性的必然要求。

（三）坚定的政治执行力

习近平总书记要求领导干部要经常同党中央精神对表对标，切实做到党中央提倡的坚决响应，党中央决定的坚决执行，党中央禁止的坚决不做，不折不扣地抓好党中央精神贯彻落实。数字出版人提高政治领悟力，必须深入领会掌握习近平新时代中国特色社会主义思想，把贯彻党中央精神体现到出版事业重大战略、推进重大工作的实践中去，做到思想上重视、理论上清醒、政治上坚定、行动上有力。随着数字新技术在出版行业的广泛应用，出版业态逐步转型升级为纸质＋线上，以及数字化、智能化、多样化形态，增强对以新媒体为传播载体的数字资源的新形态和服务类型进行把关，扩展了出版人才落实意识形态工作责任制的内涵。

在现实的出版实践中，"合而不融""融而不深""口头上、文件上重视数字化""传统发展思维依赖、路径依赖"等现象普遍存在，而往往越是落后、弱小的出版社，往往越是在拥抱新技术、推动新发展等方面步伐相对迟滞、缓慢。在某种程度上，这也反映出相关出版企业对有关的出版大政方针、决策部署判断不准、领悟不深、执行不到位等问题。

二、出版专业素质

专业能力是中国特色社会主义出版人才能力体系的主体要素，是"本领高强"在数字出版队伍的体现和要求。出版专业能力是出版人才专业能力和职业素养的具体体现，新时代出版人才具备扎实的专业能力，才能为出版物的深度加工提供智力和技术支持。优秀的出版人才要有卓越的策划能力、挖掘优秀作品的能力、提升稿件质量的能力、面向读者制作传播的能力。其中，挖掘优秀作品的能力是关键环节，因为作品是衡量人才的最终标准。出版专业素养能力，包括但不限于选题策划能力、编辑校对能力、印发能力和营销能力的提升；而既熟悉专业出版知识，又掌握现代数字出版技术，同时善于经营管理和产品策划营销的高素质复合型出版人才队伍，是在新兴出版市场占据优势地位的关键与核心。

从高质量发展的视角来看，出版高质量发展是指由投资驱动、要素驱动为主转向以创新驱动为主的发展；是指出版发展不再单纯依靠版权、纸张、人力等传统要素的增加、扩充来推动发展，而是一方面要提高要素生产率，提升信息、知识、数据、智力等新生产要素的比重，提高全要素生产率，另一方面要依托创新驱动，对内革新传统出版流程，对外拓新出版产品和服务，以新的创意、新的内容、新的形态、新的技术、新的传播、新的用户体验来推动出版业走向可持续、高质量发展道路。下面，且就高质量的数字出版人才的专业能力体系简要予以分析。

（一）精品策划能力

精品策划能力是高质量数字出版人才业务能力的核心所在、重中之重，是指策划编辑基于版权素材，充分运用自身的创造性和创新性思维，思考如何将同一版权研发制作成多种形态的产品以及如何对产品进行精细打磨的筹策、谋划能力。"没有策划，就没有编辑，策划力是编辑的生命线。策划开启了书籍出版的契机。找到优秀的作者，也是编辑的策划能力之一。"[①] 调研发现，大部分国内编辑在接到作者书稿以后，想到的下一步工作就是步入"审稿"阶段。这样的逻辑思维，不仅在"稿件素材"和"成型产品"中间环节自动忽略了一个环节——"创意策划"，而且默认为将稿件素材做成纸质图书，没有其他的产品选项。"数字出版物""融合出版物"的创意与策划在大部分传统图书编辑的策划理念中是缺位的，是自动被过滤的。其实，在接到稿件素材以后，下一个环节，优秀的策划编辑应该想到的是：做成什么样的产品？是纸质书，还是音像电子产品、AR 出版物、有声书等？这是做多项选择题，而不是如前所述，做成单项选择题。

整体而言，策划编辑本身要树立"产品介质多元化""版权产品多样化""数字出版物""融合出版产品""传播渠道立体化"等意识，并有意地同时思考研发多类型的数字产品和图书产品，而不是单一的图书产品。精品策划能力，从微观来看，是自身核心竞争力的体现，是在出版企业、出版产业生存、立足和发展的标志性能力；从中观来看，关系所在分社、编辑室、所在出版单位的图书产品结构、产品质量和产品效益；从宏观来看，一个个作为细胞的策划编辑的选题策划能力直接影响甚至决定着整个出版事业、出版产业的出版产品质量、状态和趋势。高质量发展的标准要求出版人才不断提升选题策划能力，强化优质作品的发现能力，推动"思想精深、艺术精湛、制作精良"的出版精品力作和"品位健康、品质优良、品类丰富"的出版生产服务体系"两个重要支点"[②] 的构建和完善。

（二）高水平编校能力

高水平编校能力是"制作精良"对数字出版人才队伍的能力要求，也是工匠精神在数字编辑职业运用的集中体现，关乎出版内容的形式质量和内容质量，是数字出版人才专业能力素养的基础性、基本功要求。发现优质选题之后，最考验出版人的就是审稿、校对能力。对书稿中存在的篇章布局、表述表达问题，以及封面设计、版心设计等方面提出针对性、专业性的建议、意见并进行妥善处理，构成了高水平出版人才日常工作的

---

① 鹫尾贤也. 编辑力：从创意、策划到人际关系［M］. 陈宝莲，译. 北京. 北京联合出版公司，2017：51.

② 张新新. "十四五"教育出版落实文化产业数字化战略思考：基于发展与治理向度［J］. 出版广角，2021（24）：37.

主要内容。国家新闻出版署连续多年对图书、期刊质量进行"质量管理"年度专项检查，检查的主要内容包括内容质量、编校质量、三级审稿责任制、责任编辑制度、责任校对制度、"三校一读"制度等，检查结果定期进行了公布；检查不合格的图书，将会影响责任编辑的职称晋升、评优评奖甚至影响职业资格延续。

（三）专业化印制能力

专业化印制能力关乎出版内容的呈现形式，也是"制作精良"在印刷领域的体现和要求。这里需注意的是有形的数字出版产品，尤其是融合出版物，如 AR 出版物、VR 出版物、二维码出版物等，是需要专业化、高水平的印制能力来加以保障的。关于印刷人才队伍建设，《印刷业"十四五"时期发展专项规划》指出要"加强全印刷领域思想政治引领和专业素质提升"，"建设爱党报国、敬业奉献、结构合理、能干善创的高素质人才队伍"，[①] 并规划了全印刷智库、人才评价评奖体系和技能应用型人才培养三项重要内容。印刷能力是包含印刷设备、材料、技术和技能等多位一体的能力体系，印制人员尤其需要分别针对不同的出版物形态，来进行分众化、专业化印刷的能力。如：①主题出版物的印刷保障能力，需以系统思维，综合调用不同类型、不同区域的印制资源来加以保障；②中小学教科书的印刷对环保型纸张、环保油墨、装帧技术的要求，明显高于普通出版物；③涉及应急印制业务时，时效性、高质量、保密性的要求相较一般图书产品将会更加凸显。

（四）全媒体营销能力

全媒体营销能力是新时代数字发行人员全媒体素质的具体表现，也是"求实创新"在出版营销领域的体现和要求。随着信息技术的发展日新月异，在传统媒体外，线上媒介如微信、微博，新兴流量如短视频、在线直播等不断涌现，营销渠道、载体、形式呈现多元化、网络化趋势。出版人才营销能力体系建设，是出版营销人才具备数字营销的意识，具备线上＋线下的全媒体营销能力，既能充分理解传统出版物营销、数字营销转型，跟进数字出版营销渠道建设，又具备"流量敏感"意识，挖掘网络营销的新渠道和新热点，开展出版产品的销售工作。出版营销转型的路径有二：一是转化型，即原有传统出版渠道的转化，包括出版物的多元、融合出版，以及营销人员提升数字营销能力。二是原创型的数字出版营销渠道的建设。[②] 新的营销背景要求出版人才具有新媒体把控能力，将线上思维和融媒体运作融入营销工作中，成为具有融合思维的全媒型营销人才。

（五）技术学习力、洞察力和应用力

深度融合发展阶段的数字出版，要求高质量出版人才要能够熟练把握高新技术的应

---

① 国家新闻出版署. 印刷业"十四五"时期发展专项规划［S］. 2021.
② 张新新. 出版转型的体系性思考与理论建构［J］. 中国编辑，2020（9）：58.

用原理，并将应用原理和出版产业相结合，发现和设定应用场景。如：AR 出版物需要打通三维模型建构、AR 编辑器研发和输出展示系统三大关键环节，要统筹运用虚拟建模、实景建模和混合建模三种技术；出版大数据的构建，要熟练把握"数据采集、数据存储、数据清洗、数据标引、数据计算、二次数据、数据服务"等七大核心步骤，并基于"内容数据、用户数据、交互数据"的主题框架做顶层设计；专题知识库研发的核心在于知识体系的建设与运用，将知识体系贯穿于知识资源采集、知识资源标引、知识资源管理和知识资源应用的全流程；等等。近年来层出不穷的新技术，如人工智能、增强现实、虚拟仿真、5G 移动通信技术等，都应成为编辑学习的领域，都应成为技术赋能出版的外部推动力。

三、数字素养与技能

《提升全民数字素养与技能行动纲要》指出，"数字素养与技能是数字社会公民学习工作生活应具备的数字获取、制作、使用、评价、交互、分享、创新、安全保障、伦理道德等一系列素质与能力的集合"[①]。上述概念界定包含了两部分：数字素养、数字技能。

（一）数字素养

数字素养，简单地理解，即数字社会公民学习工作生活应具备的数字素质和修养的集合。数字素养侧重于数字社会公民综合性的数字学习、认知、理解、适应的素质底蕴，是"进入数字文明后每个人的必备素养"[②]。具体到出版领域，有人指出，高质量出版人才需要基于"数字技术知识体系、数字技术原理"进行"知识储备和素养积累"；[③]此处明确了数字素养是高质量出版人才的必备素质，但是未能基于出版语境对数字素养的内涵和外延做出详细说明。

本书认为，出版人才数字素养的构成大致可包括数字化适应力、数字化学习力、数字化认知力、数字化理解力、网络文明素养以及数字道德伦理规范。其中，数字化适应力是出版人才数字素养的内核和枢纽，数字化学习力、认知力、理解力是数字化适应力的前提和基础，网络文明素养和数字道德伦理规范是数字化适应力的特定场景表达和伦理道德体现。

（1）数字化适应力，是指出版人才根据信息化、数字化、数据化、智能化的客观环

[①] 中央网络安全和信息化委员会. 提升全民数字素养与技能行动纲要 [S]. 2021.
[②] 朱红艳, 蒋鑫. 国内数字素养研究综述 [J]. 图书馆工作与研究, 2019（8）：52.
[③] 孟轶, 李景玉. 基于创新视角的高质量出版人才能力体系建设：以数字经济和数字素养为视角 [J]. 出版广角, 2022（2）：15.

境变化，主动接纳并更新数字化理念、形成并强化数字化思维、掌握并运用数字知识和技术，以适合数字经济发展、数字社会构建和数字政府治理。作为三大数字素养和技能基本能力之一的数字化适应力，是数字社会合格公民的基本能力和基本权利，同时，数字化适应力对出版行业、对编辑群体更是提出了更早、更高的要求和标准。具体来讲，出版人才的数字化适应力提升可从理念、制度和实践三个方面来推进：

第一，在理念层面，要强化数字化理念引领。"理念是行动的先导"，须将数字化的理念贯穿于编辑工作的全方面、各环节和各领域，坚持数字化理念引领学习、工作和生活，引领出版企业文化建构，引领产品策划与研发，引领数字技术应用，引领出版运营与销售。唯有如此，方可从出版人才思想源头推动出版业数字化战略的落实，方可实现出版活动的技术赋能效应，方可推动出版人才整体数字化适应力的进步和提升，弥合不同年龄、不同知识域、不同学历、不同工作岗位等所造成的数字鸿沟。

第二，在制度层面，要推动数字化制度创新。要提升出版人才的数字化适应力，不能仅仅停留在理念层面，还要通过制度固化来进行保障。制度是理念的固化，是理念的显性化和体系化；出版数字化转型制度体系的建构与实施，一方面可强化出版人才的数字化适应理念、数字化转型观念，另一方面为出版人才数字化适应、数字化转型的实践提供遵循和保障。

第三，在实践层面，推动数字化实践拓展。要提升出版人才的数字化适应力，其根本路径还在于数字化实践，所谓"绝知此事要躬行"；出版人才数字化适应力的提升以应用实践为根基，才能够根深叶茂、本固枝荣。出版人才的数字化实践，在浅层次，体现为运用基础性工具来增强数字知识和素质，以适应数字化的学习工作环境，如熟练应用计算机软件（Office 软件、Photoshop、Premier、Axure、Indesign 等）、计算机语言（如 C 语言、Python、Javascript、HTML 语言）、数据库系统以及能够运用数字出版专用设备等。在深层次，即通过数字化交流、协作、学习、信息管理等方式主动拥抱数字化，来增强高级数字知识和素质，以适应数字化的学习工作环境，推动出版业数字化战略的落实和实现。

（2）数字化学习力，是指出版人才基于创新创意思维，通过阅读、听讲、研究和实践等途径，加强对5G、区块链、人工智能等数字技术的学习能力，以学习力的提升为抓手来提高自身数字素养。数字化认知力，是指在学习力的基础上，出版人才通过思维活动认识和了解数字技术内涵外延、发展历程等基本常识。数字化理解力，是指出版人才理性认知数字技术机理、规律，以更好适应数字工作、生活和创新。作为文化工作者的中流砥柱，出版人才承担着文化选择、文化建构、文化承载和文化传播的重要使命和责任，只有具备良好的数字化学习力、认知力和理解力，出版人才群体才有可能对出版物所承载的文化成果进行更好的呈现、表达和传播，才有可能更好地运用数字技术和工具推动中华文化的创造性转化和创新性发展。

（3）数字社会的出版人才数字素养，还体现在网络文明素养和数字道德伦理规范等领域。在网络文明素养方面，以知识选择和表达、文明建构与传承为主要使命的编辑群体，在数字时代和网络时代，更应该严格自律和主动作为，自觉遵循网络文明规范，抵制网络暴力，和网络暴力斗争，建构和捍卫健康向上的网络文化；通过发挥数字化出版产品和服务的文以化人、文以育人的功能，在提升自我网络文明素养的同时，也推动全民网络文明素养的提高。在数字道德伦理规范方面，出版人才群体尤其是作为数字编辑的数字出版产品研发、技术开发和市场运营人员，应该自觉遵守职业道德和准则，坚持技术理性主义和数字技术的正面价值，让数字技术"在主流意识形态的指导下、在核心价值观的引导下发挥作用和功能"[①]，身先试行并积极引导全民遵守数字社会道德规范和伦理规则。

（二）数字技能

数字技能，即数字社会公民学习、工作、生活应具备的数字获取、制作、使用、评价、交互、分享、创新和安全保障等技巧和能力。数字技能侧重于数字社会各行业从业者的专门性能力，是运用数字工具，通过对信息、知识和数据的获取、制作、使用、交互、分享、创新、保护等方式，来解决具体问题、提升工作效率的能力。数字出版人才技能体系主要由数字化胜任力和数字化创造力、国际化数字能力等组成。

1. 数字化胜任力

数字出版人才的数字化胜任力，是指出版群体尤其是数字编辑在数字出版、融合出版、出版转型等数字化工作过程中所表现出的稳定的能够满足岗位需要的能力，包括但不限于产品研发、技术应用、市场运营、数字管理等。

胜任力模型在人才资源管理领域是十分成熟的概念，其理论研究方兴未艾，应用也非常广泛。美国著名社会心理学家、哈佛大学博士 D. C. McClelland 在进行科研的过程中首次提出"胜任力"[②] 这一重要概念，并创造性地构建了具象而生动的"冰山素质模型"（见图 13-1）。冰山的头部，即"出露表面的部分"，由知识和技能组成，具备外显性特征；冰山的腰部和尾部，即"隐匿水下的部分"，包含社会角色、自我概念、特质和动机，具备内隐性特征。

---

① 张新新，龙星竹. 数字出版价值论（下）：价值定位到价值实现 [J]. 出版科学，2022，30（2）：29.

② MCCLELLAND D C. Testing for competence rather than for "Intelligence" [J]. American psychologist，1973（28）：1.

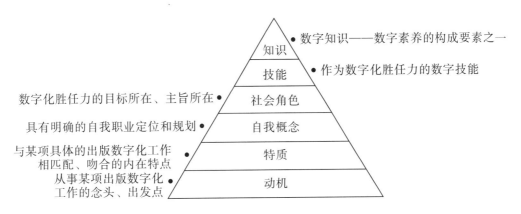

图 13 - 1　基于冰山模型的数字出版人才胜任力体系

根据该模型，可以对编辑的数字化胜任力构成要素分层次加以解读：

（1）模型基础的"动机"，是指推动数字出版人才从事某项出版数字化工作的念头、出发点，如基于推动数字出版盈利的动机、基于打造数字出版新的经济增长点的动机或基于数字出版上市发展的动机等。动机具有激发、指向、维持和调节的功能，是提升数字出版人才胜任力的重要内驱力，可以调动数字出版人才的积极性、主动性和创造力。

（2）"特质"，是指与某项具体的出版数字化工作相匹配、吻合的内在特点。特质具有稳定性、与生俱来的特征。出版业对于不同岗位的人才特质需求不尽相同，如数字出版产品研发需要具备创意策划的特质，数字技术应用需要具备识别技术原理并找寻技术场景的特质，数字营销需要具备善用数字工具宣传推广出版产品的特质等。

（3）"自我概念"，是指对于某项出版数字化工作，数字出版人才具有明确的自我职业定位和规划，表现出极大的热忱和较强的自我认同。"自我概念"特征突出的数字出版人才，能够产生胜任特定出版数字化工作的持久动力和理性力量。

（4）"社会角色"，是指数字出版人才个体在出版群体中被赋予的特定身份，以及基于特定位置应尽的义务和应发挥的作用。"社会角色"包含着某项出版数字化工作的角色定位、职能定位和职责定位，是数字化胜任力的目标所在、主旨所在。

（5）"技能"主要是指数字技能，这里是指作为数字化胜任力的数字技能，包含数字产品研发胜任力、数字技术应用胜任力、数字营销胜任力以及数字管理胜任力。

（6）模型头部的"知识"，即数字知识，是数字素养的构成要素之一。数字出版人才的数字知识是数字化胜任力的内在决定因素，数字化胜任力是数字知识的外部呈现表达。

根据工作性质或工作环节不同，数字出版人才的数字化胜任力主要分为四种类型——数字产品研发胜任力、数字技术应用胜任力、数字营销胜任力以及数字管理胜任力。具体包括：

（1）数字产品研发胜任力，是指出版群体尤其是数字编辑要具备综合数字素质，满足数字产品服务研发岗位需要的能力，既包括对单一性数字出版产品研发，也包括对集合型数字出版产品研发。

（2）数字技术应用胜任力，是指数字出版人才的综合素质能够满足数字技术岗位需要，因地制宜地规划自主型、合作型以及外包型技术路线，掌握和运用数字技术原理，探索和找寻数字技术在出版业的应用场景，推动数字技术赋能出版业价值的实现。

（3）数字营销胜任力，是指数字出版人才的综合素质能够满足数字运营岗位需要，掌握和运用全媒体营销、网络直播、短视频等新媒体营销技巧和能力，建构全方位、立体化、多层次、线上线下一体化的出版营销全媒体矩阵，深入推动原创型营销渠道的壮大发展以及转化型营销渠道的数字转型。

（4）数字管理胜任力，是指数字出版人才的综合素质能够满足管理岗位需要，运用数字化管理手段、程序、工具、步骤和方法，管理数字出版产品研发、技术应用、市场营销、人才队伍、项目实施等，提升新兴出版的数字治理体系和能力现代化。

2. 数字化创造力

数字出版人才的数字化创造力或曰数字化创新力，是指出版人才基于专业的数字知识和素质，运用数字化技术、工具、方法或路径，以数字科技创新为重点，引领和带动包含出版产品、服务、模式、业态、管理等在内的出版全面创新体系形成，以出版全面创新体系作为驱动，取代要素驱动、投资驱动来推动出版业高质量发展的能力。数字化创造力，是高层次的数字技能，是出版人才数字技能体系的关键，也是数字社会出版人才核心竞争力的重要体现。具体来讲，出版人才的数字化创造力，是由内容创新力、技术创新力、渠道创新力、治理创新力、环境创新力以及出版企业文化创新力所构成的有机统一整体。（见图 13-2）

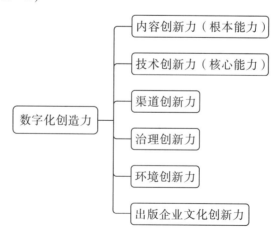

图 13-2　出版人才数字化创造力体系

（1）内容创新力是指数字出版人才运用数字化手段和方法，推动创新文化成果的及时发现、转化和固化，推进以往文化成果的创造性转化和创新性发展，持续推出原创性的精品力作甚至是传世之作，保持出版文化建构的源泉活水。内容创新力是出版人才数字化创造力的根本。作为内容产业的从业者，运用数字化的知识、工具和方法，持续不断地推动文化成果创新，实现内容推陈出新，创新内容表达形式，从而推动出版业的创新性发展、高质量发展，是提升出版人才数字素养与技能的出发点也是落脚点，是提升出版人才数字素养与技能的初心所在、使命所在。

（2）技术创新力是指数字出版人才推动数字科技创新，推动古典型技术进步和共谋型技术进步，通过技术创新带动出版内容、服务、管理、模式等全面创新体系的形成，推动出版业走向创新驱动发展的高质量发展状态升级。技术创新力既包括技术原始性创新、自主性创新，也包括继承性创新、引进式创新；技术创新力发挥的结果是实现数字技术赋能，即赋能出版业"在新技术、新产品、新模式和新业态方面不断创新"[①]。数字出版人才群体尤其是数字编辑的技术创新力，是出版人才数字化创造力的核心；正是技术创新力的培养、壮大和发挥，推动、支撑和引领着内容、服务、模式、渠道、管理、业态等全面创新体系的形成。

（3）渠道创新力是指数字出版人才推动出版发行渠道创造性转化和创新性发展的能力。换言之，是指出版人才推动实体书店等线下实体营销渠道数字化改造和转化，推进适应数字出版产品和服务的原创型营销渠道建构和拓展，不断推动出版产品和服务渠道适应数字化学习和阅读需要，适应数字社会出版产品和服务数字化传播、即时性传播、交互式传播的发展需要。

（4）治理创新力是指基于数字知识和素质，运用数字化工具、手段和方法，提升出版治理能力，推动出版治理体系和治理能力的现代化。治理创新，是在常规治理手段的基础上，强化数字治理、应急治理等治理方式创新，推动出版治理手段和方法创新，构建一元多主型治理格局，形成党政管理、协会自治和企业自律有机融合的治理体系。

（5）环境创新力是指数字出版人才运用高级数字知识和技能，积极并有能力营造出有序的市场环境和科研环境、健康的工作环境、良好的产业环境，建立科学的考核评价机制，激励更多人才投身出版事业，创造更有价值的出版研究和成果。

（6）出版企业文化创新力是指数字出版人才基于数字化理念，运用数字素养和技能，推动鼓励创新、包容创新的企业文化建设，推动数字技术赋能的创新型出版文化形成，最终塑造和发展适配新兴出版的良好企业文化和出版文化。

3. 国际化数字能力

数字出版人才的国际化数字能力，是指数字出版人才基于深厚的专业知识和素养、

[①]　张新新，杜方伟. 科技赋能出版："十三五"时期出版业数字技术的应用［J］. 中国编辑，2020（12）：7.

广阔的国际化视野和胸怀、灵活的外语表达和沟通能力，借助数字技术和手段，推动出版业国际化水平提升，增强我国出版业国际影响力，更好地实现出版业高质量发展和"走出去"的能力。国际化数字能力，是国际层面的数字技能，是新时代出版人才的数字技能体系建设的重要组成部分，也是"十四五"时期出版人才的责任与使命所在。随着中国出版走出去步伐的加快，中国出版业国际传播能力的不断提升，出版在增强国家文化软实力和中华文化影响力中的作用更加彰显。为进一步增强我国出版产业的国际竞争力，以出版为载体推动中华文化走出去，让世界更好地了解真实、立体、全面的中国，就需要出版人才挖掘优质内容，提升翻译质量，拓展走出去的渠道。具体而言，数字出版人才的国际化数字能力，是由数字化策划力、数字化传播力、数字化影响力、数字化竞争力、数字化交流力，以及作品翻译力共同构成的综合能力体系。

（1）数字化策划力是指数字出版人才在充分了解出版国际市场和国际环境的基础上，遵循国际化规律，为增强出版物"走出去"制订具体而可行的方案。数字化策划力是出版人才国际化数字能力的基础能力，亦是根本能力。出版人才宜加强出版国际化发展的策划能力，如：在选题策划方面，需要具备国际化视野，策划适合国际传播、具有中华优秀传统文化价值内核的数字出版选题；在品牌策划方面，运用数字化手段和方法打造国际化品牌，增强数字出版品牌策划力；在活动策划方面，理解国际活动策划流程和国际规则，策划更多具有实效性的数字出版展览展示、友好交流等活动。

（2）数字化传播力是指数字出版人才借助广泛传播、即时传播等数字化传播优势，构建多元化的数字资源平台，积极建立海外沟通渠道，推动优质版权输出，提升出版走出去的国际传播效能。数字化传播力是出版人才国际化数字能力中的关键能力。数字化传播拓宽了传统出版传播的方式和渠道。在国际化的出版工作中，编辑尤其要注重推动出版数字资源平台的建设，拓展优质内容的海外传播渠道，使二者相得益彰，从而更有效地推动版权输出和国际出版与传播。

（3）数字化影响力是指数字出版人才充分运用自身的人脉资源、交流技巧、业务水平等优势，在国际出版工作中实现有效合作交流，不断提升我国网络文学、数字图书馆、专题数据库等数字出版产品和服务的国际化影响力。推动出版业高水平走出去，离不开出版人才的数字化影响力；国际化出版人才群体数字化影响力的发挥、提升，支持、推动着数字出版产品海外影响力的扩大。

（4）数字化竞争力是指数字出版人才掌握国际传播过程中的文化价值认同规律，提高出版走出去的价值认同度，推动网络文学等一批数字出版产品走出去，同时成为现象级事件，打造出人无我有、人有我优的出版产品数字化核心竞争力。出版国际竞争力关乎我国国际出版话语权，国际化出版人才群体应有增强出版产品数字化竞争力的责任感，在理念层面提升自身数字化竞争力的自觉与认同，在实践层面身体力行。

（5）数字化交流力是指数字出版人才在国际出版工作中"信息接收"和"信息传

递"能力的综合素质。所谓信息接收，是出版人才要学习并谙熟国际市场环境、国际贸易规则、国际版权法、国际国内的政策导向、数字出版技术等必备基础专业素养。所谓信息传递，主要体现在出版人才于具体的国际出版工作中，善于施展跨文化沟通、国际化营销、国际化管理等外向型能力。出版人才群体，尤其是国际营销人员和版权经纪人，宜加强跨文化沟通能力和语言表达能力，熟练使用外语，掌握不同国家、不同地区、不同文化传统的网络语言习惯，用国际化、数字化思维开展业务，有效减少文化差异的不利影响，推动数字出版国际化发展的交流互鉴和高质量发展。

（6）作品翻译力，是指面对国际文化的背景差异，能够在熟悉他国文化的基础上，巧妙翻译作品文字内容、转换表达方式，并诠释中华文化价值、凝练中华文化精神，使得国外读者易于了解、接受出版产品内容的翻译能力。作品翻译力是数字出版人才国际化数字能力的必备能力，出版走出去工作所涉数字出版人员宜重视文化差异，学习译介模式，提升翻译水平，掌握翻译策略，积累翻译经验；对于营销人员，则聚焦于口头表达，正确传达交流合作意图，注重沟通技巧，以增进不同文化的融合。

综上，在"数字化胜任力、数字化创造力、国际化数字能力"三位一体的数字出版人才素养与技能体系之中，数字化胜任力是基础，数字化创造力是核心，国际化数字能力是关键，三者对于数字出版人才的数字化要求逐步提升，是一个层层递进、有机统一的逻辑体系。

第三节　数字出版人才机制

数字出版人才机制是数字出版繁荣发展的保证，要旗帜鲜明地坚持以习近平新时代中国特色社会主义思想为指导，坚持马克思主义在意识形态领域指导地位的根本制度，落实落细意识形态工作责任制，严格贯彻落实"双效统一"的文化创作生产体制机制，增强国家安全意识、文化安全意识、信息安全意识，注重把握内容生产制作、数字技术创新应用、数字产品服务传播过程中的文化安全。

通过数字出版人才保障机制、管理机制、人才激励机制和人才培养机制的推行，实现人才驱动和创新驱动的动力机制转换，推动新闻出版业高质量发展和全方位转型，推进传统出版与新兴出版的深度融合及整体转型。

一、数字出版人才保障机制

作为一个新兴产业，数字出版的壮大与崛起，最关键的是要有一批能干事、能干成事、能干大事的人才队伍，这支人才队伍要特别能吃苦、特别能战斗和特别能奉献。与此同时，政府主管部门、行业指导部门和出版企业自身要有保障人才队伍成长、留住人才队伍、用好人才队伍和激励人才队伍的相应体制和机制。

在政府层面，主管部门需要建立和健全数字出版人才的培训、调训、职称等规章制度和政策。如前所述，北京市新闻出版广电局已经启动了数字编辑职称考试工作，数字编辑包括数字新闻、数字出版、数字视听、数字游戏和数字动漫等五个领域的编辑从业者。在编辑类型上，数字编辑分为内容编辑、技术编辑和运维编辑；在职称序列上，分为初级编辑、中级编辑和高级编辑；就数字出版而言，包括数字出版内容编辑（初级、中级、高级）、数字出版技术编辑（初级、中级、高级）和数字出版运维编辑（初级、中级和高级）。北京市的数字编辑职称考试已经启动，其效力目前只局限于北京市地区，面向的范围不仅包括传统的国有出版社，还包括民营文化公司、网络技术公司等非公有制企业从业者。值得欣慰的是，京津冀职称一体化政策已经于2020年正式出台，这意味着，北京市数字编辑职称可能在京津冀三地同时具备法定效力。

在行业层面，作为数字出版的行业指导机构，如中国音像与数字出版协会、中国新闻出版研究院等，也需要在各自的领域内为数字出版人才建设与培养献言建策，同时在人才激励、评估等方面积极布局。2015年7月，中国新闻出版研究院所举办的第六届中国数字出版博览会上，公布了"2014—2015 年度数字出版新锐人物"奖项，首次为 5 位数字出版部门主任颁发了新锐人物奖，这也是在行业层面第一次对数字出版部门主任进行评估和激励。应在中国出版政府奖、新闻出版领军人物等各种行业级奖项中适度提高一线数字出版骨干的获奖比例，以提高数字出版从业者的积极性，推动数字出版业向着更快、更高、更好的方向发展。

在企业层面，出版单位需要充分重视人才，以待遇保障体系、薪酬激励体系、专业性人才培养体系为核心，选拔培养人才，引进优秀人才，鼓励人才成长，创造出有利于人才发展的良好环境。出版企业制定并不断完善人才引进、人才培养、人才使用、人才擢升、人才保留、人才待遇等体制机制，是数字出版人才制度体系的核心，也是数字出版人才机制的主体性内容。

二、数字出版人才管理机制

数字出版人才管理，要明确指导思想，坚持党的领导，把握正确导向，健全舆论导向机制，传播主流思想价值，集聚社会正能量。数字出版的人才管理机制，要坚持以习近平新时代中国特色社会主义思想为指导，将"聚天下英才而用之""党管干部、党管人才""开发创新型人才"等习近平人才观深入贯彻落实到数字出版人才管理、使用和培养的全过程和各方面；要坚持马克思主义在意识形态领域指导地位的根本制度，落实落细意识形态工作责任制，严格遵守新闻出版纪律要求；在工作理念、实践与制度中，应确保各类数字出版人才自觉践行社会主义核心价值观，增强社会责任感和诚信意识，牢固树立国家安全意识、信息安全意识、保密纪律意识，积极主动为党和政府决策贡献聪明才智，时刻注重维护意识形态安全，把握内容质量安全和技术应用安全；在数字出版人才的引进、培养和使用过程中，应严格贯彻落实把社会效益放在首位、社会效益和经济效益相统一的文化创作生产体制机制。

（一）牢牢把握意识形态阵地的领导权和主导权

坚持马克思主义在意识形态领域指导地位的根本制度，要求数字出版人才队伍管理过程中，要把马克思主义意识形态指导地位的根本制度贯穿于人才引进、培养、使用、评价、晋升的全过程，把意识形态阵地领导和主导能力纳入数字出版领军人才、管理人才评价考核体系，并作为首位考量指标。习近平总书记曾强调，"新闻工作者要把握时代的脉搏，认识新闻的作用，要看到新闻事业是党和人民的喉舌，担负着反映舆论、引导舆论的一个重要任务"。数字出版事业也不例外，在新时代要实现高质量发展，数字出版从业者必须谨守"喉舌"定位，坚持正确舆论导向，弘扬主旋律、传播正能量，做到守土有责、守土负责、守土尽责。

新时代坚持马克思主义在意识形态领域指导地位的根本制度，首要政治任务是始终坚持用习近平新时代中国特色社会主义思想武装头脑、指导实践、推动工作和教育人民。开展数字出版工作既要有全局观念，培养自己的政治意识、大局意识、核心意识和看齐意识，同时还要有基层视野，通过改变传播话语方式，创新数字出版产品形态，拓宽数字产品传播渠道，推动党的创新理论大众化、普及化，让党的创新理论"飞入寻常百姓家"。数字出版人才从选题策划、加工制作到发行出版、营销推广、衍生品研发这一过程中，要谨记摆正思想，坚守党和国家立场，坚定鲜明的政治导向和舆论导向，多动脑，勤思考，推出精品力作，传递正确的出版观、价值观和世界观。

（二）强化内容质量保证和技术应用安全意识

把握数字出版作品的内容创作导向和技术应用规范是数字出版人才管理的重要工作准则。处在网络强国、数字中国、媒体融合等政策利好的环境中，数字经济较以往表现出强劲的发展活力，包括电子图书、数字报纸、数字期刊、网络文学、线上教育出版物、数据库等在内的数字出版产品，不仅在体量上极大丰富，而且传播速度和覆盖范围也有了质的提升。在此之时，数字出版工作者更需要充分重视作品的内容质量、创作导向以及相关前沿技术应用的规范性，保障数字出版事业迈向纵深融合发展。

首先，在把握内容质量安全方面，数字出版工作者不仅需要严格遵守传统出版工作中选题策划、编辑校对的体系化标准，而且还要充分结合数字出版的创新性，通过前期进行市场调研，全面衡量数字产品策划的经济效益，及综合考虑新闻出版的舆论导向等社会效益。要以宏观政策的意识形态导向为指导，不断打磨产品选题方向，丰富产品形态，开拓目标用户群体，使数字出版产品在内容上能够尽量契合受众阅读兴趣和习惯，"讲好群众故事，传递基层声音"，多出版反映中华优秀传统文化、革命文化和社会主义先进文化的精品力作。

其次，在规范新兴技术创新应用方面，随着5G、人工智能、VR/AR、大数据等互联网前沿技术的逐步应用，高新技术赋能出版的过程中也带来了一些快速传播、即时传播附带产生的负面效应。数字出版宏观调控人才亟须认知和理解相关技术的基本原理和在出版工作中的应用场景，陆续推动相关技术应用的行业标准/国家标准的制定和实施工作，通过数字出版技术应用的规范性和标准化来化解技术应用过程中的安全风险，提高技术应用安全系数，避免技术应用负面性的出现。2019年，国家新闻出版署发布的新闻出版行业标准《出版物AR技术应用规范》便是解决图像、音频、视频、3D模型与图书内容关联、识别、调取过程中的技术安全问题的AR技术应用规范。

（三）坚持"双效统一"的创作生产体制机制

数字出版人才，尤其是领军人才、管理人才，应该牢固树立"将社会效益放在首位、社会效益和经济效益相统一"的经营管理理念，建立健全"双效统一"的数字产品服务创作生产体制机制。数字出版从业者需要站在协调好经济效益和社会效益两者关系的战略高度，统筹出版企业经济效益和社会影响大局，深刻理解出版的功能与本质，才能确保数字出版事业与产业的健康、持续、稳定发展。

"双效统一"的体制机制，一直以来在数字出版宏观调控过程中被高度重视：2015年，中共中央办公厅、国务院办公厅印发相关文件，明确指出"国有文化企业把社会效益放在首位、实现社会效益和经济效益相统一"[①]。2018 年 11 月，中央全面深化改革委员会第五次会议审议通过了《关于加强和改进出版工作的意见》，指出"着力构建把社会效益放在首位、社会效益和经济效益相统一的出版体制机制"。2019 年 11 月发布的《中共中央关于坚持和完善中国特色社会主义制度　推进国家治理体系和治理能力现代化若干重大问题的决定》指出："建立健全把社会效益放在首位、社会效益和经济效益相统一的文化创作生产体制机制。"

首先，社会效益是数字出版人履行社会责任、勇挑社会担当的题中之义，是数字出版的内在职能和社会功能的首要体现。传统出版，或曰图书出版，一直以来始终将"保本微利"作为图书定价的基本策略，这便是将社会效益放在首位的重要体现。相比传统出版，数字出版更需要将社会效益放在首位，注重产品对社会所具有的正向影响，包括选题策划是否具有时代意义或者前瞻性，成果是否能够产生一定的思想引领作用，数字产品传播是否推动科学文化知识普及和提升受众素养，等等。数字出版人才，应高度重视数字出版的意识形态属性、文化属性、产业属性和技术属性：在数字出版属性体系之中，牢牢把握意识形态阵地的领导权，确保意识形态阵地的安全，确保网络出版阵地的可管可控，就是最大的社会效益；传承中华上下五千年文明，传播中华优秀文化、革命文化和社会主义先进文化，是数字出版社会效益的主体内容；将数字出版推到市场化经营、产业化发展的境地，将 5G、区块链、人工智能等先进技术应用到出版业态，研发出更加丰富、更加优质的数字出版产品和服务，进而惠及更大多数的人民群众，也是数字出版社会效益的必然要求。

其次，经济效益是推进数字出版企业持续经营的物质基础，能够为数字出版社会效益的实现提供更加坚实的人财物保障。数字出版领军人才致力于优化顶层设计，推进市场化经营、产业化发展，才能够带领数字出版团队创造出更佳的社会效益。数字出版管理人才理顺传统出版与新兴出版产业链环节，让内部流程制度更优化，更好地服务于数字出版经营业务，这样才能够提供质量更高、技术更强、用户体验更卓越的数字文化产品，才能够更好地满足广大人民群众的精神文化需求。数字出版内容人才、技术人才不断地研发优质产品、创新技术应用，持续推进传统出版与新兴出版深度融合、先进内容与先进技术紧密结合，才能够在确保内容质量安全、技术应用安全的基础上，打通产品、技术、营销等数字出版全产业链，造福社会、服务社会。2020 年初，全国共计200

---

① 　柳斌杰. 坚定自信，走进出版强国新时代［J］. 现代出版，2018（1）：9.

多家数字出版企业免费开放了各个行业的数字知识资源库，为疫情防控语境下的人民群众免费提供知识服务，开创了公益数字出版的先河，这既是将数字出版社会效益放在首位的重要体现，同时也为数字出版从业者提供了营销机遇，进而为不同所有制、不同地域、不同行业的数字出版企业将数字出版产品和服务推向市场、实现提质增效做了重要铺垫。

三、数字出版人才激励机制

数字出版人才激励，遵循市场经济规律和人才培养规律，确立品德、能力、贡献的评价体系，建立健全数字出版人才的薪酬制度、评价机制与激励政策，在薪酬待遇、科研激励和销售奖励政策方面不断创新、不断完善，是优化数字出版人才激励机制、助力新兴出版高质量发展的核心要义。

专业化人才是推动数字出版企业产业化发展的第一重要资源。数字出版市场主体只有通过不断健全薪酬激励制度，对数字出版人才从物质和精神层面进行双重激励，真正实现"有才者"劳有所得，才能持续吸引和稳住高素质复合人才，这也是新时代数字出版人才培养机制的要点之一。例如，近些年来，部分国有出版企业在引进数字出版领军人才、管理人才、内容人才、技术人才和销售人才方面采取符合市场劳动力定价规律的协议工资等方式，招揽了大量人才，最终将数字出版的经营收入做到了数千万元之高，利润贡献比达到了30%以上。

（一）引进人才年薪制

物质保障机制向来是人才引进和安抚的重要手段，这对于任何类型的企业而言都概莫能外。而具有丰富数字出版经验的从业人员，一向是企业争相聘请的对象。例如优秀的数字出版管理人才能够从出版企业的未来发展规划出发，协调传统和数字业务的关系，统一决策部署，对数字产品研发、数字技术应用和数字市场运营产业链等环节负责；骨干型数字出版内容人才往往可以在对现有产品结构和数字产品效益了解与有所预估的基础上，对数字图书馆、数据库、网络出版、手机阅读、终端阅读等产品的内容建设有清晰、合理、务实的工作目标。对于这些紧缺的复合型高素质人才，数字出版单位可以灵活采用年薪制的分配方法，综合考虑相关岗位的需求程度和基本薪资水平，确定一个较可观的年薪范畴，辅以定期的绩效目标考核，按照"基本年薪＋绩效年薪"的方式兑现最终待遇。该特殊薪资机制旨在突出价值导向，使各类数字出版人才的收入能够和其创造的领导、管理、内容、技术、销售价值挂钩，建立健全中长期的人才考核指标体系，以业绩贡献为首要参考指标，并适当进行薪酬浮动调整。

（二）科研激励制度

建立、改革和创新科研经费的使用和管理方式，形成充满活力并有效约束的科研管理和运行机制，对于数字出版人才尤其是参与课题研究工作的人才来说，能够更好地激发其积极性和创新创造活力，从而进一步推动数字出版科研收入作为企事业单位新的经济增长点。根据《国务院关于优化科研管理　提升科研绩效若干措施的通知》，对于科研人员，"建立完善以信任为前提的科研管理机制，按照能放尽放的要求赋予科研人员更大的人财物自主支配权"，充分释放创新活力，调动科研人员的积极性。

对于数字出版企业来说，创新性的科研经费管理制度应当具有一定的灵活性和自由度。如：在法律法规、行业政策和公司制度的允许范围，赋予科研团队使用项目资金的一定自由权限，将至少半成以上项目资金予以下发，按照项目研究的实际需求进行灵活支出，例如资料费、差旅费、会议费、计算机等辅助设备购置和软件使用费、专家咨询费、印刷费、劳务费、科研成果推广和管理费、市场拓展费等，剩余部分的资金可以留作发展基金供数字出版单位可持续运营使用。

以某数媒公司为例，该公司的科研项目经费管理规定将资金的 60% 由课题团队根据实际情况加以确定，用于具体开展课题研究；剩余的 40% 作企业发展统筹费用，用于进一步扩大科研成果，深入开展科研工作；此外，对于课题或项目成果成功对外进行销售的，按照销售金额的 10% 额外发放提成予以奖励。这种合规又不失灵活的科研经费管理方法，对于相关人才的激励和保障作用有极大的提升，对于其他数字出版企业来说，也具有较强的示范作用。

（三）销售提成制度

数字出版产品的销售人才资源对于一个企业实现可持续营收和发展具有战略性意义。数字出版物的营销人员通过广开渠道，强化供应机构融合、销售方式融合和传播手段融合，进一步推动数字出版产品和服务销售额的稳定增长。因此，对于企业来说，建立和打造一支专业的产品/服务销售队伍至关重要，合理的薪酬制度和晋升机制作为配套服务措施也不可或缺。就数字出版发展阶段而言，目前正处于数字市场开拓期，采用销售额提成制进行人才激励将会产生较好效果。该激励机制是指将成本自销售额中扣除，将剩余利润的一部分作为奖励予以发放（单次或多次），并尽量将该百分比弹性确定在 30% 以上，同时还要为后续产品的研发和推广预留资金。通过实行该薪酬激励制度，企业可以直接地提升销售团队的积极性和获得感，刺激产品销售额的增长和市场渠道的开拓。在数字出版发展历程中，法律出版社等国有数字出版企业都曾将 40% 的比例作为数字出版市场销售的提成比例，实践证明，这种销售提成制度有效地提高了数字出版销售人才的积极性，最终为提高数字出版市场占有率、提升数字出版产品影响力起到了实质性推动作用。好的做法往往是来源于实践而又高于实践，数字出版销售提成制度也被列入了 2017 年发布的行业标准《数字出版业务流程与管理规范》之中。

四、数字出版人才培养机制

创新驱动实质上是人才驱动。创新型人才队伍的打造，要重点在用好、吸引、培养人才上下功夫。以新闻出版智库视角来审视数字出版人才培养，提高政治站位，提升意识形态阵地主导能力，强化数字出版宏观调控政策运用能力，增强数字出版市场经营管理能力，持之以恒地锻炼和塑造数字产品研发能力、数字技术应用能力、市场营销体系建构能力，构成了数字出版人才能力培养体系的全部要旨。站高一层去看，"不断增强脚力、眼力、脑力、笔力"，是对新兴出版人才建设的最新要求和最高标准。而落实数字出版人才培养机制的主要途径包括：继续深化产学研一体化的体制机制和持续开展数字出版专业化培训。

（一）继续深化产学研一体化体制机制

随着大数据、云计算、人工智能、物联网等信息技术的飞速发展，受众阅读开始出现明显的个性化倾向，传统出版机构面临发展困境，这些因素都成为数字出版业务"走出去"的原动力，开启了企业与高等院校合作建立数字出版基地等产学研一体化的进程。高校具有人才培养的有利环境，为新闻出版业的高质量发展输送了源源不断的智力和技术资源。因此，在转型升级、走向深度融合的浪潮中，数字出版产业应当意识到，与高校、科研院所建立良好的人才互动交流和双向培养的长效机制，将成为专业人才队伍打造的关键举措。结合目前已有的实践经验来看，该机制基本是以共建人才培养基地、实践基地、融合发展基地等为主要载体，通过数字出版人才的联合定向培养、开展前瞻业务和学术交流活动、科研项目的共同承担与研究创新等具体形式，兼顾复合型人才与专业型人才，强化应用型人才建设。

从实践来看，国内数字出版企业的领跑团队，如高等教育出版社、人民教育出版社等，纷纷启动和多家高校的数字出版产学研合作，与武汉大学信息管理学院、南京大学信息管理学院、北京印刷学院等数字出版科研重镇共同建设数字出版基地、出版融合基地，共同举办国际性数字出版学术研讨会，共同设立数字出版前瞻科研课题，等等。这种做法，一方面可有效保障高校卓越人才进入企业治理体系，提高数字出版企业的治理体系现代化；另一方面可选拔优秀实务人才到高校交流，推动数字出版理论与实践有机融合，推动数字出版人才建设的供给侧和需求侧紧密合作。

（二）持续开展数字出版专业化培训

人才是新闻出版业的核心竞争力和决定性要素，尤其是当前信息技术快速革新，对传统出版业的生产流程、产品/服务形态、传播营销方式等环节进行了重构，培养一批具有战略眼光、面向新闻出版业未来发展的高端复合型高级人才和数字出版业务骨干队伍是重中之重。数字出版单位要想不断提升内部人才队伍的专业化素质，可以联合高校、科研院所、新闻出版类智库、企业等机构，开展理论授课、技术交流、业务示范等培训活动，综合线上和线下两种方式，以学分制/学时制进行考核，并与绩效挂钩。除此之外，还可以支持企业员工参加继续教育培训，攻读在职硕士甚至博士学位，全力打造一支专业性、实践性和开拓性兼具的数字出版从业人员队伍，有力提升目前新闻出版从业人员的综合素质，确保新闻出版业在数字化时代继续保持平稳快速发展，巩固意识形态和宣传文化阵地。

在数字出版专业培训方面，化学工业出版社、中国税务出版社等多家数字出版业务单位都已经有相应举措。如化学工业出版社定期选拔青年人才，推荐到中国人民大学参加商学院的企业管理继续教育，为青年人才的进步和擢升提供了广阔的台阶，同时也较好地实现了出版人才的梯次培养。有出版社专门出台了社长发展基金，每年拿出一定资金用于高层次人才的选拔、培养和深造，符合条件的新兴出版人才即可申请到国内外高校攻读硕士、博士，以尽快提升数字出版人才队伍的整体素质和职业水平。与此同时，该社自 2015 年开始实行社长培训基金计划，包括聘请社外理论界、实务界和政府主管部门的知名专家为社内员工举办讲座，而在数字出版板块，社长培训基金主要用于"数字出版大讲堂"的举办与开展。

小结

综上所述，以新闻出版智库的视角审视数字出版人才创新机制，要旗帜鲜明地坚持以习近平新时代中国特色社会主义思想为指导，坚持马克思主义在意识形态领域指导地位的根本制度，落实落细意识形态工作责任制，严格贯彻落实"把社会效益放在首位、社会效益和经济效益相统一的文化创作生产体制机制"，强化国家安全意识、信息安全意识，注重把握内容生产制作过程、数字技术创新应用过程、数字产品服务传播过程中的文化安全。

于数字出版企业而言，要牢固树立底线意识、做好人才薪酬激励、注重专业化素质、提升三个方面的核心要素，以"三个约束 + 三个激励 + 两个培养"为具体抓手，牢牢把握意识形态阵地的领导权和主导权，把控内容质量和技术应用安全，推动"双效统一"机制的落地落细；健全薪酬管理制度，实行引进人才年薪制、科研激励机制、数字出版产品/服务销售提成等激励机制；注重提升数字出版专业化素质，开展数字出版专业培训活动，加快人才培养的产学研一体化，通过数字出版人才管理机制、人才激励机制和人才培养机制的推行，实现人才驱动和创新驱动的动力机制转换，继续致力于将互联网这个"最大变量"转换为"最大增量""最大正能量"，推动新闻出版业高质量发展和全方位转型，加快推进传统出版与新兴出版的深度融合及整体转型。

思考题

1. 数字出版人才有哪些类型？

2. 数字出版人才具有哪些特征？

3. 如何理解政治素养对数字出版人才的重要性？

4. 数字出版人才应具备哪些出版专业素质？

5. 出版人才应具备哪些数字素养与数字技能？

6. 如何理解数字出版的"双编辑制"？

7. 数字出版人才机制有哪些？

参考文献

1. 吴平，芦珊珊，张炯. 编辑学原理［M］. 2 版. 武汉：武汉大学出版社，2021.

2. 鹫尾贤也. 编辑力：从创意、策划到人际关系［M］. 陈宝莲，译. 北京：北京联合出版公司，2017.

3. 张养志. 新时代马克思主义出版观中国化的新论述［J］. 科技与出版，2021（10）.

4. 廖文峰，张新新. 数字出版发展三阶段论［J］. 科技与出版，2015（7）.

5. 黄先蓉，刘玲武. 媒介融合背景下出版人才培养的路径选择［J］. 出版广角，2015（13）.

6. 张新新. 知识服务向何处去：新闻出版业五种知识服务模式分析［J］. 出版与印刷，2019（1）.

7. 张新新，杜方伟. 科技赋能出版："十三五"时期出版业数字技术的应用［J］. 中国编辑，2020（12）.

8. 吴平. 媒介融合背景下的理性思考：编辑是什么——2016 年编辑学研究回顾［J］. 出版科学，2017（2）.

9. 张新新. 数字出版高端智库建构综述［J］. 科技与出版，2017（1）.

10. 柳斌杰. 坚定自信，走进出版强国新时代［J］. 现代出版，2018（1）.

第三编

数字出版前沿

第14章　增强现实出版

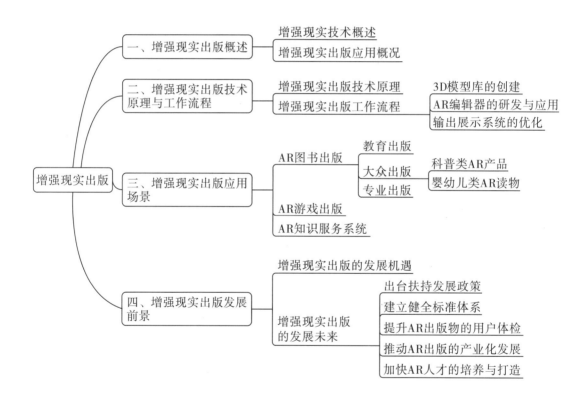

一、增强现实出版概述
　　增强现实技术概述
　　增强现实出版应用概况

二、增强现实出版技术原理与工作流程
　　增强现实出版技术原理
　　增强现实出版工作流程
　　　　3D模型库的创建
　　　　AR编辑器的研发与应用
　　　　输出展示系统的优化

增强现实出版

三、增强现实出版应用场景
　　AR图书出版
　　　　教育出版
　　　　大众出版
　　　　　　科普类AR产品
　　　　　　婴幼儿类AR读物
　　　　专业出版
　　AR游戏出版
　　AR知识服务系统

四、增强现实出版发展前景
　　增强现实出版的发展机遇
　　增强现实出版的发展未来
　　　　出台扶持发展政策
　　　　建立健全标准体系
　　　　提升AR出版物的用户体检
　　　　推动AR出版的产业化发展
　　　　加快AR人才的培养与打造

学习目的

　　了解增强现实技术的概念与特征；理解增强现实出版的概念与特征；掌握增强现实出版的技术原理和工作流程；熟悉增强现实出版的应用场景；了解增强现实出版的发展机遇与发展建议。

知识链接

增强现实（AR，augmented reality）技术，是指借助计算机图形技术、可视化技术等技术将虚拟信息叠加集成在真实世界，使得真实世界和虚拟信息同时存在，从而达到超越现实的感官体验。基础技术包括跟踪定位技术、用户交互技术、虚拟融合技术和系统显示技术。增强现实技术描述的是一个技术组合，即向真实视频显示中实时融入计算机生成的内容的技术。增强现实技术将真实环境与虚拟对象结合起来，两种信息相互补充、叠加，构造出一个虚实结合的虚拟空间。增强现实技术可应用的范围特别广泛，主要包括旅游、教育、医疗、建筑、设计、游戏等领域。

CY/T 178—2019《出版物 AR 技术
应用规范》标准解读

《出版业 AR 技术应用
规范》行业标准

第一节 增强现实出版概述

增强现实技术作为人工智能的一个范畴，作用于出版业，是智能出版的重要组成部分。行业标准《出版物 AR 技术应用规范》已经正式实施，其中对于增强现实出版的主要环节、技术原理和应用场景都做出了相应的规定。AR 技术应用于出版业的结果是融合出版了一大批 AR 图书、AR 游戏出版物，并且逐步催生出 AR 知识服务系统。

一、增强现实技术概述

增强现实技术是一种将真实世界信息和虚拟世界信息"无缝"集成的新技术，包含了多媒体、三维建模、实时视频显示及控制、多传感器融合、实时跟踪及注册、场景融合等新技术与新手段。增强现实技术具有三个突出特点：第一，真实世界和虚拟的信息集成；第二，具备实时交互性；第三，在三维尺度空间中增添定位虚拟物体。

1966 年，美国计算机图形学之父、图灵奖获得者伊凡·苏泽兰（Ivan Sutherland）领导开发了第一套虚拟现实和增强现实头戴式显示系统"达摩克利斯之剑"（The Sword of Damocles），被普遍认为是 HMD 头戴式显示设备以及增强现实的雏形。这套系统使用一个光学透视头戴式显示器，同时配有两个 6 度追踪仪，一个是机械式，另一个是超声波式，头戴式显示器由其中之一进行追踪。这套系统将显示设备放置在用户头顶的天花板，并通过连接杆和头戴设备相连，能够将简单线框图转换为 3D 效果的图像。

1992 年，波音公司的研究人员汤姆（Tom Caudell）和大卫（David Mizell）在论文"Augmented reality：an application of heads-up display technology to manual manufacturing processes"中首次使用了增强现实（augmented reality）这个词，用来描述将计算机呈现的元素覆盖在真实世界上这一技术。

1997 年，北卡大学的 Ronald Azuma 发布了关于增强现实的报告，将 AR 定义为"一种以虚实结合、实时交互、三维注册为特点，利用附加的图片、文字信息对真实世界进行增强的技术"，将虚实结合、实时互动、三维注册作为增强现实技术的主要特征。

（1）虚实结合。AR 的优越性体现在实现虚拟事物和真实环境的结合，让真实世界和虚拟物体共存。AR 实现虚拟世界和真实世界的实时同步，满足用户在现实世界中真实地感受虚拟空间中模拟的事物，增强使用的趣味性和互动性。AR 技术可以将显示器屏幕扩展到真实环境，使计算机窗口与图标叠映于现实对象，由眼睛凝视或手势指点进行操作，让三维物体在用户的全景视野中根据当前任务或需要交互地改变其形状和外观。

（2）实时交互。AR 技术能够使交互从精确的位置扩展到整个环境，从简单的面对屏幕交流发展到将人融合于周围的空间与对象中。运用信息系统不再是自觉而有意的独立行动，而是和人们的当前活动自然而然地成为一体。交互性系统不再是具备明确的位置，而是扩展到整个环境。

（3）三维空间定位。在 AR 技术的实现过程中，虚拟部分主要通过三维呈现，因为人的交互是在三维空间里进行交互的。AR 技术主要根据用户在三维空间的运动调整计算机产生的增强信息。

目前，国内大型企业如联想集团、百度、腾讯、阿里巴巴均在布局增强现实业务；与此同时，在创业公司层面，国内也涌现出梦想人科技、猫眼科技、奥图科技、亮风台、云视智通、央数文化、上海塔普仪器、大连新锐天地、视辰信息科技等增强现实公司。这些公司目前都表现出了较强的市场竞争力。这些技术企业目前主要研发领域包括：从事 AR 可穿戴设备研发（如奥图科技的酷镜）、从事 3D 建模进而构建自身的 3D 模型库、提供 AR 技术开发软件等。

目前国内 AR 技术厂商在技术研发方面存在的主要问题有：其一，芯片和软件等底层核心技术严重依赖于国外厂商，自主知识产权比例较低，野蛮生长现象比比皆是；其二，设备研发粗糙，图像、3D 模型大量存在着粗制滥造的情况，头盔、眼镜等安全系数低，潜在的安全风险较大；其三，国家标准、行业标准缺位，尽管工信部、国家新闻出版署等有关主管部门在加快标准制定步伐，但是市面现有的大量 AR 出版物仍处于无章可循、无序发展的状态。

二、增强现实出版应用概况

增强现实出版是将增强现实技术应用于出版业，创新出版物产品形态，为读者提供全新的沉浸式阅读体验。周荣庭将增强现实出版物定义为运用增强现实技术将内容在虚实融合的场景中传达给读者的交互式出版物，进而营造出超现实的沉浸式感官体验。[①] 根据《出版物 AR 技术应用规范》（CY/T178—2019）行业标准规定：AR 出版物（AR publication），是指应用三维（3D）模型等数字媒体与印刷图文及图文中的坐标点、空间位置等信息关联，满足用户增强现实体验需求的报纸、期刊、图书、网络出版物等。增强现实出版是基于三维建模和增强现实编辑器完成的新型出版方式。三维建模（3D imensions modeling）或曰 3D 建模（3D modeling），是指运用特定设备或者软件构建三维

---

① 周荣庭，孙松. 增强现实出版物产业价值链分析［J］. 中国出版，2018（8）：4.

数据模型的过程。增强现实编辑器（augmented reality editing tool）或曰 AR 编辑器（AR editing tool），是指用于对选题内容与图像、音频、视频、3D 模型、360°全景图、游戏等数字媒体进行关联，编辑制作 AR 出版物的专用软件。

增强现实出版物采用 AR 技术，在传统出版物的基础上，融入了虚拟空间，增加了多种互动元素，更加立体直观，给读者提供了全新的阅读体验，具有巨大的发展潜力。国外出版集团和科技公司已经成功开发了许多 AR 出版物，如：2012 年索尼公司联合 J. K. 罗琳一起研发了《奇幻之书：魔咒之册》增强现实图书，通过虚实空间结合的方法来讲述魔法故事，热销数百万套；2016 年，培生集团宣布与美国微软合作，开发一个融合 AR 技术的教育产品，运用于培生集团的医护教育项目；2017 年，美国得克萨斯大学推出 AR 图书馆，首批收入 25 种 AR 出版物；2018 年，《纽约时报》应用程序已经增加了 AR 功能，读者可以体验 AR 新闻；美国《时代》周刊也于 2018 年初推出首个 AR 封面故事。

国内有近百家出版企业已经纷纷试水 AR 图书的生产和制作，许多出版社已经开始布局用财政项目资金从事 AR 图书出版平台的研发和构建，进而在数字出版的道路上再次向科技与出版融合的目标靠近一步。相关机构和出版社在少儿、科普、娱乐等领域开发了一系列增强现实出版作品。如：中信出版社的"科学跑出来"系列 AR 图书、浙江少年儿童出版社的《孩子的科学》、长江少年儿童出版社的《什么是什么》、黄山书社的《AR 西游记》、江苏凤凰教育出版社的"小学科学活起来"系列 AR 图书、北京师范大学出版社的《初中物理》、山东教育出版社的《暑假生活指导》、龙门书局的《黄冈小状元》、科学出版社的医学教材"爱医课"APP、中国矿业大学出版社的《采掘机械与液压传动》等。[①] 其中部分 AR 出版物制作精良，获评优秀出版物。如：2016 年，湖南科学技术出版社出版的《大人小孩都读得懂的时间简史》增强现实出版物入选国家新闻出版广电总局向全国青少年推荐百种优秀出版物名单；2017 年，江苏凤凰教育出版社出版的"小学科学活起来"系列增强现实出版物获得江苏省优秀科普作品一等奖。增强现实出版物形式新颖活泼，制作精美，虚实结合紧密，交互性强，获得了读者市场的欢迎，取得了良好的社会效益和经济效益。如：涂涂乐系列增强现实出版物卖出 550 万套，销售额达数十亿元；梦想人科技有限公司累计发行增强现实出版物达 10 亿册。[②]

我国 AR 出版物经历了从无到有、从小到大、从高速增长向高质量发展的阶段。AR 出版产业链由 3D 模型库、AR 编辑器、输出展示系统三部分构成。传统出版机构在 3D 模型库的建立方面具有专业性、体系化、科学性的天然优势，新型互联网企业则重点发力于 AR 编辑器的研发和推广，输出展示系统目前主要集中于 AR 头显、AR 眼镜、AR

---

① 马磊. 基于 AR 技术的融媒体出版应用研究 [J]. 出版参考，2021（7）：38.

② 尹达. 增强现实出版研究领域建构探析 [J]. 科技与出版，2021（12）：107.

手机和 APP 等载体。AR 出版产业的健康、快速发展，有赖于政府主管部门及时出台鼓励发展政策，有赖于企业标准、行业标准体系的建立健全，有赖于 AR 阅读体验的改进和优化，有赖于 AR 出版高端人才的培养与运用。

AR 技术在出版业的应用步伐加快。在主管部门层面，高度重视 AR 技术应用标准、AR 技术应用报告，总局数字司在新闻出版企业转型升级装备配置优化的通知中将"增强现实数字出版系统"明确列入配置的"可选装备"范围，并委托融智库研制 AR 技术在出版业应用的发展报告，中国新闻出版研究院启动了 AR 技术在新闻出版业应用的预研究课题；在企业层面，某出版社委托南京大学信息管理学院研制 AR 出版物企业标准、AR 白皮书报告；在产品层面，中信出版社、江苏凤凰教育出版社、山东教育出版社、中国法制出版社等一大批出版社分别出版发行了自己的 AR 图书，掀起了一股 AR 图书热潮；在技术层面，以苏州梦想人科技为代表的 AR 技术公司积极融入出版业，大力推广 AR、VR 技术在出版业的应用，随处可见他们活跃于出版圈的身影。

2017 年，国务院印发的《新一代人工智能发展规划》提出要重点突破增强现实和虚拟现实等关键技术，包括智能建模技术、架构技术等，建立健全虚拟现实与增强现实的技术、产品、服务的标准和评价体系，推动重点行业融合发展。具体包括："混合增强智能新架构与新技术。重点突破人机协同的感知与执行一体化模型、智能计算前移的新型传感器件、通用混合计算架构等核心技术，构建自主适应环境的混合增强智能系统、人机群组混合增强智能系统及支撑环境。""重点突破虚拟对象智能行为建模技术，提升虚拟现实中智能对象行为的社会性、多样性和交互逼真性，实现虚拟现实、增强现实等技术与人工智能的有机结合和高效互动。""突破高性能软件建模、内容拍摄生成、增强现实与人机交互、集成环境与工具等关键技术，研制虚拟显示器件、光学器件、高性能真三维显示器、开发引擎等产品，建立虚拟现实与增强现实的技术、产品、服务标准和评价体系，推动重点行业融合应用。"

整体而言，我国出版业对于 AR 技术的应用尚处于探索阶段。由于 AR 技术本身还在不断成熟，出版企业对 AR 技术的创新应用受技术发展水平限制还比较明显，大多数 AR 出版应用产品尚不成熟，AR 硬件设备及核心系统尚需完善，加之相关技术标准和行业标准不足也制约着 AR 出版物发展。与此同时，受 AR 技术专业性及专业人才等因素的影响，国内综合技术实力领先的新兴互联网企业在 AR 领域的创新活力和创新能力，普遍要强于传统出版企业。经过多年发展，我国 AR 出版产业已经形成了一定的集群效应，在管理层面引起了政府主管部门的高度重视，在行业层面引起了新闻出版企业的重要关注，在目标用户层面得到了广大读者的认可和肯定。但是，对 AR 图书价格过高、3D 模型不清晰、声音图像调取不成功等方面的批评也时有发生。AR 出版还需要不断加强技术升级和产品研发，以更优质的作品来吸引更多读者购买和阅读 AR 出版物。

第二节　增强现实出版技术原理与工作流程

增强现实技术应用于新闻出版业，主要包括三个核心环节：3D 模型库的建构、AR 编辑器的应用和图像识别显示。对于这三个环节，技术商主要发力点在于 AR 编辑器的技术研发和推广、图像识别显示系统的构建；而作为新闻出版企业的内容提供商，其优势仍然在于内容资源领域，在于 3D 模型库的建构，尤其是专业出版领域的 3D 模型建构。相对而言，技术商在 3D 模型建构方面显得捉襟见肘和信息不对称，不过，仍然有大量的技术厂商通过购置、版权引进、自主研发等方式，在市场准入门槛不高的大众出版领域获取了大量的 3D 模型，他们不仅瞄准了 AR 出版的技术，同时也考虑向 AR 出版的内容领域即 3D 模型建构方面进行渗透和抢占市场先机。

一、增强现实出版技术原理

增强现实技术应用于出版业的技术原理在于：需要打通三维模型建构、AR 编辑器研发和输出展示系统三大关键环节，统筹运用虚拟建模、实景建模和混合建模三种技术，根据目标用户需要，合理选取定价体系，进而研发出适销对路的 AR 出版产品。

尽管目前 AR 出版物存在着研发成本高昂、盈利能力薄弱等问题，但是 AR 硬件设备、软件系统的不断发展，将会促使 AR 出版物快速增长，AR 出版物标准不断完善，AR 出版技术不断更新和 AR 显示输出设备不断改进。

AR 新闻/出版产业链由四部分构成：3D 模型库的建构、AR 编辑器的研发与应用、AR 输出展示以及 AR 图书市场销售。换言之，增强现实技术原理应用于新闻出版业，主要包括几个核心环节：3D 模型库的建构、AR 编辑器的应用和图像识别显示。

（1）3D 模型的研发、制作与应用，是 AR 出版物与 MPR 出版物的最大差别，也是 AR 产业对现实进行增强表达的关键，是广大读者尤其是婴幼儿、青少年读者热衷于 AR 图书的核心所在。

（2）AR 编辑器主要由技术公司研制，其负责将 3D 模型嵌入到图书固定的部分，并设定相应的 AR 码，便于将 3D 模型调取和展示。

（3）AR 输出展示，是 AR 图书效果呈现的关键环节，目前主要包括智能手机、APP 程序、AR 眼镜、AR 头盔等。

（4）AR 图书市场销售目前整体情况不太乐观，处于高成本、低回报，盈利模式尚不清晰的状态。

二、增强现实出版工作流程

AR 出版物的生产制作流程，由选题策划、媒体制作、内容集成、输出展示、审核测试、发布推广和运营维护七个环节构成。（见图 14 - 1）

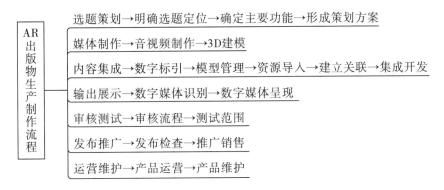

图 14 - 1　AR 出版物生产制作流程

AR 出版物的生产与制作的七个环节可以概括为三个核心部分，即 3D 模型库的创建、AR 编辑器的研发与应用、输出展示系统的优化。

（一）3D 模型库的创建

3D 建模有实景建模、虚拟建模两种方式。其中，3D 实景建模是指运用数码相机、无人机、三维扫描仪等设备对现有场景、物体进行多角度环视拍摄然后进行后期编辑、加工，并加载播放来完成的一种 3D 建模方法。3D 虚拟建模是指运用三维制作软件通过虚拟三维空间构建出具有三维数据的模型。

3D 建模的要求包括：应根据 AR 出版物的设计要求选择 3D 建模方式；3D 模型应遵循科学性、客观性和真实性原则，符合科学的比例、尺寸和规律。应按照建模的模型规范、贴图规范、动画制作、导出规范和引擎引用等通用性规范进行。应逐步提升建模的智能水平，提高虚拟对象行为的交互性、社交化和智能化。

在各式各样的 AR 出版物之中，3D 模型适用的场景主要有两种：其一，在现实生活中，很难为肉眼所见的物体，这类物体用 3D 模型的形式加以展示，用于教学或者科普，将会起到事半功倍的作用。例如，心脏的三维模型。其二，在现实生活中，永远也不能见到的物体或者生物，人们只能通过想象在脑海中加以呈现。这样的物体或者生物，以科学、精准、等比例的三维模型加以呈现，将会起到增强现实的效果。例如，已经灭绝的生物，如恐龙、剑齿虎等。

在 3D 模型库建立的过程中，传统出版机构具有无与伦比的优势：传统出版机构，尤其是专业出版企业，经过连续三年的知识服务建设，已经积累了各个学科大量的知识，并且已有相当一部分出版社建立了自身的知识元库和知识体系。知识体系对于构建科学、精准的 3D 模型具有直接的指导和参照意义。例如，某些出版社在古生物学科领域，不惜重金构建起了大部分 3D 模型，同时将这些模型与生命进化、化石演化、地学科普等图书相结合，起到多次复用的效果，出版一系列地学 AR 的图书。

值得关注的是，新兴互联网企业在立足 AR 技术优势的同时，也在 AR 生态圈中布局 3D 模型库事宜，试图通过技术、内容、销售的次序，逐步打通 AR 出版生态圈。例如，苏州梦想人科技公司自建 AR 模型多达 4000 多个，合作共建的 AR 模型达到近 5000 个，已经储备了相当数量的 3D 模型。

不过，新兴互联网企业所构建的 AR 模型，在精准度、科学性、严谨性等方面存在着一定的误差，也导致了用户在阅读相关 AR 图书时的批评和吐槽。在对三大网络电商用户交互数据的分析统计中，发现针对 3D 模型，用户提出了"动物和真的不一样、3D 模型较粗糙、图案不真实、动物不能发出声音"等模型瑕疵；而现实案例中，甚至出现了有的技术公司将恐龙的脚趾数量弄错的情况。

越来越多的传统出版机构不断意识到，能否优质构建各专业知识领域的 AR 模型，将会直接影响出版企业是否能够占据 AR 出版生态圈中的主导权和话语权，将会直接影响出版企业是否能够开展更加立体化、更加丰富、更加纵深的知识服务，将会直接影响未来 AR 出版产业是否能够健康、有序地发展。

值得关注的是，目前 3D 建模的"软肋"有：首先，建模成本居高不下，一本幼儿园的教材，AR 模型在 10 个左右，其 AR 模型成本高达数十万元。其次，建模水平不高，处于初级阶段。目前的 3D 建模绝大多数属于"静态建模"，即对实体的建模；而对于"动态建模"——虚拟对象行为的建模则没有涉及。同时，国内 3D 模型的智能化、社交化显示与体现基本尚未开展。为此，国务院《新一代人工智能发展规划》做出战略预判和指导，明确指出："重点突破虚拟对象智能行为建模技术，提升虚拟现实中智能对象行为的社会性、多样性和交互逼真性，实现虚拟现实、增强现实等技术与人工智能的有机结合和高效互动。"[①]

（二）AR 编辑器的研发与应用

AR 编辑器的主要功能在于，为传统出版机构提供 AR 出版物生产、制作和管理的工具集。市场现有的技术厂商，如漫阅科技、苏州梦想人科技，均自主研发了 AR 编辑器，能够将 3D 模型管理、知识标引与分类、3D 模型植入、模型编辑加工等流程集于一体，形成了相对完整的 AR 出版流程。AR 编辑器除了对 3D 模型生产、制作、管理以外，还附有对图片、声音、影像资料的管理与植入功能，甚至有的具备对 AR 使用频次、用户数据分析的功能。如，在"某出版社地球科学 AR 编辑器中，可以看到 AR 技术与大数

---

① 新一代人工智能发展规划［EB/OL］. http://www.gov.cn/zhengce/content/2017 – 07/20/content_5211996.htm.

据统计分析相结合的因素，如 AR 分析模块中的 AR 模型使用次数分析、图书使用 AR 排行、单书使用 AR 统计；又如用户分析系统中的用户区域分析、年龄结构分析、阅读领域分析。（见图 12 - 2）

图 14 - 2 某出版社地球科学 AR 编辑器页面

ISLI 国家标准提出的"服务编码、关联编码、校验码"的相关规定，足以胜任 AR 出版物的生产、制作、流通和管理要求。但是，目前的 AR 出版物，在 3D 模型与图片、文字的关联关系管理仍然处于较为粗犷的阶段，在 AR 编码规则、识别显示等方面也是良莠不齐。AR 编辑器与 ISLI 国家标准的衔接紧密度不够，在 ISLI 码的申请、码段分配、铺码规范、编码管理、模型与文字的关联关系确定等方面，还处于缺位状态。

（三）输出展示系统的优化

在输出展示系统方面，AR 出版物目前主要通过头显、AR 眼镜、AR 手机、APP 等载体加以显示。尽管目前在商场、旅游景点等许多大众文化消费的场合，AR/VR 头显随处可见，并且价格便宜，能够让普通消费者随处体验，但 AR 输出展示系统还是存在着许多"硬伤"：其一，输出显示设备不便携、不友好、较为"蠢笨"。虽然参与体验的用户的确可以"身临其境"地沉浸到增强/虚拟环境中，但是从旁观者角度看，似乎难以理解。其二，输出显示设备价格高昂，但凡体验效果较好的设备，例如微软（Microsoft HoloLens），价格都在数万元，难以与普通大众的消费能力相匹配。而国产的 AR 眼镜、AR 头显，尽管价格低廉，但相伴相生的是 3D 模型粗制滥造、增强效果很差。其三，目前许多设备都设置了完全沉浸式的体验，如果在开阔的室外场景，则蕴含着诸多安全风险。例如，国际上第一例 AR 游戏致死的案例发生于爱尔兰的都柏林，游戏玩家因沉迷于捕捉精灵而失足落水溺亡。日本每年有数十起因沉迷于"AR + LBS"游戏而导致的交通事故。

　　未来几年，在输出展示系统方面可能取得突破性进展的是 AR 眼镜和 AR 手机。其中，AR 眼镜的便携化、混合现实与虚拟的功能将会成为重点的创新领域。科幻电影《王牌特工 2：黄金圈》《星际特工：千星之城》均展现了 AR 眼镜的镜头，其可以支持远程视频虚拟会议，将现实与虚拟融为一体的特效的确令人震撼。

第三节　增强现实出版应用场景

增强现实技术作为一种新型的信息技术，将虚拟空间引入现实世界，智能交互和三维呈现，实现了对现实空间的拓展，并使内容场景具有代入感，营造出沉浸式的使用体验，在图书出版、游戏娱乐、知识服务等领域具有广泛的应用价值和巨大的发展潜力。

一、AR 图书出版

随着 AR 技术应用的广泛化，AR 技术与传统出版的教育、大众、专业三大出版领域均有所结合，目前面世的 AR 图书出版分布的领域集中于以下几个。

（一）教育出版

目前图书市场上的 AR 类教育出版产品主要包括教材、教辅类 AR 读物和高职高专类 AR 读物。教材出版的审核机制相对严格，就教材、教辅出版的 AR 技术应用先后顺序而言，大部分出版社优先选择将 AR 技术应用于教辅出版领域，而对于教材的出版，只有在经过严格的论证、确保 3D 呈现内容的专业权威之后才能加以实施。如人民教育出版社出版的《足球教材》、北京师范大学出版社出版的《初中物理》等出版物。

教辅类 AR 读物是目前 AR 技术应用于教育出版领域的优选方向，原因是教辅出版的审查、审核机制相对宽松，同时也是传统出版机构试水新技术、提高市场份额的重要突破口之一。例如，山东教育出版社出版的《暑假生活指导》、龙门书局出版的《黄冈小状元》等图书。为了直观、立体地展现特定领域的职业教育内容，目前市场上已有出版社开展了关于高等职业教育 AR 出版的先例，典型的例子是科学出版股份公司所出版的《爱医课》图书。

教育出版领域的 AR 产品品种相对较少，究其原因，在于 AR 技术应用于教育领域，一是其研发成本较高，会极大地提高图书定价，而教育领域相对严格的定价体系约束了其大范围、大规模的开发应用；二是长期阅读、使用 AR 出版物会导致视力下降、用户安全风险加大等问题。

（二）大众出版

1. 科普类 AR 产品

"科技创新、科学普及是实现创新发展的两翼，要把科学普及放在与科技创新同等重要的位置。没有全民科学素质普遍提高，就难以建立起宏大的高素质创新大军，难以实现科技成果快速转化。"① 这是 2016 年习近平总书记在"科技三会"上的一个重要论断。科学普及被提到了前所未有的高度，与此同时，科普出版也在各出版机构的战略规划中上升到了相应的高度。

AR 技术因其 3D 展示效果而被众多的出版企业率先用于出版科学普及类图书方向。例如：中信出版社《科学跑出来》系列图书，以及山东教育出版社《恐龙大世界》、中国少年儿童新闻出版总社《安全大百科》、中国法制出版社《贤二前传之宝藏传奇：钱可不是白花的》、接力出版社《香蕉火箭科学图画书》、湖南少年儿童出版社《科学是这样的：一千个芒果的求证》、北京工业大学出版社《探索北极》、科学出版社《科普院士卡》等图书。

2. 婴幼儿类 AR 读物

AR 技术应用于幼儿教育方面，具备天然的合理性和优越性，能够给婴幼儿教育带来直观、立体、3D 呈现的效果，也是目前各出版机构跃跃欲试的技术创新方向之一，目前在整个 AR 图书市场占比高达 90% 以上。目前市面上存在的婴幼儿类 AR 读物、卡片主要包括华东师范大学出版社《美慧树》、安徽少儿出版社《AR 学习卡》；少儿类 AR 读物包括中国少年儿童新闻出版总社《我们爱科学》、浙江少年儿童出版社《孩子的科学》。

大众出版领域的 AR 产品规模大、品种多、市场表现也最佳，其原因在于婴幼儿图书领域的消费能力较强，家长们往往都愿意在子女教育方面加大投入。不过，长时期阅读 AR 出版物对婴幼儿的视力、感官的损伤问题应该被高度重视起来。

（三）专业出版

在特定的专业出版领域，AR 技术分别用于制造业图书、摄影类图书等出版业务。例如，中国摄影出版社的《中国世界遗产影像志》、中国矿业大学出版社的《采掘机械与液压传动》、人民邮电出版社的《汽车文化（AR 增强现实版）》等。这些图书之所以采用 AR 技术出版，主要原因有：

其一，部分出版物所涉及的图书内容，在现实世界中很难被直观、立体地加以认知，例如医学领域所涉及的心脏的构成，这类图书最佳的展示效果是以 3D 模型的方式向读者推介。

其二，部分出版社所涉及的图书内容，在现实世界中根本无法被真实感知，例如已经灭绝的恐龙，只有用科学数据加以描述、复制的 3D 模型，才能够给广大读者以增强现实般的感受和认知。

---

① 为建设世界科技强国而奋斗——在全国科技创新大会、两院院士大会、中国科协第九次全国代表大会上的讲话［EB/OL］. https：//www. 163. com/news/article/BOF0R9EP00014AED. html.

二、AR 游戏出版

AR 游戏通过技术手段将虚拟与真实的世界相叠加，而此前炒得火热的 VR 游戏是利用软硬件模拟一个完整的虚拟世界，让玩家获得身临其境的体验。之前任天堂推出的《Pokemon GO》手游让沉寂多年的 AR 技术再次登上舞台，风头迅速盖过火热的 VR，不过，由于该游戏锁区，所以国内玩家暂时无法进入。近期比较火热的 AR 游戏主要有《精灵宝可梦 GO（Pokemon GO）》《虚拟现实游戏（IngressAR）》《城市精灵 GO》等。

值得关注的是，随着《Pokemon GO》在海外市场的火爆，"增强现实技术（AR）+ 基于位置的服务（LBS）"产品也成为国内游戏厂商争相追逐的研发对象。根据推测，AR + LBS 的游戏模式将可能带来游戏玩家大规模集中于特定的地点，甚至有可能产生非法集会、扰乱社会秩序的巨大风险。

2017 年 1 月 9 日，游戏工委向国家新闻出版广电总局咨询了"AR + LBS"相关游戏出版管理政策，并得到了如下回复："出于对国家安全与人民生命财产安全的高度负责，目前总局业务主管部门正在与国家有关部门协调，组织开展安全评估，一旦形成评估意见，将及时向社会公布。在此之前，总局暂不受理审批此类型游戏，建议国内游戏企业在研发、引进、运营此类型游戏时审慎考虑。"这意味着国内还未拿到版号的 AR + LBS 游戏在一段时间内将不能通过广电总局的审核。

三、AR 知识服务系统

目前国内已有中国科学技术大学先进技术研究院新媒体学院、梦想人科技公司等科研机构和技术企业，专门针对新闻出版行业，研发出独立的 AR 知识服务系统，主要包括 3D 模型库、AR 编辑器、APP 展示商城、用户行为分析系统和定价支付系统等模块。

而国家新闻出版广电总局数字出版司在 2017 年所启动的新闻出版企业数字化转型升级技术装备配置优化项目的支持采购装备中也明确提出，新闻出版企业可以根据企业自身发展实际情况，购置"知识服务支持工具系统、交互式在线学习/教育系统、增强/虚拟现实数字出版系统"等技术系统。

AR 图书出版物往往作为单一性的 AR 产品在市场出现，其基本是由出版企业委托专门的 AR 技术厂商生产制作 AR 图书，这种生产制作的环节较为传统，出版企业往往承担的是委托加工的角色；而 AR 知识服务系统的出现，使得出版企业能够具备自主生产 AR 出版物的能力。

出版企业自主运用 AR 知识服务系统需要具备几个条件：

首先，要具备专门的 3D 模型库。三维模型的嵌入和展示是 AR 图书最核心的亮点，也是出版企业在 AR 出版产业链中所能够发挥核心竞争力的唯一板块。对于专业性出版社而言，三维模型的数据科学性、权威性和知识专业性是其生产和制作三维模型的天然优势和竞争筹码。

其次，需要具备掌握和操作 AR 编辑器系统的专业化编辑，能够准确地将相关的三维模型嵌入到指定内容板块。

最后，需要具备安全系数较高的网络环境，确保所嵌入的 3D 模型不被攻击，不被篡改网页，这在 AR 教育出版领域显得更为重要。

第四节　增强现实出版发展前景

AR 出版物从无到有，规模从小到大，涉及领域从狭窄到宽泛，从企业标准到行业标准，正渐入佳境、步入良性发展轨道。可以展望的是，AR 出版物真正的风口到来，尚需 3~5 年的技术突破。其突破的标志是，AR 输出展示设备，如便携式 AR 眼镜的研制成功和量产推广。到那时，AR 出版物方可进入千家万户，进而满足消费者个性化、全方位、多样性的精神文化需求。

一、增强现实出版的发展机遇

工信部、国家新闻出版广电总局等有关部委高度重视 AR 技术的应用和相关标准的研制。2016 年 5 月 10 日，工信部中国电子技术标准化研究院和新华网联合征集了虚拟现实（VR）和增强现实（AR）国家及行业标准。2016 年 7 月，国家新闻出版广电总局也开展了 AR 技术应用于新闻出版业的标准预研究课题；12 月，开展了 AR 技术应用于出版业的白皮书研究工作。2019 年 5 月，国家新闻出版署发布了《出版物 AR 技术应用规范》（CY/T 178—2019）。

媒体深度融合呼唤新技术继续应用于新闻出版业。AR、VR、MR 等技术应用于新闻出版业，应用于教育出版等垂直领域，也是媒体深度融合的需要：新闻出版业转型升级是个长期过程，在转型的过程中，如大数据、AR、AI 等高新技术的应用是加速融合、推进升级的重要助力和支撑。

国家继续扶持文化产业发展的政策，将为 AR 出版物的产业化发展提供重要战略机遇期。近几年，政府主管部门充分运用财政杠杆的宏观调控手段，以文化产业发展专项资金、国有资本经营预算金等政策和资金支持文化产业的发展和繁荣，历年来共计投入 200 多亿元，这种投入还将继续保持并有所扩大。这是 AR 出版产品产业化、规模化发展的最重要推动外力。

AR 辅助设备的完善和升级是个长期过程。之所以保持审慎，是因为 AR 智能眼镜的不完善、AR 标准的付之阙如、AR 手机的迟迟未出现、AR 出版研究报告的缺位等。这些都是制约 AR 技术应用于出版业的重要因素，也是政府主管部门对 AR 技术应用保持谨慎乐观的重要原因。

目前已有越来越多的出版机构选择尝试将 AR 技术应用于传统出版，数十家出版社已经累计出版了 300 多种 AR 图书产品，但是许多研发 AR 出版物的机构也是抱着"试试看"的心理，大部分是用转型升级财政资金来试水，真正实现用自有资金投入 AR 产品以及 AR 出版产业化，还有一段很长的道路要走。

二、增强现实出版的发展未来

随着 AR 出版物的普及，消费者最初对于增强现实这种新的阅读形态的"猎奇"心理逐渐转向理性化；与此同时，AR 出版物的定价高、出版物质量良莠不齐、安全风险评估未到位等问题也逐步暴露。

在这种背景下，出版业在 AR 应用方面既需要保持开放和宽容的心态，提供持续的创新动力，又需要对技术和行业应用进行标准化管理，以推动 AR 技术健康、持续、快速地应用于新闻出版业。当前，AR 技术在出版领域的应用尚需在政策引导、行业规范制定、用户体验提升、人才培养打造等方面继续努力，以切实推动"AR + 图书出版""AR + 游戏出版"等 AR 出版产业的创新发展。

（一）出台扶持发展政策

国务院《新一代人工智能发展规划》中明确规定，"研究虚拟对象智能行为的数学表达与建模方法，虚拟对象与虚拟环境和用户之间进行自然、持续、深入交互等问题，智能对象建模的技术与方法体系"；其对 AR 智能建模、虚拟对象与虚拟环境之间的交互提出了明确的技术创新要求，有助于推动 AR 技术的创新和应用。

2017 年 4 月，国家新闻出版广电总局数字出版司下发的《关于开展新闻出版企业数字化转型升级技术装备配置优化项目征集工作的通知》中旗帜鲜明地指出："实现运营数据化、服务知识化，支持企业加强版权资产管理、开展知识服务，支持数字印刷、少数民族文字出版及古籍出版等专项业务。包括，版权资产管理系统与版权保护工具集、数字印刷工具、运营服务支撑系统、知识服务支持工具系统、交互式在线学习/教育系统、增强/虚拟现实数字出版系统等"。

从新闻出版管理部门相关负责同志的介绍中可以看出，新闻出版深化转型升级推动的重点工作的第一项便是："优化技术装备。加快重大科技工程的成果转换，构建数字出版产业标准体系，建设技术公共服务体系，支持企业优化技术装备。依托重点实验室开展共性关键技术研发，促进云计算、物联网、大数据、区块链、增强现实、虚拟现实、人工智能等新兴前沿技术在新闻出版领域的应用。"[①] 相信对于技术装备的优化，包括对增强现实、虚拟仿真的技术应用将会及时写入相关政策文件，进而更好地推动 AR 出版产业发展。

---

① 冯宏声. 关于推动新闻出版业数字化转型升级进入深化阶段的总体思路 [J]. 新阅读，2018（2）：23.

未来，新闻出版业可在认真论证、全面调研的基础上，由政府主管部门出台一系列鼓励发展、推动创新的政策和指导意见。如：由新闻出版政府主管部门主导出台增强现实与知识服务、增强现实与大数据、增强现实与转型升级、增强现实与融合发展紧密结合的相关政策，以便更好地鼓励、指导和规范 AR 出版新业态；由新闻出版政府主管部门联合财政部门，出台一系列扶持 AR 出版发展、鼓励出版业 AR 技术创新、加速出版业 AR 人才培养的财政政策，给予出版业 AR 技术应用以政策、项目和资金支持；由新闻出版行业协会牵头，组织和开展一系列 AR 技术应用于出版的高端论坛和会议，发布相应行业指导规范，不断提升 AR 技术落地的可能性，不断找寻 AR 技术与出版业融合发展的结合点。同时，要出台一系列规范 AR 出版产品、确保信息传播安全的管理规定，对 AR 输出展示的平台系统安全性提出要求和规定，确保 AR 技术在新闻出版业的应用符合快速、健康的发展原则。

（二）建立健全标准体系

首先，在企业标准层面，鼓励新闻出版企业、科研院所和技术企业联合开展 AR 技术应用于新闻出版业的标准规范研制，加强 AR 出版领域企业标准的应用和实施；其次，在团体标准层面，通过一定范围的企业应用，将 AR 出版领域的企业标准规范推广至新闻出版企业、团体和机构，逐步演变为团体标准；再次，在行业标准层面，提取 AR 技术应用的共性规范和通用规范，在适当的时机，将团体标准上升为指导性行业标准，以规范 AR 出版物的有序发展和 AR 出版产业的健康成长；最后，在充分调研、认真论证的基础上，形成 AR 出版领域的国家标准，并做好与其他国家标准的有序衔接。

在标准的具体内容层面，研制和应用基础类标准、产品类标准、技术类标准和管理类标准。其中，基础类标准包括术语标准、标识标准、元数据标准，产品类标准包括增强现实出版物质量标准、多媒体数字文件质量标准、质量检测标准、多媒体内容封装格式标准、硬件功能标准、平台服务功能标准等；技术类标准涉及终端硬件技术、呈现软件系统技术、图像识别技术、三维建模技术、服务平台技术标准等；管理类标准包括生产的流程管理标准、资源管理标准、平台管理标准等。

与此同时，如前所述，要处理好 AR 出版领域系列标准与 ISLI 国际标准、国家标准的关系问题。AR 出版作为 MPR 出版的一个具体分支领域，其本质在于将文字、图片内容与三维模型进行关联，属于 MPR 出版物的一种创新形态。AR 出版系列标准要遵从 ISLI 国家标准所确定的服务编码规则、知识关联规则、源与目标关联关系、关联编码规则等规定，要逐步实现编码申领、编码校验、编码管理的专业化、规范化和统一化，在相关工具系统层面要实现与 ISLI 技术工具和系统的良好衔接。

（三）提升 AR 出版物的用户体验

鉴于在 AR 技术开发与应用的自主知识产权大多被国外技术公司所垄断，政府主管部门应大力提倡和鼓励我国的新闻出版技术企业大力研发增强现实、虚拟仿真领域的核心和关键技术。如：在 AR 开发工具集、AR 软件开发包（SDK）、AR 浏览器等领域逐步提高我国增强现实、虚拟仿真的自主知识产权比例；在 AR 硬件设备方面，要继续努力提高用户体验的友好性和便捷性，推进 AR 可穿戴设备便于携带、易于使用；在 AR 出版核心工具和系统领域，要致力于 AR 编辑器、3D 模型库、输出展示系统和用户行为分析系统的研发，逐步打造适合于出版业的增强现实数字出版系统；在增强现实的三维模型研发层面，要根据国民经济发展的具体需要，重点围绕第一、第二、第三产业研发和制作三维模型，为 AR 出版的长足发展提供资源基础和储备。

（四）推动 AR 出版的产业化发展

首先，鼓励技术企业大力研发增强现实的编辑器工具系统、3D 建模工具系统和运营服务系统平台，不断提高出版业 AR 工具系统的实用性和便捷性。

其次，根据新闻出版业转型升级的整体部署，倡导新闻出版企业根据自身的专业出版领域、特色出版优势，适时开展三维模型的建构和研发，以适应 AR 出版的发展潮流，有效应对 AR 出版业的激烈竞争。

再次，有效探索合理的商业模式，推进 AR 出版的市场化和产业化发展。通过对 AR 数字出版系统的构建与销售，对 AR 类图书、卡片、数字产品的推广和运营，不断提高 AR 出版的市场规模和用户规模，不断提升 AR 技术与出版业相结合的产业发展水平。

最后，设立产业投资引导基金，鼓励出版企业通过投资、并购等方式与包括 AR 技术公司在内的数字出版技术公司深度合作，充分发挥积极的示范、杠杆作用，在资本层面助力 AR 技术应用于出版业。

（五）加快 AR 人才的培养与打造

在科研层面，鼓励新闻出版企业、技术企业与科研院所通过共建实验室、签署战略合作协议等方式，联合开展 AR 技术应用于出版业的前瞻性课题研究；探索开设增强现实方面的出版课程，从人才源头确保 AR 出版业的有序健康发展；加强 AR 技术应用于出版业的相关培训，提高新闻出版企业的科技接受水平和技术应用能力；开展一系列 AR 模型制作、AR 编辑器应用、AR 产品运营等方面的行业大赛，不断提高新闻出版从业者的 AR 技术驾驭能力和应用能力。

AR 技术大面积大规模地被应用于新闻出版业仍然需要 AR 智能眼镜、AR 手机等设备的完善和升级。AR 出版产品必然也会经历市场长时间的考验，在时间的检验中加以改进和完善，最终实现大规模应用和推广。值得庆幸的是，现在的智能手机能够带来足够惊艳的 AR 体验，在 AR 出版物还没有成熟之前，市场已经对 AR 产品产生了急切的需求。这对未来 AR 产品的推广和普及起到非常巨大的作用。

思考题

1. 简述增强现实出版的概念与特征。
2. 简述增强现实出版的技术原理。
3. 简述增强现实出版的应用场景。
4. 增强现实出版物生产制作的核心环节包括哪些？
5. 政府应该采取哪些措施促进增强现实出版的繁荣发展？

参考文献

1. 施马尔斯蒂格. 增强现实：原理与实践［M］. 刘越，译. 北京：机械工业出版社，2019.

2. 藏田武志，清川清，大隈隆史. 增强现实（AR）技术权威指南：基础·发展·实践［M］. 刘继红，杨洋，译. 北京：电子工业出版社，2018.

3. 冯宏声. 关于推动新闻出版业数字化转型升级进入深化阶段的总体思路［J］. 新阅读，2018（2）.

4. 周荣庭，孙松. 增强现实出版物产业价值链分析［J］. 中国出版，2018（8）.

5. 马磊. 基于 AR 技术的融媒体出版应用研究［J］. 出版参考，2021（7）.

6. 尹达. 增强现实出版研究领域建构探析［J］. 科技与出版，2021（12）.

7. 张新新. AR 出版物产业化发展关键点剖析［J］. 中国出版，2018（8）.

8. 张新新. 人工智能引领新闻出版转型升级：2018 年数字出版盘点［J］. 科技与出版，2019（2）.

9. 郭玉洁，龙振宇，张新新. AR 出版的现状及趋势分析［J］. 科技与出版，2017（8）.

VR 出版：出版业融合
发展的方向

第 15 章　虚拟现实出版

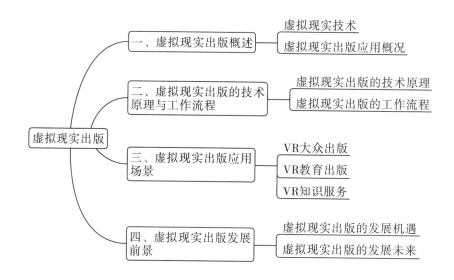

学习目的

　　了解虚拟现实技术的概念与特征，理解虚拟现实出版的概念与特征，掌握虚拟现实出版的技术原理和工作流程，熟悉虚拟现实出版的应用场景，了解虚拟现实出版的发展机遇与发展建议。

第一节　虚拟现实出版概述

1984 年，VPL 公司的 Jaron Lanier 首次提出"虚拟现实"的概念。虚拟现实（virtual reality，VR）技术自概念诞生至今四十年的发展，被认为是 20 世纪计算机领域最重要、最新奇的研究之一，也被认为是 21 世纪关键的高新技术之一。虚拟现实技术具有多感知、沉浸性、交互性、想象性等特征，是集成了多学科、多技术的综合技术。

一、虚拟现实技术

虚拟现实是人类与计算机和极其复杂的数据进行交互的一种方法。[①] 虚拟现实技术，就是用一个系统模仿另一个真实系统的技术。虚拟现实实际上是一种可创建和体验虚拟世界的计算机系统。通过这种系统，用户可借助视觉、听觉及触觉等多种传感通道与虚拟世界进行自然的交互。虚拟现实技术是以仿真的方式给用户创造一个实时反映实体对象变化与相互作用的三维虚拟世界，并通过头盔显示器（HMD）、数据手套等辅助传感设备，为用户提供一个观测及与该虚拟世界交互的三维界面，使用户可直接参与并探索仿真对象在所处环境中的作用与变化，产生沉浸感。

钱学森称虚拟现实为"灵境技术"，指采用以计算机技术为核心的现代信息技术生产逼真的视、听、触觉一体化的一定范围的虚拟环境，用户可以借助必要的装备以自然的方式与虚拟环境中的物体进行交互作用，相互影响，从而获得身临其境的感受和体验。中国信息通信研究院《虚拟（增强）现实白皮书（2018）》将虚拟现实内涵界定为：借助近眼显示、感知交互、渲染处理、网络传输和内容制作等新一代信息通信技术，构建身临其境与虚实融合沉浸体验所涉及的产品和服务。[②] 虚拟现实技术作为新一代信息技术，融合了新型显示、人机交互、多媒体感知、人工智能、云计算等多领域技术，能够给人类带来全新的感知体验和交互空间，创新了产品形态和服务模式，在科技、教育、文化、旅游、军事、游戏等众多领域能得到广泛应用。

本书认为，虚拟现实是指一种多源技术、多模态数据融合的交互式三维（3D）动态视景和实体行为系统仿真，生成和真实环境在视、听、触觉等方面近似的数字化环境，

---

① 韦有双，王飞，冯允成. 虚拟现实与系统仿真 [J]. 计算机仿真，1999（2）：63.

② 中国信息通信研究院. 虚拟（增强）现实白皮书 2018 [R]. http://www.caict.ac.cn/kxyj/qwfb/bps/201901/t20190123_193611.htm.

借助必要装备交互以产生实时沉浸和互动体验。

综合而言，VR 技术主要有以下四个方面的特征：

第一，虚拟性。VR 是一种借助计算机技术产生的三维空间，是一种虚拟世界。该技术整合了电脑图形、电脑仿真、人工智能、感应、显示及网路并列处理等复杂技术，对环境建设、情节设置等进行模拟。因此，虚拟性是其本质和内在特征。

第二，真实性。VR 可为使用者提供关于视觉等感官的模拟，让使用者感觉仿佛身临其境，可以即时、没有限制地观察三维空间内的事物。当使用者进行位置移动或做出某种行为时，计算机可立即进行复杂的运算，将精确的三维世界影像传回产生临场感。因此，在 VR 场景下，使用者对这种环境的感觉（视、听、触、嗅等）极为逼真，如同身处真实世界。

第三，交互性。过去，使用者只能从计算机系统的外部去观测处理的结果，而在 VR 技术支持下，使用者可以通过自然的方法（手动、眼动、口说、其他肢体动作等）与计算机生成的虚拟环境进行交互，且虚拟环境还可根据使用者的行为，实时地做出相应的反应。

第四，沉浸性。在由计算机及其他传感器所创造的虚拟仿真系统中，用户可通过视觉、听觉、嗅觉、触觉、运动感觉等多种感官功能，几乎完全沉浸于虚拟环境和情节中，产生身临其境的感受。

二、虚拟现实出版应用概况

虚拟现实出版就是将虚拟现实技术应用于出版领域而产生的数字出版新业态。《出版物 VR 技术应用规范》行业标准将虚拟现实出版物界定为："应用虚拟现实技术以满足用户在数字化环境身临其境感受和体验需求的出版物。"虚拟现实出版不是简单的 VR＋出版，单纯用虚拟现实技术对出版的增强，而是将虚拟现实技术深度应用于出版，进而开发出基于虚拟空间的出版新产品。

VR 出版物是一种具有鲜明的媒体特色的数字出版物，它能够调动人们听觉、视觉、触觉、嗅觉等众多感知器官，给用户带来沉浸式体验。虚拟现实出版是出版业数字化转型的颠覆性进路之一。因其不仅能带来新的产品、服务形态和业态，作为媒介，它也将改变人类对生存其间的世界的理解与反应，赋予一种新型的"人类—媒介"关系，并从根本上重塑人类文化。[①] 出版业是从事文化生产与传播的行业，借助虚拟现实技术，可以拓展出版物的形态和出版服务模式，给读者带来沉浸式的感知体验，因此虚拟现实技术在出版领域具有巨大的发展潜力。虚拟现实技术与传统出版、数字出版、教育、游戏

---

① 徐丽芳，陈铭. 5G 时代的虚拟现实出版［J］. 中国出版，2019（18）：5.

等结合，产生了许多新产品和新服务。

虚拟现实技术与传统出版相结合，制作了 VR 图书，借助手机等智能终端扫描，读者可以进入云端的 VR 应用程序内进行体验。图书作为精神产品，是"外师造化，中得心源"的产物，需要读者阅读理解后在头脑中重新构建自然和知识场景。而虚拟现实技术可以形象化地把抽象的描述还原成生动的场景，使读者更容易理解和接受。部分儿童出版机构借助 VR 技术开发 VR 童书，如 2016 年北京少年儿童出版社联合北京易视互动传媒科技有限公司合作出版虚拟现实 3D 立体可视化科普绘本《大开眼界·恐龙世界大冒险》系列丛书，后续又推出《大开眼界·西游记》《大开眼界·宇宙星空大冒险》等 VR 童书；辽宁科学技术出版社推出《VR 超级看：爱丽丝梦游仙境》；北京工业大学出版社出版《童喜乐魔幻互动百科》系列；山东教育出版社出版《恐龙大世界》；长江少儿出版社出版《儿童诗词大绘》；等等，这些 VR 童书利用虚拟现实技术，将传统的科普知识内容制作成生动形象的可视化场景，使读者借助 3D 眼镜和智能终端能够进入虚拟的空间感知神奇的自然和科幻世界，产品一经推出就受到读者市场的欢迎。

虚拟现实技术与数字出版结合，开发数字出版应用，这个产品形态和服务模式更加多样。如果说 VR 图书是虚拟现实应用出版的初级阶段，那虚拟现实数字出版则是高级阶段，是虚拟现实出版发展的方向和主流模式。虚拟现实技术是计算机信息技术，其内容制作、渲染计算、近眼显示、感知交互等都是以数字计算和处理为基础，与数字出版的本质是一致的，两者能够有机融合在一起，因此数字出版领域内的虚拟现实产品和服务越来越多，且日臻成熟和完善。虚拟现实技术与数字出版结合的模式和路径是多样化的：

其一，开发数字出版新产品，如虚拟现实数字出版应用。2018 年，某出版社推出了《徐霞客游记 VR 版》，通过 VR 的形式，以徐霞客的视角，对喀斯特地貌、溶洞等地质知识进行了科普和传播。

其二，开发虚拟现实数字出版服务，主要集中在专业领域，以软件和集成系统的形式出现。如人民卫生电子音像出版社 2019 年 7 月正式推出眼视光虚拟仿真实训系统，这是匹配目前主流 VR 硬件设备与相应教学实训场地资源的产品，用户在 VR 中模拟全自动综合验光仪的操作，其构筑的场景几乎与现实中验光仪的真实样貌等同，学生和教师也可以进入 VR 中的眼球内部对其中的任意结构进行拆解、移动、旋转、拾取及隐藏操作，实现人机交互。①

其三，不断开辟 VR 应用的新场景，运用 VR 技术将资源视觉化，植入新的场景，打造虚拟现实体验空间，拓展在虚拟服务、虚拟景观、虚拟社交、娱乐空间、虚拟化身直播、VR 游戏等方面的应用。

---

① 赵宇佳，姜进章. VR 数字出版：技术可供性视角下出版业的转向［J］. 编辑之友，2021（3）：68.

第二节　虚拟现实出版的技术原理与工作流程

一、虚拟现实出版的技术原理

虚拟现实技术是计算机技术、计算机图形学、计算机视觉、视觉生理学、视觉心理学、仿真技术、微电子技术、多媒体技术、信息技术、立体显示技术、传感与测量技术、软件工程、语音识别与合成技术、人机接口技术、网络技术及人工智能技术等多种高新技术集成之结晶。

虚拟现实出版实现的关键技术主要包括：其一，动态环境建模技术。它包括实际环境三维数据获取方法、非接触式视觉建模技术等。虚拟环境的构建，是 VR 系统的核心内容，目的是获取实际环境的三维数据，并根据应用的需要建立起相应的虚拟环境模型。其二，实时、限时三维动画技术，即实时三维图形生成技术。为保证实时，至少保证图形的刷新频率不低于 15 帧/秒，最好高于 30 帧/秒。其三，立体显示和传感器技术，包括头盔式三维立体显示器、数据手套、力觉和触觉传感器技术的研究。其四，快速、高精度的三维跟踪技术。其五，系统集成技术。鉴于 VR 系统中包括大量的感知信息和模型，系统集成至关重要。系统集成技术主要包括信息同步技术、模型的标定技术、数据管理模型、数据转换技术、语音识别与合成技术等。

关于虚拟现实产业链，2016 年 4 月，中国电子技术标准化研究院编撰的《虚拟现实产业白皮书》认为：虚拟现实工具与设备、内容制作、分发平台、行业应用和相关服务等共同构成虚拟现实产业链。其中，工具和设备类可细分为输入设备、输出设备、显示设备、拍摄设备及相关软件等，内容制作可细分为影视、游戏等内容，分发平台可细分为应用商店、社交影院、实体体验店、网店、播放器等内容，行业应用可细分为工业、军事、医疗、教育、房地产、旅游、会展等内容，相关服务可细分为平台、媒体和孵化器等内容——将其进行系统整合后可简要概括为硬件、软件、应用和服务四个方面（见图 15 - 1）。

VR 出版的技术原理在于数字化虚拟环境、VR 编辑器、输出展示系统三者之间相互联系和相互作用的机理。主要包括：①如何将 VR 技术和出版物内容知识点进行关联？VR 文件所对应的知识内容要做到精准匹配、一一对应；基于知识点来组织、调配和使用 VR 文件。②如何做到数字化虚拟环境通过输出展示设备，将知识点的内容以 VR 形

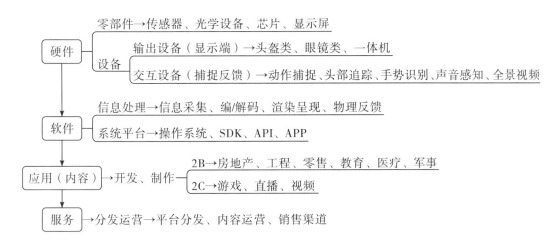

图 15 – 1　VR 产业链示意图

式展现出来？这里强调 VR 文件本身如何通过头戴式设备、VR 眼镜等输出显示设备展现出来。③如何让用户通过输出展示设备体验到平面的图书中没有的沉浸式、交互式的体验？这里重点突出 VR 文件的交互性、适人性、身临其境性等沉浸式体验。基于这些基本的技术原理，本书提出下面的出版物 VR 技术制作与出版流程。

二、虚拟现实出版的工作流程

出版物 VR 技术制作与出版流程由选题策划、产品设计、媒体素材制作、后期制作、审校与测试、发布与推广、运营与维护等 7 个部分组成，如图 15 – 2 所示。

在选题策划环节，要注重前期调研，明确市场定位，调研目标用户需求，包括对出版物内容、VR 形式及数量、沉浸交互设备、预期营收和投入等方面的调查研究。分析用户需求，围绕产品内容和 VR 素材，在系统设计之前和设计、开发过程中对用户需求作调查与分析，将用户需求转化为产品功能。根据用户需求设计产品和服务功能，准确理解用户对 VR 出版物功能、性能、可靠性的具体要求，形成需求规格说明文件；文件宜包括选题内容脚本、知识关联、立体感知、交互反馈、沉浸融入等功能设计内容。形成产品策划方案和技术文档，策划方案应清晰显示选题内容、媒体形式和产品特征，具体包括用户需求、开发理念、适合以 VR 形式表现的出版物内容等；结合选题内容，设计选择不同的数字媒体形式实现出版物内容的虚拟现实效果，包括但不限于图片、音频、视频、模型、场景、动画等。软件整体说明，设计确定软件的主界面、用户界面、交互界面等。技术文档包括产品规格说明书，即产品的详细技术参数说明，如功能规格说明、性能规格说明、接口规定说明、设计规格说明等；界面文档，即出版物软件外观、界面素材、编辑工具、文件名、菜单、按钮和其他界面部件的要求等；美术设计文

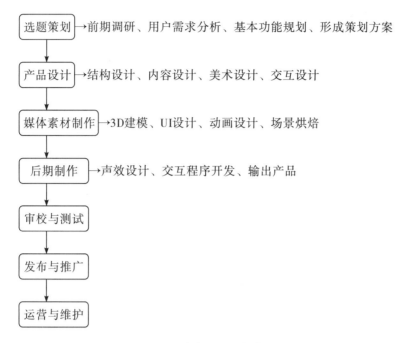

图 15 - 2　VR 出版物制作与出版流程

档，即形成 VR 出版物的美术风格，规范美术素材的开发流程，细分各层面的美术设计；测试文档，即系统性能测试的预估方案和测试报告格式、测试要求、关键技术方案的解决方案、实际效果演示等。

在产品设计环节，应综合考虑 VR 产品的结构设计、内容设计、美术设计、交互设计等。结构设计是从不同角度对组成 VR 出版物的内容、硬件和软件等各部分进行搭配和安排，形成系统的多个结构而组成架构，它包括该系统的各个组件，组件的外部可见属性及组件之间的相互关系。内容设计是依据 VR 出版物内容文档，进行 VR 出版物的内容设计，除遵循传统出版物的封面、版心、版面等设计规范之外，宜根据 VR 技术应用于出版物的表现和表达特点进行适配性设计。美术设计是将结构设计通过一定的审美观念与表现手法使其视觉化、形象化。交互设计是创造读者与出版物软件间的关联关系，实现双方的交流互动。

在媒体素材制作环节，主要是 3D 建模、UI 设计、动画设计、场景烘焙等。关于 3D 建模，针对所要模拟对象的不同方面，3D 建模主要包括与出版物内容适配的景物外观建模、基于物理的建模、行为建模和虚实融合的场景建模等。它有实景建模、虚拟建模和混合建模三种方式。其中，实景建模运用数码相机、无人机、三维扫描仪等设备对现有场景、物体进行多角度环视拍摄，然后进行后期编辑、加工，并加载播放来完成；虚拟建模运用三维制作软件，通过虚拟三维空间构建出具有三维数据的模型；混合建模综合采用 3D 实景建模和 3D 虚拟建模方式，构建满足不同应用场景要求的 3D 模型。3D 建模的要求是要根据 VR 出版物的设计要求选择 3D 建模方式，实景实物的 3D 模型应符合科学的比例、尺寸和规律，3D 模型的建模遵照规范要求进行，运用动态环境建模技术、实时 3D 图形生成和显示技术等，提升建模的智能化水平。UI 设计应包括图形设计和交互界面设计：图形设计是软件产品的"外形"设计，宜针对性地研发设计和 VR 出版物相匹配的画布视角、画板、分辨率、文字可读性等；交互界面设计是设计软件的操作流程、树状结构、操作规范等。动画设计是在软件结构的基础上，确定背景、前景及道具的形式和形状，完成场景环境和背景图的设计、制作，从而实现场景间的衔接。场景烘焙是把场景中的灯光信息，通过贴图的方式表现出来，节约软件运行时的系统资源。

在后期制作环节，主要包括声效设计、交互程序开发、产品输出等内容。声效设计是在 VR 出版物中对整个项目的音效部分（包括语言音响、音乐音响和效果音响）做整体设计，并组织实施、录制、合成，用专业的特效处理软件将美术素材进行数字化处理，从而实现预期的听觉效果。交互程序开发是以某种程序设计语言为工具设计用以实现 VR 出版物的各类功能。产品输出是将图片、文字、视听、3D 模型等多模态资源进行内容集成，以 U 盘、网站、小程序、APP 等形式通过 PC 端和移动端等方式，运用 VR 头盔、VR 眼镜、VR 一体机等输出显示设备，采用手柄等交互设备以实现动作捕捉、头部追踪、手势识别、声音感知、全景视频、3D 模型等捕捉反馈，实现用户与虚拟数字环境的双向互动反馈，满足用户身临其境的体验需求。

在审校与测试环节，VR 出版物的审校内容如下：其一，内容审核，遵照"三审三校"制度等出版物相关质量管理制定。其二，VR 数字媒体审核，进行资源完整性、规范性、安全性等审核。其三，功能性审核，包括知识关联的准确性以及功能有效性审核。测试是根据软件测试国家标准、行业标准、团体标准或企业标准，对呈现 VR 出版物的软件进行功能性测试、兼容性测试、安全性测试、压力性测试、易用性测试、维护性测试和可移植性测试，确保 VR 出版物的形象逼真、立体感知、交互反馈、沉浸融入等功能保持可用、稳定和安全。

在发布与推广环节，检查是否完整实现 VR 出版物的全部功能，能否正确调取数字媒体资源并实现良好呈现和人机交互功能，检测无误后方可发布。除作为 VR 出版物的组成部分以外，所发布的虚拟现实游戏、视频、直播和社交内容，也可作为独立产品进行推广。对达到要求的 VR 出版物可通过线下渠道、自建平台或第三方平台等推广发行。根据产品形态和载体形式，在 VR 出版物达到相关标准时，申请图书、电子出版物等出版物标识。

在运营维护环节，构成 VR 出版物的 VR 数字媒体内容、软件应由运维人员进行检测、维护和升级，确保 VR 出版物处于正常使用状态。售后服务人员负责为用户提供培训服务和其他增值服务，并及时与用户进行沟通，获取用户的反馈信息，以不断更新 VR 数字媒体内容、完善软件，提升 VR 出版物的阅读体验。

同时，需要加强对 VR 出版物的管理，包括加密管理、安全管理、内容管理和质量管理等。加密管理是 VR 数字媒体文件宜采取系统加密、离线加密、数字水印等严格的加密措施，应运用多人协同、交互开发设计过程的数据安全保护措施，防止被非法篡改。安全管理是指构成 VR 独立产品形态的软件程序和硬件设备，可根据用户或出版者需要进行修改和更换，但不能丢失，以持续性、实时性地提供 VR 服务，除非该项数字媒体服务停止。VR 数字媒体文件应采用专有的数字媒体格式，附有发布者的数字签名，防止数据被篡改。承载 VR 数字媒体的软件应处于顺畅、稳定、安全的运行状态。内容管理是出版单位应严格审核，确保提供给读者的 VR 数字媒体内容符合相关法律、法规和政策。VR 数字媒体内容，应符合内容安全、技术应用安全、文化安全等要求，坚持弘扬主旋律、传播正能量。VR 数字媒体知识产权宜通过版权主管部门进行登记，以做到数字版权保护，利于后期权利追溯、使用和维护等。VR 出版物中印刷出版物部分的质量应符合 CY/T 2—1999（《印刷产品质量评价和分等导则》）的相关要求，音视频文件应符合 GB/T 33665—2017（《声像节目数字出版物技术要求及检测方法》）的相关要求。VR 出版物的数字化环境应运行流畅、呈现真实、交互精准、形象逼真，满足用户交互、沉浸的需求。

第三节　虚拟现实出版应用场景

随着短视频的快速发展，知识的视频化、视频的知识化成为一种潮流和趋势。VR技术，就其本质而言，是将用户带入一种身临其境的视频体验之中的技术，其在出版业的应用场景，可以归结于用视频阐述知识、用视频传播知识、用视频科普知识。由此，我们在找寻VR技术在出版业的应用场景时，都要带有视频的视角，植入视频的元素。

VR技术应用于新闻出版业的场景可以包括历史人物、场景的再现与宣传，出版业的展会论坛、展览展示，教育出版领域的在线教育、智能教育、研学旅行、实验课程等；VR技术应用于专业出版的场景涉及道路桥梁、地质灾害、文物古迹、水利水电、工业等。

一、VR大众出版

VR大众出版是利用VR技术对传统出版的内容资源进行多媒体处理和构建3D模型，创新大众出版的出版形态。VR有单机智能和网联云控两种技术路径：一种是内容和智能终端融合在一起，一种是智能终端通过网络访问云空间的VR内容。VR大众出版采取后者的方式，读者使用智能终端扫描图书上的二维码即可连接访问云空间内的虚拟现实内容，并可借助智能终端实现简单的交互。这种模式实现了线下和线上的融合，拓展了图书的表现空间。

图书出版和VR内容开发需要同步进行，VR内容作为图书的辅助资源和增值服务出现。VR童书是VR大众出版的代表，如：北京少年儿童出版社出版了《恐龙世界大冒险》《大开眼界：西游记》《大开眼界：宇宙星空大冒险》等VR出版物，辽宁科学技术出版社推出《VR超级看：爱丽丝梦游仙境》等。VR童书将文本内容立体化，生动形象，调动了儿童的探索兴趣，受到儿童读者欢迎。VR童书自2017年起就已占据VR出版行业90%以上的份额。

VR技术还可以应用于科普图书出版，通过VR技术还原自然科学的真实场景，给人以身临其境的体验。如：北京工业大学出版社出版了《探索北极》，有出版社推出了《徐霞客游记VR版》，通过VR的形式，以徐霞客的视角，对喀斯特地貌、溶洞等地质知识进行了科普和传播。科普图书出版的题材和类别非常多样，运用VR技术可以开发出一系列优质VR出版物。如，2017年，清华大学出版社出版了《你的安全防护手册》

《鬼跤》等系列图书，随书配备一副简易 VR 眼镜，读者可通过扫描书中的二维码下载 APP，并利用 VR 眼镜观看逼真的现场格斗场景，获得了更真切的学习体验。

2015 年 10 月电子工业出版社出版的《梵高地图》，用 VR 影像还原书中内容，并制作了一部反映梵高一生轨迹的虚拟现实纪录片，举办了一场"梵高地图"同名展览。这是国内第一场虚拟现实艺术展，也是出版＋VR 技术的首次尝试。

二、VR 教育出版

VR 教育出版是利用 VR 技术开发数字化的立体教材、教辅，打造智能化、全景化的智能教学服务。VR 技术所构建的虚拟仿真模型可以应用于实践性较强的教材和教辅制作，如物理学、化学、生物学、医学、建筑学等教材，把传统的抽象的文字、图像描述变成生动形象、具体可感的虚拟物体，既能提高教学效果，又能增强教学的互动和趣味。如人民卫生出版社推出的《人卫 3D 解剖学》，通过数字建模技术，将人体的 CT/MRI 等数据三维重建，并依据四川大学实体标本资源库人体数据综合整理避免个体差异，建设 4K 级画质的人体结构模型；同时，结合人民卫生出版社视听类数字资源进行 3D 动画讲解，局部演示讲解等，支持移动端、PC 端、VR 眼镜呈现，适配数字解剖实验室、数字智慧教室、虚拟仿真实验室等。[1]

VR 教育出版还体现在教育出版平台建设和 VR 教育服务等方面。VR 教育出版平台是教育出版服务的一种创新模式，通过将教育出版内容资源进行多媒体处理，开发系列虚拟现实产品，然后集成到数字化网络平台，开放给用户使用，能够提高资源利用效率。如：凤凰出版传媒集团旗下的凤凰创壹软件公司已经开发涉及机械、电子、设备、汽车等多门学科 VR 技术平台，通过三维动画及文字的演示，平台可帮助学习者尽快掌握操作流程以及故障排除方法。[2] 凤凰创壹开发的虚拟现实三维互动教学平台中都自带 Web 3D 编辑工具供用户任意编辑系统中所有三维模型及其相关动画，或编辑、制作新的仪器设备 3D 模型及动画等，可以满足不同层次学习者的个性化需求。[3]

VR 技术在教育出版领域应用前景广阔，如高等教育的虚拟实训、虚拟实验室、虚拟校园等。又如：谷歌的 Expeditions Pioneer 项目在美国校园推广虚拟现实教室系统，让学生进入虚拟的太空、海洋完成探险之旅；VR 技术医学实训，在模拟全真人体系统和解剖过程中直观地展现细节、结构，以帮助学生自主学习。VR 技术通过构建虚拟仿真实验室，虚拟辅助教学系统，提升了教育智能化水平。

---

① 杨晋，张绵. VR 在医学数字出版领域的创新应用：人民卫生出版社的尝试与探索 [J]. 传媒，2021 (24)：17.

② 杜耀宗. VR 技术在出版领域中的应用现状及对策分析 [J]. 出版发行研究，2017 (3)：37.

③ 刘坚，韦汇余. 基于 VR 互动平台的职业教育出版数字化转型 [J]. 科技与出版，2014 (7)：91.

三、VR 知识服务

VR 知识服务旨在利用 VR 技术创新知识服务的内容和模式。知识服务是出版业数字化转型，进入数字出版发展阶段出现的重要产品形态和服务模式，通过将知识进行提炼、重组、聚合、分发，对知识进行深加工，为用户提供个性化的知识内容和定制化的解决方案。利用 VR 技术可以开发虚拟的智能化、场景化的知识服务系统，为用户提供沉浸式的知识学习体验。如，2019 年，以生态文明知识服务联盟为主体的多家出版社，纷纷与武汉和思易科技公司合作，先后布局 VR 知识库、VR 党建一体机、VR 粤剧、VR 三生教育等 VR 出版新业态。又如，中国农业科技出版社研发 VR 果业产品、海洋出版社的 VR 海洋生态文明知识等。

知识服务还包括公共文化产品的供给。出版机构和文化企业通过各种方式为读者提供各种新颖的文化产品，丰富大众的精神文化生活。2020 年上海书展暨"书香中国"上海周中，上海人民出版社联手科大讯飞共同开发创建了虚拟主题展厅，通过现场提供的高精度 VR 眼镜，读者就能够看到珍藏的红色历史照片，这是一种用 VR 技术在虚拟空间中以模拟馆藏展览形式进行的红色文化传播，使读者接受度倍增。此后，新华书店、各地书展等也将"VR 欢乐岛"体验场景引入全国的门店、展览。[①]

---

① 赵宇佳，姜进章. VR 数字出版：技术可供性视角下出版业的转向 [J]. 编辑之友，2021（3）：68.

第四节　虚拟现实出版发展前景

VR 技术作为新一代信息融合创新发展的典型技术，与出版、文化、教育、旅游、文创等行业相结合，能够催生出更多新业态，产生大量新的产品和服务模式，成为推动数字经济快速发展的新引擎，有着广泛的应用场景和巨大的发展潜力。对此，要积极采取措施加大研发力度，突破关键技术，完善标准体系，创新应用场景，壮大产业规模，引导和推动虚拟现实产业的健康快速发展。

一、虚拟现实出版的发展机遇

在国家政策层面，国家高度重视虚拟现实技术的研发和推广应用，出台了一系列政策引导和支持虚拟现实产业发展，为虚拟现实出版发展创造了良好的发展机遇。如：国务院从"十三五"规划开始就把虚拟现实视为构建现代信息技术和产业生态系统的重要新兴产业。2021 年出台的"十四五"规划中将 VR 产业列为未来五年我国数字经济重点产业之一。工业和信息化部在 2018 年出台了《关于加快推进虚拟现实产业发展的指导意见》，从核心技术、产品供给、行业应用、平台建设、标准构筑等方面提出了发展虚拟现实产业的目标和重点任务。2019 年，科技部联合中宣部发布了《关于促进文化和科技深度融合的指导意见》，提出加强包括 VR/AR 虚拟制作在内的文化创作、生产、传播和消费等环节共性关键技术研究以及高端文化装备自主研发及产业化。文化和旅游部先后发布了《关于推动文化娱乐行业转型升级的意见》和《关于推动数字文化产业高质量发展的意见》，明确提出将 VR/AR 作为游戏游艺设备创新的重要支撑，引导和支持 VR/AR 技术在文化领域的深度应用，推动现有文化内容向沉浸式内容移植转化。北京、上海、青岛、成都、沈阳等城市均出台了支持 VR 产业发展的相关政策，推动 VR 技术与文创、旅游、游戏、出版、教育、传媒等文化产业融合发展，加大对 VR 出版软硬件产业链企业的支持力度，打造 VR 智能产业生态圈。

在产业层面，VR 产业规模快速增长，2021 年我国 VR 市场规模预计超 500 亿元。①大型互联网公司和软硬件企业在 VR 产业均有所布局，如微软、高通、Facebook、英伟

---

① 新华社. 2021 年我国虚拟现实市场规模预计超 500 亿元 [EB/OL]. [2019 – 06 – 20]. http://www. gov. cn/xinwen/2019 – 06/20/content_5401891. htm.

达、腾讯、字节跳动、苹果等企业通过投资和自主开发等方式，已经基本建立了涵盖虚拟现实硬件制造、软件开发、内容制作、服务平台和应用程序的虚拟现实全产业链生态系统。在技术研发方面，VR 技术体系初步成型，如：Micro-LED 与衍射光波导成为近眼显示领域探索热点；云渲染、人工智能与注视点技术引领 VR 渲染 2.0；强弱交互内容多元融合，内容制作支撑技术持续完善；自然化、情景化与智能化成为感知交互发展方向；5G 与 F5G 双千兆网络构筑虚拟现实应用基础支撑。此外，以应用服务、终端服务器、网络平台和内容生产为重点领域的产业生态初具规模，云化 VR 触发产业链条融合创新，对传统业务流程的解构重组催生视频内容上云、图形渲染上云与空间计算上云新业态，"虚拟现实＋"创新应用向生产生活领域加速渗透，云 VR 数字孪生描绘人机交互深度进化未来蓝图。[①] VR 出版企业需要围绕近眼显示、渲染计算、感知交互、内容制作的核心技术领域，加大研发力度，突破关键技术，创新技术应用，推出高质量的 VR 产品和服务。

二、虚拟现实出版的发展未来

VR 技术应用于新闻出版业，目前在企业标准、行业标准研制方面取得了阶段性进展。如：2019 年底，行业标准《VR 技术在出版业的应用要求》立项申请报送至主管部门处审核；2020 年 7 月，该项行业标准正式获得中宣部出版局批复立项。VR 技术与出版业的融合点在于沉浸式视频与知识点的结合，突破口在于可穿戴设备的进一步改善，真正的风口在于随着 5G 技术的大力推广和应用，强交互性、无延迟感的用户体验助力产业规模的倍速、十倍速发展。

在人工智能时代，虚拟现实技术应用于出版业，主要发力于以下几个方面：

其一，关键共性技术方面。建模的智能化将覆盖虚拟对象实体、虚拟对象的行为，更加增强虚拟对象行为的社会化、智能化和交互性，而不是停留在目前简单的交互层面。这将大大提高人机交互的灵活性和逼真性，加速实现 VR、虚拟仿真与人工智能技术的高效互动与有机融合，进而促进 VR 动态出版的发展与繁荣，使得出版业态与博物馆等展览展示业态相互融合。

其二，人工智能经济方面。VR、虚拟仿真的高性能建模技术将会取得突破性进展，进而导致 VR 出版物的成本大大降低；输出展示终端、设备将会更加友好化，开源便捷的开发引擎将会加速应用，VR 出版物的标准体系和评价体系将会出现；一大批 VR 龙头技术企业将会出现，并成为文化产业尤其是新闻出版业的技术提供商，协助政府主管部

---

① 中国信息通信研究院. 虚拟（增强）现实白皮书 2021 [R/OL]. (2021 – 03 – 30). http://www.caict.ac.cn/kxyj/qwfb/bps/202103/t20210330_372624.htm.

门解决好 VR 出版物版权复合性、监管即时性、标准研制与应用等时代课题。

其三，智能社会构建方面。"虚拟环境和实体环境的协同融合，满足个人感知、分析、判断与决策等实时信息需求，实现在工作、学习、生活、娱乐等不同场景下的流畅切换。"这种虚拟环境与实体环境交相辉映的社会网络的形成，将会提升时下欣欣向荣的网络文学业态，推进网络文学演变为"阅读 + 沉浸式体验"的虚拟与现实并存的新生业态。这种新生业态将会以全新的面貌出现在消费者的生活中。

思考题

1. 简述虚拟现实出版的概念与特征。
2. 简述虚拟现实出版的技术原理。
3. 简述虚拟现实出版的应用场景。
4. 虚拟现实出版物生产制作的核心环节包括哪些？
5. 应该采取哪些措施促进虚拟现实出版的繁荣发展？

参考文献

1. 吕云，王海泉，孙伟. 虚拟现实：理论、技术、开发与应用［M］. 北京：清华大学出版社，2019.

2. 中国信息通信研究院. 虚拟（增强）现实白皮书：2021［R/OL］.（2021 - 03 - 30）. http://www. caict. ac. cn/kxyj/qwfb/bps/202103/t20210330_372624. htm.

3. 中国信息通信研究院. 虚拟（增强）现实白皮书：2018［R/OL］.（2019 - 01 - 23）. http://www. caict. ac. cn/kxyj/qwfb/bps/201901/t20190123_193611. htm.

4. 赵宇佳，姜进章. VR 数字出版：技术可供性视角下出版业的转向［J］. 编辑之友，2021（3）.

5. 杨晋，张绵. VR 在医学数字出版领域的创新应用：人民卫生出版社的尝试与探索［J］. 传媒，2021（24）.

6. 杜耀宗. VR 技术在出版领域中的应用现状及对策分析［J］. 出版发行研究，2017（3）.

7. 刘坚，韦汇余. 基于 VR 互动平台的职业教育出版数字化转型［J］. 科技与出版，2014（7）.

8. 徐丽芳，陈铭. 5G 时代的虚拟现实出版［J］. 中国出版，2019（18）.

9. 张新新，杜方伟. 科技赋能出版："十三五"时期出版业数字技术的应用［J］. 中国编辑，2020（12）.

第16章　出版大数据

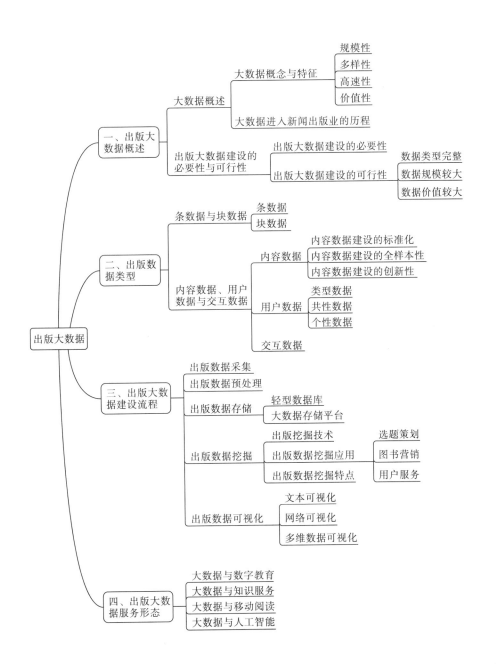

学习目的

了解出版大数据的概念、特征及其建设的必要性与可行性。掌握出版数据的基本类型，明晰"数据采集、数据预处理、数据存储、数据挖掘、数据可视化"的出版业大数据建设流程。熟悉出版大数据在数字教育、知识服务、移动阅读、人工智能等领域的服务形态。

相关链接

2017 年 3 月，"新闻出版大数据应用工程"入选发改委大数据发展重大工程，新闻出版大数据建设工程正式从国家层面步入启动和实施阶段。2018 年，作为中国国际大数据产业博览会分论坛之一，首届中国新闻出版大数据高峰论坛顺利召开，中国出版协会为融智库"大数据分库"首批专家进行了授牌，并为人民法院出版社、中国海关出版社等 5 家单位颁发了"中国新闻出版业大数据平台创新成果奖"。出版大数据建设由此进入高速发展阶段，审计、公安、法律、地质、海关等领域的出版大数据平台架构初现成效。

从出版大数据建设的技术原理出发，其建设机理在于确立"内容数据、用户数据、交互数据"的数据理念，将数据视为生产要素进行顶层设计，熟练把握并运用"数据采集、数据预处理、数据存储、数据挖掘、数据可视化"等五大核心步骤，进而借助出版活动真正发挥大数据在自然科学领域的预测作用，以及在人文、社会科学领域的预警作用。

新闻出版业大数据应用的思索与展望

第一节　出版大数据概述

早在 1980 年，著名未来学家阿尔文·托夫勒在其《第三次浪潮》一书中就描绘过未来信息社会的前景并强调了数据在信息社会中的作用。随着信息技术特别是智能信息采集技术、互联网技术的迅速发展，各类数据都呈现出急剧爆发之势，计算机界因此提出了"海量数据"的概念，并由此逐渐掀起了第三次人工智能的浪潮，也对出版领域产生了深远的影响。经过多年的发展，大数据在选题策划、编辑加工、精准营销、作者服务等方面的积极价值正在被不断挖掘和重视。在产业发展层面，新闻出版业对大数据的探索和总结从未停下脚步。事实上，大数据已经成为深化新闻出版转型升级、推动智能出版建设的必由之路和必要抓手，出版大数据建设也成为出版高质量发展的应有之义。

一、大数据概述

"人类世界正在进入一个前所未有的大变革、大转型、大融合时代。继农耕文明、工业文明之后，人类即将构建一个崭新的秩序形态——数据秩序，一个崭新的文明形态——数据文明。"[①] 从某种意义上讲，数据正在以各种方式重构我们的生产和生活，我们已经进入了数据大爆炸的时代。

（一）大数据概念与特征

大数据（big data）又称为海量数据，指的是所涉及的数据量规模巨大到无法通过人工在合理时间内截取、管理、处理，并整理成为人类所能解读的信息。换句话说，大数据是指无法在一定时间内用常规软件工具对其内容进行抓取、管理和处理的数据集合。从数据规模、处理工具、利用价值三个方面来看，大数据主要包含以下内涵：①大数据属于数据的集合，其规模特别巨大；②用一般数据工具难以处理，因而必须引入数据挖掘新工具；③大数据具有重大的经济、社会价值。而从特征上看，大数据又具有典型的"4V"特征，即规模性（volume）、多样性（variety）、高速性（velocity）和价值性（value）。

---

① 大数据重点实验室. 块数据 5.0：数据社会学的理论与方法［M］. 北京：中信出版集团股份有限公司，2019：4.

1. 规模性

随着数据加工处理技术的发展，网络速度的成倍增加，社交网站（如微博、微信、推特）、移动终端等平台的迅速兴起，数据的产生量和存储量也呈爆发式增长趋势，数据的存储规模已从 TB 扩大到 ZB。数据规模的大小对数据的价值和潜在洞察力具有决定性作用，数据规模的日益膨胀也对统计、分析、预测和实时处理大规模数据的技术能力提出了更高的要求，智能算法、强大的数据处理技术和功能完善的数据处理平台成为挖掘数据价值的重要支撑。

2. 多样性

大数据并不仅仅表现在数据量的暴增及数据总规模的庞大，信息技术的发展也使得数据产生的途径不断增加，数据类型持续增多，具体可分为结构化数据、非结构化数据和半结构化数据三类。

（1）结构化数据。指可以用二维表结构来逻辑表达实现的数据，具有冗余度小、存取速度快、数据关联性好等特点，如关系型数据库。结构化数据的数据质量高、处理也相对方便，但是不能及时呈现新出现的信息和关系，存在一定的知识欠缺问题。

（2）非结构化数据。指像全文文本、各类报表、图像、声音、影视、超媒体等不方便用数据库二维逻辑表来表现的数据。传统上处理的数据对象都是有结构的，能够存储到关系数据库中；但随着社交网络、移动计算和传感器等技术的兴起，非结构化数据已成为大数据的主流形式。非结构化数据中虽然蕴含着丰富的知识，但是与结构化的数据相比，它相对组织凌乱，包含更多的无用信息，其异构和可变的性质也给数据存储、数据分析与挖掘带来了更大的挑战。

（3）半结构化数据。指介于结构化数据和非结构化数据之间的数据，如 HTML 文档、邮件、网页等数据。半结构化数据是大数据资源中的一种特殊数据，具有结构不规则或不完整等特点，也对大数据的数据组织、管理和分析等技术，相关算法的并行性、效率、动态性等，都提出了新的要求。

3. 高速性

大数据的第三个特征是数据的高速性，指的是数据采集、存储、处理和传输速度快、时效性强，是数据增长速度和处理速度的重要体现。大数据生成速度之所以如此之快，是因为其背后有分布式处理技术的支撑，微博、微信实时发送、评论消息即是示例。同时，从大数据应用的视角看，其高速性又体现在数据实时分析与挖掘的性能上，即数据的输入、处理、丢弃等行为都可以在瞬间完成。

4. 价值性

大数据第四个特征为价值性，即在海量数据中蕴藏着巨大的数据价值。大数据已经渗入到我们生产生活的每一个角落，川流不息的海量数据成为人类未来发展的新能源、新起点和新技术。"数据所蕴含的价值可以与材料和能源的价值相提并论，已经影响到政治、经济、文化、教育、科技等各个领域，并对整个社会以及人类的生产和生活方式带来变革性影响。"① 正是因为大数据的价值性，在经济高速发展的今天，数据被不同主体以各种不同的目的使用着。借助机器学习方法、人工智能方法或数据挖掘方法，不同活动主体可以从大量不相关的各种类型的数据中深度分析、挖掘出对未来趋势与模式预测分析有价值的数据信息，并运用于农业、金融、医疗等各个领域以创造更大的价值。如何盘活这些数据资源，充分挖掘有价值的数据信息，将是出版业未来发展的关键。

（二）大数据进入新闻出版业的历程

大数据的历史最早可以追溯到 19 世纪 80 年代，美国统计学家赫尔曼·霍尔瑞斯为了统计 1890 年的人口普查数据，发明了一台电动器来读取卡片上的洞数。该设备让美国用一年时间就完成了原本耗时 8 年的人口普查活动，由此在全球范围内引发了数据处理的新纪元。1961 年，德里克·普赖斯就对学术出版大数据进行了预见。在其出版的《巴比伦以来的科学》一书中，普赖斯通过观察科学期刊和论文的增长规律，发现新期刊的数量以指数方式增长而不是以线性方式增长——每 15 年翻一番，每 50 年以 10 为指数倍增长。2010 年 2 月，肯尼斯·库克尔在《经济学人》上发表了长达 14 页的大数据专题报告——《数据，无所不在的数据》。库克尔在报告中提到："世界上有着无法想象的巨量数字信息，并以极快的速度增长。"科学家和计算机工程师则为这个现象创造了一个新词汇——"大数据"。2014 年 5 月，美国白宫发布 2014 年全球"大数据"白皮书研究报告——《大数据：抓住机遇、守护价值》，内容涉及大数据与个人、美国政府的数据开放与隐私保护、公私部门的数据管理、大数据的政策框架等，大数据建设成为美国国家战略的一个重要组成部分。

随着大数据浪潮席卷全球，我国政府、学术界和工业界也对大数据予以了高度的重视，出版领域也迎来新的发展机遇，其简要发展历程如下：

2013 年，"大数据"概念在国内兴起，当年被誉为大数据元年。尤其是在浙江人民出版社出版《大数据时代》一书以后，掀起了一股大数据领域的图书出版热潮。之后，大数据一直作为一个热门议题受到各领域学界的高度重视。

2014 年底，新闻出版广电总局开展了关于"十三五"时期"大数据在新闻出版业应用"的课题预研究工作，出版大数据建设逐渐起步。

2015 年 9 月，国务院对外公开了《促进大数据发展行动纲要》，提出未来五到十年我国大数据发展和应用的十大工程，包括四大"政府大数据"工程、五大"大数据产业"工程以及网络和大数据安全保障工程，其中特别提到了与新闻出版业紧密相关的知识服务大数据，指出要"建立国家知识服务平台与知识资源服务中心"。随后，2016 年

① 大数据重点实验室. 块数据 3.0：秩序互联网与主权区块链［M］. 北京：中信出版集团股份有限公司，2017：50.

1月，发改委办公厅发布《国家发改委关于组织实施促进大数据发展重大工程的通知》，提出重点支持大数据示范使用和大数据共享开放，重点支持基础设施统筹和数据要素流通，为出版大数据建设提供了建设方向与建设目标。

2016年2月，国家新闻出版广电总局发布《关于报送新闻出版领域促进大数据发展重大工程项目的函》，面向新闻出版业征集反馈意见，同时积极准备向国家发改委申报新闻出版大数据重大工程。2017年3月，"新闻出版大数据应用工程"入选发改委大数据发展重大工程，出版大数据建设正式进入部署阶段。

2017年9月，国家新闻出版广电总局公布《新闻出版广播影视"十三五"发展规划》，其中在"专栏3 传统出版与新兴出版融合发展项目"中列出，"4. 国家出版发行大数据工程。汇聚新闻出版行政管理机构及新闻出版单位的基础业务数据，建设行业信息数据库，建设出版产品信息交换平台和新闻出版大数据综合服务平台，实现行业基础数据的开放与共享，支持新闻出版企业开展大数据应用"，明确了出版数据库建设、平台建设和大数据应用等建设内容。

2019年8月，科技部等六部门印发了《关于促进文化和科技深度融合的指导意见》的通知，将"加强文化大数据体系建设"作为重点任务加以规定，指出"贯彻国家大数据战略，加强顶层设计，加快国家文化大数据体系建设"，"构建文化大数据应用生态体系，加强文化大数据公共服务支撑"，"加快文化数据采集、存储、清洗、分析发掘、可视化、标准化、版权保护、安全与隐私保护等领域关键技术攻关"，明确了出版大数据建设的建设流程及注意要点。

2020年5月，中宣部文改办下发《关于做好国家文化大数据体系建设工作的通知》，规定了"中国文化遗产标本库建设""中华文化素材库建设""国家文化大数据云平台建设"等八大重点任务，并指出要"健全工作协调机制，制订工作计划，用足用活政策，多渠道筹措建设资金，努力开创工作局面"。2020年8月，《财政部办公厅关于编制2021年中央文化企业国有资本经营预算的通知》首次将"推动国家文化大数据体系建设"作为四个重点之一，指出"支持中央文化企业将已建成数据库同中国文化遗产标本库、中华民族文化基因库、中华文化素材库对接，巩固和提升数字化转型升级成果，结合国家数字复合出版系统工程推广工作，创建数字化文化生产线，开发文化大数据，创作生产适应现代化网络传播的文化体验产品"。可以说，在国家政策支持和出版机构实践努力下，大数据在出版领域的发展和融合态势愈加明显。

二、出版大数据建设的必要性与可行性

我国独特的出版体制决定了专业出版、教育出版、大众出版在出版方阵中占有重要地位。在已经来临的大数据时代中，细分领域、特定行业的专业出版大数据建设、教育

出版业的教育出版大数据建设以及部分大众出版大数据建设，具有天然的优势和较大的可能。

（一）出版大数据建设的必要性

其一，就出版企业自身而言，出版大数据的建设，有助于辅助出版选题策划和精准营销，进而推进出版企业自身业务的优化和完善。长期以来，传统出版企业一直处于粗放式经营阶段，很少有出版社可以直接回答出版社自身"究竟有多少个作者""有多少销售客户""建社以来共计出版了多少图书"等问题。换言之，出版企业对用户数据、内容数据等数据资源的建设没有引起足够的重视和关注。出版企业如果基于上游的作者数据、中游的内容资产数据、下游的销售客户数据、交互数据等建立起相对完善的数据中心或者数据资源池，建立作者数据库、内容资源库、用户资源库等大数据系统，其不仅可以轻易回答上述问题，还能够调取用户资源库的数据指导、选择更加优质的作者，了解同类型选题的销售规律，调取内容资源库的数据分析热门选题的周期顾虑，预判同质或差异化选题的销售趋势，最终实现出版选题策划和市场营销的实质改进。

其二，就出版业的发展趋势而言，出版大数据建设是数据化出版的必然要求，也是深入推进新闻出版业数字化转型升级的时代呼唤。自 2008 年机构改革以来，出版业进入了转型升级的深入推进期，数字出版也大致经历了以数字图书、数字期刊、数字报纸为代表的数字化发展阶段；以数据库产品、网络原创文学为代表的碎片化发展阶段；目前则正在经历以知识体系为逻辑内核、以知识标引为技术基础、以知识计算为技术关键和以大数据知识服务为外在表现形态的数据化发展阶段，数据化发展则将催生出数据出版这一新的出版业态，出版大数据建设由此成为其中的核心内容。

其三，就未来时代发展而言，人工智能以大数据为基础，专业出版大数据的建设是新闻出版业步入智能化发展阶段的题中之义。智能出版一方面表现在出版流程的智能再造上，即形成从智能策划、智能审校、智能印刷、智能发行到智能决策等全流程的智能化解决方案；另一方面则表现在 AR 智能出版、智能阅读机器人等系列智能产品服务的研发与设计上。无论是对内的智能流程再造还是对外的智能产品服务，智能出版都离不开出版大数据的建设与应用，大数据建设可以说是智能出版发展的基础和前提。

（二）出版大数据建设的可行性

专业出版、教育出版、大众出版在出版大数据建设进程中的优势不一，其开展大数据建设的现实基础也有所差异。以专业出版为例，其开展出版大数据建设的可行性主要在于其数据类型完整、数据规模较大和数据价值较高三个方面。

1. 数据类型完整

就数据类型而言，专业出版机构生产和存储的数据类型较为完整，涵盖了出版主体数据、内容数据、交互数据等多个类别。从出版主体数据来看，专业出版机构拥有上游的作者信息，中游的编校、设计、印刷机构（个人）信息，下游的营销、发行机构（个人）信息，还包括数字化技术服务提供商的信息。从内容数据来看，专业出版社汇聚了特定行业、特定专业、特定领域的知识资源，时间跨度可以持续六十至七十年，整个专业出版领域几乎囊括了国民经济各行业的核心知识资源。从交互数据来看，专业出版社的交互数据的数据规模虽然相对薄弱，但是也拥有重点图书、重点产品的交互数据，随着数字出版活动的开展，各类专业知识库、数字图书馆开始采集和分析用户的评论、点赞等交互数据，为专业出版社的交互数据建设提供资源支持。

某专业出版社已经系统建设了"自然资源知识服务大数据平台"（如图 14-1 所示），其中的用户数据系统涵盖了个人用户和机构用户两类主体，包括地质、国土、林业、海洋等自然资源领域的各种类型从业者和大众用户。用户数据的构成则包括通信方式、通信地址、年龄结构、阅读偏好、工作性质、消费能力、趋势分析等 7 个维度，不同维度的数据信息服务于不同目的的出版运营推广。

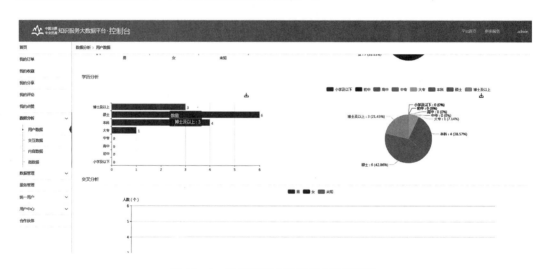

图 16-1　自然资源大数据用户数据系统

2. 数据规模较大

专业出版机构的数据规模较大，往往是两三家，甚至是一家出版社就几乎聚集了全行业的知识资源。从宏观角度分析，专业出版社可以构建出特定行业的全数据资源池并形成数据闭环。例如政法类出版社可以将立法、执法、司法、守法等各环节的数据进行采集、加工、标引、计算和应用。而在微观角度，专业出版社则能够做到全方位的数据建设。以政法类出版社为例，法信大数据平台所拥有的数据包含了法律（基本法和非基本法）、法规（行政法规和地方性法规）、规章（部委规章和地方性规章）以及非规范性法律文件，还拥有判决书、案例、合同、课程、音视频等各类数据类型，它们共同奠定了庞大的出版数据规模。

3．数据价值较大

专业出版机构的数据质量较高、真实性较强、应用价值较大的优势也为出版大数据建设奠定了良好的基础。从数据、信息和知识的层级关系来看，数据是指经实验、调查而来但未经组织或处理的事实，是能进行计算域分析的静态资料；信息来自对数据的萃取、过滤或格式化后而赋予数据一定意义，来自或根据特定主题而收集的事实及数据；知识则是经过学习或实践而得到的对于资讯、事实、想法、原则的理解或认知，是经过特殊处理、验证或强化过的信息。[①] 专业出版机构所拥有的数据主要集中于以图书、期刊形态存在的专业知识层面，数据的挖掘与应用价值都较高。同时，越来越多的专业社开始构建所在行业的资讯、政策、论文、期刊等类型的数据资源库，试图形成该行业的数据、信息和知识的集聚中心、加工中心和应用中心，其资源建设的价值性将愈加凸显。

---

① 董金祥. 基于语义面向服务的知识管理与处理 ［M］. 杭州：浙江大学出版社，2009：11－12.

第二节　出版数据类型

基于不同的分类方法，出版大数据又可分为不同的数据种类，如：基于数据来源和数据属性划分，可以分为条数据与块数据；基于数据内容与构成划分，可以分为用户数据、内容数据和交互数据。不同的数据分类方法划分出的数据类型，其意义和价值也有所不同：条数据、块数据的划分方法，对资源驱动型出版企业的组建和发展、专业知识服务和综合性知识服务的开展具有较大的启发意义。用户数据对出版机构的客户关系管理系统构建具有重要价值；内容数据是出版大数据建设的核心和关键，也是出版机构数字内容资产系统构建的核心所在；交互数据对发挥大数据的预测、预警和辅助营销具有决定性的作用，是建设营销决策分析系统的重要参照。

一、条数据与块数据

条数据是指同类型、同领域数据的指向性聚合，而块数据则更强调关联性聚合，前者强调垂直关联，后者则强调跨界关联。块数据好比如计算机的主板，建立起了一个开放、共享、连接的数据基地；各个行业和部门的条数据就如同一个个可插拔的板卡，它们只有融合并集成到主板上，才能发挥计算机（即大数据）的潜在价值。①

（一）条数据

出版业的条数据是指在出版领域呈链条状的数据，基于维度的不同，可进一步划分为横向条数据和纵向条数据。

横向条数据是指相同或相似出版领域的出版机构整合的数据资源类型，例如法律出版社、法院出版社、法制出版社都拥有政法方面的数据资源；纵向条数据是指同一领域、同一行业的单个出版机构所整合的专业知识资源数据的集合，例如某出版社所建设大数据平台包含了自然资源部、省市自然资源局、地勘科研院所的专业数据资源。

横向条数据、纵向条数据的提法，在新闻出版业具有以下几个方面的意义：①横向条数据的聚合和挖掘，有利于专业出版领域以资源为驱动组建新型出版集团。②纵向条数据的整合，有利于进一步挖掘大数据时代单个专业出版社的知识数据潜力和优势。③横向、纵向条数据的充分挖掘和运用，有利于专业出版知识服务活动的开展。

---

① 陈刚. 块数据的理论创新与实践探索［J］. 中国科技论坛，2015（4）：46.

值得注意的是，条数据关联性不足的问题也容易衍生数据孤岛、数据资产垄断等问题。如由于出版条数据难以在更大范围内进行实时的数据交换与共享，即有可能使数据和信息系统成为一个个孤岛，不同类型的出版机构与出版机构之间、出版机构内部的部门与部门之间都会存在信息孤岛。此外，条数据的单维度性和封闭性也会导致出版数据资源被少数出版机构垄断，数据资源的价值难以得到最大化挖掘。

（二）块数据

出版业的块数据，就是以一个物理空间或行政区域形成的涉及出版主体、出版活动、出版对象等各类数据的总和，也是"高度关联的各类数据在特定平台上的持续聚合"。出版业的块数据的兴起与我国以行政区划为标准来建立和发展出版传媒集团有很重要的关联。地方出版集团，例如江苏凤凰出版集团、中南出版集团、重庆出版集团等企业的产业化、规模化发展，都离不开对该行政区域内出版"块数据"的整合和运用，离不开对省内出版业用户数据、内容数据和交互数据的整合。

作为出版大数据的高级形式，块数据比条数据的"4V"（即大量性、高速性、多样性和价值性）特征更为明显，能够以去中心化的数据共享方式有效打破传统出版信息化建设过程中的数据壁垒，为实现出版大数据的"块"状聚集提供逻辑遵循。出版块数据的产生也进一步打破了传统信息不对称和对物理空间、出版领域的信息流动限制，通过对不同类型、不同来源数据的集成、挖掘、清洗，极大地改变了数据、信息和知识的生产、传播、加工和组织方式，进而改善因出版条数据而衍生的数据孤岛、数据资产垄断等问题。可以说，块数据与出版活动主体、出版运营环境、出版服务的结合，为出版大数据的创新发展带来新的驱动力。

"块数据"的提出虽然为打通出版行业、出版部门之间的信息壁垒提供了理念支撑，但在实践应用中也面临着较多问题。从物理上看，从条数据到块数据本身就是一个维度增加的过程，这就意味着数据结构的变化，对出版数据的采集、清洗、整合等标准化与结构化工作提出了更高的要求。此外，与条数据相比，块数据安全管控难度更大。出版块数据多源异构的特点可能会衍生技术滥用、机构与个人的安全隐私保护、数据安全等问题，出版大数据的安全保障与规制机制都有待系统建设。

二、内容数据、用户数据与交互数据

国家新闻出版广电总局组织的"十三五"科技预研究课题"大数据相关技术在新闻出版领域应用预研究报告"中首先提出了内容数据、用户数据与交互数据的新闻出版数据分类方法。该种分类方法是在新闻出版实际发展状况的基础上，推动大数据理念与新闻出版相结合的一次重要探索和尝试。其中，内容数据不仅包括图书、杂志、报纸等传统载体上的正文信息，相关标题、作者等元信息；还包括微博、微信和论坛等新型媒体上发布的内容，是出版数字内容资产系统建设的基础。用户数据是指用户相对稳定的信息，主要包括年龄、职业、性别、喜好、兴趣等方面的数据，是客户关系管理系统建设的基础。而交互数据是指用户与用户、用户与内容之间产生的互动信息，主要包括转发、评论、点赞、收藏等方面的数据，是营销决策分析系统的架构基础。①

（一）内容数据

内容数据，是指出版机构在经营和发展过程中所积累的知识资源数据，也是经过数字化、碎片化和数据化后所形成的具备专业性、行业性或者综合性的知识资源。内容数据是出版机构建设出版大数据的基础和主体，是大数据技术作用于出版的主要对象，也是出版机构建设数字内容资产系统的主要数据来源。从表现形态来看，内容数据包括文字、图片、音视频、游戏、动漫、3D模型等多种知识素材。内容数据的建设过程，需要遵循以下三个原则：

1. 内容数据建设的标准化

内容数据建设的标准化，是指在数字化、碎片化和数据化的过程中，要始终遵循统一的标准，便于数字资产管理系统的建设和运用。在数字出版发展的初期阶段，内容素材、内容格式和内容产品都存在着标准不一、衔接无序的问题。这种混乱的根源在于缺乏统一遵循的标准，规范化、标准化的建设步伐没能跟上碎片化和数据化的发展节奏。

首先，内容数据的建设、内容数据的标引、内容数据的组合和内容数据的服务都要遵循统一的格式标准。这种标准化的格式需要从出版的源头，即排版文件开始遵循，直至所研发的数字产品，到最后所提供的知识服务。

其次，内容数据可同时遵循多套标准，即形成内容数据的标准化体系。数字时代的产品展现形式往往是多元化的，以电子书为例，可以形成TXT、PDF、EPUB、CEBX等多种格式形态。但无论是以何种格式展现内容，都要遵循相应的标准，同时实现多种数据格式之间的转换和有序衔接。

2. 内容数据建设的全样本性

内容数据建设要坚持"全样本"的原则，即不对知识资源数据做出条条框框的限制，而是围绕某专业、行业或领域，全面采集、标引和存储一切相关的知识资源数据。这也是大数据"相关性"特点在新闻出版大数据建设过程中的体现。

"全样本"建设需做到以下几点：第一，要注重数据的全面性，建设全样本数据，而非做抽样的数据。样本越全面，数据挖掘就越充分、知识标引就越周延、知识计算价值就越大，最终所产生的二次数据价值就越大。第二，任何数据都是有其价值的，陈旧的数据往往可以通过数据创新、数据更新、数据再利用等多种方式将其未被发现的价值挖掘出来。有些出版单位在开展数字图书馆、数据库建设的过程中，往往仅仅关注近几

---

① 参见新闻出版广电总局"十三五"科技预研课题——"大数据技术在新闻出版业的应用"。

年的图书产品，而对于以往的图书都弃而不用，这其实是一种资源的浪费。若出版机构能够将自建社以来发展至今的所有图书内容资源进行数字化、碎片化和数据化加工，不仅可以实现某特定领域出版资源的纵向、历史性整合，也能够推动构建完整的出版机构数字资产系统，还能达到企业文化培训与传播等目的。

3. 内容数据建设的创新性

内容数据建设的创新性，是指在对出版机构的内容数据进行全面梳理和整合的同时，也要创新性地引入该行业、领域的其他数据。除了出版机构已有的出版内容资源之外，出版机构还可以通过行业合作、资源共享、新媒体数据挖掘等方式获取大量的行业资讯、行业舆情和行业政策等条目化、碎片化的数据资源。举例而言，国内已有部分出版机构通过与所属部委的政策研究室、信息中心签署数据共享战略合作协议的方式来扩大自身的专业数据规模，创新性提升出版服务质量。

（二）用户数据

用户数据，是指能够精准描绘出用户特征的信息，包括年龄、性别、学历、职称、民族、区域、阅读偏好等，是一切与出版机构具有业务关联的个人或组织体的信息和数据。基于大数据视角，出版用户数据可进一步划分为用户的类型数据、共性数据和个性数据。

1. 类型数据

出版用户的类型数据，是指出版活动的目标用户属于个人用户还是机构用户，是属于作者、读者还是发行方，是来自新华书店、民营书店还是直营书店等的数据资源。出版用户的类型数据对出版机构采取何种盈利模式、运用何种营销方式具有重要的指导意义和参考作用。如B2C的盈利模式一般应用于个人用户，B2B、B2G、B2B2C等盈利模式则更多应用于机构用户。而在服务方式提供方面，企业、事业单位用户能够接受远程访问、在线获取知识的服务方式，而机构用户中的政府机关、机构用户则青睐于本地化安装服务的方式。

2. 共性数据

出版用户的共性数据，是指出版活动目标用户的年龄、职业、民族、籍贯、性别、喜好、兴趣等基本特征的数据资源。出版用户的共性数据对判断目标用户的消费偏好、消费频次、消费方式、消费价格承受能力等具有重要价值。出版企业可以根据目标用户的基本共性信息，分析其消费规律，调取最佳的内容数据，推送目标用户感兴趣的知识内容，进而充分发挥出版大数据的精准营销、辅助决策的应有功能。

3. 个性数据

出版用户的个性数据，是指出版活动目标用户数据中涉及出版的策划、制作、营销等具体环节的重要数据，包括联系方式、所属行业、阅读偏好、消费频次等。出版用户的个性数据，在大数据时代的价值和作用至关重要，往往是实现重要选题策划、精品制作加工和产品运营销售的重要线索。如：在选题策划环节，获知目标用户，尤其是机构类用户的行业发展态势、最新理论成果，对创新性图书精品和重大选题的推出具有直接影响作用。在产品制作加工环节，捕获目标用户的阅读体验、视听体验等个性化数据，是推精品、出良品的关键。在运营销售环节，知晓目标用户的消费决策机制、消费决策等关键性因素，则对实现精准营销、大客户销售等具有启发性意义。

整体而言，用户数据的全面搜集和整理，有利于建立健全出版机构的客户关系管理系统（customer relationship management），提高出版企业的核心竞争力，增强目标用户的黏性与忠诚度。其一方面能够为出版选题策划、编校印制、运营销售等出版流程环节决策提供数据支持，另一方面则能够为出版企业的盈利模式、产品体系、技术方案、人才引进等方面提供数据参照。

（三）交互数据

交互数据主要指来自相互作用的网络数据，包括社交媒体交互和机器交互的新型数据。与内容数据和用户数据相比，交互数据是出版机构目前最欠缺的一类数据，主要是因为出版机构缺乏一个强有力的平台来收集交互数据。事实上，用户规模庞大、用户黏性高的移动通信商和综合型网络服务提供商往往拥有大量的交互数据资源，如腾讯集团的微信业务每天都可以搜集数亿乃至数十亿计的点赞、评论等交互数据。

"在很多行业的大数据创新应用中，对'实时互动'的需求越来越强烈，如果能够实时抓取到用户瞬间的消费冲动，无疑将能大幅提升营销推广效率。"[①] 交互数据恰恰又是出版机构将内容数据推送至目标用户的关键性数据资源，是出版机构打通内容数据和用户数据的桥梁和纽带。只有通过对交互数据中的点赞、评论、收藏等行为的分析和统计，才能发现目标用户的阅读喜好，才能洞察目标用户的消费规律，也才能够成功地将内容数据推送到终端用户那里，起到直联直供和直销的效果，发挥大数据的辅助营销决策、推动精准营销的应有价值。

整体而言，出版企业需以内容数据建设为主体，本着标准化、全样本性和创新性的原则来建构自身的数字内容资产系统；以用户数据建设为突破，建立自身的客户关系管理系统；以交互数据的采集和分析为方向，通过自我研发或平台合作的方式收集交互数据、逐步打造营销决策分析系统，最终实现出版大数据的辅助出版决策的功能和价值。

---

① 刘松. 实时交互是大数据的第五大特征［J］. 北京晨报，2015（4）.

第三节　出版大数据建设流程

出版大数据建设的流程主要包括数据收集、数据预处理、数据存储、数据处理与分析、数据展示（可视化）、数据应用等环节，其中数据质量贯穿整个出版大数据的建设流程，每一个大数据建设环节都会对出版大数据的质量产生影响。

一、出版数据采集

大数据技术要求我们把所有的文字、图片、视听资料、游戏动漫，甚至是单本图书，都当作数据来对待，把数据作为生产要素来对待。随着数据处理平台的进一步成熟，整个社会的运转以及人的个体行为都将成为可资利用的数据，并以数据的形态存在于网络之中。亚马逊集团董事会主席杰夫·贝索斯就认为，亚马逊真正的价值并不在于存货，而在于数据；推动亚马逊长足发展的核心要素之一就是其积累的书评和用户购买记录。①

而出版大数据建设的起点即为数据采集，数据采集的对象则包括上述的用户数据、交互数据和内容数据等。其中，内容数据采集是出版大数据建设之基，涉及教材资源、教辅资源、大众教育资源等教育出版数据资源，红色文化资源、经典文学作品资源等大众出版数据资源，各类专业文库资源、地方志资源等专业出版数据资源。出版企业一方面需要注重纵向数据收集，如对所属部委所发布的政策文件、行业资讯进行实时采集收录；另一方面则要加强横向数据交换，对相同或者相近领域的出版数据、知识资源进行资源置换或者交易，以尽可能扩大出版数据的规模和增加出版数据资源的丰富性。

数据采集技术则能为出版大数据的采集提供必要的支撑。网络爬虫、ETL（extract-transform-load）和数据众包等大数据采集技术的成熟发展是全面采集出版数据的前置基础，尤其为完善出版用户数据、交互数据提供了极大的便利。同时，为了增加出版数据采集的规范性与安全性，部分出版企业已经开始尝试建立或采购标准化的数据采集工具。2013 年，中南传媒作为试点建立了一个全周期信息数据的交换中心，先行开展出版数据采集规范化的实践工作。随后，国家新闻出版广电总局数字出版司以一般项目的形式支持出版机构采购相应的软件工具，以推进出版数据采集的规范化运作流程，为出版

---

① 卡普兰. 人工智能时代 [M]. 李盼，译. 杭州：浙江人民出版社，2016：93 – 95.

大数据的采集整合提供了必要支持。

值得注意的是，出版数据采集尤其需要关注数据隐私的问题，出版企业可以通过确立大数据业务、系统、流程等相关原则，避免发生数据滥用或用户数据泄露等问题。

二、出版数据预处理

在出版数据采集过程中，基于对数据采集的全面性和相关数据的完整性的考虑，出版数据采集通常涉及多个数据源，如各式各样的数据库、社交媒体、服务接口等，其多源性、异质性、复杂性等特点对出版数据质量形成了一定挑战。事实上，不管出版大数据的规模如何，初始采集的出版数据普遍会存在噪音、冗余、缺失等问题，对出版数据的决策价值产生影响。数据预处理则能够消除出版数据的不一致性、不完整性，在保证出版数据质量的基础上，提高数据分析结果的可靠性与精准性。常见的数据预处理方法包括数据清理、数据集成、数据变换和数据归约，预处理的具体内容则包括数据降噪、简约冗余数据、修正异常错误数据、填补缺失数据等。

值得注意的是，出版数据预处理的过程并非随意的数据填补或内容调整，其大致需遵循大数据预处理的一般条件与要求，如需检测并除去数据中所有明显的错误和不一致；尽可能地减小人工干预和用户的编程工作量，且其操作需易扩展至其他数据源；需建立一个统一的数据预处理框架，用相应的描述语言来指定数据清理、集成、变换和规约操作，满足数据预处理流程的一致性。而衡量出版数据质量，亦即数据预处理完成度的标准可概括为一致性（consistency）、正确性（correctness）、完整性（completeness）和最小性（minimality）4 个指标。[①]

三、出版数据存储

随着大数据的数据规模从 TB 级逐渐上升到 PB、EB 级，出版大数据也面临着如何降低数据存储成本、充分利用计算资源、提高系统并发吞吐率、支持分布式的非线性迭代算法优化等众多难题。出版数据存储即对已预处理的数据及数据编目进行统一的存储，在提供基本的读、写、删、改等功能的基础上，满足对关键数据编目进行及时、有效查询的服务需求。出版数据主要的存储方法包括轻型数据库和大数据存储平台两类。

（一）轻型数据库

当出版大数据的数据规模量在轻型数据库存储能力范围内，且仅为响应用户简单的查询或者处理请求的情况下，可将出版数据存储至轻型数据库内。轻型数据库又称为嵌

---

① AEBI D, PERROCHON L. Towards improving data quality [C] //CiSMOD, 1993: 274.

入式数据库，一般体积较小且没有服务器组件，是一种具备基本数据库特性的数据文件，当其嵌入到应用设备中时可以以程序方式直接驱动，运行时只需要较少内存。典型的轻型数据库有关系型数据库 SQL、非关系型数据库 NoSQL 以及新型数据库 NewSQL 等，其具有缩短程序访问数据库时间、加快数据处理速度等优势。值得注意的是，一般的轻型数据库不适宜于以下情况使用：大量查询出版数据，简单查询需要快速返回结果，查询非结构化数据的应用，等等。

（二）大数据存储平台

当出版企业需要提高大数据分析及数据复杂挖掘的能力，或已采集的出版数据量的规模已经远超过轻型数据库的存储能力时，应将出版大数据导入大型分布式存储数据库或者分布式存储集群中。对有条件及数据资源丰富的出版企业而言，其可以通过立项或与技术公司合作的方式自行开发出版大数据存储平台，实现出版大数据的自存储与管理。自建出版大数据平台的优势在于出版企业能够基于自身的资源特色、发展目标及用户需求个性化架构平台的标准、功能，能够有效契合出版企业的大数据建设需要。对资源条件有所受限的出版企业而言，其可将已采集的大数据存储至已开发成熟的大数据平台，如 InfoBrignt、Hadoop、YunTable、HANA 等。已有的大数据存储平台通常已接入成熟的大数据技术，在数据标准化存储、数据安全管理、数据在线挖掘分析等方面具有技术优势，但也可能存在平台特性与出版企业大数据建设需求不完全一致等问题。

大数据存储平台中的分布式数据存储是出版大数据建设的一个重要环节。针对目前海量数据存储和处理所面临的数据规模大、处理速度要求高和数据类型异质多样等难题，出版业还亟待开发支持高可扩展、深度处理的海量数据的分布式数据存储框架，以在降低系统建设成本的同时提高出版大数据存储和处理效率，从而实现高效、高可用的出版大数据存储平台架构。随着宽带网络技术、WEB 2.0 技术、应用存储、集群技术、存储虚拟化等数字技术的进一步发展，云环境下的大数据存储或将成为未来出版大数据存储的发展趋势。

四、出版数据挖掘

数据挖掘，或曰知识发现，泛指从大量数据中挖掘出隐含的、先前未知但潜在的有用信息和模式的一个工程化和系统化的过程。出版企业成功实施大数据战略的关键不仅在于出版数据量的规模性与规范性，更在于能够运用一定的技术方法挖掘更深层、更具使用价值、无法人为预知的信息。如果出版企业不具有数据挖掘的能力，大数据建设的意义和价值就不可能在最大限度上得以实现。因此，出版数据挖掘是出版大数据建设中最关键也最有价值的工作。

（一）出版数据挖掘技术

数据挖掘技术是数据库、数理统计、AI人工智能等数字技术等发展到一定阶段的产物，常用的数据挖掘技术包括统计分析、聚类分析、关联分析、预测分析等。

（1）统计分析，即基于出版数据的特征分析和计算，采用众数、均值和分布类型等具体分析计算方法对采集的数据进行汇总统计，如对各类图书的发行量、销售量进行统计分析，描述图书销量的整体态势。

（2）聚类分析，即将具有相同特征的出版数据进行汇聚整合，是按"物以类聚"原则研究事物分类的一种多元分析方法。基于聚类分析方法，出版企业能够获取出版市场的热点主题、出版用户群体等，进而为出版选题策划、图书精准营销等提供数据支撑。

（3）关联分析，是指在目标数据集中发现变量之间的关联规则，可以探析各类影响出版活动的因素之间的关联性或相关性。如出版企业可以借助关联分析挖掘不同用户群体对图书主题、类型、作者、价格等因素的相关程度，探析不同营销活动之间的相互影响机制，从而提高图书出版活动效率，减少不必要的营销支出。

（4）预测分析，指根据数据变化对可能造成的结果进行研判。基于预测分析，出版企业能够对图书出版的成本、定价、销售额、利润、市场份额、用户增长速率进行科学分析与预测，以随时调整出版策略方向与实施措施。

除上述常用的数据挖掘技术之外，决策树方法、序列模式分析、神经元网络、遗传算法等技术也能够在出版数据挖掘中起到相应作用。值得注意的是，不同的数据挖掘方法通常对应着不同的数据挖掘模式，这些模式能够从多方面、多维度描述同一个目标问题，为出版数据挖掘提供了多样化的解读。但是并非所有的数据挖掘模式都能够满足需求，其挖掘结果是否具有借鉴意义还需要出版主体或机器进行进一步评估。

（二）出版数据挖掘应用

出版数据贯穿于图书出版的各个环节。在全面采集与规整出版大数据的基础上，出版企业可利用多样化的数据挖掘技术实现出版企业特定的需求和目标，进而影响出版企业活动的方方面面。从图书出版的流程来看，出版数据挖掘主要作用于选题策划、图书营销和用户服务三个环节。

1. 选题策划

传统的图书选题策划通常以召开编委会征求意见的方式展开，具有一定的主观性和不确定性；同时，由于传统选题策划无法实时跟进图书市场信息，可能导致图书内容无法紧贴市场需求，进而带来销售量不高、图书库存积压等问题。基于传统信息收集和研判的选题策划也依然很难精准把握读者需求，以至于许多以打造畅销书为目的的图书选题，最后以失败而告终。

出版数据挖掘则能为出版选题策划提供数据支撑，出版企业可以通过分析图书品种数据、选题数据、图书品种版权引进数据、图书版权输出数据、图书销售数据等出版信息资源，对出版选题和市场需求之间的关联关系进行深入分析与挖掘，在了解近几年出版业的图书选题结构与市场销售情况的基础上，实质提高出版选题策划的科学性和市场性。在利用出版大数据挖掘符合市场需要的出版选题的同时，出版企业也需警惕数据挖掘所带来的可能存在的社会价值冲突的问题，需在满足市场需求之余避免助长内容浅层化、功利性的庸俗之风，以性、暴力、隐私为主题的低俗之风，以及一味迎合受众泛娱乐化的媚俗之风。①

2. 图书营销

传统的图书营销主要是在图书市场调研的基础上进行市场评估，围绕图书本身或特定渠道开展营销活动。其中，围绕图书本身开展的营销方式包括广告传单、新闻稿、海报等，围绕渠道开展的典型营销模式包括直销、分销等，这些方式与模式存在重利润、成本高、时间和地域限制多等不足。② 随着互联网技术的快速发展，传统图书营销方式越来越无法满足市场需要，著名的专业杂志《哈佛商业评论》甚至直言不讳地宣告了传统营销的终结：包括广告宣传、公共关系、品牌管理以及企业传媒在内的传统营销手段已经失效。

大数据时代的来临全面改写了传统的营销规则，尤其是社会化媒体在图书营销中的广泛应用，使图书出版市场从卖方市场转变为消费者主导型市场，图书出版业的竞争焦点也相应地由生产力比拼转变为市场潜力挖掘的较量。图书销售量、图书排行榜、码洋占有率、动销品种等数据及其动态演变特征能够为出版企业全面了解、预测图书的销售状况、图书市场的发展趋势提供可靠依据，也为图书营销决策提供科学支撑。一方面，出版企业可以通过关注同类图书商品的历史销售数据，对比不同营销策略下的市场销售状况，分析目标图书的销售目标市场和可采取的营销策略，最大限度实现图书的精准营销。另一方面，出版企业还可以基于现有的读者消费信息、电商平台的使用数据建立图书全过程营销的监测模型，了解图书营销各阶段营销特点、读者对相关营销策略的可能反应，进一步探析图书市场可能的发展趋势，实现出版物的全过程营销。

3. 用户服务

在多元化的发展环境下，出版领域中的读者已不再是传统意义上的内容产品的阅读者和接受者，而是转变为信息内容的主动生产者与参与者。读者或用户可以通过点赞、评论、回复、转发等方式参与到出版内容的生产和传播中，在丰富出版企业出版数据类型及数据规模的同时，也对出版企业各个环节及各个方面的重构提供了机遇，提出了挑战。

---

① 王涵，方卿. 社会临场理论下社会化阅读内容"三俗化"问题研究［J］. 现代出版，2017（3）：16.
② 张美娟，孙晓翠，潘涵. 基于数据挖掘的图书精准营销创新［J］. 科技与出版，2015（8）：69.

首先，出版企业可以通过用户基本信息挖掘实现出版活动的精准定位。用户基本信息数据是指能够界定用户内在属性和外在属性的基本数据信息。借助知识发现、信息过滤、聚类算法等大数据技术，出版企业能够科学、有效、具体地描述目标用户的特征，进而为其提供专业化和个性化的图书产品和服务，从真正意义上实现出版活动与用户群体的精准匹配与定位。其次，用户行为数据挖掘能为出版市场的个性化服务提供可靠支撑。用户行为数据是指用户在各类平台渠道上因浏览、阅读、收藏、搜索、购买、反馈等行为产生的数据，对发现用户潜在的消费习惯、消费需求和购买能力具有重要意义。结合用户基本信息数据及动态的行为数据信息，出版企业可以对用户及用户群组进行分类分析，建立用户及用户群体画像库，以实现多层次、全方位的个性化的用户服务。最后，用户社交数据、内容数据等其他多源数据挖掘则能为推进出版企业选题策划、图书营销提供有效反馈。用户社交数据指以用户在社交网络上与其他用户产生的互动数据，内容数据则为用户在各类平台创建的各种原创内容数据。出版企业可以从社交数据和内容数据等其他多源数据中探析用户的潜在需求和产品体验痛点，促进出版企业品牌的建设与管理，优化出版企业的出版流程与服务供给。

（三）出版数据挖掘特点

与一般性的数据挖掘相同，出版数据挖掘也具有应用性、工程性、集合性和交叉性4个特点。[①]

（1）应用性，即出版数据挖掘既来源于出版实践应用，又作用于出版实际应用。出版数据挖掘是理论算法和应用实践的有效结合，其源于出版企业在实际出版生产中应用需求，并借助数据分析与挖掘将发现的数据、信息与知识运用至出版实践中，以辅助出版企业的运营决策，具有应用性特征。

（2）工程性，即出版数据挖掘是一个由多个步骤组成的工程化活动。数据挖掘的应用特性决定了数据挖掘不仅仅是算法分析和应用，也是一个包含数据准备和管理、数据预处理和转换、挖掘算法开发和应用、结果展示和验证以及知识积累和使用的完整过程。在具体的实际应用中，优质的出版数据挖掘还是一个交互和循环的过程，能够不断延伸数据挖掘的潜在魅力。

（3）集合性，指出版数据挖掘是多种功能的集合。常用的数据挖掘方法包括数据探索分析、关联规则挖掘、时间序列模式挖掘、分类预测、聚类分析、异常检测、数据可视化和链接分析等。出版企业在开展针对性的数据挖掘工作时，往往需要采纳多种数据分析方法，而不同方法背后又有不同的理论、技术和算法支撑，其共同作用才能实现出版数据挖掘的最终目的。

（4）交叉性，指出版数据挖掘涉及多个学科领域。一方面，数据挖掘本身就是一个

---

① 李涛. 数据挖掘的应用与实践：大数据时代的案例分析 ［M］. 厦门：厦门大学出版社，2013：1 - 2.

交叉学科，汇聚了统计分析、模式识别、机器学习、人工智能、信息检索、数据库等多领域的知识基础；另一方面，出版与数据挖掘的交叉结合既为出版领域的实践活动、运营决策提供了数据支撑，也为数据挖掘领域提供了丰富的知识资源和应用场景，两者相互交织与影响，双向推动了各自领域的长足发展。

同时，出版数据挖掘也有一些需要注意的方面与问题。如出版企业在委托第三方开展数据分析与挖掘时，需履行监管义务，确保第三方在数据挖掘过程不出现向其他主体泄露、出售或非法提供数据信息的情况。当出版企业自行开展数据分析与挖掘活动时，也要对数据分析处理过程进行一定的约束，合理限制部分核心数据向外流动，在确保出版数据安全性的同时增强隐私数据的保护度。

五、出版数据可视化

出版数据可视化是出版大数据建设的最后一个环节，也是出版开展大数据分析不可或缺的手段和工具。实验结果表明，人类从外界获得的 80% 以上的信息来自视觉系统。当大数据分析与挖掘结果以直观、可视化的图形形式展示时，分析主体往往能够一眼洞悉数据背后隐藏的信息并转化为知识以及智慧，真正实现出版大数据"数据—信息—知识"的转换升级，有效发挥出版大数据的信息支撑、决策支持和智能服务能力。整体而言，出版数据可视化可进一步细分为文本可视化、网络可视化和多维数据可视化三类。

（一）文本可视化

文本可视化是指通过抽取文本信息中的特征信息，并将其以图形、图像等视觉符号形式加以展示的可视化呈现方式，主要有基于文本内容和基于文本关系两种文本可视化路径。

词云图就是典型的基于文本内容可视化的呈现方式。词云图是将关键词按照一定顺序和规律排列，并以文字的大小代表词语的重要性（亦即频次高低）的呈现形态，可在Tagxedo[①]、EdWordle[②] 等系统上自动生成，以揭示出版关键词的频次分布情况，如图16-2 所示。

---

① http://www.tagxedo.com/.

② https://www.edwordle.net/.

图 16 - 2　EdWordle 词云示意图

　　基于文本关系的可视化主要关注文本内部的结构和语义关系、文本间的引用和链接关系等。如树状图能够呈现关键词之间的、上下文之间的从属关系、并列关系等关系结构，帮助出版主体、目标用户理解文本内容、发现文本规律（见图 16 - 3）。常见的可视化工具有 Word Tree①、DocuBurst② 等。

---

①　https：//www. jasondavies. com/wordtree/.

②　http：//vialab. science. uoit. ca/docuburst/index. php.

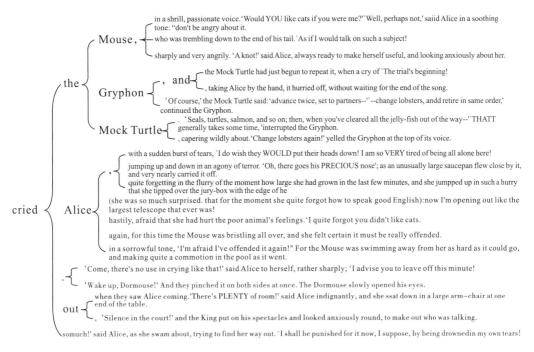

图 16 - 3 基于 Word Tree 的《爱丽丝梦游仙境》内容树

(二) 网络可视化

网络可视化是基于网络节点和连接的拓扑关系, 将联系表展示成一张有相互作用的可视化网络的过程, 以直观展示网络中潜在的模式关系。常见的表现形式如图 16 - 4 所示。

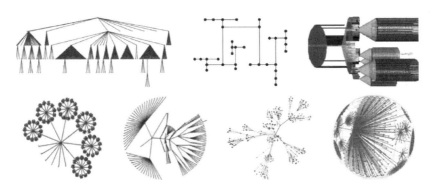

图 16 - 4 常见的网络可视化呈现形式①

---

① HERMAN I, MELANCON G, MARSHALL MS. Graph visualization and navigation in information visualization: a survey [J]. IEEE Transation on visualization and computer graphics, 2000, 6 (1): 25 - 32.

在数字出版领域，知识图谱是网络可视化应用最广泛的可视化形式，其在学术知识图谱构建、知识发现、语义出版、出版社交网络结构、作者与用户画像构建等方面都具有重要作用，如图16-5即为学术知识图谱构建的一个示意图。整体而言，网络可视化的首要目的是根据现有的美学准则优化布局，解决对原始数据直接可视化带来的视觉混乱等问题，目前较为成熟的网络可视化工具包括 Citespace①、VOSviewer② 等。

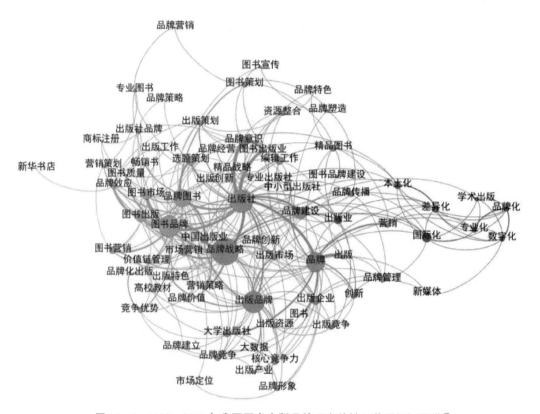

图16-5　1998—2019 年我国图书出版品牌研究关键词共现知识图谱③

（三）多维数据可视化

多维数据可视化是指将具有多个维度属性的数据变量进行可视化的过程，是探索多维数据分布规律和模式、揭示不同维度属性之间隐含关系的有益手段。目前，主要的多维数据可视化方法包括基于几何图形、基于图标、基于像素、基于层次结构、基于图结构以及混合方法等。其中，散点图、投影、平行坐标等是最为常用的多维可视化呈现形式。

---

① http://cluster.cis.drexel.edu/~cchen/citespace/.

② https://www.vosviewer.com/.

③ 杜方伟. 基于知识图谱的我国图书出版品牌研究可视化分析［J］. 科技与出版，2021（4）：117.

第四节　出版大数据服务形态

出版大数据的采集、预处理、存储、挖掘和可视化等建设流程的实现最终要为出版大数据的应用服务，既包括应用于出版领域的服务，也包括应用于国民经济各行业的服务。其中，出版大数据为领域内部的服务，包括为选题策划、编辑审校、印制财务和发行运营等提供数据支撑和决策参考；同时，出版企业汇聚的海量数据资源，也可为目标用户提供外部的知识服务，进而推动二次数据价值的实现。而出版大数据对出版领域外部的服务，既包括提供一般性数据服务，如数据查询、数据下载、数据可视化、数据交换和购置，也包括为出版转型升级特定领域，如数字教育、知识服务和移动阅读领域等提供的专业知识服务。整体而言，出版大数据的服务领域可主要概括为数字教育、知识服务、移动阅读和人工智能等。

一、大数据与数字教育

网络课程类产品是数字出版知识服务重要的产品形态之一。其中，以慕课和小规模私人在线课程为典型。

慕课（massive open online courses，MOOCs），是指按照学科领域的不同，集中拍摄、制作各个领域权威教授的网络课程，其通过互联网传播的手段，面向规模巨大的学生受众群体进行开放和提供服务。在"十二五"的末期，清华大学、人民卫生出版社已经纷纷开展了慕课的尝试。以人民卫生出版社为例，2014 年 11 月 29 日，中国医学教育慕课联盟官方平台——"人卫慕课"正式上线发布。平台一期除了上线医学慕课的建设外，还包括医学公开课的发布和联盟成员实力信息展示：上线搭载 7 门慕课试点课程、300 多门公开课课程、600 多门候选公开课课程及展示首批 188 家联盟成员信息。作为全球首个医学专业慕课平台，"人卫慕课"一经上线即引起与会领导和专家的高度关注，也吸引了众多医学院校加盟的热情，并陆续接到加入联盟申请。目前中国医学教育慕课联盟成员已近 220 家，几乎涵盖了国内所有的医学院校。

MOOCs 备受欢迎的原因在于汇聚了海量的权威课程资源，解决了教育形式的公平公正问题，弥补了课堂教学的资源有限性。同时，慕课能够在一定程度上实现教育实质公平，让广大学生、科研工作者以较低的价格、快捷方便的方式获取所需要的特定领域的最专业、最权威、最广泛的学科知识。因此，MOOCs 曾一度被誉为继"火的发现"之后最重要的创新。

继 MOOCs 之后，美国兴起了 SPOCs（small private online courses）。SPOCs，是指根据企业需求，创建小规模限制性在线课程，为特定用户提供服务。它将课堂人数控制在一定数量，并对课程活动做出明确规定，如在线时间、作业完成情况和考试及格线等。SPOCs 属于知识服务的定制化服务范畴，它既解决了小规模学生群体对特定学习的需求，也能够帮助小部分学生解决学习难点和问题。其将线上和线下的课程、答疑相结合，可以在网络环境下随时随地地开展学习活动。

MOOCs 与 SPOCs 分别是拓展性知识服务产品和定制化知识服务产品的典型代表。二者在运行过程中，都需要借助大数据技术实现数据收集、回传、捕获，让老师或经过机器学习的程序了解学生的个性化学习情况，进而才能采取有效的针对性措施，以达到预期的理想课程效果。

二、大数据与知识服务

大数据推动知识服务发展的核心作用体现在以下几个方面：

首先，大数据丰富了出版知识服务资源的数量和形式。大数据为知识服务提供海量的知识数据、用户数据和交互数据，数据资源的载体则不再局限于文字、图片等，音视频、数据库也都成为知识服务资源的采集对象，实质丰富了知识服务资源的数量和表现形式。

其次，大数据提高和增加了出版处理复杂知识资源的能力和便携度。大数据成熟的数据预处理、数据存储、数据挖掘和数据可视化技术与方法能为知识资源的深度加工和挖掘提供有效支撑，部分成熟的大数据处理工具也降低了出版从业人员的技术准入门槛，进而提高了出版处理复杂知识资源的能力和增加了便携度。

最后，大数据为出版定制化知识服务提供了个性化知识解决方案。在大数据支持下，出版企业通过转变传统观念、变革发展模式，已经逐渐从以产品为中心向以服务为中心转变。大数据更是为精准营销和定制化推送奠定了前提和基础，能够满足特定群体、特定个人的绝大部分知识需求。

大数据知识服务平台，是指以大数据平台为知识服务的外在展示，以语义分析、云计算为技术支撑，以知识体系为内核，在社会科学领域以预警、辅助决策为目标，在自然科学领域以预测、知识发现为目标的知识服务平台。除满足用户知识获取、学习等需求外，大数据知识服务平台还可作为知识库产品，在机器学习的基础上向用户提供知识解决方案和参考方案，即刻满足用户的知识需求和需要。

以某出版社大数据知识服务平台为例（见图 16-6），大数据知识服务平台的构建要点在于将大数据产业链与知识服务、数字出版产业链相结合，形成包含数据采集、数据存储、数据加工、知识标引、数据计算、大数据模型建构、数据服务在内的完整技术架构和平台路径。

图 16-6　中国地质专业资源知识服务大数据平台

此外，随着移动互联网技术以及智能终端的不断发展，移动型大数据知识服务平台开始涌现。移动型大数据知识服务平台是指遵循移动互联网传播规律，以知识元数据为资源基础，以通信技术为支撑，针对用户个性化、定制化的知识需求，采取模糊匹配、语音回复等方式，提供个性化的知识解决方案的平台。如法律出版社推出的"手机律师"平台便综合运用移动互联网技术，旨在研发以公众、律师和司法行政机关为服务对象的手机应用软件。用户可在软件上自助查询相关法规、案例、普法知识，以及法律援助机构、律所律师信息等，满足其法律知识和服务需要。同时，通过该平台，用户可以获得法律援助咨询服务，在规范在线律师服务的同时，优化法律援助和律师服务资源配置。

基于大数据的知识服务产品和平台不仅为用户提供了内容资源丰富的知识库，同时还可以为用户提供个性化的知识解决方案。因此，基于大数据的知识服务产品和平台是未来数字知识服务产品的主要发展方向之一，在专业出版、科普等与知识经济相关的领域逐渐受到出版单位和用户的广泛青睐。

三、大数据与移动阅读

在大众出版领域，移动手机阅读收入在经历高速增长阶段之后，已处于平稳增长的新常态发展格局，而无论是中国移动、中国电信还是中国联通都已经在部署或者筹划部署大数据平台的建设问题。移动阅读平台构建大数据，有其天然的优越性：

其一，三大基地掌握了大量的用户数据，海量的用户数据对于大数据模型建构和服务具有至关重要的作用。

其二，手机阅读基地掌握了海量的内容数据资源，如中国移动手机阅读基地就拥有着超过 43 万种精品正版内容，涵盖图书、杂志、漫画、有声书、图片等产品资源，这些内容数据恰恰是大数据平台建设的核心数据所在。

其三，手机阅读基地还以其日均点击量数亿次的优势而收录了大量的点赞、评论等交互数据，对实现内容精准投送、个性化定制推送具有重要的参考价值。

简而言之，移动大数据将来也将成为数字出版界的一面旗帜，在大数据时代继续扮演领跑数字出版的重要角色。

四、大数据与人工智能

人工智能（artificial intelligence），是指根据对环境的感知做出合理行为，并获得最大收益的计算机程序。经过 70 多年的演进，特别是在移动互联网、大数据、超级计算、传感网、脑科学等新理论、新技术以及经济社会发展强烈需求的共同驱动下，人工智能加速发展，呈现出深度学习、跨界融合、人机协同、群智开放、自主操控等新特征。

自从 20 世纪 50 年代人工智能提出以来，其已先后经历过三次发展高潮，相关的具有里程碑意义的事件分别是：20 世纪 50 年代图灵测试震撼世人；20 世纪 90 年代 IBM 深蓝打败国际象棋冠军卡斯帕罗夫；2016 年 AlphaGo 战胜了围棋冠军李世石。可以说，第三次人工智能高潮的爆发，是伴随着移动互联网、大数据、超级计算、神经科学等新理论、新技术的飞速提升而出现的。而大数据即为人工智能的基石，AlphaGo 在第一场负于自然智能之后，通过重复练习 500 万盘围棋实现大数据的海量训练和深度学习，由此在之后的比赛中一直处于胜利局面。

何以说大数据是人工智能的基石？因人工智能所涉及的领域，如智能推理、机器视觉、智能搜索、机器翻译都需要运用大数据技术，都需要海量数据作为支撑。2017 年 7 月，国务院发布《新一代人工智能发展规划》，其中有 24 处提到了大数据，由此可见大数据对人工智能发展的意义与重要性不言自明。而未来智能出版的发展，及其衍生的新业态、新模式和新消费内容都将与出版大数据建设"如影随形"。

思考题

1. 大数据的含义是什么？
2. 简述出版大数据建设的必要性与可行性。
3. 说明出版大数据建设的具体内容及相互之间的关系。
4. 试述出版大数据建设过程中可能存在的问题及未来发展趋势。
5. 论述出版数据类型。

参考文献

1. 大数据重点实验室. 块数据 5.0：数据社会学的理论与方法［M］. 北京：中信出版集团股份有限公司，2019.

2. 卡普兰. 人工智能时代［M］. 李盼，译. 杭州：浙江人民出版社，2016.

3. 李涛. 数据挖掘的应用与实践：大数据时代的案例分析［M］. 厦门：厦门大学出版社，2013.

4. 王涵，方卿. 社会临场理论下社会化阅读内容"三俗化"问题研究［J］. 现代出版，2017（3）.

5. 陈颖. 大数据发展历程综述［J］. 当代经济，2015（8）.

6. 彭宇，庞景月，等. 大数据：内涵、技术体系与展望［J］. 电子测量与仪器学报，2015，29（4）.

7. 尚策. 大数据时代的数据拥有者：专业出版视角的数据类型与价值分析［J］. 科技与出版，2016（1）.

8. 唐京春，张新新. 专业出版大数据建设路径分析［J］. 科技与出版，2019（1）.

第17章 知识服务

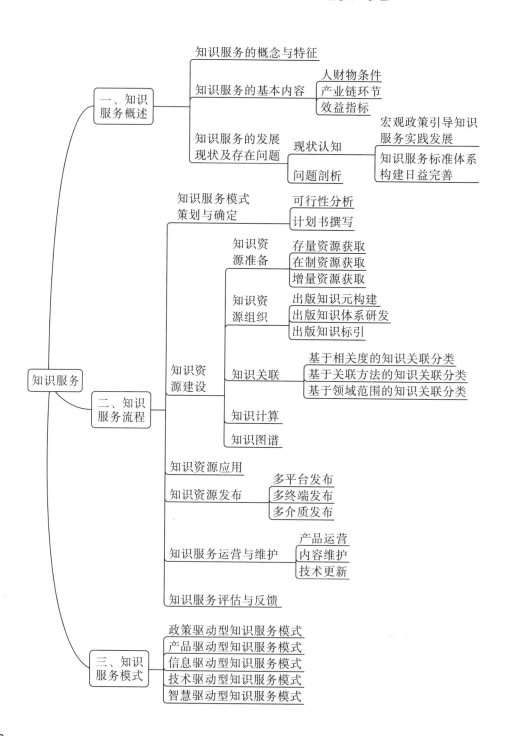

一、知识服务概述
- 知识服务的概念与特征
- 知识服务的基本内容
  - 人财物条件
  - 产业链环节
  - 效益指标
- 知识服务的发展现状及存在问题
  - 现状认知
    - 宏观政策引导知识服务实践发展
    - 知识服务标准体系构建日益完善
  - 问题剖析

知识服务

二、知识服务流程
- 知识服务模式策划与确定
  - 可行性分析
  - 计划书撰写
- 知识资源建设
  - 知识资源准备
    - 存量资源获取
    - 在制资源获取
    - 增量资源获取
  - 知识资源组织
    - 出版知识元构建
    - 出版知识体系研发
    - 出版知识标引
  - 知识关联
    - 基于相关度的知识关联分类
    - 基于关联方法的知识关联分类
    - 基于领域范围的知识关联分类
  - 知识计算
  - 知识图谱
- 知识资源应用
- 知识资源发布
  - 多平台发布
  - 多终端发布
  - 多介质发布
- 知识服务运营与维护
  - 产品运营
  - 内容维护
  - 技术更新
- 知识服务评估与反馈

三、知识服务模式
- 政策驱动型知识服务模式
- 产品驱动型知识服务模式
- 信息驱动型知识服务模式
- 技术驱动型知识服务模式
- 智慧驱动型知识服务模式

学习目的

了解知识服务的概念、特征、基本内容、发展现状及现存问题，熟悉"知识模式策划与确定、知识资源建设、知识资源应用、知识资源发布、知识服务运营与维护、知识服务评估与反馈"等知识服务流程，掌握政策驱动型、信息驱动型、产品驱动型、技术驱动型和智慧驱动型五类知识服务模式。

相关链接

从宽泛的角度加以理解，自古以来，出版机构始终承担着知识服务提供商的角色。有所不同的是，以往的服务载体以纸质形态出现，主要提供纸质书报刊等产品服务；在"互联网＋"时代，出版知识服务的载体则更加立体化，知识服务的形式和方式也日益多元化、智能化。2017 年底，政产学研各界资深数字出版智库专家在出版业深化数字化转型升级的闭门研讨会上对未来出版领域的发展进行了预测和展望，并得出知识服务是未来出版发展的四大核心领域之一的结论。随着媒体融合和出版融合的深入发展，知识服务势将成为未来出版业转型升级的最终目标，也将成为现代出版技术原理与应用的重要场景。本章在概述知识服务概念、特征、基本内容等的基础上，对知识服务的流程与模式做系统探讨。

知识服务（PPT）

知识服务（上）（视频）
［知识资源建设与服务工作指南（GB/T 38382）
国家标准解读与案例精读（上）］

知识服务（视频）
［知识资源建设与服务工作指南
（GB/T 38382）标准解读］

知识服务（下）（视频）
［知识资源建设与服务工作指南（GB/T 38382）
国家标准解读与案例精读（下）］

第一节　知识服务概述

知识服务起源于知识经济浪潮下企业与消费者对知识共享与创新的新需求，其概念一经诞生就在新闻出版、图书情报等知识密集型产业受到广泛关注与讨论。从本质上看，出版活动其实就是一个知识服务过程，知识服务则是出版回归本源、再现知识价值的体现。相较于图书情报领域的知识服务，出版领域的知识服务由政府主管机构自上而下推动开展，其知识服务的性质、特点和内容在部分呈现文化产业知识服务的共性特征的同时，也彰显了出版领域的个性差异。

一、知识服务的概念与特征

知识服务是指出版机构围绕目标用户的知识需求，在各种显性和隐性知识资源中有针对性地提炼知识，通过提供信息、知识产品和解决方案来解决用户问题的高级阶段的信息服务过程。从层次上来看，知识服务可划分为信息服务、知识产品和知识解决方案三层。其中，第一层为信息服务，指出版机构为目标用户提供资讯、书讯、图书基本信息、数字产品信息等服务；第二层为知识产品，指出版机构根据目标用户的需求所提供的数字报刊库、数字图书馆、条目数据库和以知识体系为核心的知识库等知识产品；第三层为知识解决方案，指出版机构根据目标用户的个性化和定制化知识需求，为其提供的点对点、直供直连直销的知识化解决方案。

与图书情报机构提供的知识服务相比，知识服务的特征主要包括以下三点：

其一，知识服务既注重社会效益，也注重经济效益。这是知识服务与图书情报知识服务的显著性差别的集中体现。图书情报机构提供的知识服务以无偿服务为主，基本不涉及需依靠图书情报信息服务来提高经济效益的服务目标，具有公益性服务特征。而对出版机构而言，知识服务是出版机构未来生产和发展的主体业务，其需在"双效统一"的理念下提供兼具社会效益与经济效益的知识服务，具有有偿性特征。

其二，知识服务是能够提供多层次、跨媒体、全方位的知识服务。其中："多层次"体现在出版机构所提供的知识服务包括信息资讯服务、数字产品和知识解决方案等，其服务层次的差异性既能满足一般用户的大众化的、扩展性的知识需求，也能够满足特定用户个性化的、解决特定问题的知识需求。"跨媒体"则体现在出版机构能够提供包括纸质介质、网络介质、智能终端介质等在内的多介质、跨媒体的知识服务。而"全方位"指出版机构提供的知识服务既能满足特定专业、特定领域的用户需求，也能满足普通社会大众的知识需求，服务范围囊括整个社会各类主体，属于全方位的知识服务。

其三，知识服务是出版机构转型升级的最终目标。我国数字出版转型升级工作已推行数年，部分出版机构已经实现了一定程度的业态转型，但是国内出版单位主要的经营业务仍围绕纸质图书产品展开。从我国主管部门关于出版机构转型升级、融合发展的部署方向上来看，无论是配置数字化软件、硬件，启动数字资源库项目、搭建行业级数字内容运营平台，还是聚焦传统媒体和新兴媒体深度融合的战略发展，其初衷和归宿都在于让出版机构具备提供数字化、信息化数字产品与服务的能力，最终实现出版机构由提供单一的纸质图书产品向提供全方位、多媒体的知识服务的角色转型。因此，知识服务可以说是出版机构转型升级的最终走向。

二、知识服务的基本内容

我国较早提供的知识服务主要通过数字图书馆、数据库、终端阅读、手机书等产品形式实现，后来又陆续出现了以知识体系为核心的知识库、大数据知识服务平台、MOOC/SPOC 在线教育平台、AR 图书、VR 图书等新产品、新形态。追踪上述知识服务的实现过程，可发现知识服务的实现离不开人财物条件、产业链环节和效益指标等基本内容。

（一）人财物条件

人财物条件是开展知识服务的必要前提，"人"为知识服务实现的主体性要素，"财"为支撑知识服务运行的资本要素，"物"为保障知识服务可持续发展的技术要素。

（1）"人"的条件即为人力资源条件。以分工来看，可分为知识服务的内容人才、技术人才、运维人才、管理人才、资本人才等；以人才价值来看，可分为领军人才、骨干人才和一线人才；以人才素质来看，可进一步划分为专业型人才、综合型人才和复合型人才。

（2）"财"的条件即为资金条件。知识服务的开展离不开资金的投入，尤其是前期的资源采集、标引、加工等资源建设阶段都需要一定的资金保障。而知识服务的资金来源，既包括从出版机构自身资产中调取加以使用的自有资金，也包括从中央或地方的文化产业发展资金、扶持项目中申请获批而得以利用的财政资金。

（3）"物"的条件即为设备设施条件。"工欲善其事，必先利其器"，知识服务的开展也离不开基础软硬件设施的支持，具体包括计算机设备、移动办公设备、网络安全设备、网络机房、网络云服务等。

（二）产业链环节

知识服务产业链包括内容、技术、运维三个基本环节。就内容环节来看，出版机构拥有开展知识服务的规模化、专业化的知识资源，将这些知识资源从纸质形态转向数字形态后，出版机构就拥有了开展知识服务的最大优势——内容优势。就技术环节来看，出版机构需将现代信息技术应用于新闻出版产业，充分发挥大数据、人工智能、区块链、5G 技术等高新技术的赋能作用，实现先进内容与先进技术紧密结合、传统媒体和新兴媒体有机融合。就运维环节来看，配齐、配强市场营销团队，将所研发的信息服务、知识产品和知识解决方案向个人用户和机构用户进行推广营销，是知识服务实现社会效益和经济效益的关键所在，也是知识服务从价值向价格转变的主要抓手。

（三）效益指标

出版机构开展的知识服务是以社会效益为首位，旨在实现社会效益和经济效益相统一的过程。依据中宣部《图书出版单位社会效益评价考核试行办法》的规定，知识服务所追求的社会效益是指"通过知识服务产品、活动，对社会产生的价值和影响"，主要包括"产品服务质量、文化和社会影响、产品结构和专业特色、内部制度和队伍建设"等。

因此，知识服务供给的首要效益指标是社会效益指标，即对社会所起到的积极促进和推动作用，包括促进社会经济发展、推动社会进步、提高人民的精神文化生活水平等。出版机构的知识服务社会效益，也由此具体体现在坚持正确的政治方向、出版导向和价值取向，确保出版物的科学性、知识性和编校质量；体现在传承文明，传播知识，践行弘扬中华优秀传统文化、革命文化和社会主义先进文化的使命；体现在形成知识服务模式清晰、产品结构合理、专业特色突出的新服务业态等。

与此同时，经济效益也是知识服务的效益指标之一。知识服务也需实现投入产出合理，具备催生出新的经济增长点、对出版机构经营发展形成有力支撑的能力，进而促成传统出版业务和新兴出版业务良性互动、有机融合的发展格局。

三、知识服务的发展现状及存在问题

2015 年，国家新闻出版广电总局遴选了 28 家出版社作为知识服务试点单位，20 家企业作为技术服务单位，正式拉开了出版业知识服务建设工作的帷幕。国家对知识服务的重视提高了知识服务在出版领域的产业地位，知识服务也因此获得了更为全面和多方位的发展机遇，并在一定程度上影响和带动了一批新兴互联网企业的发展。传统出版单位按照软硬件改造、资源库建设、行业级运营平台研发、知识服务的供给侧改革，有条不紊地推进知识服务进程，尽管在横向对比上来看还有较多发展空间，但是纵向对比自身转型已是一日千里；新兴互联网企业则在知识共建共享、碎片化知识服务创新等方面重点发力，掀起了一股新的知识服务热潮，且取得了相对明显的经济效益和社会效益。

（一）现状认知

伴随着"十三五"时期国家新闻出版业转型升级的深入推动，媒体融合步入深度融合发展阶段，知识服务的发展呈现出多层次、全方位、立体化的发展特征。"十四五"时期，我国进入新发展阶段，新闻出版业的转型升级工作也向科学化、规范化、制度化方向发展。因此需深刻认识新时代的新特征、新要求，通过贯彻新发展理念促进知识服务的加速升级与健康发展。从出版业转型升级的整体推进情况以及传统互联网企业的转型升级情况来看，知识服务在不同的细分领域都取得了一些阶段性进展，整体进展特征可总结为宏观政策引导知识服务实践发展和知识服务标准体系构建两个方面。

1. 宏观政策引导知识服务实践发展

自 2015 年以来，出版企业，尤其是专业出版机构便充分运用财政资金的杠杆作用，以文化产业各种项目为抓手，通过技术改造、资源库建设、运营平台搭建的阶梯，加速迈向知识服务的"康庄大道"。近几年，出版业更是在大数据、增强现实、虚拟仿真、CNONIX、ISLI、人工智能等领域不断创新、不断突破。在国家新闻出版广电总局以及其他政府主管部门的指导和推动下，出版知识服务的重要里程碑事件如表 17-1 所示。

表 17-1　出版业知识服务进展的核心事件及意义

时间	核心事件	意义
2015 年 3 月	国家新闻出版广电总局启动"知识服务模式试点工作"，确定 28 家出版单位作为首批知识服务模式试点单位	正式拉开出版业知识服务建设工作的帷幕
2015 年 9 月	国务院印发《促进大数据发展行动纲要》，提出了政府治理大数据等十大工程，其中涉及教育文化大数据、服务业大数据、新兴产业大数据等与知识服务密切相关的大数据应用布局和规划，在万众创新大数据工程中提到要建立"国家知识服务平台与知识资源服务中心"	从国家战略高度对出版业知识服务给予强有力的政策支持
2015 年 11 月	国家新闻出版广电总局正式公布 32 家知识服务技术支持单位，包括 11 家相关核心技术支持单位，9 家知识体系建设及知识化加工、管理技术支持单位，以及 12 家知识服务与运营技术支持单位	为"知识服务模式试点工作"的统一部署和出版知识服务的未来发展提供技术支撑

续上表

时间	核心事件	意义
2016 年 3 月	国家新闻出版广电总局正式批复中国新闻出版研究院筹建知识资源服务中心	为构建"国家级知识资源服务体系"提供基础性组织保障,为有效提升国民科学素质、国家文化安全水平,推动学习型社会、创新型国家建设奠定基础
2016 年 10 月	国家新闻出版广电总局数字出版司发布"新闻出版业数字化转型升级软件技术服务商推荐名录（2016）",共有 67 家数字化转型升级软件技术服务商入选	服务新闻出版业数字化转型升级软件系统需求,提供内容资源及标识管理系统、数字内容与产品发布系统等软件技术服务
2017 年 1 月	国家新闻出版广电总局公布 42 家新闻出版科技与标准重点实验室,其中 18 家（占 42.86%）属知识服务重点实验室,如智慧型知识服务关键技术与标准重点实验室、知识产权知识挖掘与服务实验室、社会科学领域知识挖掘与服务实验室等	是出版业科技与标准研发应用、满足出版业转型升级和融合发展需要的"桥头堡"
2017 年 7 月	国务院发布《新一代人工智能发展规划》,重点提到"知识计算引擎和知识服务技术",指出要"重点突破知识加工、深度搜索和可视交互核心技术,实现对知识持续增量的自动获取,具备概念识别、实体发现、属性预测、知识演化建模和关系挖掘能力,形成涵盖数十亿实体规模的多源、多学科和多数据类型的跨媒体知识图谱"	对出版业深度推进知识服务建设具有较强的方向指引价值和技术指导意义
2018 年 1 月	国家新闻出版广电总局确定 27 家新闻出版单位为第二批知识服务模式试点单位	促进加快推进专业化知识服务平台建设、聚集专业领域数字内容资源、推动国家知识服务体系建设
2018 年 5 月	国家新闻出版署启动第三批知识服务模式试点单位遴选,选出广播影视、出版、互联网、高校及科研院所等 55 家企事业单位,至此我国共征集知识服务模式试点单位 110 家	在不同垂直领域形成了不同的知识服务产品及运营模式,知识服务业态基本形成

在宏观政策的引导与支持下，出版机构提供的知识服务在学科完整性、学术规范性、体系健全性以及知识精准性方面都取得了长足的进展，同时也出现了一大批知识服务的经典案例，如人民法院出版社的法信大数据平台、人民出版社的党员小书包、社科文献出版社的皮书数据库等。这些知识服务平台和产品在源源不断地为特定行业、特定领域的专业人士提供垂直知识服务的同时，也推动着我国知识服务的前进式发展。

2. 知识服务标准体系构建日益完善

标准体系是将一定范围内的标准按照其内在的联系形成的科学有机整体，是具有全局性、引领性、基础性的顶层设计工作。知识服务标准体系则是知识资源体系建设和知识服务工作的基础，对出版业的标准化发展、融合发展具有重要的现实意义。

2015 年 11 月，28 家出版单位牵头制定了《知识服务通用标准体系》，由此明确了 8 项专业数字内容资源知识服务模式试点工作项目的具体标准，具体为《知识服务标准体系表》《知识资源建设与服务工作指南》《知识资源建设与服务基础术语》《知识资源通用类型》《知识关联通用规则》《主题分类词表描述与建设规范》《知识元描述通用规范》《知识应用单元描述通用规范》，知识服务标准体系建设工作由此受到学界、业界的广泛重视。同时，涉及知识服务基础标准、知识描述标准、知识加工标准、知识服务标准等四个类别共计 22 项企业标准得以确立，明确了知识资源服务标准体系的具体内容和要求。2019 年 12 月，《新闻出版　知识服务　知识资源建设与服务工作指南》等 7 项国家标准正式发布，并于 2020 年 7 月正式生效实施。知识服务标准对出版工作的示范、驱动、规范和引领作用日益凸显，各项国家标准的核心内容如表 17-2 所示。

表 17-2　新闻出版知识服务相关国家标准及其核心内容

序号	标准名称	核心内容
1	《新闻出版　知识服务　知识资源建设与服务工作指南》	明晰了知识资源建设与服务框架，知识资源建设的基本条件与基本流程；对知识服务的基本条件、基本环节及基本形态进行了系统规定
2	《新闻出版　知识服务　知识资源建设与服务基础术语》	对知识资源建设与服务中的一般基础术语（如知识资源、知识元等）、组织基础术语（如知识组织、知识管理等）、服务基础术语（如知识库、知识地图等）进行了规范界定

续上表

序号	标准名称	核心内容
3	《新闻出版 知识服务 知识关联通用规则》	规定了知识关联的目的性、多样性、规范性、适应性和可管理性原则；明确可按相关度、关联方法和领域范围划分知识关联的类型；确定"知识获取—知识描述—关联建立—知识存储和应用"的知识关联构建过程；对知识关联的表达和关联数据的发布进行了规定
4	《新闻出版 知识服务 知识资源通用类型》	规定了知识服务中知识资源划分的科学性、实用性、通用性和可扩展性等划分原则；在明确知识资源通用类型框架的基础上界定了事实型、数值型、概念型、原理型等7类知识资源类型
5	《新闻出版 知识服务 知识单元描述》	规定了知识单元的概念模型及描述规则
6	《新闻出版 知识服务 知识元描述》	规定了知识元的描述原则、知识元模型、知识元类型、知识元基本属性等描述规则，规定了知识元的扩展原则、属性和方法等扩展规则
7	《新闻出版 知识服务 主题分类词表编制》	规定了知识服务主题分类词表的组成结构，包括词汇表结构、分类表结构和特征表结构，并对其编制方法、更新与维护的基本原则方法进行了界定

　　整体而言，新闻出版机构知识服务标准体系的研制、宣贯和落地实施，为出版企业开展知识服务提供了依据和准绳，使得知识服务的开展有章可循、有据可依，对出版业的发展影响深远。具体来说，首先，锻炼了出版企业的标准化队伍，提升了出版人的知识服务理论素养。知识服务标准体系的起草、撰写过程推动和促进了一批新闻出版标准化人才的成长，锻造和提升了一支推动出版企业发展的标准化队伍。其次，通过借鉴和吸收图书情报界的成熟经验与做法，开创性地融合了新闻出版界知识服务的新技术、新业务和新业态。具体体现在扬弃吸收图书情报界关于信息、数据和知识等知识服务的基本范畴与观点的基础上，将新闻出版界正在开展的数字图书、知识库、专题数据库、MOOC课程、SPOC课程等知识服务形态囊括进标准体系。最后，确立了知识服务的基本框架和阶段，厘清了知识服务的基本流程和形态，为新闻出版业开展知识服务提供了规范的实施方案和参考依据。

　　（二）问题剖析

　　在知识服务热潮的背后，无论是新兴互联网企业开展的知识服务，还是出版企业所布局的知识服务，都存在着一些问题，影响着知识服务的稳定性、健康化推进。

其一，新兴互联网知识服务的业态模式在知识的厚重性、权威性、准确度方面还有待强化。目前，新兴互联网企业充分运用"互联网＋"的技术优势，不断创新知识服务模式，以"有声书""共享""碎片化"为代表的知识服务新业态在有效捕捉用户需求、抢占市场空白领域等方面取得了可喜的业绩，但也存在着良莠不齐、快餐文化、不合规经营等问题。从全民阅读的角度来看，新兴互联网企业所提供的知识服务还难以全面承担提高阅读能力、提升阅读质量、促进全面发展和社会文明进步的重任。其所提供的阅读是基于猎奇、兴趣而进行的阅读，绝大多数属于浅阅读范畴，是快餐文化的必然产物。这种文化快餐存在的问题是"营养不均衡、不全面、不成体系"，所提供的知识为碎片化知识，或者是其他人"咀嚼"以后的知识残羹，没有留下用户深度分析、思考、论证的思维轨迹。如同鲁迅先生所言："一部红楼梦，经学家看见《易》，道学家看见淫，才子看见缠绵，革命家看见排满，流言家看见宫闱秘事。"而快餐文化所提供的知识服务是"一千个读者心中，只有一个哈姆雷特"，用户所接受的仅仅是一种被灌输的单一的观点、理论或思想。同时，新兴互联网企业所鼓吹的"快乐阅读""懒人阅读"模式，本身也与知识获取的规律背道而驰：知识获取过程是一个从"腹中空空"到"腹有经纶""腹有诗书气自华"的"破茧成蝶"的过程，需要沉淀并付出代价；而"快乐阅读""懒人听书"则更似是一种"短、平、快"的功利性阅读，是社会阅读心态浮躁的体现。

其二，传统出版机构的自我造血机制尚未形成，知识服务市场化和规模化盈利也未如期实现。传统出版机构按照知识元建构、知识体系研发、知识标引和知识库建设的思路稳步推进，但长期依靠财政项目的支持，财政资金真正的杠杆作用、撬动作用还未充分体现，具体表现在自我造血能力不足、市场运营能力欠缺、提质增效不明显；同时，数字出版业务的部门制发展模式也致使出版主体很少以"企业家"的角色来开展知识服务活动，客观上动力机制和激励机制存在一定不足。因此，传统出版企业知识服务难以实现市场化创收、规模化盈利的关键性问题在于传统出版动能不足，新兴出版动能则在转换、接续方面不够成熟，导致以科研、技术、标准、数据等新生产要素为支撑的出版业新动能尚未完全形成并发挥作用。

未来，无论是传统出版机构还是新兴互联网企业的知识服务都应该以深化新闻出版转型升级为根本方向，在纸质载体层面多出精品力作，优化内容供给；在互联网载体方面则是要持续创新知识服务新模式与新形态。只有如此，知识服务才能不断适应"互联网＋""人工智能＋""区块链＋"等新形势和新业态，并利用信息化、网络化、数字化、智能化的技术手段提供适应新时代发展需求的精准化、个性化、定制化、交互化的优质数字内容服务，进而满足人民群众多样化、个性化的精神文化需求，为智慧社会、网络强国和数字中国建设提供有力支撑。

第二节　知识服务流程

知识服务流程可划为知识服务模式策划与确定、知识资源建设、知识资源应用、知识资源发布、知识服务运营与维护、知识服务评估与反馈等若干个核心环节，整个流程如图 17 – 1 所示。

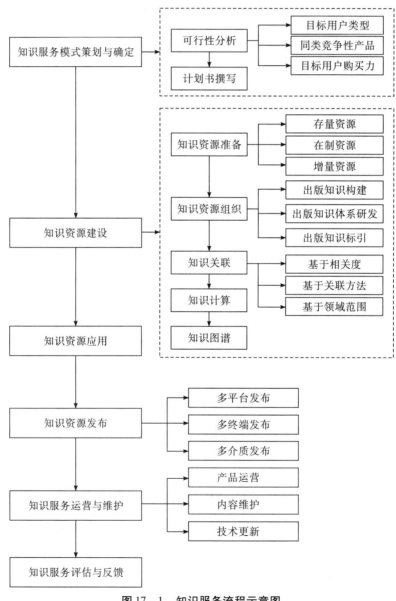

图 17 – 1　知识服务流程示意图

一、知识服务模式策划与确定

知识服务模式的策划是基于目标用户的知识需求差异而确定采取特定信息服务、知识产品抑或知识解决方案。知识服务模式确定是策划人员根据用户需求及调研结果明确其市场定位、确定知识资源并据此确定服务模式的过程，整体可分为可行性分析、计划书撰写两个步骤。

（一）可行性分析

可行性分析包括用户需求分析、资源可行性分析、技术可行性分析、市场可行性分析等内容。在上述可行性分析之中，目标用户类型分析、同类竞争性产品分析和目标用户购买力分析显得至关重要：①目标用户类型分析旨在确定目标用户是个人用户还是机构用户，其对知识服务提供方式产品类型的确定具有直接影响。如，是以在线提供还是镜像安装的方式提供服务，是提供单一性数字产品还是综合性数字产品，等等。②同类竞争性产品是否存在、数量多寡，则引导着出版机构是采取"蓝海战略"还是"红海战略"，即是填补市场空白还是提供更优质、更便捷的知识产品。值得一提的是，目前，我国知识服务产品市场的竞争不充分，尤其是在专业性数字产品和解决方案领域存在着许多市场空白，为出版机构开展知识服务提供了有力的市场先机。③目标用户的购买力分析直接决定着出版机构知识服务的价格策略体系。仅以政府机关用户为例，出版机构所提供的数字图书馆、数据库产品的价格要符合目标用户的年度预算和决策机制，否则将会严重干扰价格策略的稳定性和有效性，出现销售疲软、销售周期人为延长等不利后果。

（二）计划书撰写

知识服务模式策划与确定的计划书要求：对知识服务模式策划进行详细分析，明确知识服务定位、知识服务类型、知识服务表现形式、内容资源、盈利模式、营销策略、效益估算、知识服务产品开发进度、知识服务产品标准、知识服务产品人员及职责等内容，最终以书面形式进行呈现。知识服务模式计划书撰写完成后，还需经过全面、客观、反复的论证以完善计划书内容。

二、知识资源建设

知识资源建设流程包含知识资源准备、知识资源组织、知识关联、知识计算和形成知识图谱五个阶段。知识资源建设流程是知识服务开展的前提和基础，知识服务开展则是知识资源建设的结果和归宿。

（一）知识资源准备

在经过充分的市场调研、确定知识服务模式之后，出版社首先应开展知识资源的采集和获取工作，即知识资源准备。知识资源的准备过程就是把用于问题求解的专门知识从某些知识源中提炼出来的过程，是出版机构开展知识服务的首要工作。以知识资源存在的时间为依据，知识资源准备的内容和方式可分为存量资源获取、在制资源获取以及增量资源获取三类。

1. **存量资源获取**

存量资源的获取，主要采取纸质产品形态转化的手段，对书报刊机构既存的知识资源进行数字化、碎片化加工，进而获得所需的各种类型的知识资源。各出版机构的历史有长短，所积累的存量图书少则千余种，多则数万种。这些存量资源经数字化和碎片化加工后将成为重要的知识服务资源。实践中，截至 2021 年 9 月，安徽画报社依托安徽图片云平台，已经将 1958 年建社以来的 10 万张图片资源全部进行了数字化加工和转化，基本实现了全部存量资源的数字化目标。

2. **在制资源获取**

在制资源的获取，是指通过流程同步化的手段，对书报刊机构日常编辑出版过程中的知识进行数据标引、加工，以获得所需的知识资源。通过 2013 年第一批数字化转型升级项目的有效实施，出版社目前基本具备了在制资源的获取能力。

3. **增量资源获取**

增量资源的获取，是指通过资源交换、资源购买、内容提取、网络抓取、知识重组等方式和手段，采集书报刊机构主营业务之外的知识资源。增量资源获取能力的高低，是出版机构与民营企业、海外出版机构开展知识服务竞争的关键所在，也是目前各出版机构着力解决的难题。其中，知识重组既是增量资源获取的有效途径，也是知识资源组织的一种重要方式——指对相关知识客体中的知识因子和知识关联进行结构上的重新组合，形成另一种形式的知识产品的过程，包括知识因子的重组和知识关联的重组。

（二）知识资源组织

在完成知识资源准备之后，出版社需要根据目标用户的知识需求或者知识服务的类型开展知识资源的组织工作。而知识资源组织，整体是指对海量已预处理过的知识资源数据进行属性、特征等方面的标签化加工，这种标签化加工或曰标引的核心依据即知识体系建设。知识资源组织对学科研究、国民经济各行业的应用都具有重要意义，也是出版知识服务开展的前提。出版机构实现知识资源组织，大致需经过知识元建构、知识体系研发和知识标引三个环节。

1. **出版知识元构建**

知识元，是指不可再分割的具有完备知识表达的知识单位。从类型上分，可包括概念知识元、事实知识元和数值型知识元、解决方案型的知识元等。出版知识元建构，是开展出版大数据知识标引的首要工作。与新闻业的知识元遵循的归纳式逻辑相反，出版业的知识元建构更宜采取演绎式逻辑，即从现有学科、教材、著作等相对完备的理论知识中分解、拆解和提取知识元。出版企业一旦建构了出版领域的知识元，便可以通过领域词表管理工具实现对知识元的增加、修改、删除和维护，也可以将该知识元连同领域词表作为数字产品向图书馆、科研院所进行销售。

2. 出版知识体系研发

出版知识元建构为出版知识体系的研发提供了知识资源条件，而建立完善、有序的知识管理机制，研发或购置知识服务技术工具则为知识体系的研发提供了体制机制基础和工具性条件。出版企业可通过系统法、网状法、移植法和综合方法研发本领域的知识体系。

（1）系统法。指在知识资源积累建设的过程中，以一个系统完备的体系框架为基准整合知识，形成包含基础理论知识、专业基础知识、专业前沿知识、学科基础知识、学科前沿知识在内的宝塔形知识体系。

（2）网状法。指以特定领域的专业知识为中心点，辐射临近领域或学科中有较紧密关联的知识，形成网状链接结构的知识体系。

（3）移植法。指将已有知识用一种科学的方式，应用到其他类似的范畴上，以理解或解决其他领域的知识体系。

（4）综合方法。指综合运用系统法、网状法、移植法等多种方法构建知识体系。

3. 出版知识标引

在实现知识元建构和知识体系研发后，出版企业又可继续按学科知识或应用知识开展知识资源组织工作。整体而言，知识资源组织的路径主要有三种：基于知识分类或学科分类、基于行业应用和基于用户定制。

（1）基于知识分类的资源组织。

基于知识分类的资源组织主要体现在基于学科知识体系进行资源组织，是在抽取和建立知识元的基础上，再根据各学科细分领域的差异形成各个学科领域的知识体系，并根据知识体系的逻辑层次对文字、图片、声音、视频、影像等各种类型的知识资源进行聚类和重组。基于知识分类或学科的资源组织主要面向高校、科研机构和科研工作者，以满足其知识面扩展、信息知识查阅参考等知识服务需求。

需要注意的是，出版业的学科知识标引是完备型标引，采用"演绎式"方法构建知识体系，即在拥有完备的知识体系之后再进行数据标引。在出版知识标引过程中，出版企业需充分发挥自身的主动性和能动性，运用已有专业资源优势和学科优势，亲自主导研发知识元和知识体系，之后可结合出版机构自身的条件与能力考虑是否将知识元、知识体系交由合作机构加工与标引，最大限度确保出版知识标引的专业性与准确性。

（2）基于行业应用的资源组织。

基于行业应用的资源组织，是指根据目标用户的行业应用需求差异，围绕特定行业、特定领域用户的业务流程、工作环节组织文字、图片、声音、视频、影像等各种类型的知识资源。基于行业应用的资源组织，主要是面向国民经济各行业、各领域提供垂直知识服务所运用的资源组织方式，关乎所生产的大数据知识产品能否切实满足目标用户的实际需求。

基于行业应用的资源组织首先需要建立一套完整的、权威的、被用户广泛接受的行业应用知识体系，该体系应与所服务的行业经验、流程具有高度的相似性，且更侧重具体服务行业的公共环节和流程，以提高目标用户的认可度和接受度。而资源组织的实践工作也需主要由出版企业承担，出版企业应在充分开展市场调研的基础上发挥出版社的专业知识优势，实现出版知识的应用标引。随着知识服务向专业化、行业纵深化发展，越来越多的出版机构根据其所服务的国民经济行业的业务流程、工作环节来组织相应资源，提供相关知识服务。例如社科文献出版社的皮书数据库、法律出版社的中国法官数字图书馆等都是基于行业应用的资源组织而开发的知识服务产品，且均取得了较好的社会效益和经济效益。

目前，应用标引已被数字出版发展的不同阶段广泛应用和采纳，并已经显示出了其在数字化、网络化时代的价值和前景。例如，法律出版社所研发的中国法官数字图书馆就是按照法院系统的部门设置、工作环节、流程任务等维度，对所收录的近万种数字图书进行子馆建设和知识体系研发，受到了目标用户的欢迎和认可。

（3）基于用户定制的资源组织。

基于用户定制的资源组织，是指根据特定用户具体知识的需求不同，围绕特定知识问题对相关知识资源进行重组、聚类和关联，继而向特定用户进行推送或者交付的过程。基于用户定制的资源组织往往适用于较高端的知识服务，是为了满足特定用户的个性化、高品位需求而提供定制化知识解决方案的高层次服务，如励讯集团的数字决策工具产品、围绕特定作者的用户画像等就是服务用户特定需求的资源组织产品。

（三）知识关联

知识关联，是指知识与知识之间通过一定规则所建立的关系。出版机构的知识关联，是指各种知识单元之间的联系总和，包括但不限于图书、期刊、报纸、文章、篇章、段落、句子、词语等，也包括文字、图片、音频、视频、3D模型等不同素材之间的关联。根据《新闻出版　知识服务　知识关联通用规则》的规定，知识关联可基于相关度、关联方法和领域范围划分为不同的类型。

1. 基于相关度的知识关联分类

基于相关度，知识关联可划分为同一性关联、隶属性关联和相关性关联。同一性关联指对知识之间所具有的某种程度的相同（或相似）之处所形成的关联关系；隶属性关联包括属分、包含等，体现知识或知识集合隶属于某一概念、范畴和类别的逻辑关系；相关性关联包括相反、相对、因果、引用、应用、影响等各种关系，是知识之间所具有的相互依存、相互渗透、相互制约、相互作用的关系。

2. 基于关联方法的知识关联分类

基于关联方法，知识关联可划分为直接关联关系和间接关联关系。直接关联关系指可以通过知识表达或词汇表构建直接识别和发现的关联关系，包括学科关联、主题关联、文献外部特征关联（如分类、作者、引文、标题、机构、期刊）等。间接关联关系即无法通过知识表达或词汇表构建直接识别和发现，而是需要通过数据挖掘或语义网络才能够发现的知识关联关系，包括共引关联、共词关联、组配关联、同概念关联等。

3. 基于领域范围的知识关联分类

基于领域范围，知识关联可划分为本领域知识关联关系和跨领域知识关联关系。本领域知识关联关系指本领域范围的知识之间所建立的关联关系，跨领域知识关联关系则为不同领域范围的知识之间所建立的关联关系。

（四）知识计算

知识计算，是对知识进行推理和演化的计算过程。出版机构在知识关联的基础上，可以针对知识资源建设过程中的知识获取、知识关联、知识学习开展实例计算、属性计算、关系计算等，使海量碎片化的数据进行自动地、实时地结构化与体系化组织，并进行深度语义关联，进而支撑智能决策。计算方法通常可分为基于知识库和基于统计的方法，前者利用语义词典和语义网络中具有高置信度的规范知识体系结构计算，后者利用大规模语料库中相关词汇的出现次数关系计算。

知识计算是专业出版大数据构建的重中之重，直接决定二次数据、知识图谱，以及预测、预警的目标是否能够生成和实现。出版大数据的知识计算，是指在对知识资源进行多重标引的基础上，通过相同或者相似维度的分析获得新的知识的一种方式。也就是说，知识计算是知识发现的一种重要途径。以大数据的视角来看，只有通过知识计算的途径，才能够发现、获取新的知识数据资源。因此，知识元、知识体系、知识计算是构建专业出版大数据绕不过去的几座大山。

2017年7月，国务院发布《新一代人工智能发展规划》，其中就提到了知识服务和知识计算："知识计算引擎与知识服务技术。重点突破知识加工、深度搜索和可视交互核心技术，实现对知识持续增量的自动获取，具备概念识别、实体发现、属性预测、知识演化建模和关系挖掘能力，形成涵盖数十亿实体规模的多源、多学科和多数据类型的跨媒体知识图谱。"出版无论是构建政府层面的大数据，还是行业级、企业级的大数据，都还有很漫长的道路要走，需要做好充分的理论准备、数据准备和实践准备。

（五）知识图谱

知识图谱，是揭示实体间关系并可进行形式化表示的一种语义网络，也是在经过知识标引、知识计算的基础上所形成的二次数据、可视化数据。出版机构知识资源建设的最后一个环节便是形成知识图谱，也由此产生了新的知识、二次数据。二次数据的产生方式包括数据的再利用、数据的重组、数据的扩展、数据的折旧、数据的开放等。这种二次数据是在经过严格的数据采集、加工、标引、计算和建模应用之后才呈现的数据，可以以知识图谱或数据结论的形式呈现。

三、知识资源应用

确定知识服务的模式与形态、完成知识资源准备与建设之后，知识服务便步入到知识资源应用环节。知识资源的应用主要分为内部应用和外部应用，内部应用包括知识的共享和交流，外部应用则是出版机构提供知识服务的综合体现。

知识资源的内部应用以知识共享为主要体现，是指员工彼此之间通过相互交流、促进知识由个人经验扩散到组织层面的知识传递过程。在组织内部，员工便可以通过查询组织知识获得解决问题的方法和工具。反过来，合适的知识服务方法和工具也可以通过反馈系统扩散至组织层面，在提高员工知识使用率的同时推动提高组织的行事效率。出版机构开展知识资源的共享管理，一方面可以通过出版主体与出版主体之间的交流，将技能、经验等隐性知识进行传递和共享；另一方面可以借助文档、邮件、数据库等渠道实现显性知识的上传和分享。有条件的出版机构，还可以尝试将报社、期刊社、出版社自成立以来的所有书报刊产品资源数字化，以建立"数字博物馆"的形式对新员工进行企业文化历史教育，也可以实现所需知识资源的随时随地调取。知识资源的外部应用，主要是为个人用户和机构用户提供知识服务，包括前述章节提及的信息服务、知识产品和知识解决方案。

四、知识资源发布

知识资源发布，是指将知识资源传递给社会公众或专业用户、实现知识服务功能目的的过程。基于发布特点，知识资源发布可分为多平台发布、多终端发布和多介质发布三类。

（一）多平台发布

多平台发布，包括自主运营平台、第三方运营平台等平台的资源发布。新闻出版机构发布知识资源，普遍经历了"第三方发布"到"自主发布"的转型过程。新闻出版数字化转型升级早期阶段，许多出版机构将电子书授权中国移动手机阅读基地、亚马逊、当当网等第三方平台，就是经由第三方运营平台发布知识资源的主要体现。后来，随着数字化转型升级工程的深入推进，数字版权保护意识的增强，大部分新闻出版机构建立了独立的数字图书馆、知识库等自主运营平台，于是纷纷将自身的知识资源投放在自主平台上进行发布和运营。

（二）多终端发布

多终端发布，包括通过 PC 端、智能移动终端、可穿戴设备等发布。一般而言，基于互联网终端的知识产品，大多通过 PC 端进行发布，如电子书、数字图书馆、数据库产品等；基于移动互联网终端的知识产品，往往经由移动手机、iPad 等智能移动终端发布；还有一些创新性的知识产品，如 AR 出版物、VR 出版物，则通过 AR 眼镜、VR 眼镜等可穿戴设备进行发布和提供服务。

（三）多介质发布

多介质发布，包括以纸质、网络、移动存储介质等形式发布。图书、报纸、期刊是知识资源通过纸张介质进行发布的最主要的产品形态；数字图书馆、专题知识库、在线教育产品则主要借助网络介质进行资源发布；较早期出现的音像出版物、电子出版物、U 盘数字图书馆等则是通过移动存储介质进行知识发布与共享。

五、知识服务运营与维护

知识服务的运营维护是指对发布后的知识资源及配套设施进行产品运营、内容维护、技术迭代，以实现知识服务效益最大化的活动。

（一）产品运营

知识服务产品运营一方面可以通过开发多元化、多类型的知识服务产品，打破产品类型单一化的局面；另一方面可选择自主运营平台或第三方平台，采用合适的运营方式和商业模式对知识产品进行推广和销售，并采用数据统计工具，对实现销售的知识产品进行多维度分析，以推动提高其他知识服务产品的传播力与影响力。

（二）内容维护

知识服务的内容维护是在知识资源丰富性、精确性、安全性和特色化等要求的基础上，对处于销售状态或已销售的知识产品进行维护和更新，保证内容资源的合法合规以及完整性、有效性和时效性，防止出现内容资源瑕疵和缺陷、内容资源过时陈旧等问题，保障知识资源有效建设与合理应用分布。

（三）技术更新

知识服务的发展离不开信息技术的支持，语义计算分析、自然语言处理等技术的发展都为知识服务提供了技术支撑。在知识服务的推进过程中，也要关注信息技术更新速度与知识服务建设目标和内容的匹配度，防止出现因技术应用广度与深度不足而导致知识服务效益弱化的现象。因此，出版机构需在确保知识服务所运用的技术处于稳定、畅通状态的基础上及时进行技术更新和迭代，同时也需注意网络信息与技术应用的安全保障问题，确保知识资源和知识服务处于安全可控的状态之下，避免因病毒攻击导致知识服务系统的崩溃。

六、知识服务评估与反馈

在实现上述流程之余，出版机构的知识服务团队还需对运营过程中所获取的用户评价、反馈意见进行及时分析与挖掘，利用评估与反馈信息指导知识服务内容、技术、服务的更新与维护，并对知识服务模式方案进行扬弃和优化。

知识服务评估的主要内容包括评估知识资源规模是否足够庞大，知识资源质量是否合格，知识资源用户体验感是否友好，知识服务是否处于安全状态之中，数字版权是否有被盗版的风险，该项知识服务是否有足够的盈利空间，等等。

知识服务反馈意见主要被用以优化和完善知识产品，以继续进行内容更新、技术迭代和服务升级，确保所提供的特定信息服务、知识产品或解决方案能够获得较高的用户忠诚度，经得起市场检验，具备可持续发展的潜力。其反馈意见可来自知识服务受众、合作机构、技术提供商等各类利益相关主体。

第三节　知识服务模式

知识服务已先后走过基础软硬件配置、知识资源的数字化和数据化、知识体系研发、知识服务供应等阶段，目前正处于提质增效、推广应用的阶段，也是经受市场检验的关键阶段。知识服务还出现了扩展型知识服务和定制化知识服务等典型的知识服务模式。其中，扩展型知识服务和定制化知识服务主要是以满足不同层次用户需求为标准进行划分的知识服务模式。然而，在"政府引导、企业主体、市场主导、创新驱动、质效并重"的知识服务发展格局中，知识服务模式还需着重强调知识服务的动力机制。以动力机制为标准，以出版融合发展的要求为引领，知识服务模式可分为政策驱动型知识服务、产品驱动型知识服务、信息驱动型知识服务、技术驱动型知识服务和智慧驱动型知识服务等五类模式；而推动这五类知识服务模式发展的动力分别是政策引擎、产品引擎、信息引擎、技术引擎和智慧引擎。

一、政策驱动型知识服务模式

政策驱动型知识服务模式是政府配置出版资源的体现，主要是以各行业的政策为支撑、为契机，以行业知识需求为导向，旨在以机构知识服务为主体的知识服务模式。政策驱动型知识服务模式往往伴随国家、产业、行业重大政策的出台和公布，通常由政府购买服务，并部署较为前瞻性的数字技术，是由政策撬动、引导而产生的知识服务市场。受政策辐射效应的影响，政策驱动型知识服务模式也适用于 B2C、B2G 的商业模式，其知识服务产品在短期内能实现较高的市场占有率。

以政法类知识服务产品为例，《人民法院第三个五年改革纲要（2009—2013）》公布后，法律出版社即在 2012 年推出"中国法官电子图书馆"产品，并在全国各地数百家法院上线使用。在国家新闻出版广电总局组织的"数字出版转型示范单位"评审中，法律出版社获批全国首批"数字出版转型示范单位"，而"中国法官电子图书馆"则是其通过评审的关键性因素。法律出版社也因此取得了良好的经济效益，实现了社会效益和经济效益的有效统一。

"法信"也是典型的政策驱动型知识服务平台。2016 年 1 月，最高人民法院信息化建设工作领导小组首次提出建设"智慧法院"。2016 年 12 月，国务院印发的《"十三五"国家信息化规划》，明确指出支持"智慧法院"建设，推行电子诉讼，建设完善公正司法信息化工程。2016—2018 年，最高人民法院召开了多次信息化工作会议，并在会上多次强调要建设"智慧法院"。"智慧法院"政策的出台，直接推动了"法信"的开发与建设。"法信"是中国首家法律知识和案例大数据融合服务平台，由最高人民法院立项、财政部提供资金支持、人民法院出版社负责实施。平台建设定位于法律服务市场需求，在人民法院出版社自有资源的基础上，结合热点法律案例解读，不断丰富和扩展资源库，建设面向法律人士的精准化一站式法律知识服务平台。迄今为止，"法信"已经在全国 30 个省、市、自治区的 3 200 家法院上线，成为全国 80 万法律人优选的知识服务工具。

二、产品驱动型知识服务模式

产品驱动型知识服务模式是出版单位以知识资源为基础研发和锻造优质知识服务产品，以优质资源为动力、以产品质量为抓手提高知识服务市场占有率，抢占知识服务市场高地的服务模式。产品驱动型知识服务模式的主要特征包括产品内容丰富、结构合理，技术较为稳定和先进，产品美誉度和知名度较高，市场覆盖率较广，等等。研发单位往往集数年乃至数十年之功，精心打磨知识服务精品，以产品核心竞争力取胜，进而在激烈的市场竞争中占有一席之地。如：人民卫生出版社研发的"人卫临床助手"便是产品驱动型知识服务模式的典型。人民卫生出版社通过整理、挖掘近 70 年的精品专著，收录了近 500 本经典电子书，形成了疾病知识、症状体征、手术操作、检验检查、药物、人文与法律等多个医学知识库产品，实现了科室全覆盖、常见病种全覆盖的全方位知识服务系统，为医生的临床决策提供可靠支持。同时，人民卫生出版社还塑造了"智能小卫"的虚拟形象，智能小卫以"人卫临床助手"系列知识服务数字平台为基础、以辅助决策引擎为技术支撑，从症状出发，模拟临床医生真实场景对用户进行智能问诊、智能问药与智能问答，为临床决策支持与合理用药监测赋能。此外，依托专家团队及编辑队伍，人民卫生出版社还建立了内容更新机制，从知识丰富化、内容形式多样化、内容覆盖全面化等多个方面对"人卫临床助手"进行不断的更新升级。截至 2021 年，"人卫临床助手"资源建设已初具规模，涵盖疾病知识 11 549 条，典型病例超过 3 800 例，中英文医学词典条例超过 22 万条，国家临床路径超过 1 200 个。

社会科学文献出版社"皮书数据库"也属于产品驱动型知识服务模式。该数据库以皮书系列研究报告为基础，全面整合分析解读当下中国发展变迁的专业著作、智库报告、学术资讯、调研数据等内容，打造了中国经济发展数据库、中国社会发展数据库、世界经济与国际政治数据库、中国区域发展数据库、中国竞争力数据库、中国文化传媒数据库等知识服务产品，已经连续几年实现 2 000 万元以上的年产值。

此外，产品驱动型知识服务模式还包括一些影视产品，如地质出版社拍摄制作的 4D

电影《会飞的恐龙》。《会飞的恐龙》以恐龙的一支向鸟类演变为科学背景，通过再现侏罗纪、白垩纪我国辽西地区的地理环境，立体复原 20 多种带羽毛恐龙和早期鸟类的形象，为受众再现了鸟类起源的伟大进程。目前，《会飞的恐龙》已获得 9 项国家级、省部级大奖，放映次数多达 80 万次。其中，仅中国科技馆一年半就放映 529 次，观影人次多达 79 350 次，票房收入达到 159 万元。

三、信息驱动型知识服务模式

信息驱动型知识服务模式，是指通过提供特定行业系统、特定地域区域、特定专题领域的资讯信息，为用户提供服务的知识服务模式。信息驱动型知识服务隶属于知识服务的第一层次——信息服务的范畴，融媒体是其发展的典型性业态。此种知识服务模式以行业资讯或其他动态信息为资源基础，通过运用大数据、人工智能等技术进行数据资源的统计分析和有效整合，为相关行业企业或者从业者提供综合的解决方案。以信息驱动的知识服务模式，更加注重为用户提供多元化的解决方案，包括行业热点信息解读、主题报道、市场动态分析以及相关产业战略规划等。

励讯集团是典型的信息驱动型知识服务商。励讯集团在全球拥有超过 3 万名员工，为 180 多个国家的客户提供专业信息服务。作为世界上最领先的信息服务与数据分析提供商，励讯集团服务于不同行业领域的专业及商业客户，旨在通过信息服务帮助客户做出更好的决策，其主要营收来源即信息服务。在科学、技术和医学领域，励讯集团为客户提供专业信息分析服务，帮助机构和专业人士推动医学进步、开放科学、提高绩效；在法律领域，励讯集团又是全球先进的法务、管理和商业信息提供商，帮助客户提高生产力、改进决策成效、推进世界各地的法治进程。

融媒体则是我国新闻出版业信息驱动型知识服务的典型体现，包括行业性融媒体、区域性融媒体和品牌性融媒体，以及融媒体发展高级形态的中央厨房。"出版头条"和"百道网"就是我国面向出版业的信息驱动型知识服务产品，大多以新闻出版业的新闻、资讯、动态信息为基础，经过大数据分析、人工加工编辑等手段进行资源重新整合，为出版单位和出版从业人员提供即时信息解读、市场分析等综合解决方案。

四、技术驱动型知识服务模式

技术驱动型知识服务模式，是以高新技术为驱动、以前瞻性产品研发为导向，为用户提供新型服务的知识服务模式。高新技术应用、前瞻性产品研发、科技与新闻出版融合，是技术驱动型知识服务模式的典型特征。

具体而言，技术驱动型知识服务模式又分为两种。其一，以高新技术应用为内核的知识服务模式，这类知识服务模式是通过前瞻性技术与传统内容的融合研发新型产品，从而提供新型服务。如近几年持续成为焦点的大数据技术、AR 技术、VR 技术与新闻出版业的融合，催生出诸如法信大数据平台、苏州梦想人科技公司的 AR 图书系列产品、武汉和思易 VR 教育科普产品等。如苏州梦想人科技公司的 AR 图书系列产品就是通过高效的图像识别能力达到快速检索、专业呈现的效果，并成功将 AR 技术广泛应用于职业教育、K12 教育等各类教育阅读融媒体场景之中。其 AR 图书系列在满足读者对抽象概念和模糊场景的具象理解的同时，也为读者带来了全方位的阅读体验，是 AR 技术在出版领域的赋能体现。目前，梦想人科技公司已与国内外 180 余家出版机构达成合作，共同推出 2 万余种 AR 图书，发行总量累计 10 亿余册，推进了 AR 阅读服务的深度发展。其二，以高新技术研发为内核的知识服务模式，如新闻出版机构通过自建技术团队提供知识服务领域的技术开发服务。2018 年底，某数媒公司依托两家高新技术企业开发知识服务技术，形成了由技术开发、影视制作、智库建设、自然资源知识服务在内的知识服务矩阵，正式步入市场化、规模化、高质量发展的阶段。其数字出版业务收入突破 2 000 万元，实现收入和利润较前一年度翻一番。

技术驱动型知识服务模式的关键在于将高新技术原理与新闻出版产业链有机结合，探索并找寻出各类技术在新闻出版业应用的路径和规律。值得一提的是，目前几乎所有新闻出版单位都高度重视高新技术与传统内容的融合，旨在通过积极探索和布局媒体融合发展实现科技赋能出版的新业态。

五、智慧驱动型知识服务模式

智慧驱动型知识服务模式，是指以国家级重点实验室为龙头，以智库建设为核心，以产学研用一体化为整体格局，通过开展智慧型产品服务、智库咨询、智库报告、举办高端会议论坛、开展标准研制和宣贯等活动提供知识服务的知识服务模式。智慧驱动型知识服务模式是近年来出现的创新型知识服务模式。从开展智慧驱动型知识服务的出版主体来看，其主要呈现以下共同特征：

其一，以国家级重点实验室为龙头。开展智慧型知识服务的新闻出版单位大多以融合发展、科技与标准重点实验室为依托，以科技与出版融合为目标，高度重视研发与创新，努力实现全程媒体信息无处不在、全员媒体提升公众参与度、全息媒体多元展现、全效媒体功能多样的全媒体发展。

其二，以智库建设为核心。智慧驱动型知识服务离不开智力资源和专家智慧的有效支撑，智库建设由此成为出版单位战略布局知识服务不可或缺的一环。如中国农业出版社成立的"三农出版发行高端智库"、中国建筑工业出版社设立的"建设发展研究院"、知识产权出版社发起的"i 智库"等都是出版机构致力于建设一支强有力的专家队伍的集中体现。

其三，致力于智慧技术研发应用，持续开展标准研制宣贯。以知识产权出版社、人民卫生出版社等中央部委出版社为代表的智慧驱动型知识服务提供商，大多重视人工智能、增强现实、虚拟仿真等智慧型技术的研发与应用，持之以恒地研发技术含量高的创新型产品，如中国知识产权大数据与智慧服务系统（DI Inspiro）、"人卫智网"医学教育智慧平台等。同时，各类标准化工作也在持续推进中，早期的新闻出版转型升级标准体系、后来的复合出版工程系列标准、近期的国家知识服务标准的顺利制定与实施，都离不开智慧驱动型知识服务提供商的人、财、物支持。

其四，创新为第一驱动，人才为第一资源。一方面，智慧型知识服务模式的出版主体都把创新视为第一动力。在产品创新方面，各机构纷纷试水大数据产品、AR 产品、VR 视频、"机器人＋"阅读等新业态、新模式；在技术创新方面，知识产权出版社长期致力于大数据、语义分析技术的应用与推广；在运营创新方面，"直销＋代理""机构＋个人""线上＋线下"等销售模式纷纷涌现，成为数字出版创收、盈利的主要商业模式。另一方面，智慧型知识服务模式的市场主体，都把人才作为第一资源。在发展模式方面，部分出版社开始推行协议工资制，引进行业领军人才和骨干人才，持续供应新兴出版的人才资源，根据市场经营规律和现代企业制度推进数字出版的产业化发展；人民法院出版社、人民卫生出版社、社会科学文献出版社等企业则均拥有一支数十人规模的知识服务队伍，形成涵盖战略、内容、技术、运营等全方位的人力资源布局。

其五，提质增效重要性凸显，融合传统部门成趋势。采取智慧型知识服务模式的新闻出版企业，除一如既往强调转型升级以外，还对数字出版知识提出了提质增效的更高要求，即在确保知识服务有效运营的同时，增强出版企业的市场活力、行业竞争力与抗风险能力，推动出版知识服务质量及效率的稳步前进。与此同时，传统出版部门与新兴出版部门的有机融合，也成为智慧型知识服务的未来发展方向。传统出版部门与新兴出版部门的有机融合，实质也是传统出版生产方式与新兴出版生产方式的流程融合、传统出版产业与新兴出版业态的模式融合、传统出版人才与新兴出版人才的智能融合、传统出版产品与新兴出版产品的内容介质融合的过程，是实现传统出版部门动能集成转换、新兴出版动能培育壮大，进而推动知识服务可持续发展的核心枢纽。

"从要素驱动、投资驱动转向创新驱动""由高速增长转向中高速增长"，已经成为我国经济发展的新常态，也是数字出版发展、知识服务模式演进规律的高度概括。出版业以项目供给支撑数字出版、以平台开发维持知识服务发展的局面即将步入历史。让市场在配置知识服务资源中发挥决定性作用，同时更好发挥政府配置资源的作用，将成为新时代知识服务发展的主流方向和正确路径。

今后，政策驱动型知识服务模式需要更好发挥政府配置资源的作用，同时面向广大的机构市场进行大力推广和应用；产品驱动型知识服务模式、信息驱动型知识服务模式、技术驱动型知识服务模式，须以市场为导向，以用户知识需求为目标，以科技与新闻出版融合为抓手，形成"政府引导、企业主体、市场主导、创新驱动、质效并重"的发展格局；智慧驱动型知识服务模式则将成为我国知识服务的主流模式，成为数字出版产业化、新兴出版提质增效、出版与科技融合的主力军，也将成为数字出版产业提高发展质量和效益、落实媒体融合重任的必然选择。

思考题

1. 我国出版知识服务发展目前存在哪些问题？你认为应采取哪些措施加以改进？
2. 试分析相较于其他文化产业，出版开展知识服务的优势与劣势分别是什么？
3. 随着数字信息技术的进一步发展与革新，出版知识服务流程会发生哪些变化？
4. 谈谈五类知识服务模式之间的关系及其在实践运行中需注意的问题。

参考文献

1. 赵颖梅. 知识服务探索与实践［M］. 西安：西南交通大学出版社，2014.
2. 李波. 知识服务业的产业生态［M］. 上海：上海人民出版社，2006.
3. 杨守文，郭湘玲. 信息素养与知识服务［M］. 北京：北京邮电大学出版社，2011.
4. 杜也力. 知识服务模式与创新［M］. 北京：北京图书馆出版社，2005.
5. 贺德方，等. 数字时代情报学理论与实践：从信息服务走向知识服务［M］. 北京：科学技术文献出版社，2006.
6. 魏东原，张军. 数字时代的科技知识服务［M］. 广州：广东科技出版社，2020.
7. 周国明. 出版领域知识服务前沿理论及应用［M］. 上海：上海大学出版社，2020.
8. 聂静. 学术出版的知识服务研究［M］. 上海：上海科学技术文献出版社，2020.
9. 张晓林. 走向知识服务：寻找新世纪图书情报工作的生长点［J］. 中国图书馆学，2000（5）.
10. 方卿，丁靖佳，王嘉昀. 知识服务进展与启示［J］. 数字图书馆论坛，2021（7）.
11. 李霞，樊治平，冯博. 知识服务的概念、特征与模式［J］. 情报科学，2007（10）.
12. 张新新. 出版机构知识服务转型的思考与构想［J］. 中国出版，2015（24）.

第18章 智能出版

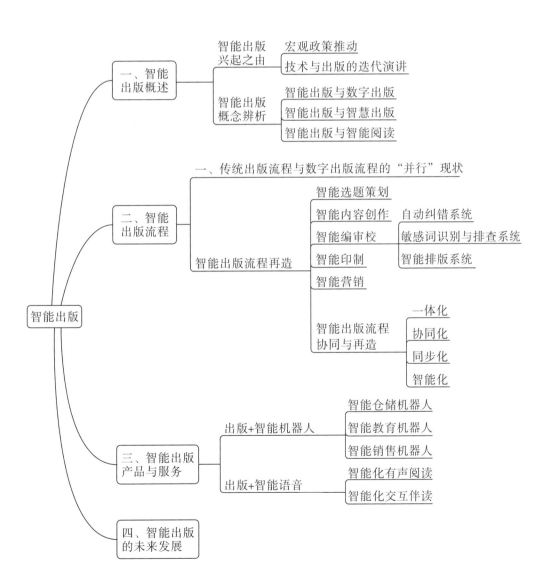

学习目的

了解智能出版的兴起之由及与数字出版、智慧出版和智能阅读的关联。重点掌握智能选题策划、智能内容创作、智能编审校、智能印刷、智能营销等智能出版流程，明晰智能出版流程一体化、协同化、同步化和智能化的四大标准。熟悉"出版+智能机器人""出版+智能语音"等新型智能出版产品与服务，并了解智能出版的未来发展趋势。

拓 展

本书前面章节提到，人工智能是能够自主感知、决策、执行和控制的计算机软件程序或硬件设备。人工智能涉及的领域非常丰富，既包含硬件，也包含软件，几乎涵盖了目前国民经济各领域各环节各方面。从人工智能本体视角来看，包括但不限于智能助理、智能推理、内容推荐、机器人撰稿、机器视觉、AI艺术、智能搜索、机器翻译、语音识别、自动驾驶、机器人、深度学习、数据挖掘、增强现实、虚拟仿真、知识图谱、知识服务与知识计算等；从人工智能作用于社会来看，涉及智能制造、智能农业、智能商务、智能家居、智能教育、智能交通、智能金融、智能医疗、智能新闻、智能出版等。随着科学技术的快速发展，人工智能已成为新一轮产业变革的核心驱动力并深入至经济社会的多个领域、对经济活动生产、分配、交换、消费等各环节产生颠覆式的重构。

通常，人工智能可以分为弱人工智能阶段（artificial narrow intelligence，ANI）、通用人工智能阶段（artificial general intelligence，AGI）和超人工智能阶段（artificial super intelligence，ASI）三个发展阶段。经过这三个阶段，最终将完成理性机器的演进和诞生。从人工智能当前的发展水平来看，目前仍处于弱人工智能发展阶段，人工智能所积蓄的巨大能量还没有完全释放，仅在个别领域达到了强人工智能的发展阶段，这对出版业而言是一次难得的机遇。国内外出版企业也在积极探索"人工智能+出版"的新发展模式，如西蒙·舒斯特出版社（Simon & Schuster）、阿歇特出版集团（Hachette Livre）等国外大中型大众出版社已开始尝试借助人工智能进行文学创作；新华社则于2015年11月启用"快笔小新"机器人写稿系统，同时为体育部、经济信息部和中国证券报供稿。虽然目前已开发的机器撰稿、信息推荐等功能已趋于成熟，但是还没有对出版业产生颠覆性的改革。

"不优雅转型，则遍体鳞伤。但是我们是否会优雅地完成这次转型，还是会在这个过程中变得遍体鳞伤？我并不确定。"① 人工智能重构出版企业流程再造、内容重塑、业态创新、传统生产方式的变革以及传统出版业态的智能化改造的巨大能量还未完全释放，这对出版业而言既是一次极大的生存挑战，也蕴含着潜力巨大的发展机遇。事实上，人工智能与出版的高度融合，或曰智能出版，势将成为出版未来的发展趋势，其主要表现在于：对外不断提供智能化知识服务，优化完善数字产品和服务的供给；对内不断提高出版业生产管理流程的高效化、融合化和智能化水平。

出版业智库建设与知识服务研究

新媒体技术概论（第 1 课）

---

① 卡普兰. 人工智能时代［M］. 李盼，译. 杭州：浙江人民出版社：2016：前言，XXIII.

第一节　智能出版概述

早在 20 世纪 50 年代，"人工智能之父"图灵提出了著名的"图灵测试"："如果一台机器能够与人类展开对话而不能被辨别出其机器身份，那么称这台机器具有智能"[①]，首次将机器与人类相联系。他设想的语音助手的最终目标是能够像人一样与用户进行顺畅的交流，能够及时准确地做出反馈和建议。1956 年，麦卡锡（John McCarthy）正式提出"人工智能"的概念，认为人工智能就是要让机器的行为看起来就像是人所表现出的智能行为一样，标志着人工智能进入起步发展阶段。70 余年来，人工智能大致经历了自动定理证明、传统神经网络、脑神经网络等多个阶段的技术迭代，人工智能的概念也随着技术更迭不断演化，由最初的"像人类一样行动"

人工智能时代的出版转型（一）——人工智能及发展历程简介

到"像人类一样思维"，再到"像人类一样理性思维"，最后到"像人类一样自我学习，不断调整策略""像人类一样感知、思考、决策、行动、控制"。

随着人工智能在各类经济生活领域的广泛渗透，出版业也从 21 世纪初开始试水智媒转型，驱动出版业及时做出技术调整和战略规划，拟实现人机深度协同融合的智能出版新业态。

一、智能出版兴起之由

（一）宏观政策推动

2016 年 3 月，阿尔法围棋（Alpha Go）战胜世界围棋冠军、职业九段棋手李世石，引发了全社会对人工智能技术的关注，人工智能被认为是最具战略性、挑战性的前沿技术领域。同月，人工智能被写入《中华人民共和国国民经济和社会发展第十三个五年规划纲要》（简称"'十三五'规划纲要"）。随后，人工智能连续三年被写入政府工作报告，其核心观点如表 18 -1 所示。

---

① TURING A M. Computing machinery and intelligence［M］. Springer，Dordrecht，2009：23.

表 18 - 1　我国关于人工智能的相关政策要点概述

时间	政策要点	来源
2016 年 3 月	中国更加关注发展质量,在 5G、电子商务、人工智能、大数据等领域取得了巨大发展,促进产业向价值链中高端迈进	"十三五"规划纲要
2017 年 3 月	全面实施战略性新兴产业发展规划,加快新材料、新能源、人工智能、集成电路、生物制药、第五代移动通信等技术研发和转化,做大做强产业集群	《2017 年政府工作报告》
2018 年 3 月	做大做强新兴产业集群,实施大数据发展行动,加强新一代人工智能研发应用,在医疗、养老、教育、文化、体育等多领域推进"互联网 +"	《2018 年政府工作报告》
2019 年 3 月	打造工业互联网平台,拓展"智能 +",为制造业转型升级赋能。促进新兴产业加快发展,深化大数据、人工智能等研发应用,培育新一代信息技术、高端装备、生物医药、新能源汽车、新材料等新兴产业集群,壮大数字经济	《2019 年政府工作报告》

如表 18 - 1 所示,从"加快""加强"到"深化",说明我国人工智能逐渐由萌芽阶段、初步发展阶段、稳步发展阶段过渡到蓬勃发展阶段,更加注重人工智能技术的应用落地,以及与其他产业的融合。在出版领域,各部委也出台多项鼓励政策,分别从规划调控、财政调控、标准调控等多个方面支持出版行业大力引入人工智能及其相关技术,加快融合创新发展,深化出版行业数字化转型升级,推进出版行业高质量发展,其简要内容如表 18 - 2 所示。

表 18 - 2　推动智能出版发展的内容概述

时间	要点	来源
2018 年 12 月	指明出版智能化将进入快速发展阶段,是中国未来出版融合发展的十大趋势之一	《2018 年中国出版融合发展报告》
2019 年 8 月	表明人工智能技术应用场景在出版领域正在日益深化,并在优化出版流程方面发挥巨大作用,人工智能在出版行业的应用已经取得初步成效	《2018—2019 中国数字出版产业年度报告》
2019 年 8 月	提出需重视文化与科技融合,为人工智能与出版行业的深度融合提供了良好的政策环境	《关于促进文化和科技深度融合的指导意见》

续上表

时间	要点	来源
2020 年 5 月	提出"中国文化遗产标本库建设""中华文化素材库建设""国家文化大数据云平台建设"等八大重点任务，为智能出版的发展开创了可持续的新工作局面	《关于做好国家文化大数据体系建设工作通知》

（二）技术与出版的迭代演进

数字技术的发展对经济增长方式、产业结构调整乃至综合国力提升都起着决定性的作用。综观人类传播史的五次革命，从语言的传播、文字的产生、印刷术的普及，到电力的广泛应用、互联网技术的出现，其核心驱动力都是技术，出版产业也不外乎如此。传统出版在人类社会新一轮信息爆炸所面临的挑战，似乎早在 20 世纪 40 年代中期计算机问世、开启全世界范围内的第一次信息革命时就已注定。在信息传播技术的冲击下，全球出版业乃至整个内容产业的旧系统、旧范式开始崩解，而新系统、新范式尚待建立。而人工智能技术极有可能是协调出版产业新系统、新范式达到平衡状态的核心技术支撑。

而所谓人工智能与出版迭代演进，就是出版业在人工智能时代应对新一轮科技革命、产业革命以及新媒体技术的战略设想与选择，旨在通过技术智能性的提升，推动出版的科学化发展。可以说，技术的创新性和智能性为未来出版产业的发展提供了新动能，如人工智能在提高信息服务的效率与质量、增强用户的信息认知与感官体验方面确实有着绝对优势，能够推动出版资源的多级生产、出版内容的多媒体智能化呈现、出版信息的个性化推送和传播效果的可视化等，成为出版产业发展的强劲引擎。

二、智能出版概念辨析

智能出版，是指以智能化的数字技术对作品进行编辑加工后，经过复制进行发行的新型出版。智能出版是数字出版发展的高级阶段，是数字出版继"数字化/复制化、碎片化、数据化"之后的第四阶段，是以人工智能、5G 技术、区块链技术为代表的智能化数字技术作用于出版业内外部的结果，也是出版业内部生产管理流程和外部产品服务都呈现出自主化、自动化、智能化的一种发展状态。与之相似的概念包括数字出版、智慧出版、智能阅读等。

（一）智能出版与数字出版

数字出版和智能出版的关系属于"种属关系"，数字出版是"种"概念，智能出版则是"属"概念，其"种差"则是智能化的数字技术。其中，智能化的数字技术在眼下集中主要表现为人工智能技术体系、区块链技术和 5G 技术这三大数字技术。

数字出版和智能出版的联系体现在：其一，数字出版的快速发展为智能出版提供了技术条件和现实基础。我国出版业的数字化转型已经完成，从以文字、图片等信息符号直接承载内容的"符号"出版时代跨入了以"0""1"等数字编码间接承载内容的"数字"出版时代，出版流程数字化、全媒体出版等数字出版形态为智能出版的发展奠定了良好的现实基础，储备了一定的实践经验。其二，从数字出版的发展阶段来看，数字出版依次经历了电子出版、网络出版、数据出版、智能出版等阶段，智能出版是数字出版发展的成熟阶段。事实上，智能出版将重新赋予出版产业更多主动权和阶跃空间，深入推进数字出版产业的高质量发展。其三，自主化、自动化、智能化发展理念的出现将帮助数字出版业摆脱技术支配的樊篱，智能出版则将在为数字出版提供新型智能化解决方案的同时，深化智能化知识服务的有序发展。

（二）智能出版与智慧出版

智能出版与智慧出版相互联系，又各有区别。智慧出版主要是指出版企业通过大数据等新技术协调、组合其他各类资源，构建内外协同、共享、互通的知识服务平台，在专业化的学科领域内聚合专家学者资源，通过成果出版、信息服务、数据服务等形式，为政府、学界、用户提供权威、前沿、有效的知识、信息和解决方案，在价值属性和目标指向上都与智能出版具有一定的相似性。

首先，从表意范围来看，"智能"涵盖的信息面更广，除能表达"智慧"，还能表达"智慧能力"，是一个能动性的过程表述；其次，从语法习惯来看，用"智慧"来限定"出版"、修饰"出版"，属于用名词来修饰名词，其使用场景往往是基于被修饰的"出版"的材料、用途、时间、地点、内容、类别等，而"智慧"一词，显然不属于上述六种范畴；再次，"智能"的第二种解释是"经过高科技处理而具有人的某些智能和能力的"，符合智能化数字技术赋能出版业内外部的基本原理。

（三）智能出版与智能阅读

阅读是指任何从编码系统中获取视觉信息并进行认读和破译的活动。而智能阅读是面向读者个性化阅读需求，基于用户画像数据库及内容资源数据库，以智能算法系统为支撑，基于阅读需求数据与阅读资源数据收集、整理、匹配等关键环节或过程，具有一定自主感知、学习、分析、决策能力，能动态适应阅读需求的变化以满足用户个性化阅读需求目标的阅读方式。[①]

出版与阅读自古以来便共生共存，两者形成了供需协同、相辅相成的联动关系，智

---

① 方卿，王欣月，王嘉昀. 智能阅读：新时代阅读的新趋势［J］. 科技与出版，2021（5）：15.

能出版的发展也自然而然衍生了智能阅读的新业态。一方面,智能出版是智能阅读从内容到体验的逻辑叠加。智能出版借助自然语义分析、智能推送等数字技术实现载体终端、应用场景的智能化适配,使得关联更强大、维度更立体的内容资源得以实时精准供给,智能阅读从内容到体验呈现出符合逻辑的几何级数叠加效应,满足了智能出版对个性化内容消费几乎所有的愿景。另一方面,智能阅读又是智能出版从内在到外在的逻辑追求。阅读升级需求一直存在并伴随人类进步的始终,随着出版与三大数字技术体系深入融合发展,读者对智能化阅读体验的需求与日俱增。因此,智能阅读本质上是出版顺应以智能技术为外在推力、以智能阅读体验需求为内在动力的必然发展结果。①

---

① 王建文. 智能出版与智能阅读协同演进的逻辑解构 [J]. 科技与出版, 2021 (11): 67.

第二节　智能出版流程

出版业的数字化转型升级主要包括产品数字化转型升级、流程数字化转型升级和渠道数字化转型升级等三个方面。而流程数字化转型升级的未来走向是生产管理流程的智能化改造提升，包括选题策划、审稿校对、排版印制、发行销售等全产业链的智能化升级。因此，智能出版流程大致可表述为以大数据、人工智能等技术为支撑，建立健全众智众创、协同创新的生产管理流程，提高数字内容生产、流程管控、发行传播的智能化水平，研发、应用和推广支持智能选题策划、智能审校、智能排版、智能印刷、智能发行等技术工具集，研发支持战略研判、决策的智能化管理集成平台，研发面向用户提供智能化服务的集成平台，进而最终实现全面提升出版业协同化、融合化、智能化水平目标的过程。

人工智能时代的出版转型（三）——人工智能赋能出版：内部流程再造

一、传统出版流程与数字出版流程的"并行"现状

以人工智能的视角审视出版业，流程再造、流程重塑将会是首先受到关注的，大量自动化、智能化系统取代人力资源将会成为主要趋势。目前的编辑、审查、校对、印制、储运、销售等环节仍然依赖人力资源的大量投入。同时，出版领域长期落后的生产方式、生产流程和管理方式导致了传统出版流程中存在着一系列制约、限制甚至阻碍智能出版业务发展的问题。

其一，现有的出版 ERP 系统，绝大部分只能支持传统出版流程，不能支持数字出版流程。具体表现在目前国内大部分的出版 ERP 系统都无法提供数字产品生产、制作和发行的解决方案，仅有个别 ERP 系统部署了数字产品销售的相关流程。

其二，现有排版软件大多属于闭源软件，不同的排版软件之间、排版软件和数字化加工制作软件之间存在互相封闭、互不联通的沟通障碍，导致传统出版与数字出版流程之间相生龃龉，不流畅、不通顺，始终处于"肠梗阻"的状态。

其三，大部分出版社数字出版流程普遍采取"自立门户"或"另起炉灶"的建设途径，造成纸质内容数字化扫描、识别、加工等生产流程辅助工具的重复建设和资源浪费。

其四，传统出版流程和数字出版流程"两张皮""两股道"的状态长期存在，这不仅与出版业数字化转型升级的目标背道而驰，而且也严重影响了出版企业自身传统出版和新兴出版业务的协同发展与良性互动。

二、智能出版流程再造

人工智能对出版流程再造的最大启迪之处在于出版领域需适时构建一套自动化、智能化、系统化的出版流程，以同时支撑传统出版业务和数字出版业务，实现传统图书和数字产品生产、制作、发行的一体化、协同化和同步化。这既是出版企业数字化转型升级的应有之义，也是传统出版与新兴出版融合发展的必然要求。从出版产业链的视角出发，智能出版流程大致可概括为智能选题策划、智能内容创作、智能编审校、智能印刷、智能营销、智能出版流程协同与再造等六个核心环节。

（一）智能选题策划

图书出版流程始于选题策划，选题策划是图书出版的基础和关键。在出版业竞争日趋激烈的环境下，选题策划的重要性不言而喻，强化选题策划意识、加强选题策划工作，已成为出版界的共识。传统选题策划多依赖编辑的个人经验、知识储备与预见能力等，具有明显的个人主观倾向，导致许多原本可以畅销的选题，很可能因为编辑偏好等因素被忽视，如《哈利·波特与魔法石》曾被 12 家出版商拒绝，《暮光之城》在出版前也遭到 14 次拒稿，《飘》更是被连拒 38 次。

智能选题策划则是要借助大数据及人工智能技术，以全局思维和科学化手段为导向，将人为因素导致的损失降到最低。其通过精准掌握目标读者的阅读喜好，依据当下市场态势做出效益预判，充分论证选题的科学性、合理性，避免出现同质化出版，从而最大化地提高选题的成功率。如：全球领先的学术出版商爱思唯尔便与伦敦大学学院（University College London，UCL）共同建立了"UCL 大数据研究所"，通过应用人工智能技术抓取研究热点，以辅助研究人员确定研究方向。浙江出版集团也开发了选题策划和新书提印辅助系统，该系统通过智能分析出版物销售数据，帮助编辑获取相同、相似选题的图书流通情况，以辅助编辑决策新选题是否具有实施前景。

在实践层面，具体而言，企业级智能选题策划的实现首先需要构建一个规模巨大、数据类型丰富的"选题大数据系统"作为支撑。随着国家级新闻出版大数据系统的建立和升级完善，经济、政治、哲学、法律、文艺、科技等各个细分领域选题数据库将能为各领域的选题策划提供海量级的数据支撑。出版企业便可借助选题数据库进行细分领域的选题查重、查缺补漏，在进行组稿策划时减少盲目性、提高针对性，进而起到辅助选题策划决策、提高选题策划"含金量"的预期效果。同时，出版企业还可运用区块链的技术原理，构建专业出版领域的联盟链或出版企业的私有链：在静态层面，建设含有时间戳的选题区块链，辅以知识标引技术，逐步建立健全各细分选题的历史顺序数据库，可追寻细分选题领域的区块链内第一个作者至最近的作者，便于进行选题的归纳和梳理；在动态层面，运用传播机制，就细分选题向全网节点发起广播，得到大多数的共识以后采用股份授权证明机制（delegated proof of stake，DPoS），通过代币发行和分配奖励机制，高效、全面地聚集起细分选题的全链区域内的智力资源，最终以去中心化的方式全面、高效地完成选题策划和组稿工作。

简而言之，出版企业在选题策划之前，可以通过人工智能技术在海量数据中提取隐含在其中的信息和知识，挖掘用户感兴趣的知识和话题；在选题策划过程中，通过人工智能和大数据技术，依据用户需求和热点话题，构建相应的知识图谱，形成初步选题方案；在形成选题方案后，进一步应用人工智能模拟产品销售，分析销售数据，最终确定科学、合理的选题方案。

（二）智能内容创作

以色列历史学者尤瓦尔·赫拉利曾提出"认知革命"的概念，指出智人之所以能够超越其他物种得以生存、延续，不仅在于拥有独特的思维和沟通方式，还在于其能够借助想象力实现虚构故事的创作与编造。[①] 其后，人类一直没有发现别的物种具备这些能力，直到人工智能和人工智能内容创作的出现，对人类这种独特的认知能力发起了前所未有的挑战。

智能内容创作是伴随自然语言处理、深度学习等智能技术发展而出现的新型内容生产模式，已逐渐在出版、文学、影视等领域应用。人工智能在内容创作方面的应用主要体现在智能编写与写作、智能翻译等方面。

其一，内容智能编写与写作方面，主要是借助大数据、深度学习等人工智能算法实现文本内容的自动生成。如谷歌大脑（google brain）能够通过阅读、学习、吸收上万部小说中遣词造句的精华智能生成语句。2017 年，微软小冰以 1920 年以来 519 位中国现代诗人几千首作品为学习源，在经过上万次的迭代学习后逐渐形成了自己的写作风格、偏好和行文技巧，创作了"人类史上首部人工智能灵思诗集"《阳光失了玻璃窗》。无独有偶，2019 年，由德国歌德大学（Goethe University Frankfurt）与施普林格自然集团（Springer Nature）共同开发的人工智能机器人 Beta 通过分析 5.3 万篇论文创作了第一本由机器学习生成的学术图书《锂离子电池：机器生成的当前研究摘要》（*Lithium-lon Batteries：A Machine-Generated Summary of Current Research*）。[②]

其二，智能翻译方面，是指在无需人工干涉的背景下，借助机器实时翻译、语音智

---

① 赫拉利. 人类简史［M］. 北京：中信出版社，2014：20 – 23.

② 目前该书可在 SpringerLink 上免费获取，获取链接为 https://link.springer.com/book/10.1007/978 – 3 – 030 –
16800 – 1.

能识别等技术将一门语言翻译为另一门语言、将音视频信号转变为文本。如2018年，电子工业出版社与网易有道公司联合出版了全球首本由AI机器完成翻译的图书——《极简区块链》（中文版）。

为此，出版企业需基于群体智能理论和技术架构智能协同编辑系统。出版企业要协同机器撰稿、协同编辑和众智撰稿，其架构要能够支持百科、科普领域的机器撰稿，支持作者与编辑在线撰稿，以及机器、作者与编辑协同撰稿的智能系统。随着人工智能技术的进一步成熟发展，智能内容创作或将成为出版领域的一种常态。然而，无论出版载体如何变化和出版技术如何更迭，内容始终是出版的灵魂，出版企业需秉持"内容为王"的核心价值合理引导，实现人工智能对内容创作的积极赋能作用。

（三）智能编审校

数据统计显示，国内大多数出版社的人均年发稿量超过500万字，编审校人员的工作日益繁重。20世纪末出现的"工智通""黑马"等自动校稿软件虽然能够识别错字、漏字、标点错误等问题，却很难有效识别数字符号、图表公式等专业领域问题，也无法在上下文语境中处理语句问题。而人工智能由于赋予了机器自然语言处理和深度学习的能力，因此机器在"阅读""学习"大量文本内容、语料库、词库以及规则库之后，便可拥有较强的语义分析和词汇联系能力，为实现机器智能编审校提供了技术基础。事实上，人工智能技术可贯穿图书编校活动的整个流程，高效完成图书审校任务，有效提升编校质效，辅助图书设计工作。如：2019年8月，知识产权出版社自主研发的"中知编校"智能图书编校排系统正式上线，实现了在XML数据格式下智能化审稿和校对的功能。丹麦的论文及专利在线搜索平台UNSILO在2018年法兰克福书展上展示了一套内容自动审校系统，该系统能与同行评审平台Scholar One一起帮助编辑实时评估新提交的作品内容的质量。

当前，智能审校技术方兴未艾，人工智能将逐步成为图书出版内容的"把关人"。人工智能不仅能帮助编辑识别基本的拼写错误、语义错误、敏感信息，高效完成图书内容的初级加工整理；还可实现自动化排版、辅助封面设计等高难度工作，极大降低人工的重复性劳动，有效地提升生产力。常见的智能编审校工作主要依赖于自动纠错系统、敏感词识别与排查系统、智能排版系统等智能化系统展开。

1. 自动纠错系统

基于海量词汇和机器学习，自动纠错系统能够自动发现和识别稿件错误和瑕疵，以不断提高书稿质量，在增强读者和用户的阅读体验感的同时，最大可能地提高图书质量。优化和完善自动纠错系统的关键在于精准识别专业细分领域的特定用语，以避免系统将正确词汇误认为文字错误，例如将法律专业术语"标的"识别为错误表述。而这个过程的实现，还有依赖于专业知识服务领域的大数据和海量词汇的大规模、多层次的语言训练。

2. 敏感词识别与排查系统

公开出版的文稿资料可能会涉及国家秘密、商业秘密、第三方权益和个人隐私等敏感信息，因此，加强敏感信息管理是出版活动的重要任务。敏感词识别与排查系统以敏感词语数据库为基础，能够精准发现、准确排除文本中的敏感词，以确保图书的正确导向和过硬质量。其中，敏感词语数据库中的数据知识资源及相关敏感词会根据最新的政策变化要求、前沿的时代发展趋势进行实时调整与更新。此外，敏感词语数据库还需及时排除不合理词汇、屏蔽新闻报道禁用词，切实确保系统的及时性和实用性。

3. 智能排版系统

传统借助编辑的排版工作人力、物力以及财力消耗较大，且无法支持当前数字化时代的个性化排版的需求。智能排版系统能够根据需要展示的内容，从已有数据中学习各个板块的大小、形状，进而推断整体排版以及各个板块的内容布局，不仅能够满足用户的个性化要求，而且有利于提高印刷出版的生产效率与自动化程度。同时，出版企业可以借助人工智能从海量数据搜集与分析中挖掘目标消费者群体的消费偏好，以此来帮助编辑或设计者确定最受消费者喜爱的装帧设计风格和出版物载体，形成出版装帧设计、出版载体以及目标消费群体之间的良性互动。

由于汉语表达形式的复杂性及多样性，现有的智能审校系统所涵盖的领域词表、专业名词库在垂直方向还未达到一定的广度和深度，导致审校系统并未真正实现智能化，还需要大量的人工审核工作。出版企业应基于大数据智能、群体智能、自然语言处理等理论和技术，充分发挥专业领域内的内容优势地位，研发出一系列真正"智能"的智能审校系统，以节约过程资源、提高流程效率，实现出版业集约化、高质量发展的目标。

（四）智能印制

长久以来，我国出版业存在着"拍脑袋"决定印制、同质化竞争、库存积压严重、仓储成本过高等问题。人工智能与印刷技术的结合，能够智能化、快速化控制、管理印刷生产流程，实现以需定产、按需印刷、即时印刷、绿色印刷，在实现供需平衡、降低库存的同时达到供给侧结构性改革的目标。智能印刷的概念也由此兴起，即基于新一代信息通信技术与先进制造技术深度融合，贯穿于设计、生产、管理、服务等各个环节，具有自感知、自学习、自决策、自执行、自适应等功能的新型印刷生产方式。

从印刷环节来看，自动化是数字化的前提，数字化是智能化的前提。在德鲁巴国际印刷展（DRUPA）2016 展会上，海德堡提出了"Simply Smart"（致简·智能）的口号，对数字化时代印刷业的智能生产提出了前瞻性的理念——"未来，印刷就像自主驾驶汽车一样简单，一键完成所有客户订单的生产"，这无疑对印刷业具有划时代的意义。具体而言，从出版印刷企业内部流程再造来看，企业可以通过集成印刷智能制造技术，搭建协同控制自动化生产线、打造信息互通的标准化信息系统、构建相互融合的生产线设备与信息化系统协同体系，实现出版印刷企业印刷智能制造建设的目的。从智能印刷模式上看，印刷企业可以集合自身资源条件和发展目标，打造以满足用户个性化需求为引领的大规模个性化定制印刷模式、以缩短产品研制周期为核心的产品全生命周期数字一体化印刷模式、快速响应多样化市场需求的柔性制造模式等智能印刷模式，实现出版印刷企业的智能转型。如虎彩印艺公司于 2019 年开始着手布局全国智能化工厂，旨在为客户提供小批量、多品种、个性化定制印刷服务。

（五）智能营销

营销是出版活动的关键环节，高效开拓销售市场、洞察读者行为、挖掘读者需求是出版企业盈利的根本保证，是传播文化的重要渠道，也是构建品牌和赢得顾客忠诚度的重要手段，更是出版企业屹立于市场竞争中的制胜法宝。随着智能化时代的到来，人工智能技术正在引领传统的图书营销向智能化营销转变。

智能营销，从形态上看包括传统图书、数字产品和服务的智能营销，从构成要素看则包括优化完善供给、降低退货率、统计分析、个性化推荐和精准投递推送等。具体而言，人工智能技术首先可以为出版企业制定全面、科学、前瞻、长期的智能化营销策略提供支撑，有效解决库存积压、库存不足等问题，实现利益的最大化。其次，人工智能技术与客户关系管理系统相结合，通过获取和分析用户的相关数据实现精准画像，服务纸质图书、数字产品的精准推送和精准营销。如为媒体和出版行业提供推广服务的人工智能平台英特罗格（Intellogo）通过机器对内容的"阅读"，判定内容主题、类型、情感等，同时结合读者行为数据，预测读者需求并为其推荐内容。此外，人工智能技术还可以为广告商提供广阔的发展空间，广告商可以通过人工智能识别出显在或潜在用户，通过迅速分析、判断用户的需求推出更为个性化的广告体验。

在将人工智能技术引入出版营销的同时，我们也应保持冷静思考。尽管人工智能技术为图书营销创造了新模式，但是完全脱离人工的智能化营销也很容易使用户陷入"信息茧房"的困境，即当用户在信息领域中习惯性地被自己的兴趣、爱好所引导与左右时，其在信息选择方面会桎梏于像蚕茧一般的"茧房"中的现象，使得出版受众逐步陷入狭隘的领域中，削弱出版产业推进社会主义精神文明建设、提高社会文明程度等文化功能、社会功能。

（六）智能出版流程协同与再造

人工智能技术引导下的出版流程协同与再造的最终目标是推动出版企业形成一套先进、完善的数字化、智能化、融合化的生产管理流程，这种生产管理流程需能够同步支持纸质产品印制、数字图书上线和知识库的封装上市，从而有效提高出版业的生产效率，有效避免"先纸质书、后数字化"的大量重复劳动和滞后工作。一体化、协同化、同步化、智能化是指导出版流程协同与再造、形成智能化出版流程的四大准则。

1. 一体化

出版流程一体化，是指传统出版流程与数字出版流程的一体化。该生产管理流程既能够支持传统纸质图书的生产管理过程，也能够满足数字图书、条目数据、数据库、知识库、视听库等数字产品的生产管理需求。目前大部分企业的现状是传统出版流程相对成熟，而数字出版流程不清晰、不完善甚至处于缺位状态。

以智能化视角来审视出版流程一体化问题，未来的出版流程可能还会包括诸如 AR 出版物的生产、制作、加工和运营，VR 出版类产品的生产、制作和销售，甚至还将承载智能内容服务的机器人的资源库、交互性系统架构、维护与运营，等等。

2. 协同化

出版流程协同化，既包括传统出版和新兴出版流程在活动主体和人物角色方面的协同，也包括产品策划、资源组织、内容制作、产品研发、技术应用、内容审校、产品加工、产品发布、运营维护和售后服务等业务全流程的协同。一方面，各个环节流程可视为一个独立的子系统，其协同性体现在流程内部各要素的协同运转；另一方面，各个环节又是支持出版系统运转的"零件"，只有各环节之间产生有效的协同机制，才能推动出版这个"大齿轮"前进式发展。以内容制作和产品研发的协同为例，其协同化体现在：知识元库的建立和知识体系的研发，需要由传统策划编辑、数字编辑和作者队伍进行协同化研制和修订；传统策划编辑需要全面了解所属出版领域的知识体系，能够驾轻就熟地对每种图书的篇章节进行知识标引，以便于后期数字编辑基于同源图书的知识库和专题等进行数字产品的研发。内容制作和产品研发环节的协同是产品加工、产品发布的有效前提。此外，内部校对、外部校对和作者校对所产生的定稿，都要能够协同用于传统图书产品的印制和新兴数字产品的研发；传统出版流程和新兴出版流程在考核办法、稿酬制定、利润分配等方面也需建立健全协同化、统一化的机制；等等。

3. 同步化

出版流程同步化，是"一体化"和"协同化"共同作用的结果，是指借由一体化和协同化的出版流程，同步化生产纸质图书、电子图书、数据库、专题库、视听产品、AR 出版物、VR 出版物等，实现传统产品和数字产品的同步制作、同步生产和同步上线。

从发展时间和未来趋势来看，传统纸质图书和新兴数字产品的同步上线，不是"此消彼长"的关系，而是相互促进、相互推动、相得益彰的"此涨彼涨"的关系。未来的出版是传统与新兴出版融合的出版，不再有传统和数字之分，未来的编辑人员也将转型为同时具备传统出版业务能力和新兴出版能力的现代型编辑。

4. 智能化

同时具备了"一体化""协同化"和"同步化"特征的出版生产管理流程，实质也具备了出版流程"智能化"的基本要求。除此之外，智能化的出版流程，还能够将智能选题策划、智能内容创作、智能编审校、智能印制和智能营销进行有机融合，以更加数字化、融合化、智能化的生产方式来推动出版业的转型升级，实现出版业的提质增效。

第三节 智能出版产品与服务

经过一段时间的发展，智能出版产品与服务已实现了一定的规模效益。从产品形态和应用技术进行划分，智能出版产品与服务可划分为以增强现实技术为主导的增强现实类产品服务、以虚拟现实技术为主导的虚拟仿真类产品服务、以大数据为主导的出版大数据类产品服务、以知识服务为主导的知识服务类产品服务、以人工智能技术为主导的新型智能类产品服务。其中，前四类产品服务均已在本书前面相应章节进行介绍，此处不再赘述。本节重点介绍以人工智能技术为主导的新型智能类产品服务，主要包括智能机器人和智能语音两类。

智能出版产品服务

较之于常规性的数字出版产品，智能出版产品与服务有几个方面的特征：

其一，更多体现为个性定制化产品服务。以满足公众用户和专业用户的个性化、特殊性、定制化的产品需求为特点，能做到因人而异、因时而异、因事而异。

其二，更多体现为多模态产品服务。从基于文字为主的单模态产品服务向基于文字、图片、音频、视频、3D模型等多模态产品服务升级，从调动用户的视觉到综合调动视觉、听觉甚至是触觉等多种感官，进而提升产品服务的自动化、互动化和智能化水平。

其三，更多考量技术应用的安全性。鉴于智能数字技术应用的"两面性"问题，每种智能数字技术应用于出版业，往往都是正反面的结合体，而如何把握技术安全、如何守护文化安全、如何确保意识形态阵地的可管可控，就成为智能出版产品与服务的策划、研发、推广全过程都需要考虑的因素。例如：出版大数据在带来便捷的同时，也会衍生隐私数据泄露等问题；区块链技术应用所带来的"51%以上算力篡改威胁""效率问题"和"资源浪费问题"；等等。

一、出版 + 智能机器人

智能机器人的组成包括本体或者实体、传感器、效应器/执行器以及控制器。其中，控制器属于思考层；传感器对应着反应层；效应器/执行器属于执行层。思考层、反应层、执行层，这三层体系结构是目前最流行的机器人软硬件体系结构。机器人的本体，是指在各种驱动、传动装置及控制系统的协同配合下，在确定空间范围内运动的实体机械。传感器，是指机器人感知环境、用来获得外界环境整体信息的系统。传感器主要由视觉传感器、触觉传感器、听觉传感器、方位传感器和本体感受传感器等组成，主要功能是对文字、图像、实景等进行识别。效应器/执行器，是指机器人实现动作、移动和改变身体形状的手段，包括运动系统和操作系统等。控制器则是机器人的"大脑"，是指控制机器人自主行为、独立自主的硬件或软件。

智能机器人与作为内容产业的出版相结合，在传感器、效应器、控制器三层体系结构方面具有区别于一般智能机器人的特殊性。

其一，在传感器方面，出版智能机器人对听觉、视觉、方位传感等方面具有特定的要求。如：在听觉传感方面，需用到语音识别，尤其是早教型机器人或幼教型机器人，对于儿童、青少年的语音识别和判断显得特别重要；在视觉传感方面，目前已有智能教育机器人采用图像识别技术，通过识别用户的面部特征来实现机器人的启动和发动；在方位传感方面，需要运用定位系统，实现机器人与用户之间的行为互动，按照用户的指令前进或者后退，遇到障碍则避开或停止。

其二，出版智能机器人，无论是图书馆领域还是智能教育、智能阅读领域，更多是侧重内容层面，强调优质内容的建设与输出，以便为目标用户提供更加个性化、定制化、高品位的内容服务。因而，其对效应器的要求不会太高，一般不需要用到基座、腰部、臂部、腕部、手部等复杂的运动装置，而是采用齿轮或履带加以代替。

其三，在控制器方面，出版智能机器人需要用到机器人语音知识库和深度学习技术。机器人语音知识库主要负责离线知识服务，这与目前各专业出版社所建的专业知识库将会紧密衔接，比如国有出版社正在研发自然科普机器人、安全科普机器人，政法类出版社正在研发普法机器人，等等。这些普及型、服务型机器人在离线知识库方面需要依赖自身强大的专业数字资源知识库。未来的机器人知识库运营需要改进的方向则包括新知识点的发现和知识点的细化、优化等。

出版＋智能机器人服务应用，能够渗透到编辑、校对、印制、发行、销售等各个环节。尽管在编辑、校对等环节尚未出现特别典型的机器人应用案例，但智能仓储机器人、智能阅读机器人、智能教育机器人、书店礼仪机器人则早已实现了产业化应用。

（一）智能仓储机器人

智能仓储机器人是指以人工智能算法的软件系统为核心，以数据挖掘、深度学习、人机协作、节拍控制、资源控制等技术为支撑，由移动机器人、机器人集群、移动货架、补货、拣货工作站等硬件系统组成，能够实现图书上架下架、订单识别、品种拣选、补货退货、智能盘点等流程的完整订单智能履行系统。

就库房和仓储而言，如：亚马逊早在 2012 年就收购了一家名为 Kiva 的机器人公司。根据 2015 年的统计数据，亚马逊在 13 个仓储中心已有超过 3 万个 Kiva 机器人。而英国 bookpoint 公司的库房中涉及图书订单的识别、图书挑选、装配、打包和快递等工作流程均由一条智能化的机器流水线所承担，极大地提高了库管、发运的效率，有效降低了人力资源的投入。

未来，随着智能仓储机器人在我国出版业的普及应用，出版企业可以节约人力资源，将琐碎、繁重的图书拣选、配置、包装等工作交由智能机器人和智能装配系统；在物流方面，智能扫码、智能识别和无人机配送等系统也将逐步投入应用，以提高仓储效率、提升配速速度。

（二）智能教育机器人

智能教育机器人是以培养综合能力、激发学习兴趣为目标的机器人系统，包括智能机器人本体、控制软件和教材课本等。智能教育机器人将以教育大数据知识库作为数据池，建立健全学习者个人的信息资料数据库，以语音识别来调取相关资料，以人脸识别来推送精准服务，进而实现与学习者的交流互动。这种交互式、智能式的教育将是未来智能教育的重要发展方向。

国内外已研发的智能教育机器人包括丹麦的乐高机器人（LEGO）、德国的慧鱼（FISCHER）、北京师范大学出版社主导研发的"小胖"机器人等。从智能教育机器人的功能设定来看，主要包含：①代替教师与学生进行互动的机器人，可进行自动化答疑与辅导；②智能测评机器人，具备自动阅卷、批改作业、口语测评等功能；③协助家长进行早教、陪伴青少年成长的机器人，通常具备智能教育、成长陪伴、私人管家等功能。

虽然智能教育机器人的研发与应用已较为普遍，但也存在一些"硬伤"。一是智能教育机器人的教材编审质量不高，缺乏以权威泰斗担纲主编、影响力大的机器人教材。二是智能教育机器人的语音知识库单一，缺少科普、艺术、天文、地理等各专业方向的知识库。三是交互能力较弱、技术功底较差。目前，许多机器人可称为"伪机器人"，都是以往故事机、点读笔的翻版，在原有的故事机、点读笔的基础上，做成"人形"的模样，摇身一变成为机器人。然而，交互是智能教育机器人的技术核心，人和机器的语音交互、图像交互，都是其"智能"的最重要体现。

因此，关于智能教育机器人的未来发展方向，首先要建立行业标准，如智能机器人的内容标准、语音知识库建设规范、交互性能技术标准等，规范智能教育机器人的产业发展。其次出版企业要发挥自身的内容优势，充分挖掘和强化已有内容资源的专业性、权威性和规范性，为用户提供高质量、个性化、精细化的知识服务。

（三）智能销售机器人

人工智能时代的图书销售步入"新零售"时代，"无人书店＋机器人"的销售模式纷纷出现在全国各地。如：浙江省新华书店、苏州吴江新华书店相继推出了导购机器人"小新"，除了为用户介绍书店历史、图书资源以外，还能够将读者精准引导至图书的货架，实现机器识别、无人支付。2018 年 3 月，北京市通州区推行"新华生活＋24 小时无人智慧书店"的模式，以智能机器人代替人工值守。店内全程没有任何服务人员跟随，全方位整合了自助结算系统、智能图书识别、远程客服协助、动作识别防盗系统、人脸识别等高新技术。

智能销售机器人的优势在于：能够提供全天候 24 小时的导购服务，同时将图像识别技术、语音识别技术、图书识别和智能结算技术集于一身，大大拓展和延伸了传统人工图书销售的服务范围和服务时限。当然，智能销售机器人存在的问题也很突出：其一，博人眼球，多属应景之作，实用性究竟如何？在新零售领域，智能机器人能否在码洋、实洋方面与其他零售途径一较高下，还待实践去检验和回答。其二，24 小时运营，效益如何，是否能够持续？目前，大部分实体书店的经营较为困难，依靠政府主管部门的政策和资金支持，能够拥有较好经济效益的并不多见；"24 小时无人智慧书 + 机器人"的经营模式是否能够持续下去，能否在市场经营中站稳脚跟并取得长足发展，值得深思和进一步应对。

二、出版 + 智能语音

智能语音技术的发展可以追溯到 20 世纪 50 年代，Davis 在贝尔实验室构建了首个可以识别 10 个英语单字节字母发音的系统。智能语音涉及语音智能识别、自然语言处理、人机智能对话、语音智能合成等技术，其本质是赋予机器"听"和"说"的能力，是目前应用较广泛的出版产品和服务之一，其主要产品形态包括智能化有声阅读和智能化交互伴读等。

（一）智能化有声阅读

有声书产业的兴起为智能语音技术开辟了一个新的应用领域。智能化有声阅读依赖智能语音合成技术（TTS，又称文语转化技术），在内置转化引擎的支持下，借助神经网络技术实现了文本"拼音—音素—ID"的转化，通过 ID 编码使其拥有基础特征，然后在对数据进行多轮处理的基础上构建训练模型，输出相应语音。[①] 虽然目前的语音合成技术在情感的认知、情绪的表达方面还不成熟，但如教材教辅、专业图书这类对情绪表达要求低、枯燥而重复性大的图书，可采用人工智能进行配音，如微软运用语音识别、语音合成等技术推出的"朗文小英"能够为用户提供教材的朗读和教学。除了基本的合成语音以外，出版企业还可以通过不断扩大语音库，丰富语音类型，缩小人工智能制作的有声读物与人制作的有声读物间的音频种类多寡的差距，形成一千个听众就有"一千个哈姆雷特"的智能化阅读体验。

---

① 张新华，张子微，李梦竹. 出版人工智能的发展与应用［J］. 出版广角，2022（8）：59.

（二）智能化交互伴读

智能语音在出版企业的应用不仅体现在有声阅读上，还体现在人格化的情感和信息交互上。智能化交互伴读，即通过收集用户使用数据、抓取受众关注内容，以智能语音对话的方式充分调动受众听觉感觉刺激，形成线上与线下互动的内容体验新模式。智能化交互伴读通过利用智能操作实现语音传输的线上线下互动，满足读者在多场景下的深度阅读。与此同时，读者也可以结合自己的用户体验反馈问题，在丰富知识内容输出方式的同时也实现了自我的价值赋能，增强了出版企业之间的内容资源的流动性和融合度。如淘云科技股份有限公司与科大讯飞股份有限公司于2019年12月联合推出的AI学习机器人阿尔法蛋大蛋2.0版本，可以精准识别主流版本语文、英语教材与儿童绘本等纸质读物的内容，提供导读、查词、伴读服务，做孩子阅读的伙伴，培养其自主学习和阅读的好习惯。

此外，开发智能终端产品也能提升有声读物交互式陪伴体验。出版企业可以以自主研发或合作的方式，将有声读物引入智能音箱、智能家居、智能穿戴设备等智能终端，结合终端不同的特性和所处的场景来提供专业化、场景化和个性化的知识内容，实现智能化的交互伴读和知识服务。

人工智能时代的出版转型（四）
——人工智能赋能出版：新业态与新模式

第四节　智能出版的未来发展

　　未来出版的形态，将会因为加上智能化的翅膀，而呈现出智能化发展的方向：知识服务领域，以知识计算引擎为核心的前瞻技术将得到大范围应用，进而推动知识服务向着纵深方向发展；增强现实和虚拟仿真领域，在原有 3D 实景建模、虚拟建模的基础上，智能建模将会被快速推广和迭代；而在原有的 MOOC、SPOC 的基础上，大数据技术运用于在线教育，将催生出以学习者为中心、以交互式为主要特点的智能教育新形态；人工智能作用于出版，还将带来一系列标准的立、改、废和法律法规的及时调整。

智能出版的未来发展：高端智库的建构与方向

　　可以预见，智能出版的未来场景既包括智能技术及相关要素的出版融合，如通过智能重塑和再造出版流程、创新智能产品服务形态、完善数字出版人才培养体系，加速 5G、区块链和人工智能等新兴技术在出版领域的市场化、规模化和产业化应用；也包括出版产业的智能化发展，如在打造健全的市场调节机制的基础上，形成以出版深度融合为重点，以主题出版、精品出版、融合出版为主体，以优化供给品质、提升科技含量为目标的智能出版新生态。整体而言，智能出版的未来发展，亦即出版产业的智能化发展主要体系在以下几个方面：

　　（1）新理念。理念是行动的先导，有了先进的理念引导，才有数字化转型成功、智能化发展见效的可能。出版产业的智能化发展要明确智能出版的战略定位，将出版智能化视为战略方向，将智能出版视为战略主体。根据出版企业的体量、商业模式、人才储备、资金实力等实际情况，不同出版企业可以采取不同的智能出版发展模式，如：部门制或公司制；同一出版企业在不同的发展阶段也可以采取灵活的体制机制，如项目激励、协议薪酬、科研激励等，以不断推动智能出版的迭代式发展、跨越式发展。主业强的出版企业可致力于统筹传统出版与智能出版的协同发展，实现二者相互补充、相得益彰；主业不强的出版企业则可尝试将数字出版或智能出版作为战略主攻方向，抓住出版业数字化、智能化的战略机遇期。

　　（2）新基建，即确立出版业智能化战略的"新基建"实施路径。无论是宏观调控层面还是市场方面，出版业都要高度重视出版业数字化、智能化的基础设施建设，进一步夯实数字化转型升级的软硬件基础，建立健全支撑出版业数字化战略实施的数字转型、智能升级、融合创新等基础设施体系。如着力构建出版企业数字化博物馆、出版企业营销智能化决策系统、出版业大数据应用和服务工程、智能阅读设备的研发和应用等。

（3）新流程。从统筹两种业态、减少资源浪费的角度来考虑，出版业应正视并重视当前传统出版与数字出版生产管理流程"两张皮、两股道"的问题，加大研发力度，构建纸质图书与电子书、条目数据、知识库等数字出版物一体化生产、协同化审校、同步化上线的智能出版生产管理平台。

（4）新产品。AR出版物、VR出版物、出版大数据、知识库、智能营销机器人、智能教育机器人等智能出版产品已不断涌现。随着数字技术的不断更迭与演进，新型智能出版产品，如"出版+数字孪生"产品、"出版+虚拟数字人"产品，"出版+元宇宙"产品还将为出版业引入更多的创新源泉。无论产品形态如何演进，从供给侧视角来看，出版机构仍将贯彻数字出版精品战略，产品将以"优质内容+先进技术"的形态呈现；从需求侧视角审视，读者、网民、社会公众对个性化、定制化、高标准、高品位的精神文化需求将更加旺盛。由此，数字出版产品的个性化、定制化趋势将日益明显，并推动数字出版盈利模式的中心主体由机构客户转向个人用户。

（5）新技术。5G、区块链、人工智能三大数字技术赋能出版业，对数字技术原理的把握和出版产业应用场景的找寻将成为数字技术驱动出版智能化的重要内核。而数字技术应用所带来的负面性、安全问题将被更为重视，成为出版管理的难点，也是出版调控的重要考量点。在目前新闻出版知识服务系列标准的基础上，"出版+技术"的标准化体系将得以进一步健全，逐步形成以智能出版为特质的标准规范矩阵。

（6）新营销。当出版业数字化战略由转型升级阶段迈向提质增效阶段时，智能出版营销的重要性立刻凸显，智能出版营销体系建设也将步入常态化阶段，同时，将会跃迁出许多营销新模式，如直播营销的创新性发展、智能机器人在图书新零售领域的商业化应用、基于大数据的出版业营销系统重塑等。随着营销手段的丰富、营销渠道的健全，数字出版盈利模式将实现由B2B模式向B2C模式的变迁，这将成为数字出版可持续发展、创新性发展、高质量发展的标志之一。

（7）新人才。人才是第一资源，也是智能出版的核心竞争力所在。高素质的智能出版人才建设，不仅应重视其出版业务能力建设，还要进一步强化其媒体融合、智能出版、智能阅读背景下的思想政治建设。为此，出版业需构建产学研一体化的人才培养机制，打造全媒体型人才、复合型人才和现代化人才，不断强化智能出版人才的思想淬炼、政治历练、实践锻炼和专业训练，为出版业数字化战略实施、出版强国建设打造一支理想信念坚定、堪当时代重任的新型人才队伍。

（8）新智库。数字出版产业的智能化发展，一方面依托于智能化的数字技术赋能，将先进技术与优质内容紧密结合；另一方面需要借助专家智慧、智力资源的支撑，重视智库的"外脑"、第四部门的重要作用。因此，迈向未来的智能出版，应进一步加强新型出版智库建设，支持数字出版企业进行科学、民主、合理决策。目前，建筑、农业、自然资源、知识产权等领域已涌现出一批新型智库产品，取得了一定成效。未来，出版业应充分发挥科技型智库的技术赋能作用、高校智库的理论建构作用、官方智库的献言建策作用、企业智库的产业发展作用，深入探究新型智库的成员管理机制、成果推广机制、资金筹募机制、旋转门机制和智库评价机制等。

数字出版产业化前瞻
——以专业出版为视角

智能出版未来发展理性与激情：
基于元宇宙的出版远景展望

思考题

1. 说明智能出版与数字出版、智慧出版、智能阅读之间的关系。

2. 简述你对智能出版现状的理解。

3. 如何对现下的出版业流程进行智能再造？具体包含哪些步骤及内容？

4. 智能出版产品与服务包含哪些类别？试述其未来可能呈现的新形态及对出版领域的潜在影响。

5. 智能出版未来的发展主要体现在哪些方面？

6. 结合实例，谈谈我国出版业智能化发展面临的新机遇与新挑战。

参考文献

1. 卡普兰. 人工智能时代［M］. 李盼，译. 杭州：浙江人民出版社：2016.

2. 方卿，王欣月，王嘉昀. 智能阅读：新时代阅读的新趋势［J］. 科技与出版，2021（5）.

3. 张新新. 基于出版业数字化战略视角的"十四五"数字出版发展刍议［J］. 科技与出版，2021（1）.

4. 张新新，刘华东. 出版＋人工智能：未来出版的新模式与新形态——以《新一代人工智能发展规划》为视角［J］. 科技与出版，2017（12）.

5. 范军，陈川. AI 出版：新一代人工智能在出版行业的融合创新［J］. 中国编辑，2019（5）.

6. 徐丽芳，田峥峥. 价值链协同视角下的智能出版与智能阅读［J］. 出版广角，2021（13）.

7. 张新新. 新闻出版业智能机器人的应用原理与场景分析［J］. 科技与出版，2018（11）.

8. 王晓光. 人工智能与出版的未来［J］. 科技与出版，2017（11）.

9. 张莉婧，张新新. 基于人工智能技术的出版流程智能再造：智能出版研究述略［J］. 出版与印刷，2020（3）.

参 考 书 目

1. 邓本章. 现代出版论［M］. 北京：中国大百科全书出版社，2003.

2. 谢新洲. 网络出版及其经营管理［M］. 沈阳：辽海出版社，2003.

3. 张志强. 现代出版学［M］. 苏州：苏州大学出版社，2003.

4. 方卿，徐丽芳. 科学信息交流研究［M］. 武汉：武汉大学出版社，2005.

5. 苗遂奇. 现代出版选题学引论［M］. 苏州：苏州大学出版社，2005.

6. 方卿. 科技出版国际竞争力研究［M］. 武汉：武汉大学出版社，2008.

7. 陈生明. 数字出版理论与实践［M］. 北京：人民教育出版社，2009.

8. 郭亚军. 基于用户信息需求的数字出版模式［M］. 上海：上海世界图书出版公司，2010.

9. 周蔚华. 数字传播与出版转型［M］. 北京：北京大学出版社，2011.

10. 陈丹. 数字出版产业创新模式研究［M］. 北京：科学技术文献出版社，2012.

11. 范军. 出版文化与产业专题研究［M］. 武汉：华中师范大学出版社，2012.

12. 许洁. 出版企业国际化影响因素理论与实证研究［M］. 武汉：湖北科学技术出版社，2013.

13. 汤普森. 数字时代的图书［M］. 张志强，等译. 北京：译林出版社，2014.

14. 方卿，徐丽芳. 出版学研究进展［M］. 武汉：武汉大学出版社，2017.

15. 黄先蓉. 中外数字出版法律制度研究［M］. 武汉：武汉大学出版社，2017.

16. 万安伦. 数字出版研究：运行模式与发展趋势［M］. 北京：中国传媒大学出版社，2017.

17. 巴斯卡尔. 内容之王：出版业的颠覆与重生［M］. 赵丹，溧嘉馨，译. 北京：机械工业出版社，2022.

18. 方卿，徐丽芳，许洁，等. 出版价值引导研究［M］. 北京：商务印书馆，2018.

19. 曾元祥. 数字出版产业链研究［M］. 武汉：武汉大学出版社，2018.

20. 阿瑟. 技术的本质：技术是什么，它是如何进化的（经典版）［M］. 曹东溟，王健，译. 杭州：浙江人民出版社，2018.

21. 丛挺. 我国出版企业新媒体技术采纳研究［M］. 武汉：武汉大学出版社，2019.

22. 方卿，等. 现代文化市场体系建设研究［M］. 武汉：武汉大学出版社，2021.

23. THOMPSON. Book Wars：The Digital Revolutionin in publishing［M］. Cambridge：Polity Press，2021.

24. 佘江涛. 走向未来的出版［M］. 南京：南京大学出版社，2021.

后　记

　　《数字出版学》教材的约稿、创作、出版过程，伴随着本人由数字出版实践工作者向理论工作者的演进过程，其主要内容源于本人15年以来对数字出版的理论和实践经历，最终整理和凝练成以"调治论"为内核的数字出版理论体系。

　　早年时，尝有"立德、立功、立言"的认知。及至前几年，突发对"三立"选择的困惑，最终经过比较和权衡，发现自己更适合从事"立言"相关的工作，于是转换到高校任教。在不同的场景、语境和时段，我不止一次被问及："为何出版实践工作做得风生水起，要转换至学界发展？"选择做一名大学教师，其原因有几点：一则，数字出版实践有很多的问题需要解决，而解决这些问题的答案不在出版实务工作之中，而在出版理论之中。比如，数字出版项目成果为何转化率较低，基于实践经验的视野或许无法给出全面、科学、精准的答案，而技术创新理论之中的"死亡之谷"学说，恰恰给出了完美的阐释和解决方案。再如，为何社会效益要放在首位？这与数字出版的文化属性、文化价值等数字出版本体论、价值论的内容息息相关。二则，笔者有一颗学术的初心，天生对文字工作、文章著述有兴趣，所谓"知之者不如好之者"。在出版实务工作过程中，已经发表了50多篇学术论文；转向出版教学科研工作之后，又累计发表了50多篇文章。每一篇文章旨在解决一个问题，每一篇文章较之前一篇都能有所进步，无论是知识、理论还是方法方面，这是笔耕不辍的动力之一。三则，在出版理论工作中，能够做到更好的价值实现，能够体验到真正的精神愉悦，所谓"好之者不如乐之者"。犹记得《推进出版业高质量发展的几个面向》一文被全文转载时，方卿教授进一步指导论文写作时的谆谆教诲，方法层面带来的启迪和乐趣，都直接影响了我后续几乎所有的论文创作；犹记得，在发表《数字出版概念述评与新解——数字出版概念20年综述与思考》一文时，因为发现了数字出版概念界定背后的政策动因、实践动因，并基于此提出的"二进制说""数字技术说"以及"全媒体说"所获得的理论发现和构建的精神愉悦，是难以言传的；犹记得《"数字科技—出版"原态——基于海德格尔本体论解释学的数字出版本体思考》写作过程中，发现"存在"和"存在者"在学科研究对象中的误用，所获得新的理论的发现，足以兴奋和快乐很多天。

本书选择以《数字出版学》来命名（也应是国内第一本以"数字出版学"来命名的教材），意在推动出版学、数字出版学由前科学向成熟科学迈进。应该说，当下的数字出版学仍然处于"无形学院"的学科阶段，学术成果不断涌现，少数数字出版学者确立了研究的优先权，与其他同领域的研究者保持着非正式的交往关系并形成学科的合作者群体。但不得不说，数字出版距离成熟学科还有很远的一段距离，数字出版研究领域的很多重大问题仍然没有得到解决，如数字出版基础理论建构、数字出版经营管理的理论、数字出版的国际比较研究等；数字出版学科领域的研究者数量和质量均需要大幅度提升，从而为学科发展供给源源不断的力量；数字出版研究的"真问题"需要被发现，"真理性"的文章需要不断涌现，数字出版学术成果的应用性需要不断提升。

国学大师梁启超尝言："学者术之体，术者学之用。二者如辅车相依而不可离。学而不足以应用于术者，无益之学也；术而不以科学上之真理为基础者，欺世误人之术也。"我们试图在《数字出版学》这本教材里贯穿真理性和应用性两种精神追求，其中，追寻和探索数字出版真理和规律是根本，服务和指导数字出版应用和实践是目标。一方面，就数字出版基础理论的本体论、方法论和学科论等进行探索和建构，形成数字出版概念、属性、特征、研究对象、一般研究方法、专门研究方法、学科性质、学科体系等基本范畴，为数字出版学的范畴体系构建提供不竭的素材和基质；另一方面，就数字出版应用理论，提出数字出版调治论，构建数字出版产品调节、技术调节、运营调节、项目调节等调节论的基本范畴，构建数字出版规划治理、法律治理、财税治理、智库治理、安全治理等治理论的基本范畴，从而为数字出版经营管理实践给出调节、治理两种基本方法和理论概括。

为了保障上述内容的顺利展开，我们组建了一支由武汉大学、上海理工大学、厦门大学、河南财经政法大学等数字出版学教学、科研和实践一线人员组成的专业队伍。其中，张新新负责整个教材主体内容的撰写和统稿，杜方伟、王嘉昀、丁靖佳分别对各个章节进行了修改和更新，付文绮、袁宜帆、李佰珏等博士研究生、硕士研究生负责交叉校阅和订正。

《数字出版学》这本书适合高等院校的本科生、本科阶段非编辑出版学的研究生，以及广大的数字出版实务人员阅读使用。与本书配套的《数字出版技术》《智能出版：现代出版技术原理与实务》《数字出版调治论》等著作业已出版，未来可能还包括《数字出版基础理论》《数字出版史》《国际数字出版》等。我们相信，随着出版实践的不断丰富和拓展，随着出版研究的不断加强和深化，数字出版学知识体系的自主性、完备性、系统性也将不断强化，直至形成相对完整的数字出版学知识、理论和方法体系。

本书得以顺利出版，衷心感谢广东高等教育出版社责任编辑邱瑞琼老师，特别感谢数字出版实务界的前辈柯积荣主任，感谢他们为这本教材的出版所付出的辛勤努力！感谢参编的各位老师、同学为本教材的整合、编校付出心血和努力！

张新新

2024 年 7 月 25 日于沪江文化园